*Silvia Montanari*

Papstkirchen in Rom

*Silvia Montanari*

# Papstkirchen in Rom

## Auf den Spuren päpstlicher Grabstätten

BONIFATIUS
Druck · Buch · Verlag
PADERBORN

Die Deutsche Bibliothek-CIP-Einheitsaufnahme

**Montanari, Silvia:**
Papstkirchen in Rom : auf den Spuren päpstlicher Grabstätten / Silvia
Montanari. – Paderborn : Bonifatius, 1994
ISBN 3-87088-820-2

ISBN 3-87088-820-2

© 1994 by Bonifatius GmbH Druck · Buch · Verlag Paderborn

Gesamtherstellung:
Bonifatius GmbH Druck · Buch · Verlag Paderborn

# Inhaltsverzeichnis

# Vorwort

Silvia Montanari legt ein Buch über die „Papstkirchen Roms" vor und beschreibt kunst- und kirchengeschichtlich sowie architektonisch die römischen Kirchen, in denen Päpste im Laufe der Jahrhunderte ihre letzte Ruhestätte gefunden haben. Diese Beschreibungen illustriert die Autorin mit aufschlußreichen Zeichnungen.

Den Rom-Besuchern, Pilgern und allen Interessenten erschließt Silvia Montanari wahre Kunstschätze, die sonst nur allzu leicht verborgen bleiben und eröffnet kirchengeschichtliche Perspektiven durch die Jahrhunderte.

Mir ist Silvia Montanari von ihren Romführungen für unser DEUTSCHES PILGERZENTRUM in Rom bekannt. Durch ihr Wissen und die Art ihrer Darstellung ist sie als Führerin geschätzt und beliebt.

Der deutschsprachigen kath. Auslandsseelsorge ist daran gelegen, den Interessenten und Pilgern Anregungen und Hilfen zu empfehlen, die ihnen den Rom-Besuch auf lange Sicht geistlich fruchtbar werden lassen. Dazu ist dieses Buch wie auch die frühere Publikation der Autorin „die Marienkirchen Roms" in hohem Maße geeignet.

Bonn, im September 1990

*P. Paul Guntermann OP*
Leiter des Kath. Auslandssekretariates
der Deutschen Bischofskonferenz

# Einleitung

„Papstkirchen in Rom" mag vielleicht ein irreführender Titel sein, ist jedoch kurz und prägnant. Richtiger wäre gewesen „Kirchen der Ewigen Stadt, in denen Päpste begraben sind" – eine sicherlich zu lange Überschrift für unsere schnellebige Zeit, in der nur die Quintessenz aufgenommen wird.

Die Grabstätten der Päpste waren in der beinahe zweitausendjährigen Geschichte des christlichen Rom seit alters her das Ziel zahlloser Rompilger. Ja, das Grab des allerersten Bischofs von Rom und somit ersten Papstes, das des hl. Petrus auf dem Vatikanhügel, bildete nicht nur den „Fels", auf dem die katholische Kirche entstand, war nicht nur das „Ur-Pilgerziel" der ersten Christengemeinde der Ewigen Stadt, hier entstand eines der wichtigsten und berühmtesten Heiligtümer der Christenheit. So war es nur natürlich, daß auch die Gräber der Nachfolger Petri von Tausenden Pilgern in frommer Verehrung aufgesucht und infolgedessen vielfach prächtig ausgestattet wurden.

Etwa 265 Päpste lenkten bis heute die Geschicke der katholischen Kirche. Der Großteil, etwa einhundertfünfzig, wurde in St. Peter bestattet. Die übrigen fanden ihre Ruhestätte in den Katakomben, in S. Giovanni in Laterano, in Viterbo, Perugia, Avignon, Pisa, Florenz und anderen Klöstern und Städten Italiens und Frankreichs. Clemens II. (1187-1191) ist der einzige Papst, der in Deutschland (Bamberg) begraben ist. Manche Papstgräber verschwanden im Laufe der Zeit infolge von Kriegs- oder anderen Ereignissen spurlos, ja, von einigen Päpsten weiß man überhaupt nicht, wo sie beigesetzt waren.

Die Päpste der ersten Jahrhunderte wurden in unmittelbarer Nähe des hl. Petrus oder in den Katakomben und auf den Friedhöfen an den uralten Konsularstraßen Roms zur letzten Ruhe gebettet. Im Mittelalter begann man aus Furcht vor Schändung und Zerstörung der Märtyrergräber und -reliquien außerhalb der Stadtmauern durch die Sarazenen und Barbaren, ihre Gebeine aus den Katakomben in Stadtkirchen zu bringen. Die ursprünglichen Grabstätten vieler Märtyrer und Päpste gingen so verloren. Die Erinnerung an sie wird jedoch heute noch in den Kirchen der Ewigen Stadt wachgehalten.

Um die Jahrtausendwende begann man, die Päpste in S. Giovanni in Laterano, ihrem Bischofssitz, beizusetzen. Über zwanzig Oberhirten fanden hier ihre letzte Ruhestätte. Das Exil der Päpste in Avignon setzte diesem Brauch ein Ende. Nach der Rückverlegung der Residenz nach Rom schlugen die Päpste ihren Sitz im Vatikan auf. Man begann den Neubau der uralten Peterskirche in Erwägung zu ziehen und im 16. Jahrhundert zu realisieren. Das führte zu der Verlegung zahlreicher Papstgräber in andere Gotteshäuser. Im Laufe der Neuzeit fanden manche Päpste ihre Ruhestätte in prächtigen Grabkapellen oder zumindest Grabmonumenten außerhalb des Petersdomes. Die Päpste unseres Jahrhunderts bis Johannes Paul I. (26. 8.-28. 9. 1978) wurden im Petersdom bestattet. Der letzte außerhalb des Petersdomes bestattete Papst ist Leo XIII. (1878-1903).

Die Grabdenkmäler, Monumente und Inschriftentafeln der Nachfolger Petri, die nicht im Petersdom oder in St. Paul vor den Mauern ruhen, sind Thema der folgenden Kapitel. Sie bilden einen Leitfaden, der durch die schönsten Basiliken der Ewigen Stadt führt. Daß nicht alle Päpste im Petersdom ihre letzte Ruhestätte gefunden haben, wissen meist nur die Rompilger und -touristen, die Rom bereits mehrmals besucht und aufmerksam durchwandert haben. So wurde hier nicht nur die Gelegenheit wahrgenommen, eine kleine Entdeckungsreise auf den Spuren der Gräber und Reliquien der Päpste zu unternehmen – es entstand ein Führer durch die schönsten Gotteshäuser Roms. Die folgenden Erörterungen können auch als Ausgangspunkt für eine neuartige Pilgerreise zu den Gräbern der Päpste in Rom angesehen werden – als Alternative zu den üblicherweise übervölkerten Hauptzielen der meisten Rombesucher. Die beiden Hauptbasiliken St. Peter und St. Paul wurden im Rahmen dieses Buches nicht behandelt, da dies zu weit geführt hätte – in St. Peter sind etwa, wie oben erwähnt, einhundertfünfzig Oberhirten bestattet.

Der historischen Reihenfolge der Kirchen (beginnend mit Papst Clemens, Alexander, die Papstgruft in S. Callisto usw.) wurde aus (für den Touristen) praktischen Gründen die Anordnung im Rahmen eines Rundganges (wobei nahegelegene Kirchen zusammengefaßt wurden) vorgezogen. Unsere Entdeckungsreise beginnt also bei S. Giovanni in Laterano

– der allerersten offiziellen Basilika des Christentums, die seither die Bischofskirche des Papstes ist und gleichzeitig eine der vier Hauptkirchen –, führt durch die Gotteshäuser innerhalb des Aurelianischen Walles und endet bei den Kirchen bzw. Katakomben außerhalb der Stadtmauern.

Den in den jeweiligen Kirchen bestatteten Oberhirten, ihrer Regierungszeit, Politik, Bautätigkeit und Kirchenreformen sowie dem Grabmonument oder der Inschrift sind ausführliche Abschnitte gewidmet. Sie sind, soweit es möglich war, zur besseren Orientierung und Dokumentation mit Illustrationen versehen. Daran reihen sich Notizen über die Geschichte und architektonische Entwicklung der jeweiligen Kirche, die Beschreibung ihrer wichtigsten Sehenswürdigkeiten und bisweilen interessante Kuriositäten.

Rom ist die Stadt der Monumente und Museen (für die man überall Eintritt zahlen muß) schlechthin. Daß aber die unzähligen Kirchen der Ewigen Stadt kleine Museen für sich darstellen, die ungeahnte Schätze an Gemälden, Bildwerken, Mosaiken und Fresken bergen – die man noch dazu gratis besichtigen kann –, wird den meisten Rompilgern und -touristen nicht bewußt.

In diesem Sinn stellt die Publikation einen Führer durch achtundzwanzig „verborgene" Museen dar, die oft unschätzbare Kunstwerke enthalten. Leider konnten nur die hervorragendsten beschrieben werden, da dies sonst unseren Rahmen gesprengt hätte. Das Buch möge somit ein hilfreicher Wegweiser zu den Grabmonumenten der Päpste, zu den Gotteshäusern und manch „verborgenem" Kunstgenuß sein, kurz, zu einer alternativen Pilgerreise in die Ewige Stadt einladen.

*Silvia Montanari*, Rom 1993

S. Giovanni in Laterano, Fassade

# S. Giovanni in Laterano

Die letzte Ruhestätte der Päpste SERGIUS III. (904-911), Johannes XI.
(931-935), Agapitus II. (946-955), SILVESTER II. (999-1003),
SERGIUS IV. (1009-1012), Alexander II. (1061-1073), Paschalis II.
(1099-1118), Calixtus II. (1119-1124), Honorius II. (1124-1130),
Coelestin II. (1143-1144), Lucius II. (1144-1145), ALEXANDER III.
(1159-1181), Clemens III. (1187-1191), Coelestin III. (1191-1198),
INNOZENZ III. (1198-1216), Coelestin IV. (1241), Innozenz V. (1276),
MARTIN V. (1417-1431), CLEMENS XII. (1730-1740),
LEO XIII. (1878-1903).*

„… Omnium Urbis Et Orbis Ecclesiarum Mater Et Caput" (Mutter-
und Hauptkirche Roms und der Welt). Diese Inschrift kann man auf zwei
reichverzierten, mit Schlüsselpaar und Tiara, den Symbolen des Papstes
versehenen Medaillons links und rechts des Haupteinganges von S.
Giovanni in Laterano lesen. Tatsächlich war S. Giovanni die allererste
offizielle Kirche der Ewigen Stadt. Kaiser Konstantin stiftete sie bald nach
seinem Sieg an der Milvischen Brücke. Neben der Basilika ließ er das
„Episkopium", eine Residenz für die römischen Bischöfe errichten. Sie
gibt es heute noch da. Denn im Lateranpalast, dem Sitz des Bischofs von
Rom, welcher der Papst im Grunde ja ist, befindet sich nun, da die Päpste
im Vatikan leben, das Vikariat. Jahrhundertelang regierten die Päpste aber
vom Lateran aus und ließen sich vor allem seit dem Mittelalter hier in ihrer
Bischofskirche auch begraben. Folgende Oberhirten fanden im Lateran
ihre letzte Ruhestätte: Sergius III., Johannes XI., Agapitus II., Silvester
II., Sergius IV., Alexander II., Paschalis II., Calixtus II., Honorius II.,
Coelestin II., Lucius II., Alexander III., Clemens III., Coelestin III.,

---

\* (Nur die mit Großbuchstaben hervorgehobenen Päpste sind ausführlich beschrieben. Ihre
Grab- bzw. Ehrenmale sind noch vorhanden, die übrigen gingen im Laufe der Zeit
verloren)

Innozenz III., Coelestin IV., Innozenz V., Martin V., Clemens XII., Leo XIII.

## SERGIUS III.
### (Römer aus dem Geschlecht der Grafen von Tusculum, 904-911)

Papst Sergius III. zeichnet uns die Überlieferung als einen eher zwielichtigen Charakter. Doch darf, wie Ferdinand Gregorovius in seiner „Geschichte der Stadt Rom" schreibt, Sergius III., der in bewegten Zeiten sieben Jahre lang Papst war, uns mindestens als „Mann von Kraft" erscheinen. Er ließ mehrere Gotteshäuser in Rom herstellen und vor allem die Basilika S. Giovanni in Laterano, von der nach dem großen Erdbeben von 896 wenig mehr als ein Schutthaufen übriggeblieben war, im Jahre 905 wiederaufbauen. Dem Beispiel Sergius' III. folgten einige Jahrhunderte lang mehrere Päpste und wählten ihre letzte Ruhestätte in ihrer Bischofskirche im Lateran. Der letzte hier bestattete Papst ist Leo XIII. (1878-1903). Das Grab Sergius' III. gibt es allerdings schon längst nicht mehr. Auch die Grabmäler der Päpste Johannes XI. (931-935), und Agapitus II. (946-955) gingen verloren.

## SILVESTER II.
### (Gerbert von Aurillac, aus Frankreich, 999-1003)

Gerbert von Aurillac wurde zwischen 940 und 945 in Alverne bei Belliac geboren. Er trat wohl um 952 in die Benediktinerabtei im nahegelegenen Aurillac ein. Von der arabischen Kultur und den Geheimnissen der islamischen Religion angezogen, verläßt er eines Tages das Klosterleben und begibt sich nach Vich in Spanien. Dort lernt er in der Schule des Mönchs Atton von Vich, in Catalanien, die – natürlich im Licht des Christentums gesehenen – Grundlagen des Islam kennen. Er schließt sich Kreisen islamischer Gelehrter an und erwirbt umfassende Kenntnisse der Mathematik und Astronomie. Dies verschaffte ihm später den Ruf eines Magiers.

Im Jahre 991 zum Bischof von Reims ernannt, war er einer der gelehrtesten und schillerndsten Persönlichkeiten seiner Zeit (in Magdeburg beispielsweise zeigte man lange eine von ihm erfundene Sonnenuhr). Von vielen Zeitgenossen wegen seiner umfangreichen Bildung und Welt-

+ ISTE LOCVS MVNDI SILVESTRI MEMBRA SEPVLTI · VENTVRO DOMINO CONFERET AD SONITVM ·
QVEM DEDERAT MVNDO CELEBRE DOCTISSIMA VIRGO ATQ· CAPVT MVNDI CVLMINA ROMVLEA·
PRIMVM GERBERTVS MERVIT FRANCIGENA SEDE REMEN SIS POPVLI METROP OLIM PATRIAE·
INDE RAVENNATIS MERVIT CONSCENDERE SVMMVM·ECCLESIAE REGIMEN NOBILISITQ POTENS·
POST ANN VM ROMAM MVTATO NOMINE VMPSIT·VT TO TO PAST ORE IFER ETOR BE NO VV S
CVI NIMIVM PLACVIT SOCIALI MENTE FIDELIS·OBTVLIT HOC CESAR TERTIVS OTTO SIBI·
TEMPVS VT ERQ OMIT CLARA VIRTVTE SOPHIAE GAVDET ET OMNE SECLVM FRANGIT VR OMNE REV
CLAVIGER IN STAR ERAT CAELORVM SEDE POTITVS·TERNAS VFFECT VS CVICE PASTOR ERAT·
IS EVCE ME PTI POST QVAMS VSCEPIT ABE GIT LVSTRALIS SPATIOS EC VLA MORT E SVI·
OB RIGVIT MVNDVS DISCVSSA PACE TRVMPHVS·ECCLESIA E NVTANS DEDDICIT REQVIEM·
SERGIVS HVNC LOC VI AM MITI PIETATE SACERDOS·SVC CESSORQ SVS COMPSIT AMORES VI·
QVIS QVIS AD HVNC TVMVLVM DEVEXA LVMINA VERTIS·OMNIPOTENS DOMINE DIC MISERERE SVI·
OBIIT ANNO DOMINICE INCARNATIONIS MIII INDICT M·MAI·D· XII

*Inschrift vom Grab Papst Silvesters II. in S. Giovanni in Laterano*

offenheit angefeindet, gelingt es ihm jedoch, gute Verbindungen zum Kaiserhof zu knüpfen. Er wird zum Lehrer und Berater Ottos III. Im Jahr 998 zum Erzbischof von Ravenna ernannt, wählt man ihn am 2. April 999 auf Wunsch Ottos III. zum Papst. Ferdinand Gregorovius schreibt über ihn in „Die Grabdenkmäler der Päpste": „Noch mit einem anderen Papst ist das Leben Ottos III. enge verbunden … Dies war Gerbert, ein Benediktiner, erst Erzbischof von Reims, dann von Ravenna, der genialste Mann seiner Zeit, ein bewunderungswürdiger Mathematiker, Astrolog und Sophist. Nach dem Tode Gregors V. erhob ihn der Kaiser auf den päpstlichen Thron. Reims, Ravenna, Rom sind die drei bischöflichen Sitze, die er … bestieg, und man erzählt, daß er auf dies dreifache „R", den mystischen Buchstaben in seiner Lebensgeschichte, folgenden Vers gemacht habe: Scandit ab R Gerbertus ad R, post Papa viget R" (er kam von Reims nach Ravenna und herrschte dann als Papst in Rom).

Wegen seiner für die damalige Zeit außergewöhnlich gründlichen Kenntnis der Naturwissenschaften bald als Zauberer verrufen, umrankte der Volksmund seine Person allmählich mit phantasievollen Sagen und Geschichten. So soll er unter anderem sogar einen Pakt mit dem Teufel geschlossen haben. Seines Todes bemächtigte sich ebenfalls die Legende. Danach soll die Inschrift, die ihm sein dritter Nachfolger (Sergius IV.) setzte, jedesmal vor dem Tod eines Papstes schwitzen und als Folge des Rasselns der Gebeine Knirschlaute von sich geben. Er starb am 12. Mai 1003.

Silvester II. errichtete während seines Pontifikats zwei neue Bistümer. Das eine in Polen, das andere in Ungarn. Nach der Bekehrung des Ungarnherzogs Wack (der spätere Stephan I.), ließ ihm Silvester II. die Königskrone durch den Abt Astrik überreichen. Ungarn wurde somit zum „Apostolischen Königtum".

*Grabmal Silvesters II.*

Das Ehrenmal für Silvester II. befindet sich am zweiten Pfeiler links im ersten rechten Seitenschiff. Während des Barockumbaues der alten Lateranbasilika kam das Denkmal für Silvester II., von Francesco Borromini neu geschaffen, an die gegenwärtige Stelle. Das heutige Denkmal geht allerdings nicht auf ihn, sondern auf eine Umgestaltung zu Beginn unseres Jahrhunderts zurück. Ein ungarischer Wohltäter stiftete es 1910 zur Erinnerung an die Verleihung der Königskrone durch Silvester II. an

Stephan I. Die Marmorplatte mit der Inschrift, die Sergius IV. seinem Vorgänger gesetzt hatte, wurde dabei im unteren Teil wieder angebracht. Es handelt sich um den sog. „schwitzenden Stein", der anläßlich des bevorstehenden Hinscheidens eines Papstes feucht werden und Knirschlaute von sich geben soll. Das Relief darüber zeigt die Übergabe der Stephanskrone an den Abt Astrik.

## SERGIUS IV.
### (aus Rom, 1009-1012)

Über Sergius IV. weiß man wenig. Er hieß Petrus, war aber unter dem eigenartigen Beinamen „Bucca Porca" oder „Os Porci" (Schweinemund) bekannt. Als Bischof von Albano wurde er auf Wunsch der damaligen Machthaber in Rom, der Familie der Crescenzi zum Papst gewählt und am 31. Juli 1009 konsekriert. Gleich am Beginn seines Pontifikates, am 23. September 1009, nahm der Kalif von Ägypten das Heilige Grab ein, plünderte die Wallfahrtsorte und ließ Christen und Pilger verfolgen. Deshalb rief Sergius 1010 alle christlichen Völker zu einem Kreuzzug auf. Die Authentizität dieses Aufrufs ist jedoch umstritten. Sergius IV. starb am 12. Mai 1012.

*Grabmal Sergius' IV.*

Das Grabmal Sergius' IV. befindet sich ebenfalls im ersten rechten Nebenschiff. Es ist an den vierten Pfeiler links angebaut. über der originalen Inschriftentafel schwebt zwischen Halbsäulen die nachempfundene Büste dieses Papstes. Dieses Ehrenmonument wurde von Alexander VII. (1655-1667) seinem Vorgänger auf dem Stuhl Petri errichtet. Mit einigen Fragmenten des alten Grabes ausgestattet, wurde es im 17. Jahrhundert von Francesco Borromini entworfen.

## ALEXANDER III.
### (Roland Bandinelli, aus Siena, 1159-1181)

Der aus Siena stammende Roland Bandinelli wurde am 7. September 1159 zum Papst gewählt. Infolge von Konflikten, die wäh-

ALEXANDRO III · PONT · MAX
NOBILI BANDINELLA GENTE SENIS NATO
QVI DIFFICILLIMIS TEMPORIBVS
EXIMIA PIETATE
SVMMA PRVDENTIA AC DOCTRINA
ECCLESIAE PRAEFVIT ANNIS XXII
INVICTA FORTITVDINE ATQVE CONSTANTIA
APOSTOLICAE SEDIS IVRA
AVCTORITATEM DIGNITATEMQVE RETINVIT
ET POST IMMENSOS LABORES
AC SOLLICITVDINES PACE PARTA
OECVMENICVM LATERANENSE CONCILIVM
CELEBRAVIT
SANCTISSIMAS DE ELIGENDO SVMMO PONTIFICE
DEQVE VI ET AMBITV COERCENDO
LEGES TVLIT
THOMAM CANTVARIENSEM ANTISTITEM
BERNARDVM CLAREVALLIS ABBATEM
QVOS VIVENTES AMICISSIMOS HABVIT
EOVARDVM ANGLIAE CANVTVM DANIAE REGIS
SANCTORVM NVMERO
ADSCRIPSIT
PLVRIMISQVE ALIIS MAXIMIS REBVS GESTIS
VITAE DEMVM ET GLORIAE CVRSVM CONFECIT
ANN · SAL · M · CLXXXI · KAL · SEPT
ALEXANDER VII · PONT · MAX
NOMINIS ET MVNERIS IN ECCLESIA SVCCESSOR
PONTIFICI TANTO CIVI SVO
PIOS CINERES VENERATVS POSVIT

*Grabmal Papst Alexanders III. in S. Giovanni in Laterano*

rend seiner Wahl auftraten, mußte er aus Rom fliehen und fand in Ninfa (südliches Latium) Schutz. Hier wurde er am 20. September vom Bischof von Ostia, dem Kardinal Ubaldo, zum Papst geweiht.

Ständige Spannungen mit dem deutschen Kaiser Friedrich Barbarossa (* 1152, † 1190), der die Gegenpäpste dieser Epoche unterstützte, und dessen erbitterter Feind Alexander III. war, kennzeichneten den Pontifikat dieses Papstes. Von den 22 Jahren seiner Herrschaft entfielen 18 auf die Kirchenspaltung, welche erst 1180 ein Ende fand. Mehr als die Hälfte seiner Regierung verbrachte er im Exil. Das Verdienst dieses Papstes, einer der bedeutendsten des Mittelalters, war es, zu verhindern, daß das Papsttum wieder in die Abhängigkeit der deutschen Kaiser geriet. Darüber hinaus festigte er die innerkirchliche Autorität des Papsttums. Alexander III. verbrachte seine letzten Jahre im Exil in verschiedenen Orten in Latium. Er starb am 30. August 1181.

### *Grabmal Alexanders III.*

Das ebenfalls von Alexander VII. (er stammte wie sein Vorgänger aus Siena und war daher sein Landsmann) gestiftete Denkmal Alexanders III. ist am dritten Pfeiler links im ersten rechten Seitenschiff angebracht. Es ist kostbar mit je zwei Säulen aus Alabaster auf einem Marmorsockel ausgestattet und entstand nach einem Entwurf von Francesco Borromini Mitte des 17. Jahrhunderts. Das Rundmedaillon über einem hohen elliptischen Halbzylinder aus schwarzem Mamor gibt sein nachempfundenes Porträt wieder.

## INNOZENZ III.
### (Lotario dei Conti di Segni, aus Gavignano bei Anagni, 1198-1216)

Lothar aus dem Geschlecht der Grafen von Segni wurde 1160 in Gavignano bei Anagni geboren. Er war erst 37 Jahre alt und Kardinaldiakon, als er am 8. Januar 1198 zum Papst gewählt wurde. Dank seines Geschicks wurde das Papsttum zur führenden Ordnungsmacht im Abendland. In die Zeit seines Pontifikates fällt das Wirken der beiden Heiligen Franziskus und Domenikus. Er berief 1215 das 12. allgemeine oder vierte Laterankonzil ein, mit 1200 Teilnehmern die größte Synode des Mittelalters. Kaiser Friedrich II. war damals auch anwesend. Ferdinand Gregorovius schreibt über ihn in „Die Grabmäler der Päpste":

*Liegefigur Innozenz' III. von seinem Grab in S. Giovanni in Laterano*

„Dieser mächtigste aller Päpste hatte die Deutschen aus Italien verjagt, die Kaiserkrone dem Welfen Otto IV. gegeben und wieder genommen und den genialen Sohn Heinrichs VI., Friedrich II. aus Palermo, auf den Kaiserthron gerufen, um in ihm dem Papsttum den grimmigsten Feind zu erwecken. Vor ihm demütigte sich der stolze König Frankreichs, von ihm nahm sogar der König Englands sein Reich schimpflich zu lehn ...". Papst Innozenz III. starb am 16. Juli 1216 in Perugia, wo er zunächst in der Kathedrale bestattet wurde. Im Jahre 1890 ließ Leo XIII. die sterblichen Überreste dieses großen Papstes in den Lateran überführen, wo er in dem von Giuseppe Lucchetti 1891 geschaffenen Grabmal schließlich seine letzte Ruhestätte fand.

### Grabmal Innozenz III.

Das imposante Grabmal für Innozenz III. befindet sich über dem Eingang zum Museum im rechten Querschiff. Auf Wunsch Leos XIII. aus der Capella del Crocefisso im Dom zu Perugia hierher übertragen, schuf Giuseppe Lucchetti 1891 die Liegefigur des Papstes. Die Figuren darunter stellen links die „betende Kirche" und rechts die „streitende Kirche" dar. In der Lunette über dem Sarkophag sieht man Christus von den beiden Heiligen Domenikus und Franziskus umgeben.

## MARTIN V.
## (Oddone Colonna, aus Rom, 1417-1431)

Der in Genazzano bei Rom 1368 geborene Kardinaldiakon Oddone Colonna wurde am 21. November 1417 in Konstanz zum Papst gewählt. Nach einem etwa vierzig Jahre währenden Schisma war die Kirche wieder unter einem einzigen Papst vereint. Als er am 30. September 1420 in Rom Einzug hielt, wurde er von einer begeisterten Menge empfangen. Nach 135 Jahren saß wieder ein Römer auf dem Papstthron.

In der Ewigen Stadt fand er eine verheerende Situation vor. Die meisten Basiliken und Kirchen wiesen Verfallserscheinungen auf, die politische Lage war verworren und schwierig. Doch konnte dieser außergewöhnliche Papst viele der Probleme aus dem Wege schaffen. Zudem zeichnete er sich durch eine vorbildliche Lebensführung und allergrößte Einfachheit aus. Mit Energie und Umsicht führte er Reformen ein. Die Reorganisation des Kirchenstaates machte er zu seiner Pflicht und konnte sich mit viel diplomatischer Fähigkeit wieder an seine Spitze setzen. Er wird deshalb zu Recht der dritte Gründer des Kirchenstaates genannt, den er seinen Nachfolgern in geordnetem Zustand übergab. „Temporum Suorum Felicitas" (Glück seiner Zeit) steht daher sicher nicht unbegründet auf seiner Grabplatte aus Bronze, denn mit ihm nahm für Rom und den Kirchenstaat eine neue Epoche ihren Anfang. Er wurde am 20. Februar 1431 wahrscheinlich von einem Schlaganfall dahingerafft. Die Münzen auf der Grabplatte stellen den sog. „Peterspfennig" dar, den die Gläubigen heute noch in die Krypta werfen.

### Grabmal Martins V.

Vor dem großartigen Hochaltar in S. Giovanni befindet sich eine kleine „Konfessio" (von Pius IX. errichtet). Hier ist unter einem Grabstein in der Form seiner Liegefigur Martin V. bestattet. Es handelt sich um ein Werk des Florentiner Künstlers Simone Ghini (etwa um 1440) und gibt seine charakteristische Gestalt wieder. Möglicherweise wirkte an dieser Grabplatte der große Donatello mit.

## CLEMENS XII.
### (Lorenzo Corsini, aus Florenz, 1730-1740)

Lorenzo Corsini entstammte einer uralten Florentiner Adelsfamilie und wurde am 7. April 1652 in Florenz geboren. Als Schüler des Collegio Romano studierte er Jura an der Universität Pisa. Von Innozenz XI. (1676-1689) zum Priester geweiht, wurde er Nuntius in Wien. Clemens XI. (1700-1721) ernannte ihn zum Kardinal; seit 1725 war er Bischof von Frascati. Als er 1730 zum Papst gewählt wurde, war er beinahe 80 Jahre alt und ein kranker Mann. Einige Jahre später erblindete er und war auf seinen Neffen Kardinal Neri Corsini angewiesen, der großen Einfluß auf ihn ausübte. Clemens XII. erlangte als Förderer von Kunst und Wissenschaft große Bedeutung. Auch um die Mission auf den Philippinen, in Nordindien und in Südamerika machte er sich sehr verdient. Er starb am 6. Februar 1740 und wurde in der „Capella Corsini" in S. Giovanni in Laterano bestattet.

CLEMENS·XII·
PONT·MAX·
ANN·CTIV·
OBIIT······X·

*Grab Clemens' XII. in S. Giovanni in Laterano*

Die erste Seitenkapelle links vom Haupteingang ist die – leider fast immer geschlossene – „Capella Corsini". Als eine der schönsten Familienkapellen der Ewigen Stadt wurde sie von Clemens XII. zu Ehren des hl. Andrea Corsini errichtet. Dieser lebte im 14. Jahrhundert und war zunächst Prior in Florenz und dann Bischof von Fiesole. Wegen seiner frommen Lebensweise und seines heroischen Auftretens während der Pestepidemie 1348 wurde er von Papst Urban VIII. im Jahr 1626 heiliggesprochen.

In der von Alessandro Galilei, dem Architekten der Hauptfassade entworfenen Kapelle, fand Papst Clemens im linken Kreuzarm in einem prächtigen, von G.B. Maini in der ersten Hälfte des 18. Jahrhunderts geschaffenen Grabmal seine letzte Ruhestätte. Der mächtige Porphyrsarkophag stammt aus der Vorhalle des Pantheons und enthielt seinerzeit die Asche von Markus Agrippa, dem Finanzier, Feldherrn, Kunstmäzen und Schwiegersohn Kaiser Augustus'. Die imposante Sitzfigur des Papstes ist von allegorischen Figuren umgeben: links der „Überfluß", rechts die „Freigiebigkeit", beide sind ein Werk von C. Monaldi.

## LEO XIII.
### (Gioacchino Pecci, aus Carpineto bei Anagni, 1878-1903)

Gioacchino Pecci wurde am 2. März 1810 in Carpineto bei Anagni geboren und am 20. Februar 1878 als Nachfolger Pius' IX., unter dessen Pontifikat der Kirchenstaat im eben entstandenen italienischen Königreich aufging, gewählt. Er verschaffte dem Papsttum nicht nur in der katholischen Welt eine außerordentliche Beachtung. In seiner berühmten Enzyklika „Rerum Novarum" (1891), sie war sozialpolitisch von größter Bedeutung, hob er hervor, daß es zu den Aufgaben der Kirche gehöre, den Gegensatz zwischen Besitzenden und Arbeitenden zu mildern. Auch der Missionsarbeit, die sich hauptsächlich auf die nordischen, russischen und orientalischen Länder konzentrierte, verlieh Leo XIII. neue Impulse. Im Jahre 1900 rief er nach 75 Jahren wieder ein offizielles Heiliges Jahr aus. Groß war sein Beitrag zur Ausbreitung des Glaubens: unter seinem Pontifikat entstanden 248 neue Erzbistümer und Bistümer und 48 Apostolische Vikariate und Präfekturen. Er

*Papst Leo XIII. in S. Giovanni in Laterano*

starb am 20. Juli 1903 und wurde zunächst provisorisch im Vatikan beigesetzt. Zwanzig Jahre später bestattete man ihn in S. Giovanni in Laterano.

### Grabmal Leos XIII.

Im Querschiff steht hoch oben über dem Eingang zur Sakristei das eindrucksvolle Grabmal Leos XIII. Das großartige Monument mit der aufrechten Figur des segnenden Pontifex über seinem Sarkophag – er ist von zwei allegorischen Figuren, links ein Pilger (ein Hinweis auf das Heilige Jahr 1900) und rechts die „trauernde Kirche" umgeben – wurde 1907 von Giulio Tadolini geschaffen.

## GESCHICHTLICHES

S. Giovanni in Laterano ist die erste Gründung von Kaiser Konstantin d. Gr. Er stiftete sie dem Christengott, der ihm am 28. Oktober 312 zu seinem Sieg an der Milvischen Brücke verholfen hatte. Denn am Vortag der Schlacht hatte der Kaiser der Legende nach seine denkwürdige Vision: das Kreuzzeichen erschien ihm am Himmel und eine Stimme verkündete die berühmten Worte: „In Hoc Signo Vinces" (in diesem Zeichen wirst du siegen). Er ließ daher die Schilder seiner Mannen mit dem Kreuzzeichen versehen, was sie offensichtlich so ansporns, daß sie am nächsten Tag über die zahlenmäßig weit überlegenen Soldaten des Maxentius siegten. Dieses wichtige Ereignis brachte dem Christentum infolge des Mailänder Ediktes von 313, das allgemeine Religionsfreiheit garantierte, die lange erhoffte offizielle Anerkennung und bildete die Voraussetzung für seine spätere großartige Entwicklung.

Konstantin schenkte Papst Melchiades kaiserlichen Grund und Boden in der „Regio V. Esquilinae", dem fünften Bezirk in und um den Esquilinhügel unmittelbar an der Stadtmauer, um hier dem Christengott eine repräsentative Basilika zu errichten. Richard Krautheimer schreibt darüber in seinem Buch „Rom – Schicksal einer Stadt": „Offensichtlich sah Konstantin in der Laterankathedrale, seiner ersten Kirchengründung, einen kühnen Neubau christlicher Architektur, einen klaren Bruch mit dem unauffälligen und nachdrücklich privaten und bescheidenen Charakter der traditionellen Gemeindezentren; eine Abwandlung einer der verbreitetsten Typen der öffentlichen Monumentalbauweise; eine Basilika, sozusagen eine Audienzhalle Christi, des Königs, die mit den großartigsten öffentlichen Bauten an Ausstattung, Einrichtung und Ausmaßen wetteiferte; sie war 98 Meter (333 1/3 römische Fuß) lang und über 56 Meter (190 römische Fuß) breit – eine in jeder Hinsicht wahrhaft kaiserliche Gründung."

Das von Konstantin gestiftete Baugelände befand sich im ersten Jahrhundert im Besitz der Familie der „Plauzi Laterani". Wegen einer Verschwörung gegen Nero konfisziert, war das Gelände kaiserliches Eigentum. Konstantin erhielt es als Mitgift seiner zweiten Frau Fausta, der Schwester seines Gegners und Mitkaisers Maxentius. Zum Zeitpunkt der Schenkung befanden sich dort die „Domus Faustae", ein Herrschaftshaus, und die Kaserne der „Equites Singulares". Diese Elitetruppe, die ehemalige Reitergarde des Kaisers, hatte scheinbar während der Schlacht am Ponte Milvio auf der Seite des Gegners gekämpft, was ihnen offensichtlich zum Verhängnis wurde. Die Kasernenanlagen aus dem 3. Jahrhundert wurden niedergerissen. Auf dem Gelände konnte mit der Errichtung der ersten großen Kirche der Christenheit begonnen werden. Die fünfschiffige Basilika, deren Mittelschiff von gebälktragenden Kolonnaden, die Seitenschiffe von Säulenarkaden gestützt wurden, lehnte sich architektonisch nicht nur an die zeitgenössischen öffentlichen Monumentalbauten an, sondern übertraf diese noch an Pracht. Vielleicht traf Konstantin die Entscheidung, die Kirche zu errichten, bereits 312/313. Die Taufkapelle dahinter stammt wohl aus dem Jahre 315.

Neben der ersten Kirche Roms entstand auch das „Patriarchium", die erste Bischofsresidenz mit ihren Repräsentations- und Amtsräumen. Im Lateran befand sich somit der erste offizielle Sitz der Päpste und verblieb es mit kurzen Unterbrechungen bis zum Exil von Avignon. Die Peterskirche entstand einige Jahre später, lag außerhalb der Stadtmauern und war vorerst eine dem Apostelfürsten geweihte Memorial- und Begräbnisbasilika, in deren Nähe erst im Laufe des 15. Jahrhunderts Repräsentationsräume für die Päpste entstanden.

Die große konstantinische Basilika war anfangs dem Erlöser, Salvator, geweiht. Unter Papst Gregor dem Großen (590-604) kam die Verehrung der beiden Heiligen, Johannes des Täufers und des Evangelisten hinzu, so daß eine Zeitlang beide Namen in Gebrauch waren, bis sich schließlich der heutige endgültig durchsetzte.

Nähert man sich heute der spätbarocken Fassade an der Piazza S.

Giovanni und läßt, bevor man die Vorhalle betritt, den Blick über den weiten Platz schweifen, so kann man in nicht allzu weiter Ferne eine Bronzestatue mit erhobenen Händen ausmachen. Sie stellt den hl. Franz von Assisi dar, der sich einst hierher begab, um dem Papst seine Ordensregel vorzustellen. Die beeindruckende Figurengruppe des Künstlers Giuseppe Tonini fand im Jahre 1927 zum 700. Todestag des großen Heiligen hier den ihr angemessenen Platz.

Im Laufe der Zeit mußte S. Giovanni in Laterano Brände, Erdbeben, Plünderungen und Verfallserscheinungen aller Art über sich ergehen lassen. Das Gotteshaus wurde jedoch immer wieder aufgebaut und instand gesetzt. Die erste große Restaurierung geht auf Leo I. d. Gr. (440-461) nach der Plünderung durch die Vandalen unter Geiserich zurück. Im Jahre 896 durch ein großes Erdbeben zerstört, wurden die Schäden unter Sergius III. (904-911) wieder behoben. Die einschneidendsten Veränderungen fanden unter den Päpsten Innozenz X. (Pamphili, 1644-1655) – er beauftragte Francesco Borromini mit dem barocken Umbau des Innenraumes – und Clemens XII. statt. Auf diesen Papst geht unter anderem die 1735 vollendete Monumentalfassade zurück.

In der Lateranbasilika fanden viele bedeutende Ereignisse statt, wie Papstkrönungen, die ökumenischen Konzile 1123 (Callixtus II.), 1139 (Anaclet II.), 1179 (Alexander III.), 1215 (Innozenz III.), 1512-1517 (Julius II. und Leo X.) sowie zahlreiche Synoden. Nach einer Papstwahl nimmt der neue Papst heute noch von seiner Bischofskirche während einer feierlichen Zeremonie offiziell Besitz.

## DIE HAUPTFASSADE

Mit ihren 15 Kolossalstatuen auf der Spitze erkennt man die gewaltige Hauptfassade von S. Giovanni bereits von weitem. So beispielsweise von der Kuppel des Petersdomes oder vom Kapitol aus. Der Plan zu ihrem Bau war das Ergebnis eines Wettbewerbes, den Clemens der XII. ausschrieb. Offensichtlich war der Entwurf von Francesco Borromini nicht mehr aufzufinden. Alessandro Galilei bekam schließlich den Auftrag und schuf eine einzige gewaltige Säulenordnung mit Halbsäulen und Lisenen auf hohen Sockeln. Der Dreiecksgiebel in der Mitte ist mit einem von Engeln getragenen Mosaikbild des Erlösers geschmückt. Darüber schweben die etwa sieben Meter hohen Statuen, in ihrer Mitte Christus, links und rechts die Heiligen Johannes der Täufer und Johannes der Evangelist, sowie zwölf Kirchenlehrer der lateinischen und griechischen Kirche. Seitlich des Haupteinganges befinden sich die beiden anfangs erwähnten Medaillons mit der Inschrift „SACROS(ancta) LATE-RAN(ensis) ECCLES(ia) OMNIUM URBIS ET ORBIS ECCLE-SIARUM MATER ET CAPUT" (allerheiligste Laterankirche, Mutter und Haupt aller Kirchen der Stadt [Rom] und des Erdkreises).

## DIE VORHALLE

Die überwölbte Vorhalle beeindruckt mit ihren großartigen Außenmaßen und der Harmonie der Proportionen. Die fünf Portale entsprechen den fünf Schiffen der Basilika. Meistens ist nur ein Tor (das rechts des Hauptportals) geöffnet. Bei dem mächtigen, kunstvoll mit zierlichen Akanthusblättern gerahmten Hauptportal aus Bronze handelt es sich um ein ehrwürdiges „Relikt" aus dem Forum Romanum. Alexander VII. ließ es 1660 aus der Kirche S. Adriano am Forum Romanum hierherbringen. S. Adriano al Foro war in die ehemalige Kurie, wo sich zur Römerzeit der Senat versammelte, eingebaut worden. Da die einstigen Türblätter der Kurie für das Hauptportal von S. Giovanni offensichtlich zu klein waren, wurden sie mit einem Bronzestreifen, der die Sterne aus dem Wappen Alexanders VII. trägt, vergrößert. Am linken Ende der Vorhalle fällt die Statue von Konstantin d. Großen auf. Sie ist ein Werk des 4. Jahrhunderts, stammt aus seinen Thermen auf dem Quirinal und wurde unter Papst Clemens XII. hier wieder aufgestellt. Die Reliefs über den Portalen wurden von verschiedenen Künstlern zu Beginn des 18. Jahrhunderts geschaffen und erzählen Begebenheiten aus dem Leben Johannes des Täufers. Als eine der vier Patriarchalbasiliken Roms weist S. Giovanni in Laterano natürlich auch eine „Heilige Pforte" auf. Sie befindet sich rechts außen und wird nur anläßlich eines Heiligen Jahres feierlich geöffnet.

## DER INNENRAUM

Betritt man das barocke Innere der weitläufigen Basilika, so erinnert an die Kirche Konstantins d. Großen durchaus nichts mehr. Sie scheint im Laufe der Zeit restlos verschwunden zu sein. Doch durch Ausgrabungen unter dem Boden der Basilika konnte man sowohl die Mauern der

Kaserne der in der entscheidenden Schlacht glücklosen „Equites Singulares", als auch die Fundamente der konstantinischen Basilika feststellen. Es zeigte sich, daß das Gotteshaus seinen ursprünglichen Grundriß beibehalten hat. Das heutige Mittelschiff und die Nebenschiffe stehen demnach auf frühchristlichen Grundmauern. Ja, aus Sondierungen am aufgehenden Mauerwerk ging hervor, daß der konstantinische Bau trotz aller Restaurierungen im Mittelalter und in der Neuzeit unter der barocken Verkleidung der heutigen Kirche teilweise noch erhalten ist. So weist dieses erste Gotteshaus der Christenheit nicht nur eine historische sondern auch bauliche Kontinuität auf, die von der Gegenwart direkt in die Epoche des ersten christlichen Kaisers Roms zurückreicht.

## Mittelschiff

Großartig und feierlich wirkt der weite und kostbar ausgestattete barocke Hauptraum der Lateranbasilika. Er beeindruckt durch seine harmonischen Ausmaße und die mächtigen Statuen der Apostel (4,5 Meter hoch), die goldstrahlende Kassettendecke und den gut erhaltenen Kosmatenfußboden. Die Apostelstatuen in den Nischen sind Werke von verschiedenen Künstlern aus der Schule Berninis und entstanden zu Beginn des 18. Jahrhunderts. Sie wurden vornehmlich von deutschen Bischöfen gestiftet. Die Entwürfe zu den Stuckreliefs darüber stammen von Alessandro Algardi (um 1600-1654). Zu einer Ausführung in Bronze kam es nicht mehr. Sie zeigen links Begebenheiten aus dem Alten und rechts aus dem Neuen Testament. Auf den Bildern in den ovalen Rahmen darüber erkennt man Darstellungen der Propheten. An der vergoldeten, reich verzierten Kassettendecke, deren Entwurf von Pirro Ligorio sein soll, sind gleich drei Papstwappen angebracht, nämlich das Pius' IV. (1559-1565), Pius' V. (1566-1572) und Pius' VI. (1775-1799), unter denen sie begonnen, fertiggestellt und restauriert wurde.

## Der Hauptaltar

Der großartige gotische Tabernakel über dem Papstaltar aus weißem Marmor bildet den spirituellen und architektonischen Mittelpunkt der Basilika. Hier soll neben anderen Reliquien der Holztisch aufbewahrt sein, auf dem der Überlieferung nach der hl. Petrus und alle Päpste nach ihm bis Silvester I. die Messe hielten. Darüber tragen vier orientalische Granitsäulen den gotischen Baldachin, der ein Werk von Giovanni di

*S. Giovanni in Laterano, Innenraum*

Stefano (1367) ist. Die Fresken mit Darstellungen aus dem Leben Jesu und Mariae stammen von Barna da Siena (um 1369). Hinter den Gittern in der Höhe befinden sich die versilberten Büsten der Heiligen Petrus und Paulus. Sie sind Kopien der 1370 von Giovanni de Bartolo gearbeiteten Originale, von denen es hieß, daß sie die Häupter der beiden Apostelfürsten enthielten. Die Originale wurden 1797 eingeschmolzen, um den von den Franzosen verlangten hohen Tribut zu bezahlen.

### Apsis

Einen weiteren künstlerischen Höhepunkt bildet in S. Giovanni die kostbar verkleidete Apsis. Obwohl sie im vorigen Jahrhundert unter Leo XIII. abgerissen und von den Architekten Francesco und Virgilio Vespignani, um einige Meter versetzt, wieder aufgebaut wurde, wobei das zwischen 1288 und 1294 von Jacopo Torriti und Jacopo da Camerino unter Verwendung bereits vorhandener, älterer Elemente geschaffene Mosaik abgenommen und auf die neue Apsiswand wieder angebracht wurde, vermittelt sie durch ihre prächtige Ausstattung dennoch einen großartigen Eindruck.

### Das Mosaik

Die ältesten Teile stammten möglicherweise aus dem 4. Jahrhundert, wie beispielsweise das Bild des Erlösers in der Apsiswölbung und der Jordanfluß mit seinen Figuren und symbolträchtigen Szenen. Das Bild des Erlösers soll übrigens der Legende nach auf wunderbare Weise während der Weihe der Basilika erschienen sein. Es wurde als Mosaikbild festgehalten und hält die Erinnerung an dieses geheimnisvolle Ereignis wach.

Die Mitte nimmt ein großes Gemmenkreuz auf dem Weltenberg ein. Darüber schwebt der Heilige Geist in Form einer Taube. Das Kreuz wird links von der Hl. Maria, Petrus und Paulus, rechts von Johannes dem Täufer, Johannes dem Evangelisten und Andreas flankiert. Die kleine Gestalt zwischen Maria und Petrus ist der hl. Franz von Assisi, die kniende Figur der Stifter Papst Nikolaus IV. (1288-1292). Zwischen den Figuren der beiden Johannes kann man den hl. Antonius von Padua erkennen. Sieht man genau hin, entdeckt man links unter den Füßen des hl. Paulus die Meistersignatur („Jacobus Torriti Pict. hoc op. fecit"), 1292 geschaffen. Zwischen den vier Paradiesflüssen (Gen, 2,10-14), die aus dem Hügel entspringen und an denen sich Hirsche und Schafe (die Symbole für die Gläubigen) laben, liegt das Himmlische Jerusalem. Die untere Begrenzung bildet der Jordanfluß, Symbol der Taufe, mit Booten, Vögeln und spielenden Kindern.

Weiter unten sind in der Fensterzone neun Apostel dargestellt. Zwischen den durch Palmen getrennten Figuren kann man zwei kleinere kniende Gestalten erkennen. Es sind die beiden Franziskaner Jacopo Torriti und Jacopo da Camerino. Sie waren die beiden Schöpfer des Originalmosaiks. Die Sockelzone nimmt in der Mitte der kostbare, in der Art der Kosmaten ausgeführte Stuhl des Bischofs von Rom ein, sie ist ein Werk des 19. Jahrhunderts.

### Das Querschiff

Im Querschiff beeindruckt, abgesehen von dem erwähnten gewaltigen gotischen Baldachin in der Mitte über dem Papstaltar, vor allem der würdige Sakramentsaltar an der linken Stirnseite mit den vier hohen Bronzesäulen. Der Legende nach sollen sie entweder aus dem Tempel von Jerusalem oder vom Tempel des Jupiter Capitolinus in Rom entstammen. Der kunstvolle Tabernakel stammt von Pompeo Targone und ist mit seltenen Jaspisen und Lasursteinen verziert. Das Bild des Ewigen im Giebelfeld ist ein Werk des Cristoforo Roncalli. Die großen Figuren in den Nischen sind von links nach rechts: Elias, Moses, Melchisedech und Aaron. Sie und die Reliefs darüber, die sich jeweils auf die Figur beziehen, wurden von verschiedenen Künstlern am Ende des 16. Jahrhunderts geschaffen.

Die Wände des Querschiffes der Lateranbasilika wurden ebenfalls ganz prächtig ausgestattet. Während des Pontifikates von Clemens VIII. (Aldobrandini, 1592-1605) zwischen 1597 und 1601 stark umgebaut, wobei die letzten Reste altchristlicher Stilelemente verschwanden, wirkten hier berühmte Künstler wie Giacomo della Porta, von dem die Entwürfe zur Innenarchitektur, den Marmorintarsien und den Reliefs stammen. Sie wurden von verschiedenen Künstlern, darunter Stefano Maderna und der Cavalier d'Arpino (Giuseppe Cesari) ausgeführt. Dieser leitete auch die malerische Ausstattung mit den Wandbildern, an der verschiedene Künstler beteiligt waren. Die monumentale Kassettendecke mit dem vergoldeten plastischen Schmuck (Büste Christi in der Mitte, Profilbüsten von Petrus rechts und Paulus links, seitlich links Johannes der Täufer und rechts Johannes der Evangelist) ist ein Werk Taddeo Landinis.

S. Giovanni in Laterano birgt aber noch viele andere Kunstschätze. Die Seitenkapellen, kosmatengeschmückten Grabmäler, Marmorstatuen und Reliefs in den Nebenschiffen sind sicherlich genauso beachtenswert.

Auf keinen Fall übersehen sollte man in S. Giovanni das Fragment eines Freskos von Giotto, das an Papst Bonifaz VIII. und die Ausrufung des allerersten Heiligen Jahres in der Geschichte (d. J. 1300) erinnert. Es befindet sich im ersten rechten Seitenschiff am ersten linken Pfeiler und zeigt Papst Bonifaz, Kardinal Stefaneschi und einen Diakon beim Verlesen der Ausrufungsbulle. Der Rest des Wandgemäldes ist leider verlorengegangen.

## Kreuzgang, Sakristei und Dommuseum

Zu einem Besuch von S. Giovanni in Laterano gehören aber auch unbedingt der mittelalterliche Kreuzgang, die Sakristei, das Dommuseum und die Taufkapelle. Der stimmungsvolle mittelalterliche Kreuzgang wurde von Pietro Vassalletto und seinem Sohn 1225-1236 geschaffen. Er bildet ein kleines Museum für sich. An einer der Wände hat unter anderem der uralte kosmatengeschmückte Papstthron seinen Platz gefunden.

Auch die Sakristei und das Dommuseum sind eine Fundgrube für interessierte Kunstkenner. Hier befinden sich die Grabmäler der Maler Andrea Sacchi und Cavalier d'Arpino sowie kostbare Meßgewänder. Im Dommuseum sind die wertvollen Gegenstände aufbewahrt, die im Laufe der Jahrhunderte in den Besitz der Kirche kamen: Meß- und Chorgewänder, Wandteppiche und Monstranzen aus Gold und Silber.

## Das Seitenportal, der Obelisk, die Taufkapelle und die „Scala Santa"

Verläßt man die Basilika rechts durch das Querschiff, so gelangt man in die Vorhalle, die von Domenico Fontana 1586 für Sixtus V. (1585-1590) geschaffen wurde. Es ist ein zweigeschossiger Arkadenportikus mit einer Benediktionsloggia, der von mehreren Künstlern des Spätmanierismus ausgemalt wurde (C. Nebbia, V. Salimbeni u. a.).

Über der Vorhalle erheben sich die beiden charakteristischen kurzen Glockentürme aus dem 12. Jahrhundert mit vier Glocken aus dem 12. und 13. Jahrhundert.

Der Obelisk aus rotem orientalischen Granit in der Mitte des Platzes wurde auf Befehl Konstantin d. Gr. in den Tempelanlagen von Karnak – hier hatte er zweitausend Jahre vor dem Tempel des Amun-Re, von den Pharaonen Thutmosis III. und Thutmosis IV. aufgestellt, gestanden – abgebaut und nach Alexandria zur Verschiffung nach Konstantinopel gebracht. In Alexandria hatte die Reise des vierunddreißig Meter hohen und vierhundertsechzig Tonnen schweren Riesen vorerst allerdings ein Ende. Konstantin starb und erst sein Sohn Konstanz II. ließ ihn siebenundzwanzig Jahre später auf einem von dreihundert Ruderern vorwärtsgetriebenen Spezialschiff nach Rom bringen. Auf der Mittelmauer des Zirkus Maximus aufgestellt, war er ein weithin sichtbares Zeichen spätantiker römischer Macht. Sie dauerte – wie der Obelisk – nicht lange. In den Wirren der Völkerwanderungszeit umgefallen und im Schlamm des Zirkus Maximus versunken, wurde er erst unter Sixtus V. ausgegraben und 1588 vor der Lateranbasilika wieder aufgestellt. Er ist der höchste Obelisk Roms.

Bei einem Besuch von S. Giovanni darf die eindrucksvolle und geschichtsträchtige Taufkapelle Konstantins keinesfalls fehlen. Gleich neben der allerersten offiziellen Kirche errichtet, bildete auch sie die allererste offizielle Taufkapelle, Muster und Vorbild für alle nach ihr entstandenen.

Sofort beim Eintreten fällt das riesige runde Taufbassin auf, in dem jahrhundertelang die Katechumenen die Taufe empfingen. Die jetzige Anlage mit den schlanken Porphyrsäulen, dem Marmorarchitrav und den Säulen darüber geht in die Zeit Sixtus' III. (432-440) zurück. Mosaiken aus dem 5. Jahrhundert in der ehemaligen Eingangshalle, der heutigen Kapelle des hl. Cyprianus und der Giustina sowie der Kapelle Johannes d. Evangelisten, beweisen das ehrwürdige Alter dieses ersten Baptisteriums. Auch die Mosaiken in der Kapelle des Venantius aus dem 7. Jahrhundert sind sicherlich sehenswert, sowie auch die Holzkassettendecke, die auf einen Entwurf von Michelangelo zurückgehen soll. Die „singenden Türen" bei der Kapelle Johannes d. Täufers sind ein Kuriosum, welches die Kustoden gegen ein Trinkgeld gerne vorführen. Sie geben einen mehr oder weniger schnarrenden Laut von sich, wenn man sie in ihren Angeln dreht.

Hat man noch etwas Zeit, ist ein Besuch der „Scala Santa" (Heilige Treppe) empfehlenswert. Sie befindet sich schräg gegenüber dem Lateranpalast. Es soll sich der Legende nach um die Treppe handeln, über die

Jesus in Jerusalem zu Pilatus hinaufgestiegen sei und die von der hl. Helena aus dem Heiligen Land hierher gebracht wurde. Ursprünglich bei der Privatkapelle der Päpste im Lateranpalast, ließ Sixtus V. sie an die heutige Stelle übersiedeln. Seit Jahrhunderten erklimmen Gläubige diese Treppe Stufe um Stufe auf den Knien in frommer Erfüllung ihrer Gelübde und Fürbitten. Am Ende der Treppe erreicht man die Kapelle S. Lorenzo, wegen der wertvollen Reliquien auch „Sancta Sanctorum" genannt. Links und rechts dieser Treppe gibt es Stufen, über die man ganz normal hinaufgehen kann.

# S. Croce in Gerusalemme

Die letzte Ruhestätte von Papst Benedikt VII. (974-983)

Nicht weit von S. Giovanni in Laterano liegt an der Aurelianischen Stadtmauer S. Croce in Gerusalemme, eine der sieben Hauptkirchen Roms. Der Überlieferung nach von der hl. Helena, der Mutter Konstantins d. Großen gegründet, um hier die Kreuzreliquien aus dem Heiligen Land aufzubewahren, ist sie seit mehr als eineinhalb Jahrtausenden Ziel der Wallfahrer aus der ganzen Welt. Ihre spätbarocke, geschwungene Fassade erweckt den irreführenden Eindruck, es handle sich um ein Gotteshaus aus dem 18. Jahrhundert. Doch geht die Anlage in ihren Grundmauern sogar auf vorkonstantinische Zeit zurück. Ebensowenig wie die Geschichte des Gotteshauses ist bekannt, daß hier ein Papst des Mittelalters, Benedikt VII., seine letzte Ruhestätte fand.

## BENEDIKT VII.
### (Graf von Tusculum, aus Rom, 974-983)

Der Bischof von Sutri aus dem Geschlecht der Grafen von Tusculum (Benedikt VII. war der zweite Papst aus dieser Adelsfamilie, die fünf Päpste hervorbrachte) wurde im Jahre 974 nach einer mehrmonatigen Sedisvakanz zum Papst gewählt. Die politische Situation in Rom war verworren und die Anhänger der deutschen Kaiser und ihre Gegner bekämpften einander mit wechselndem Glück. Im Jahre 972 war Johannes XIII. (965-972) gestorben. Sein Nachfolger, Benedikt VI. (973-974), wurde von der kaisertreuen Partei unterstützt. Als jedoch Kaiser Otto I. im Jahre 973 starb, entflammte in Rom sogleich wieder eine Revolution, in deren Verlauf Benedikt VI. in der Engelsburg festgesetzt und da im Juli 974 erwürgt wurde. Einer anderen Version nach soll der während des Pontifikates von Benedikt VI. von seinen Widersachern ernannte Gegenpapst Bonifaz VII. seinen Vorgänger sogar selbst ermordet haben.

*S. Croce in Gerusalemme, Fassade*

Gregorovius schreibt darüber: „Seine Zeitgenossen schildern ihn (Bonifaz VII.) als ein „Monstrum" und sagen ihm nach, daß er mit dem Blut seines Vorgängers bedeckt gewesen sei. Leider sind uns die Ereignisse in Rom nur aus den dürftigsten Notizen bekannt; und kaum wird uns die Erhebung des Bonifatius gemeldet, so hören wir auch von seinem Sturz. Nach einem Monat und fünf Tagen raffte er den Kirchenschatz zusammen und floh nach Konstantinopel …"

Nach dem Verschwinden des Gegenpapstes gestaltete sich die Wahl eines Nachfolgers für Benedikt VI. offensichtlich schwierig. Der vom Kaiser Otto II. vorgeschlagene Mönch Majolus von Cluny schlug die Tiara aus. Schließlich einigte man sich auf den Bischof von Sutri.

Benedikt VII. rief sofort ein Konzil ein, bei dem er den entwichenen Gegenpapst Bonifatius verurteilen ließ. Mit starker Hand förderte er die cluniazensische Reform und ließ 981 auf einer römischen Synode die Simonie verbieten. Unter seiner Herrschaft entstand das Bistum Prag, dem Böhmen und Mähren unterstellt wurden. Den Erzbischöfen von Magdeburg und Trier wurden neue Privilegien zugestanden. Benedikt VII. kümmerte sich auch um die Restaurierung von Kirchen und Klöstern, wie beispielsweise S. Scolastica in Subiaco und S. Bonifacio e Alessio auf dem Aventin, welches damals zum berühmtesten Kloster in Rom wurde. Benedikt VII. starb am 10. Juli 983.

### Die Inschriftentafel für Benedikt VII.

An das Grab Benedikts VII., das im Laufe der Zeit verlorenging, erinnert nur mehr eine Marmorinschrift, die sich ursprünglich beim Gregorsaltar befand. Sie wurde an der Wand des rechten Seitenschiffes gleich neben dem Eingang angebracht und weist darauf hin, daß Papst Benedikt VII. bei S. Croce in Gerusalemme ein Kloster gründete. Dieses gab Papst Leo IX. 1049 zunächst den Benediktinern von Montecassino. Später ging es an die Regularkanoniker von S. Frediano über. Heute betreuen Zisterzienser die Basilika.

## GESCHICHTLICHES

Der Überlieferung nach ist S. Croce in Gerusalemme eine Gründung der hl. Helena, der Mutter von Konstantin d. Großen. Sie fand – so die

✠ HOC BENEDICTI PP QVIES CVNT MEMBRA SEPVLCHRO
SEPTIMVS EXISTENS ORDINE QVI PEPA TRVM
HIC PRIMVS REP PVL IT FRANCONIS SPVRCAS VPER BI
CVLMINA QVIIN VA SIT SEDIS APOSTOLI CAE
QVIDOMINVM QVAE SVVM CAPTVM IN CASTRO HABEBAT
CARCERIS INTER EA VINCLIS CONSTRICTVS IN IMO
STRANGVILATVS VBI EXVERAT HOMINEM
CVMQVE PATER MVLTVM CERTARET · DOGMATE SCO
EXPVLITA SEDE INIQVVS · NAMQVE IN VASOR
HIC QVOQVE PREDONES SCORVM FALCE SVBEGIT ·
ROMANE ECCLESIE IVDICIS QVAE PATRVM
GAVDET AMANS PASTOR AGMINA CVNCTA SIMVL
HIC CAE MONASTERIVM STATVIT · MONACHOSQ LOCAVIT
QVILAVDES DNO NOCTE DIEQVE CANANT
CONFOVENS VIDVAS · NEGNON ET INOPES PVPILLOS
VT NATOS PROPRIOS · ASSIDVE REFOVENS
INSPECTOR TVMVLI · COMPVNCTO · DICITO CORDE
CVXT PO REGNES OBEN DCEDO · DX MVTINAP SEEREST NOVMII ANN OBIIT ADXPMIN DCXII

SKM '93

*Grabinschrift vom Grab Papst Benedikts VII. in S. Croce in Gerusalemme*

Legende – im Jahr 326 während ihrer Pilgerfahrt ins Heilige Land das wahre Kreuz Christi in Jerusalem. Einen Teil davon sandte sie an ihren Sohn in Konstantinopel, einen ließ sie in Jerusalem und einen brachte sie mit nach Rom. In ihrem römischen Palast, dem „Sessorium", der sich auf dem Areal des jetzigen Gotteshauses befand, ließ sie eine Kirche einrichten und bewahrte hier die Kreuzreliquien auf.

Der „Liber Pontificalis" sieht in Kaiser Konstantin den Gründer: „… fecit Constantinus Augustus basilicam in Palatio Sessoriano ubi etiam de ligno sanctae crucis domini nostri Iesu Christi in auro et gemmis conclusit, ubi nomen ecclesiae dedicavit quae cognominatur usque in hodiernum diem Hierusalem …" (… der Kaiser Konstantin errichtete im Sessorianischen Palast eine Basilika, wo er Teile vom heiligen Kreuz unseres Herrn Jesus Christus in einem mit Edelsteinen verzierten Goldschrein verwahrte, wo er auch den Namen der Kirche weihte, die man bis zum heutigen Tag als „Jerusalem" kennt …).

Neuere Forschungen ergaben, daß die Basilika in einem bereits vorhandenen Raum, einem Atrium oder einer Empfangshalle der kaiserlichen Residenz eingebaut wurde. Man brauchte nur das bereits vorhandene Mauerwerk den neuen Erfordernissen anzupassen. Diese Umbauarbeiten veranlaßten jedoch weder die hl. Helena noch Kaiser Konstantin, sondern erst deren Nachfolger. Das Atrium selbst – ein fast quadratischer Raum – entstand, wie aus Ziegelstempeln in den Außenmauern von S. Croce in Gerusalemme hervorgeht, etwa einhundert Jahre vorher, nämlich zur Zeit Kaiser Heliogabals (218-222). Aus seiner hier gelegenen, ausgedehnten Villa entwickelte sich das spätere „Sessorium", der Kaiserpalast.

Diese Residenz war mit ausgedehnten Gärten, einem Zirkus und einem Amphitheater ausgestattet, dessen Überreste es heute noch gibt. Sie wurden in die etwa 50 Jahre später errichteten Aurelianischen Stadtmauern gleich neben der Kirche integriert. Die Ruinen der Wand eines großen Apsidensaales des kaiserlichen Palastes sind gleich neben S. Croce in Gerusalemme ebenfalls noch erhalten. Man kann sie im Garten des „Museo Storico della Fanteria" links der Kirche heute noch sehen.

Zur Zeit Konstantins war das Atrium offensichtlich ein 20 x 25 Meter großer und 22 Meter hoher Raum, dessen Wände arkadiert waren. Die Umrisse der großen, rechteckigen Fenster, die einst oberhalb der Arkaden lagen, und die diesen Raum belichteten, kann man heute noch in der

Seitenfassade der Kirche erkennen. An diesen Saal wurde an der östlichen Schmalseite eine geräumige Apsis angebaut. Außerdem wurde er durch zwei arkadierte Querwände abgeteilt und die gesamte Anlage vom restlichen Kaiserpalast vollkommen abgetrennt. Nur ein Raum des Palastes, nämlich der, in dem sich die heutige Helenakapelle befindet, wurde in den Kirchenverband mit einbezogen. Hier bewahrte man vermutlich von allem Anfang an die Kreuzreliquien auf.

Die ersten Jahrhunderte überstand S. Croce in Gerusalemme – von Zeit zu Zeit restauriert und instand gehalten – ohne größere bauliche Veränderungen. Erst im 12. Jahrhundert fand unter Papst Lucius II. (1144-1145) eine gründliche Erneuerung statt. Das Resultat war – nach der Eleminierung der Querwände – eine dreischiffige Basilika samt Querschiff, Narthex, einem Glockenturm und einem Kreuzgang. Während des Exils der Päpste in Avignon verfiel – wie manch anderes Gotteshaus in Rom – auch S. Croce in Gerusalemme. Papst Urban V. (1362-1370), der noch in Avignon residierte, ließ S. Croce in Gerusalemme wieder instand setzen. Im 15. Jahrhundert führten die beiden Titelkardinäle Mendoza (1484-1493) und Carvajal (1495-1523) weitere bedeutende Restaurierungen durch.

Das heutige Aussehen von S. Croce in Gerusalemme geht auf die Initiative Papst Benedikts XIV. (1740-1758) zurück, der die beiden Architekten Domenico Gregorini und Pietro Passalacqua mit der Renovierung beauftragte.

## HAUPTFASSADE UND VORHALLE

An Stelle des mittelalterlichen Narthex errichteten Domenico Gregorini und Pietro Passalacqua die geschwungene, reich verzierte Travertinfront mit der elliptischen, kuppelüberwölbten Vorhalle. Vom mittelalterlichen Portikus wurden nur die acht Granitsäulen übernommen. Vier stützen die Kuppel, die anderen vier den Bogen des Hauptportals. Diese Vorhalle mit ihrem spätbarocken Zierrat ist eine der originellsten und interessantesten Schöpfungen der italienischen Architektur der Mitte des 18. Jahrhunderts. Das betrifft sowohl die kreuzbekrönte und figurengeschmückte Außenfront, als auch den ovalen Innenraum, der in der überaus eleganten, von einer lichtdurchfluteten Laterne bekrönten Kuppel kulminiert. Hoch oben auf der Fassade erhebt sich als weithin sichtbares Symbol der Kirche ein von zwei Engeln flankiertes Kreuz. Die Statuen etwas tiefer stellen die vier Evangelisten dar. Die Figuren ganz links und rechts außen sind die hl. Helena mit dem Kreuz und Kaiser Konstantin.

## INNENRAUM

Die barocke Umgestaltung des Innenraumes ist im Gegensatz zur Fassade und dem ungewöhnlichen Atrium nicht so gut gelungen. Hat man die elliptische Vorhalle überquert, gelangt man in eine dunkle, lichtlose Kirche. Sie ist durch Säulen und Pilaster in drei Schiffe geteilt. Die mittelalterliche Grundrißgestaltung wurde bei dem Barockumbau nicht verändert. Von den ursprünglich 12 Granitsäulen kann man allerdings nur mehr acht sehen. Die übrigen vier wurden von Pilastern ummantelt. Diese unterbrechen auch den seinerzeit durchgehenden Architrav. Die Basen und Kapitelle der mächtigen Säulen wurden ebenfalls vereinheitlicht. Die Decke ziert ein großes Wappen Benedikts XIV. sowie ein Bild von Corrado Giaquinto (1703-1765) „Maria empfiehlt der heiligen Dreifaltigkeit die hl. Helena und Kaiser Konstantin".

Gleich beim Eingang befinden sich zwei bemerkenswerte Weihwasserbecken (Ende d. 15. Jh.). Fische, wohl kleine Delphine, schmücken ihre Schale; Symbole, die bereits in frühchristlicher Zeit gerne verwendet wurden. Den kunstvollen Kosmatenfußboden sollte man ebenfalls nicht übersehen.

### Die Apsis

In der Apsis fällt sofort der barocke Baldachin über den vier mittelalterlichen Säulen auf. Er geht in seiner heutigen Gestalt auf die beiden Architekten zurück, die den Umbau im 18. Jahrhundert durchführten, und überdacht den Hauptaltar über einer antiken Basalturne. Sie enthält die Reliquien der hll. Cesarius und Anastasius.

Der Meister, der die Wölbung der Apsis ausmalte ist unbekannt. Lange Zeit sah man in Antoniazzo Romano (\* um 1435 – † etwa 1508) den Schöpfer der Fresken. Heute neigt man dazu, den im Auftrag von Kardinal Mendoza geschaffenen Bilderzyklus Malern der Umbrischen Schule im Einflußbereich des Melozzo da Forli' (1438-1494) zuzuschreiben.

43

Den Mittelpunkt bildet der segnende Christus in einer Mandorla aus Engeln. Das geöffnete Evangelienbuch in seiner Linken läßt die Worte: „Ego sum Via, Veritas et Vita" (Ich bin der Weg, die Wahrheit und das Leben) erkennen. Darunter sieht man die Auffindung des Kreuzes, wie sie von der „Legenda Aurea" überliefert wird. Die Freskenfolge beginnt links bei der Begegnung der Kaiserin Helena mit dem Juden Juda, der ihr den Platz zeigt, wo das Kreuz vergraben wurde. Daneben sind bereits Männer mit Schaufeln an der Arbeit. Ihre Suche wird mit der Auffindung von drei Kreuzen belohnt. Um das echte zu erkennen, legt man auf jedes der drei Kreuze nacheinander einen eben verstorbenen Jüngling, der beim dritten Kreuz wieder zu leben beginnt. Das von Kardinal Mendoza (er war der fromme Stifter des Gemäldes) und der hl. Helena umgebene Kreuz steht in der Mitte des unteren Teiles. Weiter rechts davon wird der Kampf zwischen dem persischen König Chosrau II. und dem oströmischen Kaiser Heraklius um die Reliquie des hl. Kreuzes beschrieben. Der persische König brachte sie nach der Eroberung von Jerusalem 614 in seine Gewalt. Heraklius besiegt ihn und reitet, nur mit einer bescheidenen Kutte bekleidet, in Jerusalem ein, um die Kreuzreliquien wieder zurückzugeben. An dieses Ereignis erinnert das am 14. September gefeierte Fest der Kreuzerhöhung.

Unterhalb des großen Apsisfreskos befinden sich rechts und links leider sehr beschädigte Wandbilder von Corrado Giaquinto: „Die eherne Schlange" und „Moses schlägt Wasser aus dem Felsen". Die Rückwand nimmt das Grabmal von Kardinal Francesco Quinone, der 1540 starb, ein. Er war, bevor er Titelkardinal in S. Croce in Gerusalemme wurde, der Beichtvater Karls V. Jacopo Sansovino (1486-1570) gestaltete das Denkmal. Originell ist die Verbindung des Grabmals mit dem kleinen Tempelchen aus Bronze darüber, für die Aufbewahrung der hl. Eucharistie. Seitlich ist das Grabmal von Figuren (Salomon und David) umgeben. Weiter links liegt das 1523 entstandene Grabmal von Kardinal Carvajal. Er trug viel zur Erhaltung der Basilika bei. An ihn und die Arbeiten, die er in der Kirche durchführen ließ und an die Erde, die die hl. Helena vom Kalvarienberg hierherbrachte, erinnern die kleinen, dicht an dicht gelegten Majolikaplatten in dem engen Gang, der rechts vom Hauptaltar zur Helenakapelle hinunterleitet.

# DIE HELENAKAPELLE

Mit ihrem etwas tiefer liegenden Boden weist die Helenakapelle noch das ursprüngliche Niveau auf. Eine im Boden eingelassene Inschriftenplatte (vor dem Durchgang zur Gregorskapelle) erinnert an die Erde, die die fromme Kaiserinmutter aus dem Heiligen Land hierherbringen ließ. Die Erde vom Kalvarienberg bedeckte den Fußboden der Kapelle schließlich vollständig, so daß gleichsam ein zweites Jerusalem entstand. Daher stammt auch der Name der Basilika. Über ein Jahrtausend lang wurden hier die Leidensreliquien aufbewahrt.

Die Mosaiken im Gewölbe beeindrucken sofort. Ihre Ursprünge gehen in die Zeit Valentinians III. (425-455) zurück. Er ließ sie in Erfüllung eines Gelübdes seiner Mutter Galla Placidia und seiner Schwester Honoria wohl um 430 anfertigen. Das ganze Mittelalter hindurch berühmt und bewundert, geht ihr heutiges Aussehen auf eine gründliche Überarbeitung durch Melozzo da Forli' (vor 1484) zurück. Auch Baldassare Peruzzi wird als Künstler der Restaurierung genannt. Eine weitere Restaurierung führte Ende des 16. Jahrhunderts Francesco Zucchi im Auftrag Kardinal Alberts, des Erzherzogs von Österreich durch. Von den ursprünglichen, unter Kaiser Valentinian III. entstandenen Mosaiken ist also kaum mehr etwas vorhanden. Das mindert ihre Schönheit und Ausdruckskraft keinesfalls. Die von Cherubsköpfen und musizierenden Engeln umringte Halbfigur Christi nimmt segnend die Mitte ein. Das Buch in seiner Linken trägt die Aufschrift „Ego Sum Lux Mundi" (Ich bin das Licht der Welt). Ihn umgeben die vier Evangelisten mit ihren Symbolen. In den Dreiecken dazwischen ist die Geschichte der Kreuzreliquien dargestellt: die Auffindung des wahren Kreuzes, seine Verehrung durch Helena, die Teilung und schließlich die Rückführung durch Heraklius. Alle Bilder umgibt eine liebliche Szenerie aus Pfauen, Blumen, Früchten und Girlanden auf Goldgrund. Auf dem Tonnengewölbe über dem Altar erblickt man Petrus und Paulus, in der Mitte das Lamm Gottes. Über dem Durchgang zur Kapelle des hl. Gregor sieht man Papst Silvester und die hl. Helena mit dem vor ihr knienden „Stifter" der Restaurierung, Kardinal Carvajal. Die Leidenswerkzeuge mit dem Kreuz nehmen die Mitte ein.

Die Figur auf dem Altar stellt die hl. Helena dar. Sie hält in Anspielung auf die Auffindung der Kreuzreliquien in der Linken das Kreuz, in der

*Figur der hl. Helena in der Helenakapelle in S. Croce in Gerusalemme*

Rechten zwei Nägel. Ursprünglich handelte es sich bei dieser Statue um eine in Ostia aufgefundene kaiserzeitliche Kopie der „Juno Vaticana", wobei der fehlende Kopf und die Arme 1724 so ergänzt wurden, daß daraus die hl. Helena entstand. Damals mußte das hier angebrachte Rubensbild „Die hl. Helena mit dem Kreuz" (1602) wegen der großen Feuchtigkeit entfernt werden. In den seitlichen, ehemals Altären vorbehaltenen Nischen befanden sich früher zwei weitere Bilder von Peter Paul Rubens. Sie waren eine Zeitlang verschollen und befinden sich heute in Grasse in Frankreich.

Die Helenakapelle ist nicht nur mit Mosaiken ausgestattet. Sie wurde auch mit Fresken ausgemalt, die unter der Feuchtigkeit leider sehr gelitten haben. Nicolo Circignani (gen. Pomarancio, 1517-1596) schuf sie. Auch diese Bilder haben die Geschichte der Kreuzreliquien zum Inhalt: „Wunder der Erkennung des wahren Kreuzes", „Verehrung des Kreuzes" durch die hl. Helena„ und „Die Auffindung des Kreuzes".

### Kapelle des hl. Gregor I.

Ein enger Durchgang führt in die Kapelle des hl. Gregor. Kardinal Carvajal ließ sie neu errichten und mit der Helenakapelle verbinden. Eine strahlend weiße Marmorpieta fällt am Altar der Gregorskapelle sofort auf. Ein unbekannter Meister schuf sie um 1600. Die Figuren der beiden Apostelfürsten links und rechts sind ebenfalls bemerkenswert. Es sind französische Arbeiten aus dem Ende des 14. Jahrhunderts, die wohl von den Zisterziensern hierhergebracht wurden.

## DIE RELIQUIENKAPELLE

Eine Rampe geleitet den Besucher wieder ins Kircheninnere. Von hier führt rechts (kommt man von der Gregorkapelle) eine Tür zur neuen Reliquienkapelle. Zwischen 1929 und 1930 begonnen und eingeweiht, wurde sie vom Architekten Florestano di Fausto erst 1950 fertiggestellt. Die ursprünglich in der Helenakapelle aufbewahrten Kreuzreliquien waren wegen der großen Feuchtigkeit 1570 in einem anderen Raum aufbewahrt worden, wo sie jedoch für die Pilger schwer zugänglich waren. Daher beschloß man, eine neue Kapelle zu errichten.

Durch das Portal im linken Seitenschiff betritt man ein Vestibül, das über einige Stufen zur Reliquienkapelle führt. Gleich gegenüber fällt sofort in einer Nische der Querbalken vom Kreuz des hl. Dismas, des sogenannten guten Schächers, auf. Einige seitlich von modernen Kreuzwegstationen flankierte Stufen führen zu einer Tür, die die Form eines Kreuzes aufweist. Von hier gelangt man in einen kleinen Vorraum und von dort in die eigentliche Kreuzkapelle. Wie die vorigen Räume ist auch sie mit Marmor reich ausgestattet. Hinter dem feierlichen, ziboriumartigen Altar ist in einer Nische der Rückwand in kostbaren Behältern der Reliquienschatz aufbewahrt.

### Die Kreuzreliquien

Es handelt sich um nahezu alle Werkzeuge der Passion Christi. Das kreuzförmige Reliquiar in der Mitte enthält drei größere Holzsplitter aus dem Kreuz Christi. Sie sind der Rest dessen, was nach verschiedenen Geschenken der Päpste an St. Peter und andere Kirchen im In- und Ausland übriggeblieben ist. Das Reliquiar selbst wurde 1803 nach einem Entwurf von Valadier geschaffen. Gleich links daneben erkennt man in einem kleineren Behälter den Zeigefinger des hl. Thomas. In einem ähnlichen sieht man rechts daneben zwei Dornen aus der Dornenkrone Christi.

In der Reihe davor steht in der Mitte die Kreuzesinschrift „Jesus von Nazareth" in einem Silberrahmen. Sie ist in drei Sprachen, lateinisch, griechisch und hebräisch, abgefaßt und wurde 1492 während Restaurierungsarbeiten in einer Nische, hinter einem roten Stein versteckt, über dem Triumphbogen gefunden. Die Inschrift befand sich in einer gut verschlossenen Bleikassette und trug das unversehrte Siegel des Kardinals Gerardus, der später als Lucius II. Papst wurde und die Umbauarbeiten des 12. Jahrhunderts veranlaßte. Der rote Stein ist heute neben der kreuzförmigen Tür in dem kleinen Vorraum zur Reliquienkapelle eingemauert. „Hic est Titulus Verae Crucis" (das ist die wahre Kreuzeskirche), besagt die Inschrift darauf. Papst Lucius hatte die Kreuzinschrift bei seinen Umbauarbeiten offensichtlich gefunden und sie seinerseits aus Sicherheitsgründen im Triumphbogen verborgen.

Das Reliquiar links neben der Inschrift enthält einen Nagel aus dem Kreuz Christi und das kleinere Reliquiar rechts Steinchen aus der Krippenhöhle in Betlehem, von der Geißelsäule in Jerusalem und dem Grab Christi daselbst.

Heute wird oftmals über diese Reliquien und ihren Sinn diskutiert.

Jahrhundertelang stellten sie – genauso wie heute – jedoch Andachtsobjekte dar und sollten an Ereignisse erinnern, die tatsächlich stattgefunden haben und vor allem an Jesus Christus, der wirklich gelebt und uns mit seinem Vorbild und seiner Lehre einen neuen Weg gewiesen hat.

*S. Clemente, Atrium*

# S. Clemente

Die letzte Ruhestätte von Papst Clemens I. (88-97)

Eines der faszinierendsten und interessantesten Gotteshäuser der Ewigen Stadt ist sicherlich S. Clemente in der Nähe des Kolosseums. Römische Antike, frühes Christentum, Mittelalter und der Tempel eines mysteriösen Kultes verschmelzen hier in nahtloser, einzigartiger Einheit. Die Entdeckungsreise durch die Jahrhunderte beginnt gleich beim mittelalterlichen Vorbau auf der Piazza S. Clemente, einem sog. „Prothyron", der zur Oberkirche führt. Vom Vorraum zur Sakristei geleiten dann viele Stufen in geheimnisvolle Gewölbe, die frühchristliche Kirche. Sie wurde über einem römischen Herrschaftshaus und einem Mithräum errichtet, welche man ebenfalls, steigt man noch weiter hinab, besichtigen kann. In dieser außergewöhnlichen Basilika hat der Überlieferung nach Papst Clemens I., der dritte Nachfolger Petri, seine letzte Ruhestätte gefunden.

## CLEMENS I. (88-97)

Clemens war der vierte Bischof von Rom. Die Papstchronologie gibt die Daten seines Pontifikates mit 88-97 an. Mit genaueren Angaben über seine Person geizen jedoch die Überlieferungen. Als einen Zeitgenossen der beiden Apostelfürsten beschreibt ihn der hl. Irenäus (ca. 130-200). Der hl. Origenes (ca. 185-254) meint, daß es sich bei dem „treuen Gefährten", den der hl. Paulus in seinem Philipperbrief (4,3) erwähnt, um Clemens handelt. Mit Sicherheit ist er der Verfasser eines berühmten Schreibens an die Korinther. Um das Jahr 96 verfaßt, hatte es die Meinungsverschiedenheiten in der Kirche von Korinth zum Inhalt. Die Zeilen sollten als Mahnung und Bitte der römischen Gemeinde an die Gemeinde von Korinth verstanden werden, den Streit, der zwischen ihren Mitgliedern entflammt war, beizulegen und wieder Frieden miteinander zu schließen. Die Korinther nahmen den Brief ehrfurchtsvoll an und bald

*Monogramm Papst Johannes' II. (Mercurius) in S. Clemente*

wurde er auch von anderen christlichen Gemeinden als beispielhaft angesehen, ja beinahe wie eine inspirierte Schrift behandelt und bei Gottesdiensten vorgelesen. In Ägypten und Syrien zählte man ihn wiederholt zu den kanonischen Schriften des Neuen Testaments. Mit diesem Brief tritt die Sonderstellung der römischen Gemeinde gleich von Anfang an hervor und unterstreicht die Autorität des römischen Bischofs den Oberhäuptern aller übrigen in der Welt verstreuten christlichen Gemeinden gegenüber.

Aufgrund neuerer Forschungen nimmt man an, daß Clemens als jüdischer Freigelassener zu der „Familie" (im weitesten Sinne) des Konsuls Titus Flavius Clemens gehörte. Dieser wurde, obwohl er mit der Nichte des Kaisers Domitian verheiratet war – und somit zum Kaiserhaus gehörte – während seines Konsulatsjahres des „Atheismus" und „jüdischer Gebräuche" angeklagt und starb den Märtyrertod. Diese Tatsache deutet darauf hin, daß das Christentum am Ende des ersten Jahrhunderts bereits alle Gesellschaftsschichten durchdrungen und sogar in der Kaiserfamilie Anhänger hatte (Domitilla, die Frau des Titus Flavius Clemens, wurde ihres Glaubens wegen verbannt).

Vielleicht war die Namensgleichheit der Grund für eine spätere Verwechslung des Bischofs Clemens mit Titus Flavius Clemens. Denn seit Beginn des 5. Jahrhunderts wurde Papst Clemens als Märtyrer verehrt obwohl frühere Erwähnungen weder Angaben über seinen Märtyrertod, noch einen Sterbeort im Exil nennen.

Die traditionelle Überlieferung beschreibt Clemens als Sohn des römischen Senators Faustinus aus der Familie der Flavier, der, wie auch Titus Flavius Clemens, ein Verwandter des Kaisers Domitian war, in dessen Haus eine „Domus Ecclesiae", eine Hauskirche eingerichtet worden war. Die Legende jedenfalls nahm sich des vierten Bischofs von Rom liebevoller an, als die an glaubwürdigen Ereignissen leider sehr lückenhafte Geschichtsschreibung. Die „Acta" aus dem 4 Jh. setzen sein Pontifikat in die Jahre zw. 98-117, die Regierungszeit des Kaisers Trajan. Wegen seiner intensiven apostolischen Tätigkeit, die dem Christentum zahlreiche Anhänger in Rom brachte, verbannte ihn der Kaiser auf die Halbinsel Cherson am Schwarzen Meer (eine andere Version nennt Ankyra in Galatien, das heutige Ankara, als den Ort seines Exils). An die Stelle von Clemens trat in Rom nach der Papstchronologie Evaristus (97-105). Clemens setzte trotz seines harten Schicksals die Evangelisierungstätigkeit in den Marmorsteinbrüchen unbeirrt fort und bekehrte viele der Mitgefangenen. Sein Erfolg und ein dort gewirktes Wasserwunder erregte den Zorn des Kaisers Trajan, der ihn zum Tode verurteilte. Mit einem Anker um den Hals wurde er in die Fluten des Schwarzen Meeres gestoßen. Bald darauf teilten sich die Wogen und wichen einer außergewöhnlichen Ebbe, welche ein von Engeln auf dem Meeresgrund zu Ehren des hl. Clemens errichtetes Grabmal freigab. Dieses Wunder wiederholte sich von nun an jedes Jahr, so daß die Gläubigen die Gedenkstätte immer wieder besuchen konnten. Die Legende berichtet weiter von einer seltsamen Begebenheit. Sie ist in der Unterkirche in einem Wandbild dargestellt. Während einer dieser jährlichen Pilgerfahrten bemerkte eine Mutter zu spät, daß ihr Kind verlorengegangen war. Die Fluten hatten sich geschlossen und das Kind blieb unauffindbar. Als im darauffolgenden Jahr die Prozession wieder stattfand, entdeckte die überglückliche Mutter ihr Kind wohlbehalten in der Kapelle auf dem Meeresgrund.

Die Sagen um den dritten Nachfolger Petri waren im Frühmittelalter aber immerhin so beliebt und verbreitet, daß sechseinhalb Jahrhunderte später die beiden Slavenapostel Cyrillus und Methodius, die als Missionare am Schwarzen Meer wirkten, dort auf die Suche nach den Reliquien des hl. Clemens gingen. Wunderbarerweise fand sie der hl. Cyrillus samt dem Anker im Jahr 861 auf einer kleinen Insel bei Cherson, wie aus seinem eigenen Bericht hervorgeht. Als Papst Nikolaus I. (858-867) die beiden Heiligen sechs Jahre später nach Rom einlud, brachten sie die vermutlichen Gebeine mit. Sie wurden feierlich in S. Clemente bestattet und ruhen bis heute unter dem Ziborium am Hauptaltar.

## GESCHICHTLICHES

Noch im vorigen Jahrhundert hielt man die Basilika, die man vom heutigen Straßenniveau aus betritt, für die dem Papst Clemens in den Anfängen des Christentums geweihte. Daß diese tiefer lag, etwas größer war und im Mittelalter zugeschüttet worden war, hatte man im Laufe der Jahrhunderte vergessen. Erst im Jahre 1857 entdeckten der damalige Prior von S. Clemente Fr. Joseph Mullooly und G. B. de Rossi, der sog. „Vater der christlichen Archäologie", bei Ausgrabungen tieferliegendes Mauerwerk. In dem darauffolgenden Jahrzehnt legten sie nicht nur die ursprüngliche Basilika aus dem 4. Jh., sondern auch ein römisches

Wohnhaus aus dem 1. Jh. frei, welches möglicherweise einem Mann namens Clemens, ja vielleicht sogar der Familie des Konsuls Titus Flavius gehört hatte. Hier befanden sich wahrscheinlich die Räume, in denen seinerzeit der „Titulus Clementi" eingerichtet worden war, und wo die ersten christlichen Versammlungen stattgefunden hatten. Denn daß es schon früh in Rom einen „Titulus Clementi" gegeben hat, ist ganz sicher.

Das gesamte Haus gelangte – nachdem sich infolge des Mailänder Edikts von 313 das Christentum frei entwickeln konnte – im 4. Jahrhundert in kirchlichen Besitz. Da die Räume für die wachsende Gemeinde offensichtlich nicht mehr reichten, beschloß man, das Erdgeschoß zuzuschütten und darüber eine große Kirche zu errichten. Das neue Gotteshaus wurde während des Pontifikats von Siricius (384-399) dem Gedächtnis von Papst Clemens geweiht.

Diese Basilika nahm mit ihrem Mittelschiff das ehemalige Atrium, die beiden Nebenschiffe die parallel dazu liegenden Räume ein. Als Ende des 4. Jahrhunderts der Mithraskult verboten wurde, gelangte auch das benachbarte Grundstück in den Besitz von S. Clemente. Man erweiterte die Kirche durch eine Apsis, die über dem Vorraum zum Mithrastempel zu liegen kam. Im Laufe der Jahrhunderte immer wieder restauriert und instand gehalten, überstand die Basilika die Zeiten bis ins 11. Jahrhundert. Während des Investiturstreites wurde im Zuge der Kämpfe des deutschen Kaisers Heinrich IV. (* 1050, † 1106, er mußte 1077 nach Canossa pilgern) gegen Papst Gregor VII. (1073-1085) der gesamte Stadtteil um S. Clemente von den Soldaten Robert Guiscards, der dem Papst zu Hilfe geeilt war, im Jahre 1084 schrecklich zerstört, wobei auch die Kirche stark in Mitleidenschaft gezogen wurde. Anstatt nun das Gotteshaus zu restaurieren, beschloß Paschalis II., (1099-1118, er war 1073 hier Titelinhaber) – u.a. auf Betreiben des damaligen Titelpriesters Anastasius – die übriggebliebenen Räume mit Schutt auszufüllen und eine neue Kirche auf dem so gewonnenen neuen Niveau zu errichten. Zwischen 1099 und 1125 entstand so das Gotteshaus, das heute noch besteht.

## PROTHYRON, ATRIUM, UND FASSADE

Durch den baldachinartigen, von vier kräftigen Granitsäulen getragenen Vorbau auf der Piazza di S. Clemente gelangt man in ein geräumiges, von Arkaden getragenes Atrium mit einem Springbrunnen in der Mitte.

Durch den mit einem Kreuzgewölbe versehenen Narthex (der Portikus unmittelbar vor der Kirche) betritt man das mittelalterliche Gotteshaus. Der Eingang an der Via S. Giovanni in Laterano hingegen führt direkt in die Kirche.

Die ockergelb verputzte Fassade der Basilika geht, genau wie der Glockenturm daneben, auf Restaurierungsarbeiten im 18. Jahrhundert zurück. Carlo Stefano Fontana führte sie zwischen 1715-1719 durch.

## OBERKIRCHE

S. Clemente ist eine helle und freundliche dreischiffige Kirche voller Kunstschätze. Sofort fallen die „Schola Cantorum", das herrliche Apsismosaik, die vergoldete Kassettendecke und der bunte Kosmatenfußboden auf.

### Die „Schola Cantorum"

Die „Schola Cantorum" mit ihren feinbearbeiteten Chorschranken stammt aus der frühchristlichen Basilika. Als man das zerstörte Gebäude Ende des 11. Jahrhunderts zuschüttete, übertrug man das „Kirchenmobilar", das wertvoll erschien, so unter anderem auch die Chorschranken, eine Stiftung Papst Johannes' II. (533-535), in den Neubau darüber. Das kunstvoll stilisierte Monogramm dieses Papstes kann man heute noch seitwärts und vor dem Hauptaltar bewundern. Er war, bevor er Papst wurde, Pfarrer von S. Clemente und hieß Mercurius. Zum Nachfolger Petri gewählt, legte er seinen etwas heidnisch klingenden Namen ab und nannte sich Johannes, womit er die Tradition, bei der Papstwahl einen neuen Namen anzunehmen, einführte. Der schraubenförmig gedrehte, kosmatengeschmückte Osterleuchter und die beiden Ambonen sind Werke des 12. Jahrhunderts.

### Die Apsis

Die Mitte der Apsis nimmt der Hochaltar mit dem eleganten Ziborium (ein baldachinartiger Aufbau) ein. Hier sind die Reliquien des hl. Clemens und die des hl. Ignatius v. Antiochia aufbewahrt. Der Hochaltar wurde erst 1726 geweiht, da er mehrere Male umgebaut wurde. Deshalb ist von dem ursprünglichen, aus der Unterkir-

S. Clemente, *Innenraum*

che gebrachten Altar aus dem 6 Jh., nur noch der Baldachin erhalten. Die Säulen stammen aus dem 15. und 16. Jahrhundert.

Unter dem Apsismosaik befindet sich ein schönes, aber leider stark übermaltes Wandbild aus dem 13. Jh.: Christus und Maria inmitten der Apostel. Der würdige Bischofsstuhl in der Mitte wurde aus der Unterkirche hierhergebracht. Die Inschrift, die auf der Rückenlehne kreisförmig verläuft, erinnert an den Titelpriester Anastasius, der den Wiederaufbau seiner Kirche sicher unermüdlich vorantrieb.

Den kleinen, kosmatengeschmückten Tabernakel rechts der Apsis sollte man ebenfalls nicht übersehen. Es handelt sich dabei wohl um eine Arbeit von Arnolfo di Cambio, die Kardinal Giacomo Caetani 1299 stiftete, wie die Inschrift über dem Sakramentsschrein sagt. Kardinal Giacomo Caetani war ein Neffe Bonifaz' VIII. (Benedetto Caetani, 1294-1303, er rief im Jahr 1300 das erste Heilige Jahr aus). Beide sind auf dem Relief abgebildet. In der dargestellten Szene empfiehlt Papst Bonifaz seinen Neffen Giacomo der Madonna sowie einer zweiten Gestalt, vermutlich dem hl. Clemens.

### Das Apsismosaik

Das wunderbare Apsismosaik, das gleichzeitig mit der mittelalterlichen Basilika entstand, beeindruckt sofort. Es lehnt sich möglicherweise, wenn auch im 12. Jahrhundert neu geschaffen, an ein früheres Beispiel an, vermutlich an eines, das in der Unterkirche bestand. Experten meinen, es könnte sich um die Reproduktion oder verkleinerte Wiedergabe des Apsismosaiks der unteren Basilika handeln, weil seine Motive derartig getreu Überlieferungen des 4. und 5. Jahrhunderts folgen. Das Zentrum nimmt der Gekreuzigte ein, von zwölf Tauben, den Symbolen für die Apostel, umringt. Ihm zur Seite stehen Maria und Johannes in tiefer Trauer. Das Kreuz selbst entwächst einem Akanthusbusch, aus dem auch die geometrischen Weinranken – mit frühchristlichen Stilanklängen – in gewundenen Spiralen, doch in Reih und Glied geordnet entwachsen. Der Himmel ist in der Art eines Fächers – auch das ist ein klassisches Motiv – am Scheitel der Apsis dargestellt. Daraus ragt die Hand des Ewigen mit der Krone. Zwischen den Spiralen sitzen farbenprächtige Vögel und kleine Engel musizieren inmitten herrlicher Blumen. Vier helle, mit schwarzen Umhängen bekleidete Gestalten fallen auf der Höhe des Akanthusbusches ins Auge des Betrachters. Sie sind die lateinischen

Kirchenväter Augustinus, Hieronymus, Gregor und Ambrosius. Über der Inschrift im unteren Teil sieht man einfache Leute bei ihren Tätigkeiten: Hirten hüten ihre Schafe, eine Bäuerin füttert Hühner. „Laßt uns die Kirche Christi mit diesem Wein vergleichen" (Ecclesiam Christi viti similabimus), heißt es in der Inschrift. Dem Akanthusbusch entspringen die vier alttestamentarischen Flüsse Pischon, Gihon, Tigris und Euphrat (Gen 2,10-14), an denen sich Hirsche, die Symbole für die Gläubigen, laben. Darunter schreiten zwölf Lämmer, aus den heiligen Städten Betlehem und Jerusalem kommend, auf das Lamm Gottes zu.

Der Triumphbogen ist vom gleichen Künstler ebenfalls mit Mosaikschmuck verziert worden. Von der schweren Kassettendecke aus dem 18. Jahrhundert etwas verdeckt, sieht man den segnenden Christus in seiner Herrlichkeit. Er ist links und rechts von den Symbolen der Evangelisten umgeben. Weiter darunter erblickt man links den hl. Lorenz, „der von dem Apostel Paulus lernt, dem Kreuz zu folgen" und den Völkerapostel selbst. Weiter darunter ist Jesaja dargestellt, „der die Herrlichkeit dessen bezeugt, der auf einem hohen und erhabenen Stuhl sitzet". Auf der rechten Seite des Triumphbogens ist Jeremias mit der Inschrift aus dem Buch Baruch (3,36): „Dieser ist unser Gott und es soll kein anderer ihm vergleichbar sein." In dem Bild darüber erkennt man den hl. Petrus, der den neben ihm sitzenden hl. Clemens bittet „Christus zu betrachten, den ich dir versprochen habe".

### Kapelle der hl. Katharina

Man kann den Besuch in der „Oberkirche" von S. Clemente aber nicht beenden, ohne ein weiteres Meisterwerk römischer Frührenaissancekunst gesehen zu haben, nämlich die Fresken Masolinos (1383-1440) und Masaccios (1401-1428) in der Kapelle der hl. Katharina oder auch Kreuzkapelle im linken Seitenschiff, rechts neben dem Eingang von der Via S. Giovanni aus. Sowohl die Kapelle als auch die Fresken wurden Anfang des 15. Jahrhunderts geschaffen. Beide sind eine Stiftung von Kardinal Branda di Castiglione, der im 15. Jahrhundert Titelinhaber von S. Clemente war. Die Wandbilder erzählen in eindrucksvoller Weise auf der linken Wand Begebenheiten aus dem Leben der hl. Katharina von Alexandrien. Auf der rechten Wand sind Begebenheiten aus dem Leben des hl. Ambrosius von Mailand (339-397) dargestellt. Die Stirnwand nimmt eine eindrucksvolle Kreuzigungsszene ein.

# DIE UNTERKIRCHE

Unmittelbar hinter dem Vorraum zur Sakristei beginnt der Abstieg in dunkle, geheimnisvolle Gewölbe. Seitlich der vielen Marmorstufen sind an den Wänden archäologische Fundstücke angebracht, wobei links die Reste einer großen Inschrift, die an Papst Siricius (384-399) erinnert, auffallen. Unten angekommen, befindet man sich im Narthex, dem frühchristlichen Vorraum zur Unterkirche. Die linke Wand ist mit antiken Fundstücken übersät. Auf der rechten fallen frühmittelalterliche Fresken auf. Das erste stellt die oben erwähnte Wiederauffindung des verlorenen Kindes in der Kapelle des hl. Clemens, auf dem Grunde des Schwarzen Meeres, dar. Im unteren Teil ließen sich die beiden Stifter, Beno de Rapiza und Maria Macellaria samt ihren Kindern Clemens und Altilia beiderseits des Medaillons, das den hl. Clemens zeigt, verewigen.

Das zweite zeigt in anschaulicher Weise die Überführung der mutmaßlichen Reliquien des hl. Clemens von St. Peter nach S. Clemente, wobei man links die beiden Heiligen Cyrillus und Methodius, in ihrer Mitte der Papst, sehr gut erkennen kann. Das zweite Gemälde ist ebenfalls eine Stiftung der römischen Familie Rapiza. Beide entstanden im 11. Jahrhundert.

Zwischen diesen beiden uralten Wandbildern führt eine große Öffnung in das ehemalige Mittelschiff der frühchristlichen Basilika. Eine dunkle, geheimnisvolle Atmosphäre umgibt uns. Der Eindruck der Enge ist darauf zurückzuführen, daß zur Abstützung der rechten Säulenreihe des heutigen Mittelschiffes eine Mauer eingezogen werden mußte, als man den Schutt wegschaffte. Denn das ursprüngliche, frühchristliche Seitenschiff war viel weiter, wie die Säulen beweisen, die man durch die Öffnung in der rechten Wand erkennen kann.

Auch in dem ehemaligen Mittelschiff der frühchristlichen Kirche gibt es interessante Fresken. Sie stammen aus dem Mittelalter. Das erste, gleich links an der Wand zum Vorraum, ist eine Himmelfahrtsdarstellung. Die Experten diskutieren darüber, ob es sich um die Himmelfahrt Jesu oder der Mariä handelt. Denn man sieht beide im Himmel erhöht – über dem gähnenden Oval eines leeren Grabes, das von teils erstaunten, teils erschrockenen Jüngern betrachtet wird. Die Gestalt außen links mit dem eckigen Heiligenschein ist Papst Leo IV. (847-855), der der Szene gleichsam mahnend beiwohnt. Rechts daneben sind leider schon sehr beschädigte Freskenfragmente einer „Kreuzigung", „Die Frauen am Grab", „Die Hochzeit zu Kanaa" und „Christus fährt ins Totenreich". Geht man ein Stück weiter, bemerkt man an der linken Wand ein weiteres mittelalterliches Wandbild. Es beschreibt die Legende des asketischen Alexius. Ihm ist am Aventin die Kirche S. Alessio e Bonifacio (gleich neben S. Sabina) geweiht. Die Legende erzählt von ihm, er sei am Tag seiner Trauung, in die er nur aus Gehorsam seinem Vater gegenüber eingewilligt habe, zu einer langen Pilgerfahrt in den Orient aufgebrochen. Nach Rom zurückgekehrt – und hier setzt das Fresko ein – kommt ihm sein Vater, der Senator Euphemianus entgegengeritten. Alexius bittet ihn um ein Almosen. Doch der berittene Senator sowie die Frau des Alexius, die aus dem Fenster die Szene beobachtet, erkennen in dem vermeintlichen Pilger den Sohn und den Gatten nicht. Ohne Unterbrechung schließt sich die andere Bildhälfte an: Nachdem er siebzehn Jahre lang unerkannt unter der Treppe seines Vaterhauses gewohnt hat, stirbt der Heilige. Seine starre Hand gibt nur dem Papst, der mit einer Schar von Klerikern herbeigeeilt ist, das Schriftstück mit dem Geheimnis preis, das er 17 Jahre gehütet hat. In der rechten Bildhälfte sieht man Alexius in seinem Vaterhaus aufgebahrt, von seinen Eltern und seiner Frau in tiefer Trauer umgeben.

Das originellste der mittelalterlichen Fresken von S. Clemente ist aber das nächste nach dem engen Durchgang, der in das linke Seitenschiff führt. Wegen der Inschrift im unteren Teil des Bildes, die eher heiter als vornehm den Übergang vom Lateinischen zum eben erst im Entstehen begriffenen Italienischen bezeugt, ist es nicht nur kunsthistorisch, sondern auch sprachgeschichtlich besonders interessant und wertvoll.

Die Darstellung besteht aus einem oberen und einem unterem Teil. Im größeren oberen erkennt man den hl. Clemens beim Zelebrieren der Messe. Er ist links von den Stiftern, dem vorhin erwähnten Ehepaar Rapiza, Bischöfen und Diakonen flankiert. Rechts neben dem Altar nimmt die von Clemens zum Christentum bekehrte Theodora an der Messe teil. Ihr Gemahl Sisinnius (rechts daneben) hat sie aus Eifersucht bis in die Kirche verfolgt. Von plötzlicher Blindheit und Taubheit geschlagen, wird er von einem Knecht fortgeführt. Aber Clemens, zu ihm gerufen, heilt ihn. Sisinnius aber ist durchaus nicht erfreut darüber, sondern – hier setzt der untere Teil des Freskos ein – befiehlt, außer sich vor Zorn, den hl. Clemens festzunehmen. In diesem Augenblick werden er und seine Männer neuerlich von Blindheit geschlagen und machen sich unter den erbosten und wenig vornehmen Befehlen des Sisinnius an einer Säule zu schaffen, um diese anstatt des hl. Clemens abzuführen. „Fili delle Pute, traite!", ruft Sisinnius seinen Leuten zu (Ihr Hurensöhne, zieht!). „Gosmari, (der links neben Sisinnius stehende Diener) e Albertel (rechts neben den Arkaden), traite!" (Gosmari und Albertel zieht doch!). Auch links außen ist eine Schrift zu entziffern: „Falite dereto colo palo, Garvoncelle!" (Hilf von hinten mit dem Stock nach, Garvoncelle, so heißt der Sklave). Der hl. Clemens ist inzwischen unversehrt entkommen. Nur seine belehrende Ermahnung scheint auf: „Duritiam cordis vestris saxa trahere meruisti" (Wegen eurer Hartherzigkeit habt ihr es verdient, Steine fortzuschleppen).

Der enge Durchgang links des eben beschriebenen Wandbildes führt in das linke Seitenschiff zum modernen, zu Ehren der beiden Slavenapostel Cyrill und Method errichteten Altar. Hier soll 896 der hl. Cyrillus beigesetzt worden sein, doch konnte die Forschung nicht eindeutig nachweisen, daß hier wirklich das Grab des Heiligen war.

## Das Mithrasheiligtum

Durch einen weiteren engen Durchgang erreichen wir das noch tiefer liegende Mithrasheiligtum. Bevor man das Seitenschiff jedoch verläßt, sollte man die enge Treppe rechts, die nach unten führt, nicht übersehen. Sie bildet die Grenze zwischen dem vornehmen römischen Haus, über dem zunächst die frühchristliche Basilika und dann die heutige errichtet wurde, und der sogenannten „Insula" (Häuserblock der einfachen Leute) mit dem Mithräum. Diese schmale Treppe füllt eine etwa 1 m breite römische Gasse aus.

Über die steilen, immer enger werdenden Stufen hinter dem Durchgang steigt man zu dem mysteriösen Mithräum hinab. Von einem Gitter verschlossen ist der Eingang zum Tempel, eigentlich ein Triklinium (ein Speisesaal), in dessen Mitte der Mithrasaltar steht. Der Raum diente vermutlich zur Abhaltung des Mahles, zur Erinnerung an das Siegesmahl von Apollo und Mithras. Davor befindet sich das Vestibül des Tempels, wobei man dem mit Stuckornamenten versehenen Deckengewölbe Aufmerksamkeit schenken sollte. In diesen Raum baute man die Stützstrukturen für die Apsis der frühchristlichen Basilika ein. Denn als der

Mithraskult gegen Ende des 4. Jahrhunderts verboten wurde, kaufte man das Nachbarhaus und konnte so die rechteckige frühchristliche Basilika durch eine Apsis erweitern, deren Grundmauern daher in dem Vestibül zum Mithrastempel stehen. Am Ende des Korridors rechts ist ein weiterer, einst zum Mithrasheiligtum gehöriger Raum. Er diente wohl als Schule für diese Religion, die sich vom Osten her über das gesamte römische Imperium verbreitet hatte und als ein nur Männern vorbehaltener Kult besonders bei den Legionären beliebt war.

Durch das „Mithrasvestibül" verläßt man die römische „Insula" wieder und gelangt durch einen engen Gang und nach Überqueren des römischen Gäßchens in das vornehme, antike Haus, in dem wohl der Titulus Clementi, die erste Hauskirche, entstand. Die Räume, die man – von Wasserrauschen begleitet – durchschreitet, gruppierten sich einst um ein großes Atrium, über dem das Mittelschiff der frühchristlichen Kirche erbaut wurde. Das unsichtbare, mysteriöse Bächlein hingegen, dessen Rauschen man hört, ist das Resultat von Drainagearbeiten, die sich nach 1912 als notwendig erwiesen, da einsickerndes Wasser einen See unter S. Clemente entstehen ließ.

Der allerletzte Raum im untersten Geschoß von S. Clemente ist eine kleine Katakombe mit sechzehn Wandgräbern. Sie stammt aus dem 5. oder 6. Jahrhundert, doch ist sie meistens geschlossen.

Hier liegt das Grab von Fr. Joseph Mullooly, dem irischen Dominikaner, dem wir die Entdeckung der frühchristlichen Basilika verdanken. Als er 1880 im Alter von 86 Jahren starb, setzte man ihn dort bei, wo er mit seinen Nachforschungen begonnen hatte.

S. Silvestro e Martino, Fassade

# S. Silvestro e Martino ai Monti

Die letzte Ruhestätte der Päpste SOTERUS (166-175, in St. Peter oder d.
Katakomben v. S. Callisto begr., dann n. S. Silvestro e Martino u. S. Sisto
überführt), Fabianus (236-250, in d. Katakomben v. S. Callisto begr.,
dann n. S. Silvestro e Martino überf.), Stephanus I. (254-257, in d.
Katakomben v. S. Callisto begr., dann n. S. Silvestro e Martino überf.),
Silvester I. (314-335), in der gleichnamigen Basilika bei den Katakomben
d. hl. Priscilla begr., dann unter Paul I. (757-767) n. S. Silvestro in Capite
u. später n. S. Silvestro e Martino überf., ANASTASIUS I. (399-401, in
d. Katakombe d. hl. Pontianus begr., dann n. S. Silvestro e Martino
überf.), INNOZENZ I. (401-417, zunächst auf dem Friedhof „Ad
Ursum Pileatum" begr., dann n. S. Silvestro e Martino überf.),
MARTIN I. (649-653 abgedankt, 655 gest. u. in Byzanz begr.,
dann n. S. Silvestro e Martino überf.)

Etwa auf halbem Weg zwischen S. Pietro in Vincoli und S. Maria
Maggiore – zwei Kirchen, die zum obligatorischen Programm jedes
Rombesuchs gehören – liegt S. Silvestro e Martino. Die Busse mit den
Rompilgern und Touristen fahren achtlos und eilig daran vorbei. Die
barocke, aber einfache Fassade läßt auch keine Überraschungen oder
Besonderheiten vermuten. Und doch gehört S. Silvestro e Martino zu den
interessantesten und ältesten Gotteshäusern Roms. In dieser unauffälligen uralten Titelkirche wurden gemäß der Inschrift seitlich des Kryptaab-
ganges im Mittelalter neben den Reliquien zahlreicher Märtyrer auch die
einiger Päpste aufbewahrt: Soterus, Fabianus, Stephanus I., Silvester I.,
Anastasius I., Innozenz I. und Martin I.

## SOTERUS (166-175)

Soterus war der zehnte Papst nach dem hl. Petrus und wurde in Fondi
(in der heutigen Region Latium) als Sohn eines Griechen geboren.

✝ TE PORIB: DÑI SERGII IVNIO
RI PP: RECONDTA SÑ INHOC S
AC: ALTAE BÑI SILVESTRI PP SV
LI COP: ET BÑI MATINI: ET BÑTI
SSIMO FABIANO: ATÕ STEPHANO
ET: SOTE MÑTIB:: HAC PÕTIFICIB: ISI
MEO: ASTEÕO: CÚS ACTISIM FILIAE
IVS: SCÕOQ EIA CO PAPIA ZNVROÑ
RGO ZSMRAGDOT SON: SISINIO ATO
ANASTA STO ZINNOCETIO PÕTIFIC
IB: VNA CÚ SCÕ QRINO AC LEONE ÊPÙ
PÑTÑATEORIO: SISIANO: POLIONE: THE
ODO: NICANDRO: CRESCENTIANO: M
TIB: CÚQB: BÑTA SOTE ATOQ PAVLI
NA: NECÑ MÑEORTA: IVLIANA: z QRI
LLA: THEO PIS TE: SOPHIA VÕIRIB:
ATOQ OÑA: ZBÑATE QRIACE VIDV
E: zBÑATA IVSTA: CÚ ALIIS QL
TIS AVOR NOÑA DÕ SOLISVT
CONDITÑ: VTRO BÕ SA CRO AL
TARE: DEDICÑS: COLLOCAVI T:
HEC SCOB: CÕ PORA: TRANLATÑ
SVT DECIMITEÑO PS CILLE: VI
ASALARIM: SÑTVES: OÑAÑ: IÑE
STIVMATIB: VI ECC: ÎDVLGÊTIÑ: TV
AGNOR III: QTGENÑR: OÑB: ADCÑA

*Inschrift der in S. Martino ai Monti beigesetzten Päpste*

Vielleicht war er deshalb an den Problemen und Kontakten mit der griechischen Kirche besonders interessiert. Aber nicht nur dieser gegenüber zeichnete er sich durch Wohltätigkeit aus. Er sorgte auch für die vielen anderen christlichen Gemeinden, die im Mittelmeerraum entstanden waren. Die Kirche unter Soterus zeigte eine bisher noch nie dagewesene Solidarität und Zuwendung den anderen gegenüber. Sein Pontifikat fällt in die Regierungszeit Kaiser Mark Aurels (161-180), der dem Christentum nicht besonders gutgesinnt war. Trotz seiner Abneigung gegen die Christen berichtet uns der Schriftsteller Tertullian (* um 160, † n. 220) von einer Art Toleranzedikt infolge eines Wunders, das während des Feldzuges gegen die Quaden stattgefunden haben soll. So soll eine der römischen Legionen im Jahr 174 infolge einer langanhaltenden Trockenheit derart Durst gelitten haben, daß viele der Soldaten – noch dazu in einem solch kritischen Moment des Feldzuges – starben. In dieser unglücklichen Situation begann eine Gruppe christlicher Legionäre mit inbrünstigen Gebeten. Die Niederschläge kamen auch tatsächlich in der Form eines starken Gewitters. Es rettete mit seinem Regen nicht nur die Legionäre vor dem Verdursten, sondern schlug auch die Barbaren mit Donner und Blitz in die Flucht. Übrigens ist diese Begebenheit sehr anschaulich auf dem spiralförmigen Relief der Mark-Aurel-Säule dargestellt, nämlich dort, wo die Soldaten das in diesem Fall vom Gott Jupiter gesandte köstliche Naß in ihren Helmen auffangen. Rätselhaft bleibt bis heute das ursprüngliche Grab Papst Soterus'. Vermutlich zunächst – wie die meisten Oberhirten des ersten und zweiten Jahrhunderts – neben dem hl. Petrus (nach einer anderen Version in den Katakomben v. S. Callisto beigesetzt), wurden seine sterblichen Überreste von Papst Sergius II. (844-847) nach S. Silvestro und Martino ai Monti und nach S. Sisto gebracht.

Papst FABIANUS (236-250) ist in dem Kapitel über die Katakomben von S. Callisto näher beschrieben.

Die Päpste STEPHANUS I. (254-257) und SILVESTER I. (314-335) sind im Kapitel über S. Silvestro in Capite ausführlich beschrieben.

## ANASTASIUS (399-401)

Anastasius I. wurde am 27. November 399 zum Papst gewählt. Über seine zweijährige Amtszeit ist wenig bekannt. Von ihm sind uns drei

Schreiben erhalten, in denen er Stellung zu den durch Origines ausgelösten Diskussionen im Osten nimmt. Unter seinem Pontifikat eroberte Alarich, der König der Goten, Oberitalien (401) und bedrohte Mailand, die Residenz Honorius' (Kaiser des Westreiches, 395-423). Anastasius starb am 19. Dezember 401 und wurde zunächst an der Via Appia, im Gebiet der Katakomben des Pontianus, beigesetzt.

## INNOZENZ (401-417)

Innozenz I., der Nachfolger Anastasius' I., stammte aus Albano und wurde am 22. Dezember 401 zum Papst gewählt. Er arbeitete zielbewußt am Ausbau des römischen Primates, den er sowohl im Patriarchat als auch in der Universalkirche geltend zu machen versuchte. So setzte er sich auch für den von seinem Patriarchalsitz in Konstantinopel vertriebenen Johannes Chrysostomus ein. Leider erfolglos, denn dieser starb 407 im Exil. Papst Innozenz I. hatte selbst schwere Zeiten zu überstehen. Während seines Pontifikates fand 410 die Eroberung und Plünderung Roms durch die Goten unter Alarich statt. Innozenz I. mußte sich auch mit der Irrlehre der Pelagianer auseinandersetzen. Ihre Verurteilung auf einem 417 in Rom einberufenen Konzil führte nicht sehr weit, da sich diese Irrlehre weiter hielt. Auch seine Nachfolger mußten sich damit noch befassen. Innozenz I. starb am 12. März 417 und wurde zunächst auf dem Friedhof „Ad Ursum Pileatum" auf der Via di Porto beigesetzt.

## MARTIN I.
### (649-653 abgedankt, 655 im Exil gestorben)

Martin I. stammte aus Todi in Umbrien. Bevor er im Juli 649 zum Nachfolger Petri konsekriert wurde, war er Nuntius in Konstantinopel. Ein sehr entschlossener Oberhirte trat nun der griechischen Kirche und Konstantinopel entgegen. Da er sich, ohne die Bestätigung des Kaisers in Byzanz, Konstans II. (641-669), abzuwarten, zum Papst weihen ließ und am 5. Oktober 649 die noch von seinem Nachfolger einberufene Lateransynode eröffnete, zog er sich den Zorn des Kaisers zu. Denn auf dieser Synode, an der 150 Bischöfe aus ganz Italien teilnahmen, wurden alle Anhänger des Monotheletismus (die Lehre verkündete, daß in Christus nur ein Wille, nämlich der göttliche, wirksam gewesen sei) und die Urheber des „Typos" (Edikt Konstans', wodurch der gesamten Christenheit Schweigen hinsichtlich des Streites um die Einheitlichkeit des Willens Christi bzw. das Verhältnis seiner beiden Naturen zueinander geboten wurde) verurteilt. Konstans II. befahl daher dem neuen Exarchen Olympus, den rebellischen Papst nach Byzanz zu schaffen. Diesem gelang es jedoch nicht, den kaiserlichen Auftrag auszuführen. Nach einem mißlungenen Anschlag auf Martin I. versöhnte sich Olympus mit dem Papst und machte sich selbständig, wodurch der Papst drei Jahre ungestört seines Amtes walten konnte. Nach einer Niederlage gegen die Sarazenen starb Olympus in Sizilien infolge einer Krankheit. Ein neuer Exarch, Theodorus Kalliopas, führte schließlich den Befehl Konstans' II. aus und nahm den Papst am 17. Juni 653 in der Lateranbasilika fest. In der Nacht des 18. Juni wurde er auf eine am Tiber bereitliegende Galeere geschleppt und nach Byzanz eingeschifft. Dort machte man dem schwerkranken und durch die harte Gefängnisstrafe geprüften Mann einen Hochverratsprozeß, bei dem er zum Tode verurteilt wurde. Konstans II. begnadigte ihn, und die Strafe wurde auf lebenslängliche Verbannung abgeändert. Er wurde nach Cherson auf die Halbinsel Krim gebracht, wo er bald darauf am 16. September 655 – ein Märtyrer für den Primat Roms – seiner Krankheit und den Entbehrungen erlag. Seine sterbliche Hülle wurde zunächst in Byzanz, in der Kirche der Jungfrau von Blachernae, beigesetzt und später nach Rom, in die Kirche von S. Silvestro e Martino gebracht.

## GESCHICHTLICHES

S. Silvestro e Martino wird bereits in den Synodalakten von Papst Symmachus aus dem Jahre 499 als eine der 28 Titelkirchen der Ewigen Stadt genannt. Für den „Titulus Equitii" (so hieß S. Silvestro e Martino damals) unterschrieben die drei Presbyter Felix, Adeodatus und Sebastianus. Ferdinand Gregorovius schreibt in seiner „Geschichte der Stadt Rom" über dieses Gotteshaus: „Es ist die Kirche San Martino in Montibus auf den Carinen neben den Thermen des Trajan, wo der Papst Silvester I. im Hause des Presbyters Equitius sie erbaut haben soll … Symmachus baute sie neu; er weihte sie jenem Papst und dem heiligen Martin von Tours. Dies geschah aber erst um das Jahr 500, so daß sie im Konzil von 499 noch unter dem Titel Equitii erscheint. Von der alten Kirche Silvesters sieht man noch unter der heutigen Überreste".

Das Gotteshaus mit den verschiedenen Bezeichnungen gab den Forschern einige Rätsel auf, da es ja naheliegend war, zu vermuten, daß sich mehrere Titelkirchen unter den Bezeichnungen verbargen. Obwohl die Diskussion der Fachleute darüber noch immer nicht abgeschlossen ist, neigen die meisten unter ihnen heute doch dazu, hier nur einen einzigen „Titulus" unter einem Doppelnamen (zunächst „Titulus Equitii", dann „Titulus Silvestri") zu vermuten. Der Presbyter Equitius war somit der mutmaßliche Stifter oder Eigentümer, Papst Silvester derjenige, der die Titelkirche wahrscheinlich weihte.

Papst Symmachus (498-514) errichtete etwa um 509 ein neues Gotteshaus in nächster Nähe des „Titulus Equitii" und weihte es auch dem hl. Martin von Tours. Über seine genaue Lage gehen die Meinungen auseinander. Denn es ging mehr oder weniger spurlos unter. Daneben bestand die ursprüngliche Titelkirche weiter. Im Zuge einer Erweiterung wurde der „Titulus Equitii bzw. Silvestri" dann in Räume des Nachbarhauses übersiedelt. Das sind die unterirdischen Säle, die wir heute noch besichtigen können. Nach verschiedenen Restaurierungen im Laufe der Jahrhunderte ließ Papst Sergius II. (844-847), er war hier Titelinhaber, die Kirche S. Silvestro und Martino an der jetzigen Stelle erbauen. Es ist die Kirche, die in stark verändertem Zustand heute noch besteht und über dem allerersten „Titulus", so nehmen einige Gelehrte an, entstand. Von dem ursprünglichen Namen S. Silvestro e Martino ließ der Volksmund im Laufe der Zeit schließlich nur mehr „S. Martino ai Monti" übrig.

Papst Symmachus weihte seine neue Kirche Anfang des 6. Jahrhunderts den ersten Heiligen, die keine Märtyrer waren, nämlich Silvester und Martin. Beide hatten im 4. Jahrhundert gelebt und waren in der Zwischenzeit zu legendenumwobenen Gestalten geworden: Papst Silvester im Zusammenhang mit der konstantinischen Schenkung, die später von größter Bedeutung für die Entfaltung des Papsttums und die Entwicklung des Kirchenstaates wurde; der hl. Martin als Hauptfigur der auf zahlreichen Bildern dargestellten und heute noch beliebten Mantelerzählung.

Der hl. Martin wurde etwa um 330 in Sabaria in Pannonien als Sohn heidnischer Eltern geboren. Auf Wunsch seines Vaters wurde er Soldat. In dieser Zeit soll sich die berühmte Begebenheit mit der Teilung seines Mantels abgespielt haben, dessen eine Hälfte er einem frierenden Armen schenkte. Er wandte sich dem Christentum zu, gab sein Soldatendasein auf, und empfing die Taufe. Sein Weg führte ihn nach einigen Umwegen nach Frankreich, wo er zum Priester geweiht wurde und in Liguge' das erste Kloster in Gallien (Frankreich) gründete. Im Jahre 317 wurde er Bischof von Tours und lebte da im Kloster Marmoutier. Er starb in Candes 397 und wurde in Tours bestattet. Wegen seiner intensiven Evangelisierungstätigkeit in Gallien wurde Martin zum „Apostel" Galliens.

Die heutige Kirche geht in ihren Grundmauern also auf den Neubau unter Sergius II. zurück, der, bevor er Papst wurde, hier Titelinhaber gewesen war (andere hervorragende Titelinhaber waren z.B. Papst Bonifaz VIII. (1294-1303) und Papst Paul VI. (1963-1978). Sergius II. ließ die Gebeine zahlreicher Märtyrer aus den Katakomben in seine neu errichtete, ehemalige Titelkirche überführen. Die Liste der hierhergebrachten Reliquien ist in Marmor gemeißelt am Treppenabgang zur Krypta linker Hand zu sehen. Es handelt sich wohl um eine im 17. Jahrhundert angefertigte Kopie einer Inschrift aus dem 13. Jahrhundert. Diese Aufzählung stammt aus dem „Liber Pontificalis" und nennt u.a. die sterblichen Überreste der oben genannten Päpste.

## HAUPTFASSADE

Der Haupteingang zu S. Silvestro e Martino ai Monti befindet sich am Viale dell'Oppio 28. Die Straße erweitert sich hier zu einem kleinen Vorplatz, den die zwischen 1664-1676 geschaffene, einfache Fassade dominiert. Sie stammt vermutlich nicht von Gagliardi, dem Architekten, der die Restaurierungsarbeiten im Barock geleitet hatte. Denn der „Mäzen" der Karmeliter, der Prior und Karmelitergeneral Giovanni Antonio Filippini, der die großartige Renovierung der Kirche im 17. Jahrhundert veranlaßte, verstarb, als die Fassade noch nicht fertig war. So wurde sie, anstatt mit Travertin verkleidet, nur verputzt und mit Stuck verziert. Seitlich des grün gestrichenen Eingangsportals sind die Stuckportraits der beiden heiligen Silvester (links mit Tiara) und Martin angebracht.

*S. Martino ai Monti,*
*Innenraum*

# INNENRAUM

Es handelt sich um eine prächtige, weite, barocke Kirche mit klassizistischen Anklängen, die wir durch den Haupteingang betreten. An das mittelalterliche Gotteshaus Sergius' II. scheint gar nichts mehr zu erinnern. Die Restaurierungsarbeiten im 17. Jahrhundert unter Giovanni Antonio Filippini, dem Prior und späteren General der Karmeliter (sie haben die Kirche seit 1299 ununterbrochen inne), haben es vollständig verändert. Er beauftragte etwa um 1659 den Maler und Architekten Filippo Gagliardi mit dem Umbau. Gagliardi standen Künstler wie Gaspare Dughet, Fabrizio Chiari, Giovanni Grimaldi, Jan Miel, Giovanni Baglione zur Seite. Der von Gagliardi vorgeschlagene Entwurf sollte die Heiligkeit und Würde des Ortes durch perspektivische Effekte und architektonische Elemente unterstreichen. Daher wurden die Säulen, Spoliengut aus den antiken Ruinen, mit gleichen Kapitellen und Basen versehen, die Wände des Hauptschiffes mit Stuck, Medaillons, Heiligenstatuen und gemalten Raumperspektiven, die ebenfalls von Gagliardi sind, verziert. Prachtvoll ist die goldstrahlende Kassettendecke, die ursprünglich vom hl. Karl Borromäus, dem Titelinhaber dieser Kirche, gestiftet, unter Antonio Filippini erneuert und im 18. und 19. Jahrhundert restauriert wurde.

## Der Altarbereich

Beeindruckend ist der Hauptaltar in der Form eines Tempelchens in dem wegen der Krypta überhöhten Presbyterium. Er stammt aus dem 18. Jahrhundert und ist ein Werk von Francesco Belli. Mit buntem Marmor und vergoldeten Bronzeteilen verziert, weist er einen kleinen Baldachin über sechs zarten Alabastersäulen auf. Auch der von entzückenden Engelputten gestützte Altartisch über einer Urne aus grünem Marmor ist überaus elegant gestaltet. Die Architektur der Apsis stammt von Gagliardi, die malerische Dekoration von Antonio Cavallucci (Ende des 18. Jahrhunderts).

Die Mitte der Apsiswölbung nimmt der segnende Gottvater ein, von der Madonna mit dem Kinde und den heiligen Petrus und Paulus flankiert. Darunter Heilige des Karmeliterordens, v. l. n. r.: Andrea Corsini, Maria Maddalena de' Pazzi, Thomas von Aquitanien, Theresa von Avila. Im Triumphbogen wurden rechts die hll. Martin, Franz Xaver und links die hll. Silvester und Karl Borromäus dargestellt.

Vor dem Altar führt in der Mitte eine Treppe in die ebenfalls von Gagliardi geschaffene Krypta. Sie wurde früher irrtümlich Pietro da Cortona zugeschrieben. Die hohen Gewölbe sind über und über mit strahlendweißer Stuckarbeit verziert, ein Werk Paolo Naldinis (17. Jahrhundert). Von hier führt eine Pforte in die weiter unten beschriebene „Römische Insula", den ehemaligen „Titulus Equitii".

Kommt man wieder in das Hauptschiff zurück, sollte man den stuckverzierten Architrav genauer betrachten. Auch das ist ein Werk Paolo Naldinis, eine in ihrer Art einzigartige Dekoration, schon aufgrund ihrer didaktisch religiösen Aussage. Es handelt sich um einen Zyklus, der sich rechter Hand (vom Eingang aus gesehen) auf Episoden des Alten Testamentes und Vorschriften der Juden bezieht (Weltkugel – Schöpfung, Abels Altar, Turmbau zu Babel usw.), während linker Hand Marterwerkzeuge aller Art (Geißel, Rad, Pfeil, Zangen usw.) dargestellt sind. Sie sollen an die Geschichte der Kirche und die Martyrien ihrer Heiligen erinnern. Als Verbindungsglied zwischen dem Alten und dem Neuen Testament sind die acht Medaillons angebracht: rechts die Gesetzestafeln, die Lyra (Symbol König Davids), ein Weihrauchfaß und der Drachen (Symbol für die Sklaverei in Ägypten und das Böse); links die Symbole der vier Evangelisten. Alle Medaillons sind mit Zitaten aus der Bibel und den Evangelisten versehen. Die Fenster darüber sind seitlich mit perspektivischen Malereien versehen. Sie stellen eine Scheinarchitektur dar und sind so angeordnet, daß man den Eindruck hat, daß die Architektur hinter den Fenstern weitergeht.

Etwas Aufmerksamkeit sollte man auch den Wandbildern von Gaspare Dughet (1615-1675), gen. „Le Guaspre" oder „Gaspard Poussin" (er war der Schwager von Claude Poussin), in den Nebenschiffen schenken. Er wurde durch diese Landschaftsdarstellungen berühmt. Es handelt sich um 18 Fresken (alle, bis auf zwei, von Dughet) mit Begebenheiten aus dem Leben des Propheten Elias, der als „Vater" der Karmeliter verehrt wird. Die wegen ihrer Poesie und Atmosphäre bemerkenswerten und wertvollen Fresken sind aber leider nicht gut erhalten.

Interessant sind auch die beiden Wandbilder im linken Nebenschiff, die St. Peter und San Giovanni in Laterano vor ihrem Neubau bzw. der

Restaurierung zeigen. Sie sind ein Werk Gagliardis, der seinen Beinamen „Filippo delle Prospettive" wohl nicht zu Unrecht hatte. Das Fresko mit Alt-St. Peter enthält einige nicht authentische „Zutaten" Gagliardis. Es stellt in der Mitte die berühmte „Pigna" dar, den großen Bronzezapfen, der sich heute in den Vatikanischen Museen befindet, und den Karmeliter S. Angelo, der eine Frau heilt. Es ist dies eine Begebenheit, die im St. Petersdom stattgefunden haben soll. Die Abbildung von San Giovanni in Laterano hingegen entspricht den überlieferten Beschreibungen. Auch hier ist eine geschichtliche Szene verewigt: das Treffen des hl. Franziskus mit dem hl. Domenikus, in Anwesenheit des hl. Angelo.

Am Ende des linken Seitenschiffes lädt der Altar der Madonna vom Karmel zum andächtigen Verweilen ein. Das Bild der Madonna mit dem Kinde war bis 1793 am Hauptaltar angebracht. Es stammt von Girolamo Massei, der es 1595 malte. Die im Jahre 1659 anläßlich der Krönung durch das vatikanische Domkapitel angebrachte massive Goldkrone entwendeten 1798 die Soldaten Napoleons. Die Madonna wurde erst 1959 von neuem feierlich gekrönt.

## DIE RÖMISCHE INSULA

Von der Krypta führt linker Hand eine schmale Pforte in einen engen, etwas abschüssigen Korridor, welcher in einen spärlich erleuchteten Raum mündet. Sobald man sich an die Dunkelheit gewöhnt hat, entdeckt man weitere Räume, ja man merkt am uralten Gemäuer, daß man sich in einem Gebäude aus der Römerzeit befindet, genauer gesagt in einer sog. „Insula". Das waren die Wohnstätten des einfachen römischen Volkes: mehrgeschossige (sie waren oft bis zu sechs Etagen hoch), minderwertige Mietskasernen, in denen die kinderreichen Familien mehr schlecht als recht hausten. Im Erdgeschoß waren meistens „Botteghe", Geschäftslokale, Wirtshäuser, Märkte oder Wechselstuben untergebracht, in den Obergeschossen befanden sich die Kleinstwohnungen, in denen die Familien dichtgedrängt lebten. In dieser römischen „Insula" wurde im 6. Jahrhundert der „Titulus Silvestri" eingerichtet. Die nach Papst Silvester (314-335) genannte Titelkirche lag ursprünglich jedoch in einem Nachbargebäude, welches in nordöstlicher Richtung anschloß und wahrscheinlich unter dem heutigen Gotteshaus zu vermuten ist. Sie hieß nach ihrem Stifter, einem Presbyter Papst Silvesters, anfänglich „Titulus Equitii".

Sollte die Pforte, die zu den Resten der römischen Insula unter S. Silvestro e Martino führt, geschlossen sein, wende man sich in der Sakristei an den Karmeliterpater, der gerne aufschließt. In den unterirdischen Räumen wurden zahlreiche antike Fundstücke zusammengetragen. Bereits im ersten Raum liegen Statuenreste, Marmorstücke und Inschriften. Geht man gerade durch in den nächsten Raum (hier befinden sich an den Wänden Reste von Chorschranken und ein Dachziegel mit der Inschrift „In nomine Dei"), befindet man sich bereits im rückwärtigen Teil der Kirche aus dem 6. Jahrhundert. Im Grundriß rechteckig und zweischiffig, bestand sie aus sechs Gewölben, drei je Schiff, und war mit Malereien ausgestattet, von denen leider nur mehr sehr beschädigte Reste erhalten sind. An der Stirnwand eines der Schiffe wurde eine kleine Nische geschaffen (von Barockengeln flankiert), in der man zu Beginn des 6. Jahrhunderts ein Mosaik anbrachte, das den hl. Silvester darstellte. Heute sind davon nur mehr kaum erkennbare Reste erhalten. Betrachtet man den Fußboden genauer, erkennt man ein schwarz-weißes Gittermuster in Mosaik, den Fußboden aus der Römerzeit. In diesen Räumen befanden sich im 2. und 3. Jahrhundert, bevor hier eine Kirche eingerichtet wurde, Geschäftslokale oder Markthallen.

Bevor man S. Silvestro e Martino verläßt, sollte man die rückwärtige Fassade an der Piazza S. Martino ai Monti besichtigen. Die würdige romanische Ziegelfassade der Apsisrundung erinnert an die lange Geschichte dieses Gotteshauses, die im „Titulus Equitii" in frühchristlicher Zeit begann.

# S. Prassede

Die letzte Ruhestätte der Päpste Siricius (384-399)
und Paschalis I. (817-824)

Die Basilika von S. Prassede, in nächster Nähe von S. Maria Maggiore gelegen, bildet ihrer wunderbaren Mosaiken wegen eine Art „Geheimtip" für Rompilger und Kunstbegeisterte. Die gesamte Kirche mit ihrem berühmten Wandschmuck in der Apsis, dem Triumphbogen und in der Zenokapelle geht auf Paschalis I. (817-824) zurück. Er war, bevor er zum Papst gekrönt wurde, wahrscheinlich Titelinhaber in S. Prassede. Deshalb lag ihm diese uralte Basilika besonders am Herzen. In diesem Gotteshaus, in welchem er in der Zenokapelle ein Grabmal für seine Mutter Theodora erbauen ließ, wurde vermutlich auch er selbst begraben. Doch nicht nur er fand hier seine letzte Ruhestätte. In die von ihm wiedererrichtete Kirche ließ er die Gebeine von 2300 Märtyrern aus verschiedenen Gräberbezirken, vor allem aus der Katakombe des hl. Alexander an der Via Nomentana übertragen. Darunter befanden sich auch die Reliquien Papst Siricius' (384-399), dessen Grab ursprünglich in der Katakombe der hl. Priscilla war. Der Liber Pontificalis führt ferner die Namen vieler anderer Päpste an, die der Überlieferung nach hierher überführt wurden. Sie sind im Kapitel über die Katakombe von S. Callisto näher beschrieben.

## SIRICIUS (384-399)

Siricius, der Nachfolger Papst Damasus' (366-384) war Römer und der Sohn eines Tiburtius. Im Dezember 384 zum Papst gewählt, war er unter Liberius (352-366, dem er ins Exil gefolgt war) und Damasus Diakon. Sein Pontifikat war durch die Fortsetzung der von Damasus eingeschlagenen Linie charakterisiert. Das zeigte sich gleich zwei Monate nach seinem Amtsantritt in einem Antwortschreiben an Bischof Himerius von Tarra-

*Mittelalterliches Prothyron, ehem. Haupteingang zu S. Prassede am Esquilin
in der Via S. Martino ai Monti*

gona. Dieser Brief wird als erste Papstdekretale angesehen. Denn die Replik auf die 15 kirchlichen Fragen, die Himerius noch an den inzwischen verstorbenen Damasus gerichtet hatte, weist nicht mehr den brüderlich mahnenden Ton einer liebevollen Belehrung auf. Sie ist im Gegenteil ganz im Stil kaiserlicher Amtsschreiben gehalten. Siricius besteht auf Anerkennung seiner im Namen Petri getroffenen Entscheidungen und verlangt Gehorsam von seiten aller spanischen Bischöfe. Siricius beruft sich dabei auf seine „schwere Verantwortung für alle", die er, bzw. der Apostel Petrus immerfort trage. Eine ähnliche selbstbewußte Haltung nimmt er auch den gallischen und afrikanischen Bischöfen gegenüber ein.

Sein Bestreben ging dahin, die römischen Bräuche in Disziplin und Lehre im gesamten Patriarchatsbereich zur Norm werden zu lassen. Das bekräftigte er auch auf einem 386 in Rom abgehaltenen Konzil, auf dem er die Vorzugsstellung des Bischofs von Rom vor allen hervorhob. Diese wurde von der Tatsache, daß Rom die einzige und unbestritten anerkannte Apostelgründung, noch dazu die des Petrus war, untermauert. Für die Geschichte des Christentums aber ist das Jahr 386 noch aus einem anderen Grund bedeutsam: damals kam es zur Bekehrung des heiligen Augustinus. Er wurde ein Jahr später vom hl. Ambrosius getauft und elf Jahre später Bischof von Hippo. Er ist einer der vier großen Kirchenväter der lateinischen Kirche.

Siricius gelang es somit nicht nur, die Vorrangstellung der römischen Kirche auszubauen, sondern auch wesentlich zur Stärkung des Primates des römischen Bischofs beizutragen. Er erließ die ersten Gesetze hinsichtlich des Zölibats, indem er die im Westen übliche Gewohnheit, den Zölibat von Klerikern mit höheren Weihen zu verlangen, d.h., nur ledige oder verwitwete Männer zur Priesterweihe zuzulassen, in Gesetzesform faßte. Diese von ihm aufgestellten Normen und ihre Befolgung forcierte er mit großer Energie. Der Name von Papst Siricius ist mit zwei anderen uralten Kirchen der Ewigen Stadt verbunden: mit der frühchristlichen Basilika von S. Clemente, die er weihte, und mit S. Pudentiana, deren wunderbare Mosaiken in der Apsis in seiner Regierungszeit begonnen wurden.

Siricius starb am 26. November 399 und wurde zunächst in der Katakombe der Priscilla beigesetzt. Papst Paschalis I. veranlaßte seine Überführung nach S. Prassede.

# PASCHALIS I. (817-824)

Paschalis I. wurde am 25. Januar 817 nach rascher und einstimmiger Wahl am Vortag, dem Todestag seines Vorgängers, zum Papst geweiht. Er war vor seiner Ernennung Abt des Benediktinerklosters St. Stephan bei St. Peter. Als Nachfolger Petri erwies er sich als vorsichtiger und diplomatischer Politiker. Er strebte danach, die guten Beziehungen zum Frankenreich, deren Könige als „Patrizi Romanorum" die Schutzherrschaft über Rom innehatten, zu erhalten, ohne die Freiheit des „Patrimonium Petri" und der dazugehörigen Gebiete einzuschränken. In Ludwig I. dem Frommen (814-840) hatte Paschalis zunächst einen wohlwollenden Gegenspieler. Der Kaiser anerkannte nicht nur die ohne seine Zustimmung erfolgte Wahl Paschalis' I., sondern auch alle Privilegien des Heiligen Stuhles. Erst unter seinem Mitregenten und Nachfolger Lothar I. änderte sich die Lage. Als sich nämlich Lothar im Auftrag des Kaisers in Pavia befand, lud ihn Paschalis I. nach Rom ein, damit er die Salbung und die Kaiserkrone aus seinen Händen entgegennehme. Sicherlich hoffte er auf den günstigen Einfluß, den der Sohn des Kaisers auf die in Rom stets gespannte Lage ausüben würde. Nach der Krönung am Ostertage 823 wies der Papst sogleich auf die kaiserliche Autorität Lothars in Sachen Gerichtsbarkeit hin. Der Sohn des Kaisers nahm auch folgerichtig während seines kurzen Aufenthaltes seine Aufgaben als oberster Richter wahr. In diesem Zusammenhang mußte sich Lothar unter anderem mit einer Kontroverse der päpstlichen Kurie mit dem Kloster Farfa befassen. Es ging um Klostergüter, die in den Besitz der Kirche gelangt waren. Lothar entschied den Streit zu Gunsten der Abtei Farfa und zog sich den Groll der päpstlichen Partei zu. Ferdinand Gregorovius schreibt darüber in seiner Geschichte der Stadt Rom: „Das kräftige Auftreten Lothars hatte den Unwillen der Geistlichen in Rom erregt, während die Feinde der weltlichen Herrschaft des Papstes sich dem jungen Fürsten begierig anschlossen. Die Spaltung der Stadt in eine päpstliche und eine kaiserliche Partei begann mit dem neuen Kaisertum und dauerte Jahrhunderte fort. Ein Ereignis brachte sie in Rom bald nach Lothars Abreise plötzlich in Erscheinung". Dieses Ereignis war die Enthauptung zweier kaisertreuer Beamter im Dienste des Papstes in der Folge eines Tumultes, der bald nachdem Lothar Rom verlassen hatte, hier ausbrach. Die Schuld an dieser Exekution wurde Paschalis I. angelastet. Gregorovius schreibt weiter

*Papst Paschalis I. (817-824) vom Apsismosaik in S. Prassede*

darüber: „Jene Römer (nämlich die beiden Hingerichteten), vom höchsten Adel, entschieden kaiserlich gesinnt und in der einflußreichen Stellung, welche schon früher rebellische Pläne beeinflußt hatte, strebten wohl nach dem Umsturz des päpstlichen Regimes". Papst Paschalis I. gelang es schließlich, die schwere Anklage durch einen „Reinigungseid" („Purgatio per Sacramentum") von sich zu weisen.

Trotz all dieser politischen Widrigkeiten entfaltete Paschalis I. in den sieben Jahren seines Pontifikats eine rege Bautätigkeit. Die Neuerrichtung bzw. Renovierung einiger Kirchen, die er mit prachtvollen Mosaiken ausstatten ließ, geht auf ihn zurück: S. Cecilia, S. Prassede, S. Maria in Domnica und SS. Quattro Coronati.

In der wiederhergestellten Basilika von S. Cecilia wünschte er die sterblichen Überreste der Heiligen beizusetzen. Doch war seine Suche nach ihren Reliquien in den Katakomben vergebens. Er wollte seine Nachforschungen bereits aufgeben, da kam ihm die hl. Caecilia selbst zu Hilfe, wie uns der Liber Pontificalis überliefert. Während der Sonntagsmesse hatte der Papst plötzlich eine Vision. Die Heilige erschien ihm und forderte ihn auf, in den Katakomben von S. Callisto weiterzusuchen. Tatsächlich fand er hier den Sarkophag mit den Reliquien, die in seiner neuen Kirche in Trastevere ihre letzte Ruhestätte fanden. Eine andere Legende erzählt von einem Brand im Sachsenviertel nahe St. Peter, den Papst Paschalis Kraft seines inbrünstigen Gebetes löschte. Die Evangelisierung des europäischen Nordens lag dem Papst ebenfalls am Herzen, wie die Entsendung von Missionaren nach Dänemark zeigt. Er starb am 11. Februar 824. Sein Grab ist heute nicht mehr erhalten. Doch seine Portraits, die man auf den Mosaiken der drei von ihm wiedererrichteten Kirchen heute noch bewundern kann, bewahren die Erinnerung an ihn besser als jegliche Grabinschrift.

## GESCHICHTLICHES

Die Ursprünge von S. Prassede liegen im dunkeln. Daß es sich um ein uraltes Gotteshaus handelt, ersieht man aus der Nennung in den Synodalakten von Papst Symmachus im Jahr 499. Die Beschlüsse dieser Synode wurden von dem Archipresbyter Tituli Praxidae Caelius Laurentius und dem Presbyter Petrus unterzeichnet. Das Gotteshaus muß somit bereits vorher bestanden haben. Vielleicht entstand es – wie die meisten der uralten Titelkirchen Roms – als eine Art Gemeindezentrum im Privathaus eines Christen und wurde in der Zeit nach dem konstantinischen Frieden zu einer frühchristlichen Kirche ausgebaut. An diese erinnert ein zufällig in der Katakombe des Hippolytus aufgefundenes Marmorbruchstück mit der ersten Inschrift, die sich auf S. Prassede bezieht. Sie geht auf das Jahr 489 zurück und erwähnt Argyrius, einen Kleriker „TIT (uli p)RAXS(edis)".

Die unter Papst Hadrian I. (772-795) erstmals restaurierte Kirche ließ Paschalis I. gleich nach seinem Amstanstritt im Jahre 817 ersetzen. Ob er dabei den ursprünglichen Standort von S. Prassede geringfügig verändern ließ, ist eine Frage, die bis heute nicht eindeutig gelöst werden konnte. Archäologen fanden zwar bei Grabungen Mauerreste und im Vorhof der Basilika antike Säulen, doch gehörten die Mauern zu einer sog. „Insula", einer römischen Mietskaserne, und die Säulen haben einstmals ein Atrium getragen. Vielleicht bildete die Überführung der sterblichen Überreste von 2 300 Märtyrern aus den im Verfall begriffenen Katakomben den unmittelbaren Anlaß für den Neubau. Diesen gibt es, abgesehen von geringfügigen Abänderungen, noch immer, so daß in S. Prassede der römische Kirchentypus der Karolingerzeit bis heute erhalten blieb.

Über die hl. Praxedis selbst, die Patronin der Basilika – ihr Fest wird am 21. Juli gefeiert – weiß man nicht viel. Der Überlieferung nach gelten sie und ihre Schwester Pudentia als Töchter des römischen Senators Pudens. Ihn glaubt man in der Person, die der Apostel Petrus in seinem zweiten Brief an Timotheus (4,21) erwähnt, zu erkennen. Timotheus selbst, Märtyrer in Ephesus im Jahre 97, soll ebenfalls ein Sohn des Pudens gewesen sein. Die Legende beschreibt uns Pudens als Gastgeber des Petrus und Schüler des Paulus, in dessen Haus im „Vicus Patrizius", der heutigen Via Urbana, eine Hauskirche, der spätere Titulus Pudenti entstand. Auf einer anderen, nicht weit davon entfernten Liegenschaft der Familie baute Praxedis ihre Kirche. Der Märtyrertod der Praxedis soll der Sage nach unter Kaiser Antonius Pius (138-161) stattgefunden haben. Dies ist jedoch mit dem Umstand, daß ihr Vater ein Zeitgenosse der Apostelfürsten war, und daß sie selbst daher auch im ersten Jahrhundert gelebt haben müßte, nicht vereinbar. Auch hinsichtlich Timotheus' wissen wir, daß er kein Römer, sondern der Sohn eines griechischen Vaters und einer jüdischen Mutter namens Eunike war, und daher nicht der Bruder der Praxedis sein konnte. Wahrscheinlich verschmolzen im

Laufe der Zeit in der Legende verschiedene Personen des gleichen Namens, darunter auch die hl. Praxedis, die vermutliche Stifterin der Basilika auf dem Esquilin.

## PROTHYRON UND ATRIUM

Den Haupteingang zu S. Prassede bildet der wenig beachtete mittelalterliche, von zwei starken, antiken Granitsäulen getragene Vorbau (ein sog. Prothyron) in der Via S. Martino ai Monti. Er führt über eine überdeckte Treppe zu einem Atrium und dem eigentlichen Hauptportal der Basilika.

Der Seiteneingang in der Via S. Prassede geleitet den Besucher in das rechte Seitenschiff.

Das stille Atrium vor der Hauptfassade von S. Prassede war früher vermutlich ein Arkadenhof. Von hier hat man den besten Blick auf die erst zwischen 1936/37 in ihren ursprünglichen Zustand zurückgebrachte Fassade. Sind der mittelalterliche Haupteingang und das Hauptportal geschlossen, wende man sich an den Kustoden.

## INNENRAUM

Meistens betritt man S. Prassede vom Seiteneingang in der Via S. Prassede aus. Blickt man sich, bevor man die Kirche betritt, nochmals um, erkennt man im Hintergrund einen Teil der Fassade von S. Maria Maggiore, die nicht einmal fünf Minuten von hier entfernt liegt.

### Die Zenokapelle

Der Zugang zur Zenokapelle liegt im rechten Seitenschiff. Ihre Mosaiken auf Wänden und Gewölben gehören zu den schönsten Wandbildern der Ewigen Stadt. Wegen ihrer strahlenden Schönheit wird sie auch „Paradiesgarten" genannt. Wendet man sich vom Seiteneingang aus nach links, erreicht man nach einigen Schritten ein ganz hervorragend ausgestaltetes Portal. Zwei dunkle Säulen tragen auf fein ausgearbeiteten ionischen Kapitellen des 9. Jhdts. einen mächtigen Architrav aus dem 1. Jh. Die Portalumrahmung aus Marmor selbst ist mit einem Bandgeflecht und einer Inschrift Paschalis' I. versehen. Darüber befindet sich ein großes Mosaikbildwerk. Mit seiner Farbenpracht weist es bereits auf die kostbare Ausgestaltung des Inneren hin. In zwei großen Halbkreisen sind

*Eingang zur Zenokapelle*
*S. Prassede*

Medaillons um ein Rundbogenfenster angeordnet, in dem eine antike Aschenurne steht. Den inneren Halbkreis nimmt Maria mit dem Kinde, von Zeno (mit dem hellen Gewand), Valentin und acht weiteren weiblichen Heiligen umrahmt, ein. Im Halbkreis darüber erkennt man in der Mitte den segnenden Christus, ihm zu Seiten die Apostel, in den beiden oberen Ecken zwei Propheten und unten zwei wohl später hinzugefügte Päpste, von denen einer Papst Paschalis sein könnte. Der hl. Zeno war ein Presbyter, der – ein sonst unbekannter Märtyrer – in den Verfolgungen unter Diokletian ums Leben gekommen sein soll. Seine Reliquien ließ Paschalis I. wahrscheinlich zusammen mit denen seines vermutlichen Bruders Valentin aus der Katakombe der Prätextatus hierher überführen.

Durch dieses prachtvolle Portal betritt man eine zunächst dunkle, doch offensichtlich kleine Kapelle. In ihr kann man auch ohne viel Licht die Schönheit und den Glanz des Mosaikschmuckes erkennen. Mit Hilfe eines Lichtautomaten links des Portals erstrahlt die Kapelle in überirdischem, von tausenden goldglänzender Mosaiksteinchen reflektiertem Licht. Hoch oben im Gewölbe schwebt das von vier ätherischen, weißgekleideten Engeln gehaltene Medaillon des Erlösers in gleißenden himmlischen Sphären. Die Wände der im Grundriß kreuzförmigen Kapelle sind ebenfalls mit Mosaiken über und über bedeckt. An der Altarwand sind im oberen Teil links des Fensters Maria, rechts der Täufer zu sehen. Den Altar selbst ziert ein Mosaik in einer Rundbogennische. Es ist etwa zwei Jahrhunderte später entstanden und stellt die Jungfrau mit dem Kinde, umgeben von den beiden Heiligen Praxedis und Pudentiana dar. Die Wand links des Altares zeigt drei vornehme Frauenfiguren in goldenen, edelsteingeschmückten Gewändern mit Märtyrerkronen in ihren verhüllten Händen. Die beiden vornehmen Damen links sind die hll. Agnes und Pudentiana, rechts des Fensters die hl. Praxedis.

In der Laibung darunter erkennt man Maria, von drei vornehmen Damen umgeben. Diejenige ganz links außen trägt den viereckigen Heiligenschein der Lebenden. Es handelt sich um die „Episkopa" Theodora, die Mutter Paschalis', für die er diese Kapelle nach dem Vorbild antiker Mausoleen anlegen ließ. Die beiden Frauengestalten links und rechts neben Maria sind Praxedis und Pudentiana. Über diesen überaus vornehm wirkenden Damen erblickt man in der Lunette das Lamm Gottes auf dem Weltenhügel. An den daraus entspringenden alttestamentarischen Paradiesflüssen laben sich Hirsche, die Symbole der Gläubigen. Rechts davon ist Christus in der Vorhölle dargestellt.

Auf der Eingangswand der Zenokapelle deuten die beiden Apostelfürsten Petrus und Paulus auf einen leeren, kostbar mit Edelsteinen besetzten und von einem Kreuz gekrönten Stuhl. Es handelt sich um die „Etimasia", den leeren, für die Ankunft des Herren vorbereiteten Thron.

Johannes, Andreas und Jakobus kann man auf der rechten Wand erkennen. In der Lunette unterhalb ist Christus zwischen den Heiligen Zeno und Valentin zu sehen.

An den Mosaiken beeindrucken nicht nur der leuchtende Goldgrund, die bunten, blumenbedeckten Wiesen, auf denen die Heiligen schweben, und die Frische der Farben, sondern auch die, fast möchte man sagen, „Modernität" der Figuren, besonders der Engel. Vielleicht hat sich einer der impressionistischen Maler oder auch Künstler des Jugendstils von diesen Mosaiken inspirieren lassen?

Ein baldachinartiger Schrein aus vergoldeter Bronze aus dem vorigen Jahrhundert bewahrt im rechten Nebenraum der Zenokapelle ein Stück der Geißelsäule aus Jerusalem auf. Kardinal Giovanni Colonna – er nahm als Kommandant im päpstlichen Auftrag am 5. Kreuzzug teil – brachte diese Reliquie, die seinen Namen (Colonna = Säule) in Erinnerung halten sollte, Anfang des 13. Jahrhunderts aus dem Orient mit und stiftete sie seiner Titelkirche. Sie ist aus rotem Jaspis und 63 Zentimeter hoch.

Die Kapelle links des Mausoleums der „Episcopa" Theodora ist ebenfalls beachtenswert. Es ist die Grabkapelle von Kardinal Alain de Coetivy, Bischof von Avignon, der zwischen 1448-1465 Titelinhaber von S. Prassede war. Er ließ sich an der linken Wand vielleicht von Andrea Bregno oder einem Künstler aus dessen Umkreis ein repräsentatives Grabmal errichten und die Wände sowie das Gewölbe prächtig ausmalen. Leider ist von der malerischen Ausstattung nicht mehr viel übrig. Die Liegefigur des Bischofs nimmt die Mitte des Grabmals ein. Darüber sind die beiden Apostelfürsten, an den Seiten die beiden heiligen Praxedis und Pudentia dargestellt.

### Apsis- und Triumphbogenmosaiken

Die beiden Schwestern Praxedis und Pudentia sind auch auf dem großen Mosaik in der Apsiswölbung zu sehen. Petrus und Paulus stellen sie mit liebevoller Geste dem Herrn vor. Rechts weist Petrus auf Praxedis, links Paulus auf Pudentia. Die Gestalt rechts außen ist der hl. Zeno. Links außen steht der Stifter der Basilika, Paschalis. In seinen verhüllten Händen hält er das Modell seiner Kirche. Der rechteckige Heiligenschein weist darauf hin, daß er damals noch unter den Lebenden weilte. Die gesamte Komposition wird von Palmen eingerahmt. In den Blättern des linken Baumes hat sich ein Phönix, Symbol der Auferstehung und Unsterblichkeit, niedergelassen. Alle Figuren befinden sich auf einer Wiese, die gleichzeitig das Ufer für den Jordan (Symbol der Taufe) bildet. Darunter bewegen sich aus Jerusalem und Betlehem jeweils sechs Lämmer auf das Lamm Gottes in der Mitte zu. Dieses steht auf dem Weltenberg, aus dem die vier Paradiesflüsse entspringen. Weiter darunter befindet sich die Widmungsinschrift Paschalis' I., in goldenen Lettern auf dunkelblauem Grund.

Auf der Wand des Apsisbogens erblickt man in der Mitte in einem Medaillon auf einem gemmengeschmückten Thron das Lamm der Offenbarung. Darunter liegt das Buch mit den sieben Siegeln. Sieben Leuchter, vier Engel in flatternden Gewändern, die Symbole der Evangelisten und die 24 Ältesten umgeben das apokalyptische Lamm.

Auf dem Triumphbogen ist die Vision des himmlischen Jerusalem nach der Apokalypse (Kap. 7) beschrieben. Inmitten einer blumenbewachsenen Wiese steht das Himmlische Jerusalem, von edelsteingeschmückten Mauern umgeben. In der Stadt befindet sich Christus, von zwei Engeln umgeben, inmitten seiner Auserwählten. Dazu gehören unter ihm links die Hl. Maria, Johannes der Täufer und der heilige Paulus, rechts die heilige Praxedis und der heilige Petrus, die von Aposteln umgeben sind. An den äußersten Seiten dieser Figurengruppen erkennt man links Moses mit einer Tafel mit der Aufschrift „lege" (Gesetz) und rechts Elias mit einem Engel. Auf die ebenfalls von Engeln bewachten Stadttore bewegen sich von links und rechts zwei Gruppen von Gläubigen zu. Im teilweise zerstörten Streifen darunter erkennt man weißgekleidete Figuren mit Palmenzweigen. Vielleicht symbolisieren sie die Märtyrer, deren Gebeine Paschalis im 9. Jahrhundert nach S. Prassede überführen ließ.

### Der Hauptaltar und die Krypta

Die Stufen vor dem zu Beginn des 18. Jahrhunderts von Carlo Fontana geschaffenen Baldachin führen in die Krypta hinunter. Hier stehen die frühchristlichen Sarkophage, die die Reliquien der Märtyrer aufnahmen.

Im letzten Sarg rechts sollen die sterblichen Überreste der hl. Praxedis und Pudentiana aufbewahrt sein. Interessant ist das liebliche Fresko über dem kosmatengeschmückten Altar aus dem 13. Jahrhundert. Es zeigt Maria als schwangere Frau. Mit kostbaren Gewändern und einem Diadem angetan weist sie auf ihren gesegneten Leib. Ihr zu seiten stehen die heiligen Praxedis und Pudentiana.

*Weitere Sehenswürdigkeiten*

Den besten Blick auf die Mosaiken der Apsis und des Triumphbogens hat man aus einiger Entfernung, vom Hauptschiff aus, denn der im Barock erbaute Hauptaltar verstellt die Sicht auf diese einzigartigen Schöpfungen der karolingischen Renaissance in Rom. Eine gute Stelle dafür bietet die rote Porphyrscheibe, die in der Nähe des Hauptportals im Fußboden des Hauptschiffes eingelassen ist. „CONDITORIUM RELIQUIARUM SANCTORUM MARTYRUM IN AEDIBUS SANCTAE PRAXEDIS" (Aufbewahrungsort der Reliquien der heiligen Märtyrer im Gotteshaus der heiligen Praxedis). Diese Inschrift folgt der Rundung der Porphyrplatte. Hier soll die heilige Praxedis die Reliquien von Blutzeugen in einem Schacht aufbewahrt haben. Der Legende nach bot sie in ihrem Haus 24 verfolgten Christen Zuflucht. Nachdem die Römer sie entdeckt hatten, wurden die Gläubigen vor den Augen der entsetzten Praxedis niedergemacht. Mit einem Schwamm nahm sie das Blut der Märtyrer auf und bewahrte es zusammen mit ihren Überresten in dem Brunnenschacht.

Sehenswert sind auch das schöne Kruzifix (16. Jahrhundert) und die mittelalterlichen Chorschranken in der Kreuzkapelle, die Fresken im Mittelschiff, das Grabmal des Msgr. Santoni, das erste Bildwerk von Gian Lorenzo Bernini – er soll es als Heranwachsender geschaffen haben – vor der Zenokapelle und die Sakristei mit ihren wertvollen Gemälden. Die moderne, mit kostbarem Marmor verkleidete Sakramentskapelle links der Sakristei – sie wurde 1933 vom Architekten Leschiutta erneuert – ist sicher auch einen Besuch wert. Die Mosaiken am Altar und die großen Bilder, die den Gründer der Benediktiner von Vallombrosa, (sie betreuen S. Prassede seit 1198) S. Giovanni Gualberto, als Hauptfigur herausstellen, sind sicher ein schönes Beispiel für die Kunst der Zwischenkriegszeit.

*S. Maria Maggiore, Fassade*

# S. Maria Maggiore

Die Grabstätten der Päpste Honorius III. (1216-1227), Nikolaus IV. (1288-1292), Pius V. (1566-1572), Sixtus V. (1585-1590), Clemens VIII. (1592-1605), Paul V. (1605-1621), Clemens IX. (1667-1669)

S. Maria Maggiore auf dem Esquilin ist die größte der römischen Marienkirchen und gehört, zusammen mit St. Peter, St. Paul und S. Giovanni in Laterano, zu den vier Haupt- und Patriarchalbasiliken. In der Frühzeit des Christentums entstanden, von Päpsten, Kardinälen, und Mäzenen beschenkt, instand gehalten, restauriert und vergrößert, kamen hier im Laufe der Jahrhunderte wunderbare Kunstschätze zusammen. Neben dem mit Mosaiken aus der Spätantike ausgestatteten Hauptschiff und der mit mittelalterlichen Mosaiken versehenen Apsis, stechen die beiden großen, um 1600 entstandenen Seitenkapellen hervor. Ihre Stifter sind zwei Päpste, Sixtus V. (1585-1590) und Paul V. (1605-1621). Sie ließen sich hier nicht nur selbst bestatten, sondern widmeten zweien ihrer Vorgänger ein würdiges Grabmonument. Außer diesen Oberhirten fanden in S. Maria Maggiore auch Honorius III., Nikolaus IV. und Clemens IX. ihre letzte Ruhestätte.

## HONORIUS III.
### (Cencio Savelli aus Rom, 1216-1227)

Cencio Savelli entstammte der mächtigen Adelsfamilie der Savelli und war der Sohn Amalricos. Er wurde am 18. Juli, nur zwei Tage nach dem Tod Innozenz' III. (1198-1216), in Perugia zum Papst gewählt. Vorher war er Kardinal-Erzpriester von S. Maria Maggiore und „Camerarius" (Kämmerer) der römischen Kirche unter Clemens III. (1187-1191) und dessen Nachfolger Innozenz III. In dieser Eigenschaft verfaßte er den „Liber Censuum Romanae Ecclesiae", ein Werk, das wertvolle Informationen über den Besitz und die Einkünfte der Päpste im Mittelalter

*Statue Papst Nikolaus' IV. von seinem Grabmal in S. Maria Maggiore*

enthält. Innozenz III. hatte durch seine starke Persönlichkeit das Papsttum zur führenden Ordnungsmacht in der abendländischen Christenheit gemacht. Honorius stand nun vor der schwierigen Aufgabe, das Erbe seines Vorgängers zu bewahren und das Erreichte fortzuführen. Als er das päpstliche Amt antrat, war Honorius alt und krank und diesen Anforderungen nicht mehr gewachsen. Seine Pläne hinsichtlich des Kreuzzuges, der 1215 auf dem Laterankonzil verkündet worden war, wurden von Friedrich II. (\* 1194, 1220 Kaiser, † 1250) immer wieder durchkreuzt. Dem Kaiser lag die Vereinigung des Königreichs Sizilien mit dem Reich mehr am Herzen als die Befreiung des Heiligen Landes. Daran änderte auch die Kaiserkrönung Friedrichs II. und seiner Gemahlin Konstanze am 23. November 1220 in der Peterskirche nichts.

Politisch von geringer Durchschlagekraft, widmete sich Honorius III. um so mehr der Verbreitung des Christentums in Nordeuropa (Dänemark, Schweden und Norwegen, Polen und Rußland) und durch die Anerkennung der beiden neuen Orden (Dez. 1216 Dominikaner, 1223 Franziskaner) der Erneuerung der Kirche. Honorius starb am 18. März 1227 und wurde in einer Porphyrurne beim heutigen Krippenaltar zur letzten Ruhe gebettet. Sein Grab ist den Umbauarbeiten der späteren Jahrhunderte zum Opfer gefallen und existiert heute nicht mehr.

## NIKOLAUS IV.
### (Girolamo Masci, aus Lisciano bei Ascoli Piceno, in der Region Le Marche, 1288-1292)

Nikolaus IV. wurde nach einer langen Sedisvakanz von elf Monaten am 22. Februar 1288 zum Papst gewählt. Er war Nachfolger Honorius' IV. (Savelli, 1285-1287), der am 3. April 1287 starb. Die Kardinäle kamen in S. Sabina, der Residenz des toten Papstes, zusammen, doch gestaltete sich die Wahl schwierig. Als mit dem Sommer auch eine Malariaepidemie ausbrach, an der die Teilnehmer des Konklave teils schwer erkrankten, teils starben, löste sich das Konklave auf. Erst am 22. Februar 1288 trat es wieder zusammen. Aus der Wahl ging der Kardinalbischof von Palestrina, Girolamo Masci, als Nikolaus IV. hervor. Um 1230 bei Ascoli Piceno geboren, kam er aus einfachen Verhältnissen. Früh in den Franziskanerorden eingetreten, stieg er bald die Ordensleiter empor und wurde nach dem Tode des hl. Bonaventura zum Ordensgeneral gewählt.

Ihm war, genau wie seinem Vorgänger, politisch kein Glück beschieden, denn während seines Pontifikates gingen die letzten Reste der christlichen Besitzungen in Palästina und Syrien verloren, 1291 fiel schließlich auch die Festung Akko. Erfolgreicher waren seine Missionsbemühungen, ja man bezeichnete ihn als den großen Missionspapst. Er betraute damit besonders Vertreter seines Ordens, die das Evangelium vor allem in Albanien, Bosnien, Serbien und Armenien verbreiteten. Dem von ihm in den Osten entsandten Franziskaner Johannes de Monte Corvino, gelang es sogar, zum Großkhan von Persien, nach Indien und China vorzudringen. Er hatte hier soviel Erfolg, daß Papst Clemens V. (1305-1314) ihn 1307 zum ersten Erzbischof der Hauptstadt Khanbalig (Peking) ernennen konnte. Papst Nikolaus IV. war ein großer Förderer der Kunst. In seinem Auftrag arbeiteten Meister wie Arnolfo di Cambio, Pietro Cavallini und der Franziskaner Jacopo Torriti. Er schmückte die Apsiden von San Giovanni in Laterano und Santa Maria Maggiore mit wunderbaren Mosaiken. In beiden ist Nikolaus IV. als Stifter verewigt. Die gesamte Apsis von S. Maria Maggiore als Baukörper geht im übrigen ebenfalls auf ihn zurück. Denn er ließ die von Sixtus III. (432-440) errichtete abreißen und neu bauen. Nikolaus IV. starb in Santa Maria Maggiore am 4. April 1292, in dem Palast, den er gleich nebenan errichten ließ.

### Grabmal Nikolaus IV.

Das Denkmal für Nikolaus IV. befindet sich gleich links im Hauptschiff (kommt man von der Piazza S. Maria Maggiore), neben dem Haupteingang. Kardinal Felice Peretti, der spätere Sixtus V. (sein Geburtsort lag ganz nahe bei dem Nikolaus' IV., so daß er sich als dessen Landsmann fühlte), stiftete es Ende des 16. Jahrhunderts seinem Ordensbruder und ersten Franziskaner auf dem päpstlichen Stuhl.

Der Entwurf zu dem Grabmonument stammt von Domenico Fontana, dem Leibarchitekten Sixtus' V., die Statuen sind ein Werk von Leonardo Sormani (1530-1589). In der Mitte thront die segnende Sitzfigur Nikolaus' IV. mit der dreifachen Tiara. Er ist links von der „Wahrheit" und rechts von der „Gerechtigkeit" umgeben. Das Grabmal stand ursprünglich rechts vom Chor und wurde anläßlich der Restaurierung durch Ferdinando Fuga im 18. Jahrhundert an die gegenwärtige Stelle versetzt.

# PIUS V.
## (Antonio Ghislieri aus Bosco Marengo bei Alessandria, Region Piemont, 1566-1572)

Kardinal Antonio Ghislieri wurde elf Tage nach dem Tode seines Vorgängers Pius' IV. (1559-1565) zum Papst gewählt. In Bosco Marengo bei Alessandria geboren, entstammte er äußerst einfachen Verhältnissen. In seiner frühesten Jugend war er Schafhirte. Vierzehnjährig trat er in Voghera in den Dominikanerorden ein und empfing zehn Jahre später die Priesterweihe. Sein Leben war von Askese geprägt. Als Papst verkörperte er die katholische Reform in ihrer reinsten Form und strebte nach einer strikten und umgehenden Befolgung der Beschlüsse des Tridentiner Konzils (1545-1563). Im Jahre 1566 erschien der sog. „Römische Katechismus" für die Pfarrer, 1568 das reformierte Brevier, 1570 das römische Meßbuch. Sein größtes Anliegen galt der Reinerhaltung und Verteidigung des Glaubens. Daher bekämpfte er auch die Irrlehren mit rigoroser Strenge. So verurteilte er Elisabeth II. von England als Häretikerin und erklärte sie ihrer Herrschaft verlustig. Es war das letzte Absetzungsurteil eines Papstes gegen einen weltlichen Fürsten. Als glühender Verteidiger des Glaubens erreichte er noch einmal die Vereinigung der romanischen Völker zu einem gemeinsamen Vorgehen gegen die Türken. In der siegreichen Seeschlacht von Lepanto, am 7. Oktober 1571, gelang es den unter der Führung von Don Juan d'Austria und Marcantonio Colonna zusammengefaßten Truppen, das Vordringen der Türken auf dem Meer zu verhindern. Etwa ein halbes Jahr später starb Pius V., am 1. Mai 1572. Zunächst in St. Peter beigesetzt, fand er 1583 hier seine letzte Ruhestätte. Sein Verdienst lag vor allem in der Umsetzung der Tridentiner Reform in die Praxis. Er wurde 1672 selig- und 1712 heiliggesprochen.

## *Grabmal Pius' V.*

In der Kapelle Sixtus' V. befindet sich das monumentale Grab Pius' V., das mit seiner Pracht und Großartigkeit sicherlich nicht zu dem asketischen Charakter dieses Oberhirten paßt. Es nimmt die gesamte linke Wand ein. In der Mitte thront die Sitzfigur des mit der Tiara bekrönten segnenden Papstes. Er ist mit einer Kutte und einem Mantel darüber angetan, das Haupt umgibt ein Heiligenschein. Die Statue stammt von Leonardo Sormani. Die Reliefs beziehen sich auf wichtige Ereignisse

*Grabmal Papst Pius' V. in der Kapelle Sixtus' V. in S. Maria Maggiore*

seines Pontifikats, wie beispielsweise seine Papstkrönung in der Mitte über ihm. Die Reliefs links erinnern an die Schlacht von Lepanto (unten die „Überreichung der Standarte an Marc Antonio Colonna", darüber der „Sieg in der Schlacht bei Lepanto"), diejenigen rechts an die Hugenottenkriege (unten die „Übergabe des Kommandos an den Conte di S. Fiora", oben der „Sieg über die Hugenotten".

Unter der Figur Pius' V. ist seit 1712, dem Jahr seiner Heiligsprechung, sein einbalsamierter Körper in einem gläsernen Sarg aufgebahrt und so der Verehrung der Gläubigen nähergebracht. Der Sarg kann mit einer Bronzeplatte verschlossen werden, auf der der Papst liegend dargestellt ist.

## SIXTUS V.
### (Felice Peretti aus Grottamare, Region Le Marche, 1585-1590)

Sixtus V. wurde als Felice Peretti am 13. Dezember 1521 in Grottamare (Marken) geboren und entstammte ebenfalls einfachen Verhältnissen. In seiner Jugend half er dem Vater in der Landwirtschaft und hütete Schweine. Ein Onkel, der Franziskaner war, nimmt sich seiner Ausbildung an und so tritt er bereits im Alter von 9 Jahren den Minoriten im nahegelegenen Montalto bei. Später studiert er in Ferrara und Bologna und wird wegen seiner Dialektik bei komplexen theologischen Fragen bewundert. Seine Karriere ist glanzvoll, denn er wird General des Franziskanerordens, Inquisitor in Verona, Bischof von S. Agata dei Goti in Rom und schließlich 1570 von Pius V. zum Kardinal ernannt. Am 24. April 1585 einstimmig zum Papst gewählt, erweist er sich von Anfang an als außerordentlich starke Persönlichkeit. Sein Verdienst war es, Ordnung im Kirchenstaat geschaffen zu haben, dessen Finanzen er sanierte. Beeindruckend war auch seine intensive Bautätigkeit. Während seines Pontifikates wurde die Kuppel von St. Peter vollendet, Wasserleitungen erneuert und gebaut und ein städtebauliches Konzept in Rom durchgeführt, an das heute noch als sichtbares Zeichen Straßenzüge und Obelisken erinnern. Rom wurde durch ihn zu einer Barockstadt.

Die Reorganisation der Kurie ist ebenfalls sein Werk. Er führte anstatt des Konsistoriums, das bisher alle wichtigen Fragen unter dem Vorsitz des Papstes behandelt hatte, 15 Einzelressorts, die Kardinalskongregationen, ein, die von nun an ihre Aufgaben selbständig erledigten. Sixtus V.

*Statue Sixtus' V. (1585-1590) von Valsoldo (Paracca Giovanni Antonio, † 1642/43)
in der Sixtinischen Kapelle in S. Maria Maggiore*

bemühte sich auch um die Fortführung der katholischen Reform. Seine Idee war die Verfassung einer „authentischen" Vulgata, das heißt, die Herstellung eines verbesserten Textes der lateinischen Bibel. Leider gelang ihm das während der überhasteten Arbeit daran nicht. Das Werk erschien zwar, doch mußte es bald darauf wieder zurückgezogen werden, da es zu fehlerhaft war. Nach fünf Jahren Pontifikat starb er an Malaria. Er war einer der bedeutendsten Päpste des 16. Jahrhunderts. Durch ihn erwarb sich der Apostolische Stuhl viel Ansehen und einen innerkirchlichen Machtzuwachs.

*Grabmal Sixtus' V.*

Sein Grabmonument steht an der rechten Wand der von ihm gestifteten Kapelle. Es wurde von Domenico Fontana nach dem gleichen Schema entworfen, wie das Papst Pius' V., welches gegenüber liegt. Die Figur des Papstes in der Mitte ist ein Werk von Valsoldo, der Sixtus V. kniend, die Hände zum Gebet gefaltet, mit der seitlich abgelegten Tiara darstellte. Die Reliefs links neben seiner Statue erinnern an die „Wohltaten für die Bedürftigen", darüber an die „Kanonisation des hl. Diego". Rechts ist der „Kampf gegen das Bandenunwesen auf dem Land um die Stadt Rom", darüber der „Friedensschluß zwischen Österreich und Polen" dargestellt. Das Relief in der Mitte über Sixtus V. erinnert an seine Krönung.

# CLEMENS VIII.
## (Ippolito Aldobrandini, aus Fano in der Provinz Le Marche, 1592-1605)

Ippolito Aldobrandini kam 1536 in Fano bei Pesaro – am 4. März wurde er in der Kathedrale von Fano getauft – als Sohn des Silvestro Aldobrandini zur Welt. Sein Vater entstammte einer vornehmen florentinischen Familie und mußte wegen seiner Gegnerschaft zur Familie Medici nach 1531 Florenz verlassen. Kardinal Alessandro Farnese nahm sich des jüngsten von fünf Brüdern zunächst an. Bald gelangte er in die Prälatur und war später an der Sacra Rota tätig. Sixtus V. ernannte ihn zum Kardinal und sandte ihn als Legaten nach Polen. Hier gelang es ihm, den von den Polen gefangengehaltenen Erzherzog Maximilian von Österreich zu befreien. Ende Januar 1592 wurde er nach einem einmonatigen Konklave und nach drei Päpsten, die einander in einem Zeitraum von

*Papst Clemens VIII. von seinem Grabmonument in der Capella Borghese in S. Maria Maggiore*

etwa eineinhalb Jahren aufeinander gefolgt waren, quasi als Verlegenheitskandidat der spanientreuen Partei gewählt. Er war ein Mann von Klugheit, Umsicht und großer Frömmigkeit. Er pflegte oft und lange streng zu fasten, meditierte und betete täglich zu festgesetzten Stunden. Fünfzehn Mal im Jahr unternahm er den Pilgerweg zu den sieben Hauptkirchen Roms, den er in einem Tag absolvierte.

Als Papst vermittelte er 1598 den spanisch-französischen Frieden. Das Jubeljahr 1600 zeigte unter ihm eindrucksvolle Ergebnisse: Die Gesamtzahl der aus diesem Anlaß nach Rom gekommenen Pilger wird auf etwa eine Million geschätzt. Der Papst selbst hörte aus diesem Anlaß Beichte in St. Peter und empfing die Pilger im Belvederehof. Er starb am 3. März 1605 offensichtlich an den Folgen eines Schlaganfalles und wurde zunächst in St. Peter beigesetzt. Erst 1646 konnte er nach S. Maria Maggiore, wo Paul V. ihm ein Grabmal errichtet hatte, überführt werden.

### Grabmal Clemens VIII.

Seine letzte Ruhestätte fand Clemens VIII. in der Capella Paolina in einem Grabmal, das dem seiner Vorgänger Pius V. und Sixtus V. durchaus ähnlich sieht. Er nimmt sitzend mit der zum Segen erhobenen Rechten die Mitte ein. Die Reliefs links von ihm erinnern unten an „Den Sieg über die Aufständischen in Ferrara", darüber an den „Friedensschluß zwischen König Heinrich IV. und König Philipp II."; rechts unten sieht man den „Sturm der päpstlichen Truppen auf Gran" und darüber „Die Kanonisierung der beiden Heiligen Giacinto und Raimondo".

# PAUL V.
## (Camillo Borghese, aus Rom, 1605-1621)

Camillo Borghese wurde 1552 in Rom als Sohn einer Juristenfamilie aus Siena geboren. Er studierte zunächst in Perugia und Bologna Rechtswissenschaften und wurde, nachdem er unter Clemens VIII. Diplomat in Spanien gewesen war, vom gleichen Papst zum Kardinal ernannt. Am 16. Mai 1605 zum Papst gewählt, lag auch ihm, wie seinen Vorgängern, die Weiterführung der katholischen Reform am Herzen. In diesem Zusammenhang anerkannte er die Statuten zweier neuer Kongregationen, der Oratorianer (S. Filippo Neri) und den Orden S. Camillo de Lellis. Unter seinem Pontifikat entwickelten sich die Missionen in Amerika, Indien

PAVLVS·V· PONT·MAX

*Paul V. in der Capella Borghese in S. Maria Maggiore*

und Afrika. Die Missionare in China erhielten damals die Erlaubnis, die Messe in der Landessprache zu zelebrieren. Was die Politik betraf, so geriet er in einen schweren Konflikt mit der Republik Venedig – sie wollte das staatskirchliche System verwirklichen –, der ohne eine echte Lösung beigelegt wurde. Im Dreißigjährigen Krieg unterstützte er die katholische Liga und Ferdinand II. mit Hilfsgeldern.

Während seines Pontifikates kam es zur Fertigstellung der neuen Peterskirche. Es entstanden die nach ihm genannten Kapellen im Quirinalspalast und in Santa Maria Maggiore. Er kümmerte sich auch um die Instandsetzung der Wasserleitungen und ließ in diesem Zusammenhang die barocke Schaufassade der „Acqua Paola" auf dem Gianicolo errichten. Auf finanziellem Gebiet kam es zu einer interessanten Einführung: um die Verwendung von zuviel privatem Kapital zu vermeiden, gründete er die erste vatikanische Bank. Dieser Neuerung stand ein Rückschritt in der Wissenschaft gegenüber: am 24. Februar 1616 wurde die heliozentrische Lehre des Kopernikus als „häretisch" verurteilt. Paul V. starb am 28. Januar 1621.

### Grabmal Pauls V.

Sein Grabmal befindet sich in der von ihm gestifteten Kapelle und nimmt die gesamte linke Wand ein. Die Figur Pauls V. ist nach dem Schema der Statue Sixtus' V. gestaltet. Auch er ist kniend, mit gefalteten Händen und seitlich abgelegter Tiara dargestellt. Die Reliefs zeigen links den „Päpstlichen Heereszug gegen die Türken in Ungarn", darüber „Die Kanonisierung des hl. Karl Borromäus und der S. Francesca Romana"; rechts unten „Besichtigung der Festung von Ferrara durch den Papst", darüber „Empfang einer persischen Gesandtschaft". Das Relief in der Mitte über Paul V. zeigt seine Krönung.

## CLEMENS IX.
### (Guglio Rospigliosi, aus Pistoia, Toskana, 1667-1669)

Clemens IX. wurde am 28. Januar 1600 als Sohn der vornehmen Familie Rospigliosi in Pistoia geboren. Zunächst Schüler der Jesuiten in Rom, studierte er später an der Universität Pisa Theologie, wo er auch lehrte. In der kirchlichen Diplomatie tätig, wurde er 1657 von Alexander VII. (1655-1667), seinem unmittelbaren Vorgänger auf dem Stuhl Petri,

*Figur Clemens' IX. von seinem Grabdenkmal in S. Maria Maggiore*

zum Kardinal und Staatssekretär ernannt. Ein vielbeschäftigter Mann, war er auch künstlerisch tätig und verfaßte einige Melodramen, die einen gewissen Erfolg in Rom hatten. Als er am 20. Juni 1667 zum Papst gewählt wurde, galt er wegen seines Gesundheitszustandes als Übergangspapst. Als Motto wählte er „Aliis Non Sibi Clemens" (anderen und nicht sich selbst gegenüber mild). Eines der Hauptanliegen seines kurzen Pontifikates war die Türkenabwehr, besonders die Verteidigung von Kreta, für die er sich sehr einsetzte. Bei der Nachricht vom Fall der Festung Candia auf Kreta brach ihm offensichtlich das Herz. Er verschied am 9. Dezember 1669, vermutlich an den Folgen eines Schlaganfalles. Zunächst in St. Peter begraben, setzte ihm sein Nachfolger Clemens X. (1670-1676) ein großes Denkmal in S. Maria Maggiore.

### Grabmal Clemens IX.

Clemens IX. ist der letzte Papst, der in Santa Maria Maggiore beigesetzt wurde. Sein Grabmal befindet sich gleich rechts des Haupteinganges gegenüber dem Grabmonument Nikolaus' IV. Von Carlo Rainaldi 1671 entworfen, stammt die segnende Sitzfigur des Papstes von Domenico Guidi (1625-1701). Die beiden Frauengestalten, die ihn flankieren, sind links die „Liebe" von Ercole Ferrata und rechts der „Glaube" von Cosimo Fancelli, beide begabte Berninischüler. Über den Figuren der „Tugenden" sind Marmormedaillons angebracht, die einerseits eine Papstmesse im Petersdom, andererseits die Engelsbrücke zeigen, deren Ausstattung Clemens IX. gefördert hatte.

## GESCHICHTLICHES

S. Maria Maggiore geht in ihrer heutigen Gestalt auf Papst Sixtus III. (432-440) zurück. Unter seinem Pontifikat entstand die Kirche zur Erinnerung an das Dogma, das 431 auf dem Konzil zu Ephesos verkündet wurde. Damals wurde Maria zur „Theotokos" (Gottesgebärerin) erklärt und somit verschiedenen Häresien ein fixer Standpunkt entgegengesetzt. Der Sage nach ist S. Maria Maggiore um etwa 100 Jahre älter. So sollen in der Nacht vom 4. auf den 5. August 352 zwei Personen den gleichen Traum gehabt haben. Papst Liberius und dem Patrizier Johannes erschien die Hl. Jungfrau Maria und trug ihnen auf, ihr an der Stelle, wo sie am nächsten Tag frischgefallenen Schnee finden würden, eine Kirche zu errichten. Als die beiden am nächsten Tag auf die Suche danach gingen, fanden sie ihn auf der höchsten Stelle des römischen Hügels Esquilin. Der Papst begann sofort die Umrisse der Basilika – die nach ihm auch die „liberianische" heißt – in den Schnee zu zeichnen; der Patrizier Johannes kam finanziell für den Bau auf. Wegen dieses Schneewunders wird S. Maria Maggiore auch S. Maria ad Nives (St. Maria zum Schnee) genannt. Von diesem Gotteshaus sind – archäologisch gesehen – bis jetzt keine Spuren gefunden worden. Den Bau Sixtus' III. hingegen können wir – trotz verschiedener Umbauten und Veränderungen im Laufe der Jahrhunderte – in seinen Grundzügen heute noch bewundern.

## AUSSENFASSADE

S. Maria Maggiore bildet einen einzigen riesigen Häuserblock und ist daher nach allen Seiten mit schönen Fassaden ausgestattet. Die geschwungene Außenfront auf der Piazza S. Maria Maggiore stammt von Ferdinando Fuga und entstand Mitte des 18. Jahrhunderts unter Benedikt XIV. (1740-1758). Der Papst war seinerzeit aber keineswegs begeistert von dem Werk seines Architekten. „Ihr verwechselt Uns wohl mit einem Theaterdirektor, das sieht ja aus wie ein Ballsaal", soll er damals zu Ferdinando Fuga angesichts der barocken, aber durchaus feierlichen Außenfront der größten Marienkirche Roms kritisch gesagt haben. Sie wurde mit ihrem Portikus und den Loggien darüber vor die mittelalterliche Front gesetzt, so daß die Mosaiken von Filippo Rusuti (Anf. 14. Jahrhundert), die sich da befanden, erhalten blieben und somit heute noch im Obergeschoß sichtbar sind.

Die barocke Fassade überragt der mittelalterliche Campanile mit seinen vier Geschossen. Er ist mit 75 Metern der höchste Glockenturm der Stadt. Davor erhebt sich in der Mitte des Platzes eine Bronzestatue der Madonna mit dem Kinde. Sie wurde 1614 auf der letzten übriggebliebenen, vollständig erhaltenen Säule aus der Basilika des Maxentius (oder Konstantin auf dem Forum Romanum) vom Architekten Carlo Maderna (Fassade des Petersdomes) aufgestellt. Sie ist ein Werk des französischen Bildhauers Guillaume Berthélot (1570-1648).

Die weit ausladende majestätische, von den beiden Kuppeln der Paolinischen und Sixtinischen Kapellen überragte Außenfassade auf der Piazza Esquilino stammt von Carlo Rainaldi und entstand unter Papst

Clemens X. (1670-1676). Den Obelisken mitten auf der Piazza ließ Sixtus V. aufstellen. Er stand ursprünglich zusammen mit einem anderen vor dem Mausoleum des Augustus. Im Mittelalter umgefallen, zerbrochen und unter Schutt begraben, fand man ihn zu Beginn des 16. Jahrhunderts in der Via Ripetta. Er wurde 1587 während einer feierlichen Zeremonie zunächst exorziert und dann hier aufgerichtet.

## INNENRAUM

Die Kirche, die man heute von der Piazza S. Maria Maggiore oder Piazza del Esquilino, also von beiden Plätzen aus, betritt, geht in ihrer Grundrißanlage auf das 5. Jahrhundert zurück. Aus dieser Zeit stammen auch die wunderbaren Mosaiken im Hauptschiff über dem Architrav und am Triumphbogen. Sie zeigen auf der linken Seite Geschichten aus dem Leben Abrahams, auf der rechten Seite Episoden aus dem Leben Moses' und Josuas. Von den ursprünglich 42 Originalbildern sind nur mehr 27 erhalten: 12 auf der linken und 15 auf der rechten Seite.

Auf dem Triumphbogen sind Begebenheiten aus dem Leben von Jesus und Maria dargestellt. Die Mitte (Bogenscheitel) nimmt ein Medaillon mit der „Etimasia", dem leeren, für die Rückkehr des Herren vorbereiteten Thron ein. Darunter befindet sich die Widmungsinschrift Sixtus' III.: „XYSTUS EPISCOPUS PLEBI DEI" (Bischof Sixtus stiftet das dem Volk Gottes). Auf die „Etimasia" weisen die beiden Apostelfürsten mit ausdrucksvoller Gebärde. Links und rechts davon werden in drei Reihen übereinander Begebenheiten aus dem Leben der Jungfrau und Jesu geschildert. Die Mosaiken beeindrucken durch ihre Farbenpracht und ihre exquisite Ausführung, die sie zu Meisterwerken der frühchristlichen Mosaikkunst machen (oberste Reihe links: „Verkündigung", darunter „Anbetung der Heiligen drei Könige", darunter „Betlehemitischer Kindermord", darunter die „Heilige Stadt Jerusalem", oberste Reihe rechts: „Darstellung im Tempel" und „Traumerleuchtung des hl. Joseph", darunter „Aphrodisius empfängt die Heilige Familie auf der Flucht nach Ägypten", darunter „Die drei Weisen vor Herodes", darunter die „Heilige Stadt Betlehem").

Das große Bildwerk in der Apsis ist von Jacopo Torriti und entstand auf Initiative Nikolaus' IV. 1295. Vor einem dunkelblauen Sternenhimmel sitzt Jesus mit Maria gemeinsam auf einem Thron. Er ist im Begriff, ihr die

Krone aufzusetzen. Von beiden Seiten nähern sich Engelscharen und Heilige, links Petrus, Paulus und der hl. Franziskus, rechts die beiden Johannes und Antonius von Padua. In dem Streifen darunter zeigt das Bild in der Mitte eine sog. „Dormitio Mariae" (den Tod Mariens), weiter links die Geburt Christi und die Verkündigung. Die Bilder weiter rechts zeigen die Anbetung der drei Weisen und die Darstellung im Tempel.

Der Hauptaltar ist das Resultat der Restaurierungsarbeiten unter Ferdinando Fuga. In der Konfessio darunter bewahrt ein silberverzierter Glasschrein Bretter aus der Krippe zu Betlehem auf. Der in Anbetung versunkene Papst davor ist Pius IX. (1846-1878). Auch dem wunderbaren Kosmatenfußboden aus dem Mittelalter und der Kassettendecke (Ende 15. Jh.), die angeblich mit dem ersten Gold aus Amerika vergoldet und von Alexander VI. (1492-1503) gestiftet wurde, sollte man etwas Aufmerksamkeit schenken.

Zum Besuchsprogramm von S. Maria Maggiore gehören unbedingt auch die beiden großen Seitenkapellen, die „Sixtinische" und die „Paolinische". Sie sind nicht nur wegen ihrer prächtigen Ausstattung berühmt, sondern auch wegen der Reliquien die sie aufbewahren: das Krippenoratorium in der Sixtinischen, die berühmte Marienikone „Salus Populi Romani" in der Paolinischen Kapelle.

## DIE SIXTINISCHE KAPELLE
### (Kapelle Sixtus' V.)

Die Kapelle Sixtus' V., nach ihm „Sixtinische" genannt (nicht zu verwechseln mit der Sixtinischen Kapelle im Vatikan, die nach Sixtus IV. benannt wurde), liegt rechts des Hauptaltares und bildet mit der Kapelle Pauls V. gegenüber eine Art Querschiff. Mit ihrem Bau wurde 1584 begonnen, als Sixtus V. noch Kardinal Felice Peretti war. Im Jahre 1589 geweiht, geht der Entwurf der Kuppelkapelle über einem griechischen Kreuz sowie der beiden großen Papstgrabmäler auf Domenico Fontana (1543-1607) zurück, den Lieblingsarchitekten Sixtus' V. Bei ihrer Ausschmückung sparte man nicht mit kostbarem Material. Sie ist mit buntem Marmor, Statuen, Reliefs, Wandgemälden und Stuckverzierungen aufwendig ausgestattet. Die Marmorvertäfelung wurde übrigens den Ruinen des berühmten Septizoniums des Kaisers

Septimius Severus (193-211) am Fuße des Palatin entnommen, was zu seiner endgültigen Zerstörung führte.

In der Mitte fällt sofort der großartige, von vier Engeln getragene, tempelartige Baldachin über der kleinen Konfessio auf. Sie entstand auf Wunsch Sixtus' V., der Domenico Fontana beauftragte, das Krippenoratorium (es befand sich außerhalb der Basilika) samt den darin enthaltenen Statuen von Arnolfo di Cambio (geb. vor 1245, gest. um 1302) hierher zu übertragen. Dem geschickten Techniker, der so manchen Obelisken gefahrlos aufgerichtet und versetzt hatte, passierte hier das Unerwartete und Gefürchtete: die Stricke rissen, und Teile der Kapelle zerschellten. Die Statuen der „Anbetung" von Arnolfo di Cambio verloren, obwohl die Figur der Madonna mit dem Kinde im 16. Jahrhundert ersetzt wurde, trotzdem nichts von ihrer mystischen Faszination. Sie bilden eine der schönsten Figurengruppen ihrer Art (Ende 13. Jh.).

Die Konfessio ist leider meistens geschlossen. Doch kann man zwei Werke von Arnolfo, auch ohne in das Krippenoratorium herabzusteigen, bewundern. Der jugendliche David und rechts der greise Jesaja im Flachbogen über der Konfessio stammen von ihm.

Ganz großartig ist die gewaltige, lichtdurchflutete Kuppel mit den Engelhierarchien. Sie wurde von verschiedenen Künstlern des 16. Jh. ausgemalt, und wird von einer kleinen Laterne bekrönt. Neben dem achteckigen, vergoldeten und mit buntem Marmor verzierten Baldachin, der nach einem Modell von G. B. Ricci von Sebastiano Torrigiani (Engel) und Lodovico Scalzo ausgeführt wurde, fallen natürlich die Grabmäler der beiden Päpste Pius V. (links) und Sixtus V. (rechts) sofort auf.

Bei beiden Monumenten handelt es sich um dreiteilige, zweigeschossige, die Wände bis zum Hauptgesims füllende Aufbauten. In der Mitte thront jeweils die Statue des Papstes, von Reliefdarstellungen der wichtigsten Ereignisse des Pontifikates umgeben, wobei die mittleren Reliefs über den Papstfiguren die Papstkrönungen zeigen. In den von Domenico Fontana entworfenen Grabmälern wurden Statuen von Leonardo Sormani (Pius V.) und Valsoldo (Sixtus V.) aufgestellt, die Reliefs sind von Nicolo Pipi und Van den Vliete.

Die in den Zwickeln der Kuppel und an den Wänden dargestellten Figuren weisen auf die Abstammung Mariens hin − es ist ihr Stammbaum, ein Werk verschiedener Künstler des 16. Jahrhunderts. Die Heiligenfiguren in den Nischen der Sixtinischen Kapelle stellen links

(Grabmal Pius' V.) die hll. Petrus (Märtyrer) und Dominikus, rechts (Grabmal Sixtus' V.) die hll. Franz von Assisi und Antonius von Padua und hinter dem Tabernakel, wo auf der Fläche über den Stufen der Papstthron hätte angebracht werden sollen, die beiden Apostelfürsten dar.

Auch die beiden Kapellen links und rechts des Eingangs zur Sixtinischen Kapelle sind beachtenswert. Die rechte ist der hl. Lucia geweiht, die linke dem hl. Hieronymus, beide mit diesbezüglichen Bildern ausgemalt. Die Sakristei, die man durch den kleinen Eingang rechts neben dem Grabmal Sixtus' V. betritt, ist ebenfalls einen Besuch wert.

## PAOLINISCHE KAPELLE
### (Kapelle Pauls' V.)

Gegenüber der Sixtinischen liegt die „Paolinische" oder „Borghese"-Kapelle. In Grundriß und äußerer Gestalt der sixtinischen nachgebildet, wurde sie von Flaminio Ponzio (1560-1613) an Stelle der alten Sakristei errichtet. Zwischen 1605 und 1611 errichtet, wurde sie 1613 von Papst Paul V. feierlich eingeweiht. Am Hauptaltar brachte man damals die uralte und von den Römern besonders verehrte Marienikone „Salus Populi Romani" an. In einem überaus kostbaren Altar aus wertvollen Steinen wie Lapislazuli, sizilianischem Jaspis, Achat und Amethyst eingefaßt, stammt der Entwurf dazu von Carlo Rainaldi. Die Marienikone selbst wird der Hand des hl. Lukas zugeschrieben. Der Überlieferung nach soll bereits Gregor der Große sie Ende des 6. Jahrhunderts in einer feierlichen Prozession, die dann das Ende einer der schweren Pestepidemien bewirkte, mitgeführt haben. Fachleute vertreten die Ansicht, daß es sich um ein Werk eines byzantinischen (oder von der byzantinischen Kunst beeinflußten) Malers des 12. oder 13. Jahrhunderts handelt. Das kleine Relief darüber ist ein Werk von Pietro Bernini, dem Vater von Gianlorenzo, und bezieht sich auf das Schneewunder, das der Legende nach zur Errichtung von Santa Maria Maggiore führte. Es zeigt Papst Liberius im Begriffe, die Umrisse seiner Kirche in den Schnee zu zeichnen. Die Statuen in den Nischen links und rechts des Altares stellen den hl. Johannes Ev. und den hl. Josef dar.

Die beiden Hauptkunstwerke der Paolinischen Kapelle sind die den Päpsten Clemens VIII. und Paul V. gewidmeten Grabmäler. Sie folgen in

Aufbau und Art dem Beispiel der Sixtinischen Kapelle. Nach Entwürfen von Flaminio Ponzio errichtet, sind die Statuen der beiden Päpste von Silla Longhi da Viggiu'. Die Reliefs, die die beiden Päpste jeweils umgeben, weisen auf wichtige Ereignisse ihres Pontifikates hin. In der Mitte über den Statuen ist die Krönung des jeweiligen Papstes dargestellt.

In der Capella Paolina waren berühmte Maler tätig, wie der Cavalier d'Arpino (Giuseppe Cesari). Von ihm stammen die Propheten und Sibyllen in den Pendentifs (um 1611) sowie die Fresken in der Tonne des Altarraumes. Guido Renis Werke sind hingegen die Wandmalereien im Gewölbe des rechten und linken Kreuzarmes. In der Kuppel ist die Jungfrau Maria so dargestellt, wie Galileo Galilei sie in seinem Teleskop gesehen haben soll, mit der Mondsichel unter ihren Füßen. Die gesamte Kuppeldekoration wurde von Ludovico Cardi (gen. „il Giglioli") zwischen 1610 und 1612 geschaffen. Die Heiligenstatuen im linken Kreuzarm stellen den hl. Anastasius und David, im rechten Aaron und den hl. Bernhard dar.

Zu der Capella Paolina gehören noch zwei kleinere Kapellen links und rechts des Eingangs. Sie sind den beiden von Papst Paul V. kanonisierten Heiligen gewidmet: links die Kapelle der S. Francesca Romana, rechts die dem hl. Karl Borromäus geweihte. In der linken schuf Giovanni Baglione um 1606 das Altarblatt sowie die Kuppelfresken. Neben der Sakristei und dem Kapitelsaal gehört auch noch eine Krypta zu der Capella Paolina. Hier befinden sich die Porphyrsarkophage der Päpste Clemens VIII. und Paul V., sowie weitere Beisetzungen der Borghese-Familie, darunter Paolina Borghese, die gleichwohl schöne wie berühmte Schwester Napoleons, die Canova in Marmor verewigte.

*S. Maria degli Angeli, Fassade*

# S. Maria degli Angeli

## Die letzte Ruhestätte von Papst Pius IV. (1559-1565)

Nicht weit von S. Maria Maggiore, gleich beim Hauptbahnhof Roms, liegt S. Maria degli Angeli. Dieses in den Ruinen der größten öffentlichen Badeanlagen des antiken Rom, den Diokletiansthermen, errichtete Gotteshaus ist wegen seines Querschiffes berühmt. Es handelt sich um den großen Saal der Thermen, den wir in seinem großartigen Raumeindruck heute noch bewundern können. In der von Papst Pius IV. am 18. Mai 1565 mit einem Kardinal-Priestertitel ausgestatteten Kirche fand dieser Oberhirte auch seine letzte Ruhestätte.

## PIUS IV.
### (Giovanni Angelo Medici, aus Mailand, 1559-1565)

Pius IV. wurde nach einem viermonatigen Konklave am Weihnachtstag 1559 durch Akklamation zum Papst gewählt. Am 31. Januar 1499 in Mailand geboren, stammte er nicht von der berühmten Florentiner Familie, sondern aus einfachen Verhältnissen. Seine Familie wurde allerdings dank der Kriegstaten seines Bruders Gian Giacomo bald sehr bekannt. Diesem gelang es, sich durch seine militärischen Fähigkeiten den Titel Marchese und die Hand einer Orsini (sie war mit dem Kardinal Farnese, dem späteren Papst Paul III., verschwägert) zu erringen. Giovanni Angelo studierte Jurisprudenz in Padua und ging dann auf den Spuren seines Bruders nach Rom.
In Diensten der Familie Farnese wurde er 1527 zum apostolischen Protonotar. Papst Paul III. (Allesandro Farnese 1534-1549) machte ihn zum Kommissär von Rom und 1545 zum Bischof von Ragusa. Vier Jahre später ernannte er ihn zum Kardinal. In politischen Fragen gewandt und klug, war Giovanni Angelo Medici grundsätzlich von gutmütiger Wesensart. Am 6. Januar 1560 zum Papst gekrönt, nahm er den Namen

**· PIVS · PAPA · IIII ·**

*Büste Pius' IV. in S. Maria degli Angeli*

Pius IV. an. Von seinem Neffen Karl Borromäus unterstützt, bestand das Hauptanliegen seines Pontifikates in der Wiederaufnahme und Beendung des Tridentiner Konzils. Sein Ziel war die katholische Restauration. Das 1547 aufgelöste Konzil zu Trient konnte am 18. Januar 1562 in Anwesenheit von 109 Bischöfen wiederaufgenommen werden. Beinahe zwei Jahre später, am 28. Januar 1564, bestätigte Pius IV. die Konzilsdekrete, die in den meisten Ländern anerkannt wurden. Das Tridentinische Glaubensbekenntnis, die Zusammenfassung der dogmatischen Entscheidungen des Konzils, schrieb er für Bischöfe, Ordensobere und Doktoren verpflichtend vor. Wenn das Konzil auch die Glaubenseinheit nicht wiederherstellen konnte, so veranlaßte es doch die Erneuerung der katholischen Kirche.

Papst Pius IV. entwickelte in Rom während seines kurzen Pontifikates auch eine rege Bautätigkeit. Auf ihn geht die Anlage der schnurgeraden „Strada Pia", die heutige Via XX. Settembre, zurück. Sie ersetzte die gewundene „Alta Semita". Für den neuen Straßenzug ließ er ein neues Tor, die „Porta Pia", nach Plänen des Michelangelo errichten. Die durch die „Strada Pia" aufgeschlossenen Stadtbereiche erhielten durch den Einbau einer Kirche in den ehemaligen Diokletiansthermen, nämlich S. Maria degli Angeli, ihr Seelsorgezentrum. Sicherlich lag es auch im Sinne der Gegenreformation, heidnische Stätten durch die Errichtung von Kirchen, Kapellen und Oratorien zu heiligen. Das ebenfalls nach ihm benannte Stadtviertel „Borgo Pio" beim Vatikan und das „Casino Pio", die reizende Villa, die er in den Vatikanischen Gärten nach Entwürfen des Pirro Ligorio zu bauen begann, entstanden auf seinen Wunsch.

Pius IV. führte eine exemplarische Lebensweise. Trotz seiner Liebe zur Prachtentfaltung unterstützte er die Armen und Bedürftigen und war zutiefst fromm. Er verschied am 9. Dezember 1565 nach einer Zeit strengen Fastens und der Buße, der offensichtlich sein geschwächter Körper nicht mehr gewachsen war. An seinem Sterbebett waren Filippo Neri und sein Neffe Karl Borromäus. Dieser ließ die sterbliche Hülle Pius' IV. nach der provisorischen Beisetzung in St. Peter, 1583, nach S. Maria degli Angeli überführen. Er wurde im Presbyterium der Kirche, die auf seinen Wunsch entstanden war, bestattet. Kein monumentales Grabmal erinnert an ihn, sondern nur eine einfache Inschriftentafel im Presbyterium. Sie wurde ihm von drei Kardinälen gesetzt: Giovanni Antonio Serbelloni, Bischof von Palestrina (er war sein Vetter), Karl

Borromäus, Titelkardinal von S. Prassede und Marcus Sitticus Altemps, Titelkardinal von S. Maria in Trastevere (beide waren seine Neffen).

## GESCHICHTLICHES

S. Maria degli Angeli wurde Mitte des 16. Jahrhunderts in den vom Verfall am wenigsten angegriffenen Räumen der Ruinen der antiken Diokletiansthermen errichtet. Sie entstanden zur Zeit der Tetrarchen zwischen 298 und 306. Kaiser Maximian begann damit nach seiner Rückkehr aus dem Afrikafeldzug und widmete sie seinem Mitkaiser und Begründer der Tetrarchie, Diokletian. Das gesamte Areal umfaßte etwa 380 x 370 Meter, das Hauptgebäude maß 250 x 180 Meter. Insgesamt bedeckten die Diokletiansthermen eine Fläche von 13 Hektar. Sie konnten über 3 000 Badegäste aufnehmen, doppelt soviel wie die Caracallathermen. Hier war nicht nur der übliche Baderitus, der zunächst einen Aufenthalt im Frigidarium (Kaltwasserbad), dann im Tepidarium (Lauwarmes Bad) und dann im Calidarium (Heißwasserbad) vorschrieb (überall natürlich mit den entsprechenden Wasserbecken), möglich. Es war auch für allerhand anderen Zeitvertreib gesorgt. Es gab da Massage- und Gymnastikräume, Parfumläden, Nympäen für Spiele, Konversationssäle, Wandelgänge, Tavernen für Erfrischungen und Bibliotheken. Hierher wurde beispielsweise unter anderem die „Biblioteca Ulpia" vom Trajansforum übertragen. Zahlreich waren die Diener, die sich um den ordnungsgemäßen Ablauf kümmerten. Da gab es die „Capsarii" (Kustoden und Kassierer), „Vestiplici" (Garderobiere), „Unctores" (Masseure) und viele andere Sklaven. Sie sorgten für das Warmwasser, die Heizung und Reinigung.

In der großen Grünanlage, die den Bau umgab, konnte man Sport betreiben, Athletikwettbewerben und Gymnastikvorführungen beiwohnen. Die große Esedra (halbrunde Ausnehmung in der Außenmauer), die stadtseitig lag, war vermutlich Theatervorführungen vorbehalten. Ihre ursprüngliche Ausdehnung kann man heute noch an der Piazza della Repubblica (früher Piazza della' Esedra) erkennen, die ihren Verlauf genau nachvollzieht.

Zur Errichtung dieser größten Badeanlage Roms sollen damals unzählige Christen mit ihrer Arbeitskraft beigetragen haben. Die Märtyrerakten von Papst Marcellus (308-309) sprechen von vierzigtausend, die zu

Zwangsarbeit in den Thermen verurteilt gewesen waren. Ihnen soll der Diakon Cyriacus tröstend beigestanden haben. Die Richtigkeit dieser zahlenmäßigen Angabe kann heute nicht überprüft werden. Sicher ist jedoch, daß bereits im 5. Jahrhundert dem Diakon Cyriacus im Bereich der Thermen ein Oratorium geweiht war.

Die Pracht und der Glanz der Thermen dauerten allerdings nicht lange. Die Völkerwanderung mit ihren Barbareneinfällen des vierten und fünften Jahrhunderts machten ihnen bald ein Ende. Infolge der Belagerung durch die Goten unter Witiges im Jahre 537 − er zerstörte die für die Versorgung der Thermen notwendigen Wasserleitungen − verödeten sie endgültig. Dort, wo einst reges Leben und Lärmen geherrscht hatten, bereitete sich nun lange Zeit die Stille der römischen Campagna aus, dominiert von den Ruinen der Diokletiansthermen. Noch im 15. und 16. Jahrhundert gab es in ihrer Umgebung Weingärten und Wälder voller Wild. Vornehme Herren, wie Sixtus della Rovere, der Neffe Papst Julius' II., pflegten hier zu jagen. Das alte Gemäuer war zu einem Schlupfwinkel für lichtscheue Gestalten geworden. Die halbwegs brauchbaren Räume benutzte man als Magazine, Getreidespeicher und Scheunen. Der größte Raum diente als Reithalle.

Die Idee, die Ruinen der Diokletiansthermen für eine Kirche zu adaptieren, kam dem aus Cefalu' stammenden sizilianischen Kanoniker Antonio del Duca (1491-1564). Er war seit der Entdeckung von Wandbildern in einer uralten Kapelle in Cefalu' − sie zeigten die sieben Erzengel − diesen besonders ergeben. Die Verehrung der sieben Erzengel, Michael (Sieger), Gabriel (Bote), Raphael (Arzt), Uriel (Beschützer), Barachiel (Helfer), Geudiel (Wohltäter) und Salatiel (Beter), begann sich damals stärker zu verbreiten. Aus diesem Grund begab sich del Duca nach Rom. Er wollte wissen, ob es in der Hauptstadt der Christenheit eine ihnen gewidmete Kirche gab.

Er gelangte um das Jahr 1527 − nicht gerade günstig, zur Zeit des „Sacco di Roma", der Plünderung durch die Landsknechte Karls V. − nach Rom, und begann für seine Aufgabe, nämlich die Errichtung einer den sieben Erzengeln geweihten Basilika, zu kämpfen. Der Erfolg ließ allerdings lange auf sich warten.

Im Sommer 1541 hatte er in der Morgendämmerung eine Vision: Er sah eine Lichtsäule, die vom Zentralraum der Thermen ausging. Inmitten der Lichtsäule erschienen ihm die Bilder der sieben bei dem Bau der Thermen umgekommenen Märtyrer: Saturnius, Cyriacus, Largus, Smaragdus, Sisinnius, Traso und Marcellus (Papst 308). Diese Vision bezeichnete ihm den Ort seiner zukünftigen Kirche. Die Bittschrift, die er deshalb an Paul III. richtete, war aber genauso erfolglos, wie die bisherigen. Erst Papst Pius IV. war der Sache des sizilianischen Geistlichen wohlgesinnt, so daß man endlich mit der Verwirklichung des Projektes beginnen konnte. Kein geringerer als Michelangelo, mit dem Antonio del Duca befreundet war – nicht zuletzt schon deswegen, weil sein Neffe Giacomo del Duca in der Werkstatt des großen Meisters arbeitete – lieferte Entwurf und Kostenvoranschlag. Nach Michelangelos Tod vollendete Giacomo del Duca sein Werk. Bereits am 15. August 1561 wurde das Gotteshaus von Pius IV. höchstpersönlich feierlich eingeweiht. Es war die zweite Weihe. Denn nach der ersten 1550 konnte es leider nicht als Kirche benutzt werden, weil Antonio del Duca Feinde hatte, die es ihm verwehrten. S. Maria degli Angeli wurde den Kartäusern übergeben, die hier die antike, dem Märtyrer Cyriacus geweihte Kapelle besaßen. Die Kartäuser gibt es hier heute nicht mehr. S. Maria degli Angeli ist gegenwärtig Pfarrkirche und wird von einem Säkularpriester betreut.

Michelangelo hatte ein ganz außerordentliches Projekt entworfen. Er behielt die ursprüngliche Disposition der Räume – sie waren für die Anlage einer Kirche über einem grechischen Kreuz bestens geeignet – und trachtete danach, den gewaltigen Zentralraum, das zukünftige Querschiff optimalst hervorzuheben. Es sollte von überall sichtbar sein. Die Hauptachse legte Michelangelo durch das ehemalige „Tepidarium" und das neu zu errichtende Presbyterium. Die Räume rundherum sollten Kapellen aufnehmen. Der Entwurf strebte nach einer maximalen Transparenz. Ohne Zwischenwände, nur durch luftige Bogen getrennt, sollte überall der Durchblick gewährleistet sein. Leider ist dieser Eindruck durch spätere Umbauten vernichtet worden. Michelangelo sah ferner drei Eingänge vor: den heute noch vorhandenen und zwei weitere, jeweils an den Enden des Hauptraumes.

Anfang des 18. Jahrhunderts begann man in S. Maria degli Angeli mit Restaurierungsarbeiten. Unter anderem wurden zwei der drei Eingänge geschlossen. Auch einige Bögen wurden vermauert. Man brauchte Platz für die großen Ölbilder aus St. Peter, die wegen der starken Feuchtigkeit in andere Kirchen, darunter auch nach S. Maria degli Angeli, gebracht

Kreuzgang von S. Maria degli Angeli (Thermenmuseum)

wurden (in St. Peter wurden sie durch Mosaikbilder ersetzt). Die von Michelangelo angestrebte Transparenz war verloren.

Das heutige Aussehen von S. Maria degli Angeli verdanken wir dem Architekten und Maler Luigi Vanvitelli. Er führte Mitte des 18. Jahrhunderts die Restaurierungsarbeiten weiter und mußte sich mit „vollendeten Tatsachen" abfinden. Er versuchte, das Beste daraus zu machen. Er ließ auch die restlichen Bögen vermauern – es waren ohnedies nicht mehr viele. So entstanden die Seitenwände des heutigen Querhauses. Den aus der Römerzeit noch vorhandenen acht Granitsäulen fügte er auf der Mittelachse weitere acht, jedoch aus Ziegelsteinen hinzu, die verputzt und bemalt, den Eindruck von Granitsäulen hervorrufen. Das kräftige Marmorgesims geht auch auf seinen Entwurf zurück.

## AUSSENFASSADE

Der Haupteingang von S. Maria degli Angeli liegt in dem ehemaligen kreisrunden „Calidarium". Von dem Raum, in dem das Heißwasserbad untergebracht war, ist nur mehr ein kleiner Teil der Rundung übrig. Die charakteristische Ziegelfront hinter dem „Najadenbrunnen" mitten auf der Piazza Repubblica sieht man bereits von weitem, kommt man von der Via Nazionale.

## INNENRAUM

Der kuppelüberwölbte Raum, den man durch das Hauptportal betritt, war vermutlich das ehemalige „Tepidarium" (Lauwarmes Bad) und bildet die heutige Vorhalle. Die Öffnung in der Kuppel geht auf Giacomo del Duca zurück. Das Grabmal rechts ist das des bekannten Barockmalers Carlo Maratta (gest. 1713), der es noch zu seinen Lebzeiten entwarf. Ein Durchgang, in dem rechts die ausdrucksvolle Marmorkolossalstatue des hl. Bruno steht (von J. Houdon 1766 geschaffen), er war der Stifter des Kartäuserordens – Papst Clemens XIV. (1769-1774) soll von der Figur gesagt haben, sie würde sprechen, wenn die Regel der Kartäuser dies nicht verbieten würde – führt in den großartigen, lichterfüllten Hauptraum. Mit seinen gewaltigen Ausmaßen, 90,80 Meter lang, 27 Meter breit und 28 Meter hoch, gibt er von der Grandiosität antiker römischer Baukunst beredte Kunde. Drei mächtige Kreuzgewölbe überspannen die weite

Halle. Sie werden von acht gigantischen, antiken Säulen aus rotem orientalischen Granit gestützt. Die acht Säulen aus Ziegeln in den Durchgängen – einerseits zum Presbyterium, andererseits zur Vorhalle – sind das Ergebnis der Restaurierungsarbeiten unter Vanvitelli. Über die 11,6 Meter hohen Säulen – die Kapitelle sind allein schon 1,8 Meter hoch – zieht sich ein schwerer, reichverzierter Architrav, ebenfalls ein Werk Vanvitellis.

An den Wänden dieser prächtigen Halle befinden sich die bereits erwähnten Gemälde aus dem Petersdom. Sie stellen in der rechten Hälfte auf der rechten Seite die „Kreuzigung Petri" (N. Ricciolini), „Fall Simon des Zauberers" (P C. Tremolliere nach Franco Vanni), links die „Predigt des hl. Hieronymus" (G. Muziano) und „Der hl. Petrus heilt den Gelähmten" (F. Mancini) dar; in der linken Hälfte rechts „Der hl. Petrus erweckt Tabita" (P. Constanzi) und die „Immacolata" (P. Bianchi), links die „Messe des hl. Basilius mit dem Kaiser Valens" (P. Subleyras) und nochmals der „Fall Simon des Zauberers" (P. Batoni).

Beachtenswert sind auch die Gemälde an den Wänden des Presbyteriums. Leider sind sie wegen der schwachen Beleuchtung schlecht sichtbar. Rechts sind das „Martyrium des hl. Sebastian" (Domenichino) und „Mariä erster Tempelgang" (Romanelli) zu sehen; links die „Taufe Christi" (Maratta) und der „Tod des Hananias und der Saphira" (Cristoforo Roncalli)

Interessant sind die Altäre jeweils an den Schmalseiten des Hauptraumes. Ihre Rückwände sind mit perspektivisch gemalten Architekturteilen und Säulen versehen, die die Realität durchaus glaubwürdig vortäuschen. Sie gehen ebenfalls auf die Restaurierung unter Vanvitelli zurück.

Die in der rechten Hälfte im Fußboden eingelassene „Meridiana", eine von Zahlen und Sternkreiszeichen flankierte Bronzelinie, stellt nicht, wie oft irrtümlich gemeint wird, einen Meridian dar, sondern eine Sonnenuhr. Msgr. Francesco Bianchini, ein Gelehrter und Astronom, entwarf sie 1701 im Auftrag Papst Clemens' XI. (1700-1721). Die etwa 50 Meter lange Linie wurde aus Anlaß der Überprüfung des Kalenders geschaffen. Da wegen der Ansetzung der beweglichen Feiertage, wie beispielsweise Ostern, die exakte Tag- und Nachtgleiche festgestellt werden mußte, ordnete Clemens XI. eine Untersuchung an. Trotz der Kalenderreform unter Gregor XIII. (1572-1585) waren seinerzeit offensichtlich Fehler unterlaufen. Die von Msgr. Bianchini erdachte Sonnenuhr bestätigte die durchgeführten Berechnungen und garantierte die zukünftigen. Unter dem rechten Lunettenzwickel und oberhalb des segmentbogigen Gebälks sitzt an der Schmalseite des Querschiffes das Wappen Clemens XI. Durch eine kleine Öffnung in diesem Wappen dringt das Sonnenlicht in die Kirche und wandert entlang der glänzenden Bronzelinie. Am südlichen Ende der Linie sind in konzentrischen Ellipsen die Veränderungen des Polarsternes angegeben.

Hat man noch etwas Zeit, sollte man auch den Chor der Kartäuser besuchen. Er ist über die Sakristei zu erreichen und geht grundrißmäßig noch auf Michelangelo zurück. Im Jahre 1727 als „Capella dell 'Epiphania" geweiht, wurde er mit eindrucksvollen Fresken, die Begebenheiten aus dem Leben des hl. Bruno darstellen, ausgestattet. Besonders eindrucksvoll ist das Deckengemälde, die „Glorie" des hl. Bruno, vermutlich von Luigi Garzi.

Zu S. Maria degli Angeli gehören auch noch zwei Kreuzgänge. Sie sind nicht von der Kirche, sondern von der Piazza dei Cinquecento zu erreichen. In den Räumen um den kleineren Kreuzgang ist die Oberintendanz untergebracht. Er ist daher nicht zugänglich. Der andere dient zur Zeit als Ausstellungsfläche für das „Museo Nazionale Romano", auch „Museo delle Terme" genannt.

# S. Pietro in Vincoli

## Das Grabdenkmal Papst Julius' II. (1503-1513)

„Ein Denkmal, durch die Figur des Moses weltberühmt, ist unter allen
päpstlichen Grabmälern das erhabenste, weil es Michelangelos Genie
entsprang. Es steht in der Kirche S. Pietro in Vincoli, von welcher Julius
den Kardinalstitel geführt hatte", so schreibt Ferdinand Gregorovius in
seinen „Grabdenkmälern der Päpste" über das Monument für Julius II. in
S. Pietro in Vincoli. Die aus dem 5. Jahrhundert stammende Basilika,
auch „Basilika Eudoxiana" genannt, ist aber auch wegen der Ketten des
heiligen Petrus bekannt. Scharenweise suchen Rompilger und Touristen
dieses Gotteshaus wegen der berühmten Mosesstatue und wegen der
mysteriösen Reliquien auf.

## JULIUS II.
### (Giuliano della Rovere aus Albisola bei Savona, Region Ligurien, 1503-1513)

Julius II. wurde 1443 in Albisola bei Savona als Sohn einfacher Leute
geboren, genau wie sein Onkel väterlicherseits, Papst Sixtus IV. (1471-
1484). Nach seiner Ausbildung bei den Franziskanern in Perugia und
nach der Papsternennung Sixtus' IV. wurde ihm 1471 von diesem der
Kardinalstitel von S. Pietro in Vincoli verliehen, den bis dahin Sixtus IV.
innegehabt hatte. Von seinem Onkel mit verschiedenen Bistümern
betraut (Carpentras, Avignon, Verdun, Lausanne usw.), sammelte er
seine kurialen Erfahrungen unter Innozenz VIII. (1484-1492), zu dessen
Wahl er wesentlich beitrug. Unter Papst Alexander VI. (Rodrigo Borgia,
1492-1503) mußte der Kardinal Giuliano della Rovere Rom allerdings für
zehn Jahre verlassen.

Als er nach dem Tod Alexanders VI. und der kurzen Herrschaft
Pius' III. (1503) am 1. November 1503 das Konklave betrat, stand es

*S. Pietro in Vincoli, Fassade*

mehr oder weniger bereits fest, daß er daraus als Papst hervorgehen würde. Das Konklave dauerte auch tatsächlich nur einen Tag.

Er war, als er zum Papst ernannt wurde, sechzig Jahre alt, doch noch äußerst vital, ehrgeizig und tatendurstig. Als weitere Eigenschaften schrieben ihm die Chronisten seiner Zeit Selbstbewußtsein, Stolz und Jähzorn zu. Niemals kleinlich und von niedriger Gesinnung, lag sein größtes Anliegen darin, den Kirchenstaat wiederherzustellen, weswegen er höchstpersönlich als Feldherr an seinen Eroberungsfeldzügen teilnahm.

Unter seinem Pontifikat entfaltete sich die Renaissancekunst zu ihrer höchsten Blüte. Denn er berief die besten Architekten, Maler und Bildhauer nach Rom. Bramante, Raffael und Michelangelo wirkten auf seinen Wunsch in der Ewigen Stadt. So veranlaßte er den Neubau von St. Peter, wobei er Bramante (1444-1514) mit der Erstellung des ersten Entwurfes betraute. In der neuen Apsis von St. Peter hatte er vor, sich ein gewaltiges Grabmal aus Marmor von Michelangelo errichten zu lassen. Doch offensichtlich kamen ihm finanzielle Zweifel, möglicherweise waren auch andere Gründe schuld daran, jedenfalls machte er den Auftrag wieder rückgängig und forderte von Michelangelo statt dessen die malerische Ausgestaltung des Deckengewölbes der Sixtinischen Kapelle. Michelangelo war von diesem Ansinnen zutiefst betroffen. Er hatte immer schon die Bildhauerkunst allen anderen vorgezogen und fühlte sich deshalb vor allem als Bildhauer und nicht als Maler. Außerdem hatte er für das Grabmal – es hätte auf drei Geschossen die eindrucksvollen Ausmaße von 7 Metern Breite, 11 Metern Länge und 8 Metern Höhe aufweisen sollen, wobei 40 lebensgroße Figuren vorgesehen waren – aus Carrara bereits 60 Fuhren Marmor nach Rom bringen lassen und eine eigene Werkstätte dafür eingerichtet. Michelangelo führte die plötzliche Meinungsänderung des Papstes auf eine Intrige von Bramante zurück, den er für seinen Feind hielt. Als er deshalb beim Papst vorsprechen wollte, absolut keine Audienz bekommen konnte und sogar noch von einem Soldaten auf wenig vornehme Weise aus dem Palast hinauskomplimentiert wurde, floh er, zutiefst gekränkt, am Tag vor der Grundsteinlegung von St. Peter Hals über Kopf nach Florenz. Nach seiner Aussöhnung mit dem Papst arbeitete er zwischen 1508 und 1512 an den Deckenfresken der Sixtinischen Kapelle.

Von den besten Künstlern seiner Zeit umgeben, entwickelte Julius II. in

Rom eine bemerkenswerte Bautätigkeit. Er gab den entscheidenden Anstoß zum Neubau der St. Petersbasilika, ein Projekt, das die besten römischen Baumeister, Architekten, Maler und Bildhauer der Renaissance und des Barock – unter anderem bauten am Petersdom nach Bramante Raffael, Michelangelo, Giacomo della Porta und Maderna – für die nächsten 120 Jahre beschäftigen sollte. Julius II. ließ mit der nach ihm benannten „Via Giulia" den ersten repräsentativen, schnurgeraden Straßenzug errichten. Das damit verbundene weitere städtebauliche Projekt konnte er allerdings nicht mehr verwirklichen. Die berühmten Wandbilder seines eigenen Wohnappartements, die sog. „Stanzen" des Raffael – das hervorragendste dieser Fresken ist wohl die „Schule von Athen" – gehen auf das Genie dieses Meisters aus Urbino zurück. Auf die Deckengemälde Michelangelos in der Sixtinischen Kapelle, die auf den Wunsch Julius' II. entstanden, wurde bereits hingewiesen.

Was die innerkirchlichen Maßnahmen betrifft, war besonders das Verbot der Simonie bei den Papstwahlen bedeutsam. Die Einberufung des fünften Laterankonzils durch ihn war der letzte erfolglose Reformversuch vor der Spaltung der Kirche des Westens. Er bemühte sich auch um die Ordensreform und vor allem in Amerika um die Förderung der Missionen. Anfang Februar 1513 erkrankte er an Fieber und verschied am 21. des gleichen Monats.

### Grabdenkmal Julius' II.

Nach dem Tod von Papst Julius, 1513, kam es zwischen den Testamentsvollstreckern und Michelangelo zu einem neuen Vertrag hinsichtlich des Grabmals für Julius II. Dieses Abkommen sah bereits ein kleineres Monument vor. Michelangelo begann mit der Arbeit an einigen Statuen. Sie blieben unvollendet und befinden sich heute einesteils im Louvre in Paris, andernteils in Florenz. Möglicherweise arbeitete er damals auch schon an der Mosesstatue. Im Laufe der Zeit in den Ausmaßen immer wieder verkleinert, wurde die „tragedia di una tomba" (Tragödie eines Grabes), wie Michelangelo das Grabmonument verbittert nannte, schließlich zwischen 1542 und 1545 in stark reduzierter Form in S. Pietro in Vincoli, dem Gotteshaus, das von 1467-1520 Titelkirche der Familie della Rovere war, verwirklicht.

Das zweigeschossige Wandmonument befindet sich rechts des Hauptaltares im Nebenschiff. Den eindrucksvollen Mittelpunkt bildet der von

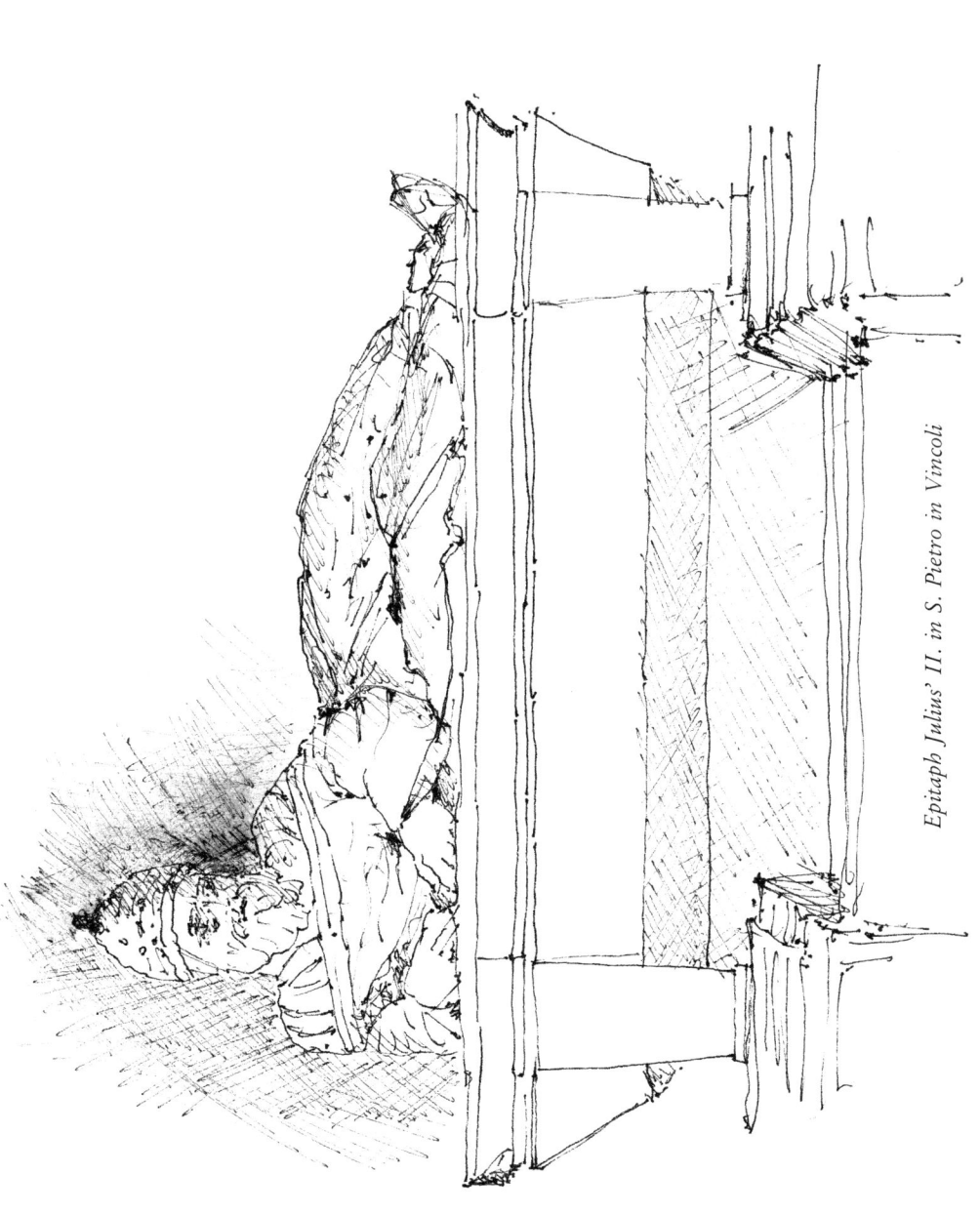

*Epitaph Julius' II. in S. Pietro in Vincoli*

Michelangelo geschaffene Moses. Links und rechts durch Pilaster von ihm getrennt, stehen zwei Frauengestalten: Rachel, die Hände zum Gebet gefaltet und verzückt nach oben blickend, ist das Symbol des beschaulichen Lebens, Lia, mit einem Diadem in der rechten Hand, ist die Verkörperung des tätigen Lebens. Die beiden Töchter des Laban, alttestamentliche Vorbilder für Martha und Maria in Bethanien, sind genauso dargestellt, wie Dante sie in seiner „Göttlichen Komödie" (Purg. XXVII, 101-107) beschrieben hat. Bei den beiden Frauenfiguren hat vermutlich Michelangelos Schüler Raffaele da Montelupo mitgewirkt.

Moses ist in dem Augenblick dargestellt, als er nach seiner Begegnung mit Gott auf dem Berge Sinai mit den beiden Gesetzestafeln wieder herabgestiegen, unwillig und verärgert den Tanz der Juden um das goldene Kalb wahrnimmt. Ein tiefer Groll steigt in ihm auf, eine gewaltige Gemütsbewegung hat ihn erfaßt und manifestiert sich nicht nur in den zornblitzenden Augen und der gesamten, beinahe drohenden Position der Gestalt, sondern auch im wallenden Bart und dem über dem Knie geschürzten Gewand. Man ist überzeugt, er müsse gleich aufspringen und die Gesetzestafeln zu Boden schleudern. Diese schon von Anfang an viel bewunderte Statue wird jedenfalls einerseits als das idealisierte Portrait des Papstes, der als „Papa terribilis" in die Geschichte eingegangen ist, interpretiert, andererseits als das des Meisters selbst gedeutet. Denn die Vereinigung einer tiefen Liebe für das Gute mit einer beinahe überirdischen und elementaren Kraft war beiden gemein.

Die Hörner auf dem Haupt des Moses sind auf die Übersetzung der entsprechenden Bibelstelle (Exod. 34,29) aus dem hebräischen Urtext zurückzuführen, die in der Vulgata aufscheint. Da im Hebräischen nur die Konsonanten geschrieben werden, gestattete seinerzeit das aus den drei Konsonanten „k-r-n" bestehende Wort anstatt der Übersetzung „karan" (strahlend, leuchtend) die Übersetzung „karen" (Horn). In der Septuaginta wurde die gleiche Stelle sinngemäß mit „strahlend" übersetzt, doch wählte Michelangelo für seine Darstellung die Interpretation der Vulgata. Mosesdarstellungen mit einem Strahlenkranz um den Kopf statt der Hörner gab es aber bereits vor und gleichzeitig mit dem großen Meister.

Die übrigen Statuen des Monumentes wurden von Gehilfen des Michelangelo geschaffen. Die Sibylle links und rechts, der Prophet sowie die Jungfrau Maria in der Mitte sind ein Werk von Raffaele da Montelupo.

Die Liegefigur des Papstes stammt von Tommaso Boscoli. Julius II., der am 21. Februar 1513 starb, ist hier allerdings nie beigesetzt worden. Das Monument ist ein Kenatoph, denn seine sterblichen Überreste ruhen in St. Peter.

## GESCHICHTLICHES

„In der Nacht, ehe Herodes ihn vorführen lassen wollte, schlief Petrus mit zwei Ketten gefesselt zwischen zwei Soldaten; vor der Tür aber bewachten Posten den Kerker. Plötzlich trat ein Engel des Herrn ein, und ein helles Licht strahlte in den Raum. Er stieß Petrus in die Seite, weckte ihn und sagte: Schnell, steh auf! Da fielen die Ketten von seinen Händen." So berichtet die Apostelgeschichte (12,6-7) von der wunderbaren Befreiung des Petrus aus dem Gefängnis. Für die erste Christengemeinde in Jerusalem, die offensichtlich in den Besitz der Ketten gelangt war, wurden diese sicherlich zu einem kostbaren Schatz, den sie mit treuer Liebe hütete. Die Legende erzählt, daß die Kaiserin Eudoxia, die Gemahlin Theodosius' II. (oströmischer Kaiser 408-450) diese Ketten, die sie vom Patriarchen Iuvenalis geschenkt bekam, aus Jerusalem nach Konstantinopel übertragen ließ. Ein Teil blieb in Konstantinopel, den anderen schickte sie nach Rom an ihre Tochter Eudoxia, die Gemahlin Valentinians III. (Herrscher des Westreiches 425-455). Nun wurden damals offensichtlich auch in Rom bereits Ketten des hl. Petrus verehrt. Der Legende nach waren es jene, mit denen er im Marmertinischen Kerker vor seinem Martyrium im Zirkus des Caligula und des Nero gefesselt gewesen war. Diese Ketten waren von der heiligen Balbina, der Tochter des Kerkermeisters Quirinius, aufbewahrt worden. Eudoxia übergab die von ihrer Mutter gesandten Ketten Papst Leo I. (440-461). Als dieser die beiden Ketten (die eine 28, die andere 5 Ringe lang), aneinanderlegte, verschmolzen sie – gleichsam wie von selbst – auf wunderbare Weise miteinander. Seither werden sie in S. Pietro in Vincoli (vincula = Ketten, St. Peter zu den Ketten) aufbewahrt.

Die Geschichte dieser bemerkenswerten Basilika beginnt lange vor der Bildung der Kettenlegende, die erstmals im 8. Jahrhundert aufscheint. Ausgrabungen anläßlich der Erneuerung des Fußbodens in den Jahren 1957-1959 brachten eine komplizierte Anlage von Gebäuden (Mauer- und Mosaikenreste) aus der Zeit zwischen dem 3. Jahrhundert vor und dem

3. Jahrhundert n. Chr. ans Tageslicht. Ihre historische Entwicklung konnte bisher nicht restlos aufgeklärt werden. Was die der Kirche betrifft, so wurde auf dem Gelände der heutigen Basilika, zwischen dem Haupt- und dem linken Nebenschiff, ein mit einer Apsis versehener Saal (eine „aula absidata") entdeckt. Er wurde vermutlich im Zusammenhang mit einer „Domus" (einem vornehmen Herrschaftshaus) in der zweiten Hälfte des dritten Jahrhunderts errichtet. Möglicherweise wurde er als christlicher Versammlungsraum benutzt.

Ungefähr einhundert Jahre später wurden die „Domus" samt dem bewußten Saal abgerissen und durch ein geräumiges Gebäude, das im Grundriß etwa der heutigen Basilika entsprach, ersetzt. Das war die „Ecclesia Apostolorum", die Apostelkirche, die Vorgängerin der heutigen. Ihr Vorsteher war der Presbyter Philippus, der 419 als Vertreter des Papstes am Konzil von Karthago und 431 als päpstlicher Legat am ökumenischen Konzil von Ephesus teilnahm, dessen Akten er als „Philippus Ecclesiae Apostolorum Presbyter" unterzeichnete. Aus unbekannten Ursachen, vielleicht infolge des Goteneinfalles unter Alarich (410) oder aufgrund von Naturkatastrophen eingestürzt, ließ Philippus das Gotteshaus an der selben Stelle und in der gleichen Größe wieder errichten. Der Kaiser des Ostreiches, Theodosius II., und seine Gemahlin Eudoxia waren aufgrund eines Gelöbnisses, das ihre Tochter Eudoxia in Rom einlöste, an der Errichtung dieser Kirche – gewissermaßen als Stifter – maßgeblich beteiligt. Der Neubau wurde von Papst Sixtus III. (432-440) wohl zwischen 339 und 440 eingeweiht. Nunmehr den beiden Apostelfürsten Petrus und Paulus gewidmet, war der Ruhm der Kettenreliquien offensichtlich bereits damals so groß, daß sie auch die Bezeichnung S. Pietro in Vincoli trug. Nachdem eine Zeitlang vermutlich beide Bezeichnungen üblich waren, gewann schließlich die noch heute verwendete das Übergewicht. In Erinnerung an die fromme „Stifterin" Eudoxia, die bei der Weihe als Stellvertreterin des Kaisers anwesend gewesen war, nennt man die Kirche auch „Basilika Eudoxiana".

Die Herkunft der Ketten in S. Pietro in Vincoli ist unbekannt. Es wurden auch bisher keine wissenschaftlichen Untersuchungen angestellt, die zur Klärung ihrer Geschichte beitragen könnten. Ein erstes Zeugnis liefert uns Achilleus, Bischof von Spoleto, durch eine uns überlieferte Inschrift (vermutlich aus dem Jahre 419). Daraus geht hervor, daß bereits vor dem traditionsgemäß mit 436 festgesetzten Datum der Überführung

der jerusalemischen Ketten nach Rom in der Ewigen Stadt schon Kettenreliquien verehrt wurden. Von Wissenschaftlern wird jedoch angenommen, daß sich unter der Bezeichnung „in vincolis" weniger ein Hinweis
auf die materielle Existenz der Ketten verbirgt, sondern vielmehr der auf
eine topographische Bezeichnung. Denn hier in der Nähe befand sich die
„Praefectura Urbis" (Stadtpräfektur), wo der bereits in Haft genommene
Petrus wohl seinen Prozeß erwartete, der vielleicht auch hier stattgefunden haben könnte. Die Präfektur hatte seinerzeit die Aufgabe, die
Voruntersuchungen in Prozessen gegen Ausländer zu führen. Die Basilika könnte also dort entstanden sein, wo die Christengemeinde die
Gerichtshalle lokalisiert hatte. Diese Theorie wird aber von den meisten
Archäologen entschieden abgelehnt. Sie vertreten die Meinung, daß die
erwähnte „aula absidata" rein privaten Charakters war, deshalb niemals
Gerichtshalle gewesen sein könne und daher nicht mit der Präfektur zu
identifizieren sei, die allerdings ganz in der Nähe lag. Die Ketten könnten
diejenigen, die sich in dem Kerker der Präfektur befanden, sein.

Als Datum für die Weihe der Kirche wählte Sixtus III. den 1. August,
womit der römische Festtag, der an die Einnahme Alexandriens durch
Kaiser Augustus im Jahre 30 v. Chr. erinnerte (daher auch der Monats-
name „August"), christlichen Sinngehalt bekam. Der 1. August war
gleichzeitig auch der „dies natalis" (Tag des Martyriums, wörtl. übersetzt
eigentlich Geburtstag, da man am Tag des Martyriums zum ewigen Leben
wiedergeboren wird) der Sieben Makkabäischen Brüder, die schon lange
sowohl im Abendland als auch im Orient verehrt wurden. Ihre nunmehr
seit Jahrhunderten in S. Pietro in Vincoli aufbewahrten Reliquien waren,
seinerzeit in Antiochia exhumiert und nach Rom überführt, von Papst
Pelagius I. (556-561) hier beigesetzt worden.

S. Pietro in Vincoli war der Schauplatz dreier Papstwahlen. Hier wurde
Merkurius, damals Pfarrer von S. Clemente, zum Nachfolger Petri
bestellt. Er war der erste, der durch die Annahme eines neuen Namens,
nämlich Johannes II. (533-535) – er hieß Mercurius, was ihm vermutlich
zu heidnisch klang – den Brauch einführte, anläßlich der Ernennung zum
Papst einen neuen Namen anzunehmen. Im Jahre 939 fand hier die Wahl
Stefans VIII. (939-942) statt, und 1073 wurde der Erzdiakon Hildebrand
als Gregor VII. (1073-1085, der große Reformator der Kirche) zum
Nachfolger Petri.

Im Laufe der Jahrhunderte mehrmals restauriert und erneuert, verfiel die Kirche in der Zeit des Exils von Avignon und des abendländischen Schismas. Ein Deutscher war es, der die ersten Restaurierungsarbeiten anordnete. Nikolaus von Kues, der große Humanist, Wissenschaftler und Philosoph ließ das Kirchendach vollständig erneuern sowie für die Aufbewahrung der Ketten einen neuen Altar errichten. Wahrscheinlich entstanden in seinem Auftrag auch die heute noch existierenden Bronze-Schiebetürchen vor dem Kettenaltar, dessen Reliefs von Cristoforo Foppa, gen. „il Caradosso", stammen. Nikolaus von Kues (1401-1463) wurde am 20. Dezember 1448 zum Titelkardinal von S. Pietro in Vincoli und hinterließ in seinem Testament eine hohe Summe für weitere Renovierungsarbeiten an der Kirche. Seine beiden Nachfolger, Francesco della Rovere, der spätere Papst Sixtus IV., und Giuliano della Rovere, dann Papst Julius II. – er begann mit dem Bau des Kreuzganges – verwendeten diese Stiftung in seinem Sinne.

Im Jahre 1489 übergab Papst Innozenz VIII. die Kirche an Regulierte lateranensische Augustinerchorherren, die die Kirche zwar nicht besitzen, doch das Benutzungsrecht haben und sie heute noch betreuen. Die Restaurierungsarbeiten, die seit etwa zwanzig Jahren stattfinden, finanziert der Staat, in dessen Besitz die Kirche im vorigen Jahrhundert überging.

Schließlich wurden 1876 unter der Leitung des römischen Architekten Virginio Vespignani der Bereich um den Hauptaltar umgebaut und die Konfessio neu errichtet. Für diese Arbeiten kam die Konfraternität der Ketten des hl. Petrus auf, die die Mittel durch den Verkauf von kleinen Nachbildungen der Originalketten ermöglichte. Auch Vespignani gehörte dieser Konfraternität an, die heute nicht mehr besteht.


## AUSSENFASSADE

S. Pietro in Vincoli betritt man durch die luftige Vorhalle aus dem 15. Jahrhundert, die auf die Initiative von Giuliano della Rovere zurückgeht. Über ihren Baumeister ist wenig bekannt. Sie wird Baccio Pontelli oder Meo del Caprino zugeschrieben. Das Stockwerk darüber entstand etwa einhundert Jahre später.

# INNENRAUM

Durch einen kleinen Windfang betritt man das weite Hauptschiff. Sofort beeindruckt die mit einem großen Fresko und Holzkassetten auf einer Holztonne versehene Decke. Sie war durch Wasserinfiltrationen stark beschädigt und wurde nach den entsprechenden statischen Untersuchungen sorgfältig restauriert. Die raffinierte Holzkonstruktion stammt von Francesco Fontana (1668-1708) und verleiht dem Mittelschiff zusammen mit der übrigen malerischen Ausstattung ein spätbarockes Aussehen. Das große Deckenfresko von Giovanni Battista Parodi (1674-1730) stellt die wundersame Heilung eines Gefolgsmannes Ottos I. dar. Sie fand im Jahre 999 durch die wundertätigen Ketten des hl. Petrus statt.

Zwanzig Säulen aus hymmetischem Marmor trennen das Mittelschiff von den Seitenschiffen. Sie stehen auf dorischen Basen und tragen ebensolche Kapitelle. Das ist im Reigen der vorwiegend mit korinthischen Kapitellen ausgestatteten Kirchen Roms eine Rarität, ebenso wie die Tatsache, daß sie mit Hohlstreifen versehen sind. Die seltenen Säulen stammen wohl aus einem Monumentalbau des 1. Jahrhunderts; die Basen wurden im Zuge der Restaurierung im 18. Jahrhundert früheren ähnlicher Machart nachempfunden.

In der Konfessio unter dem Hauptaltar befindet sich der religiöse Mittelpunkt der Kirche, nämlich die legendären Ketten des hl. Petrus. Sie sind seit 1876 hier in einem Glaskästchen ausgestellt. Vorher waren sie in einem Schrein – mit den gleichen Schiebetüren aus vergoldeter Bronze von Cristoforo Foppa, gen. il Caradosso, der sie 1477 schuf – in der Sakristei aufbewahrt. Die beiden wunderschönen, meist offenen Türflügel, sind mit feinen Reliefs (die „Verurteilung des hl. Petrus" sowie die „Befreiung aus dem Kerker") sowie mit den Wappen Papst Sixtus' IV. und des Kardinals Giuliano verziert.

Eine weitere interessante Reliquie von S. Pietro in Vincoli befindet sich gleich unter dem Kettenaltar. Es ist der altchristliche Sarkophag der Sieben Makkabäer. Man kann ihn durch ein vergittertes Rundfenster erkennen. Er wurde erst im vorigen Jahrhundert anläßlich der Errichtung der Konfessio zum 50. Jahrestag der Bischofsweihe Papst Pius' IX. wiederentdeckt. Der Sarkophag war, seinerzeit von Pelagius I. hier aufgestellt, im Laufe der Zeit in Vergessenheit geraten. Die Reliefs auf der Vorderseite stellen v.l.n.r. die Auferweckung des Lazarus, die wunderbare Brotvermehrung, Jesus und die Samariterin, Weissagung und Verleugnung Petri und die Schlüsselübergabe dar. Als man den Sarkophag aus dem 4. Jahrhundert öffnete, wies er sieben Abteile auf, wobei sich im ersten eine Bleitafel mit dem Hinweis auf die „Cineres" (die Asche) der Sieben Makkabäischen Brüder befand. Die Schrift berichtet von ihnen (2 Makk 7,1-41), daß sie, als sie sich weigerten, entgegen dem göttlichen Gesetz Schweinefleisch zu essen, zusammen mit ihrer Mutter vom König Antiochus Epiphanes zu einem schrecklichen Martertod verurteilt wurden. Die Kirche des Westens hat sie als einzige aus dem Alten Testament heiliggesprochen. Ihre Verehrung hat sich vor allem im Rhône- und Rheintal, in Lion, Chartres, Amiens und Köln verbreitet. Fragt man beim Kustoden an, so kann man die von der Konfessio zugängliche Kapelle unter dem Hauptaltar, die meistens geschlossen ist, besichtigen.

Der Baldachin über dem Hauptaltar ist das Ergebnis der Restaurierung aus dem vorigen Jahrhundert, die Gemälde in der Apsis stammen von Jacopo Coppi, der sie 1577 schuf. Sie stellen die Geschichte des Kruzifixes von Beirut dar, dem die „Canonici Regolari Lateranensi", die die Kirche heute noch betreuen, in besonderer Verehrung zugetan sind. Die Fresken erzählen die Geschichte dieses Kruzifixus, der von neuem gekreuzigt und mißhandelt, blutete. Das in einem Behälter aufgefangene Blut heilte viele Kranke. Leider litten diese im 18. Jahrhundert stark übermalten Fresken sehr durch Wasserinfiltration. Die Bilder darunter zeigen die Befreiung Petri aus dem Kerker, die Übernahme der Ketten durch Eudoxia in Jerusalem und ihre Überreichung. Auch sie sind ein Werk von Jacopo Coppi. Die Mitte der Apsis ziert ein schöner, marmorner Bischofsstuhl, der aber kein antikes Original, sondern eine moderne Nachbildung ist.

Auch die Sakristei (Eingang neben dem Grabmal Julius' II.) mit ihren schönen Malereien und Ölbildern ist sehenswert. Ein kleiner Nebenaltar weist ein liebliches Relief mit der Madonna mit dem Kinde auf, das Werk eines unbekannten Künstlers des 15. Jahrhunderts. Der Marmorfußboden soll aus den Thermen des Trajan stammen.

Auch im Vorraum zur Sakristei sind schöne Ölbilder aufbewahrt, wie beispielsweise die „Befreiung des hl. Petrus aus dem Kerker", von Domenichino.

In S. Pietro in Vincoli befindet sich auch das Grabmal des einstigen Titelkardinals Nikolaus Cusanus (Nikolaus Chrypffs oder Krebs, aus Kues an der Mosel 1401-1463). Er war einer der bedeutendsten deutschen

*Nikolaus von Kues stiftet den Kettenaltar;*
*Relief in S. Pietro in Vincoli*

Gelehrten und einer der größten Humanisten des Spätmittelalters. Das große Relief von Andrea Bregno im linken Seitenschiff stellt links den vor Petrus knienden Kardinal dar. Petrus sitzt auf einem schönen Thron und hält den Schlüssel in der einen, die Ketten, die ihm von einem Engel gereicht werden, in der anderen. Vielleicht gehörte dieses Relief zu dem Kettenaltar, den der Kardinal seinerzeit stiftete. Darunter wurde das Wappen des Kardinals, ein roter Krebs, angebracht. Rechts daneben ist die Grabplatte mit der lebensgroßen Ritzfigur des Kardinals.

In S. Pietro in Vincoli befinden sich aber auch noch weitere bemerkenswerte Kunstwerke, die man nicht übersehen sollte. Da ist beispielsweise das Mosaikbild des hl. Sebastian aus dem 7. Jahrhundert im linken Seitenschiff. Abgesehen davon, daß es zu den ältesten Mosaiken Roms zählt, handelt es sich um eine der seltenen frühen Darstellungen, die den Heiligen nicht als pfeildurchbohrten Adonis zeigen, sondern als würdigen, betagten, mit einer Tunika und „Chlamys" bekleideten byzantinischen Würdenträger. Er hält die Märtyrerkrone in seiner verhüllten Linken. Das Mosaik wurde anläßlich des Nachlassens einer schrecklichen Pestepidemie gestiftet.

In S. Pietro in Vincoli sind auch die beiden Brüder Antonio und Pietro Pollaiolo beigesetzt. Antonio war der Meister der Grabmäler für die Päpste Sixtus IV. und Innozenz VIII. (beide in St. Peter) und verlangte in seinem Testament, hier beigesetzt zu werden. Das Grabmal mit den beiden Porträtköpfen wird als Werk des 16. Jahrhunderts Luigi Capponi zugeschrieben. Das Monument befindet sich gleich links neben dem Hauptportal.

Zu S. Pietro in Vincoli gehört aber auch ein Kreuzgang. Als die Kirche samt dem Konvent im vorigen Jahrhundert an den Staat überging, trennte man ihn von der Kirche. Man kann ihn daher nurmehr von der gleich daneben anschließenden neuen Ingenieurfakultät (anstelle des alten Konvents) als ihren Hof besichtigen. An die Atmosphäre der vergangenen Zeiten erinnern allerdings nur noch die teilweise geschlossenen Bögen mit den Wappen der Della Rovere und der schöne Brunnen in der Mitte, der Antonio da Sangallo zugeschrieben wird.

# S. Maria Nova

## Das Grabmal Papst Gregors XI. (1370-1378)

Blickt man von einem der beiden Aussichtspunkte am Kapitol über das Forum Romanum, fällt im Hintergrund des immensen Ruinenfeldes die barocke Fassade der Kirche S. Maria Nova, auch S. Francesca Romana genannt, auf. Über den Resten des von Kaiser Hadrian im 2. Jahrhundert errichteten Tempels der Venus und Roma entstanden, geht dieses Gotteshaus auf eine Kapelle des Frühmittelalters zurück und bewahrt in diesem Zusammenhang die mysteriösen „Silices Apostoli" (Knieabdrücke des Apostels Petrus) auf. Mit eindrucksvollen Mosaiken des 12. Jahrhunderts ausgestattet, fand hier der letzte Papst des Avignoner Exils seine letzte Ruhestätte, nämlich Gregor XI. Sein Grabmonument ist rechts neben der Apsis in der Wand eingelassen und erinnert nicht nur an diesen Oberhirten, sondern auch an die Rückverlegung der Papstresidenz nach Rom.

## GREGOR XI.
### (Pierre Roger de Beaufort, von Chateau Maumont bei Limoges, 1370-1378)

Papst Gregor XI. war der letzte Papst französischer Nationalität. Unter seinem Pontifikat ging das Exil der Päpste in Avignon zu Ende, welches mit Clemens V. (1305-1314) begonnen hatte. Dieser ging nach einem elf Monate dauernden Konklave als Nachfolger Benedikts XI. (1303-1304) auf dem Stuhl Petri hervor. Aus der Gascogne stammend, erwies er sich bald als williges Werkzeug des französischen Königs. In Lyon gekrönt, nahm er in Avignon Aufenthalt und schob seine Reise nach Rom immerzu hinaus. Für die nächsten siebzig Jahre wurde Avignon zur Residenz der Nachfolger Petri. Immer wieder trafen Delegationen aus Rom ein, die die Oberhirten um ihre Rückkehr nach Rom ersuchten. Berühmte Persönlichkeiten, wie Petrarca, Cola di Rienzo, der tragische

*Ausgrabungsgelände des „Porticus Margaritaria" mit S. Maria nova dahinter, Forum Romanum*

römische Freiheitsheld, die hl. Brigitta und die hl. Katharina richteten wiederholt Petitionen an den Papst, mit der Bitte, seine Residenz wieder nach Rom zu verlegen. Gregor XI. war der Papst, unter dem die Übersiedlung der Päpste schließlich stattfand.

Gregor XI. wurde 1329 als Pierre Roger de Beaufort in Rosier d'Egletons in der Diözese von Limoges geboren. Papst Clemens VI., der ebenfalls Pierre Roger de Beaufort hieß – er war sein Onkel und im gleichen Ort zur Welt gekommen (1342-1352) – machte seinen Neffen im Alter von 17 Jahren zum Kardinaldiakon von S. Maria Nova. Im Alter von 41 Jahren von den mehrheitlich französischen Kardinälen zum Papst gewählt, wurde er am 5. Januar 1371 gekrönt. Gleich von Anfang an bestand das größte Anliegen des kränklichen Gregor in der Rückführung des Papsttums nach Rom. Als Termin setzte er den Mai 1372 fest. Der Widerstand der Kardinäle und des französischen Königs sowie die unerfreulichen Nachrichten, die ununterbrochen aus Italien eintrafen, veranlaßten ihn immer wieder zu einem Aufschub der Reise. Der hl. Katharina von Siena, die den Papst als Botschafterin der Stadt Florenz im Jahre 1376 in Avignon aufsuchte, gelang es schließlich, ihn in langen Gesprächen von der Notwendigkeit der Rückkehr zu überzeugen. Er verließ am 13. September 1376 Avignon, schiffte sich in Marseille ein und gelangte nach einer bewegten Reise auf stürmischer See nach Ostia. Am 17. Januar 1377 zog er feierlich in Rom ein und nahm seinen Wohnsitz im Vatikan. Er fand Rom im tiefsten politischen Chaos, die Kirchen desolat und verfallen vor. „Bis zur Unkenntlichkeit war die Stadt der Caesaren und der Päpste zertrümmert, verrottet und entstellt. Gras wuchs im Herzen Roms, in manchen Kirchen weidete Vieh, elende Häuser standen zwischen Schutthaufen, am Tiber breitete sich über das ganze Marsfeld ein Sumpf aus. Auf nur 20 000 Seelen, wenn das glaublich ist, war das Römervolk zusammengeschmolzen, welches unter Kaisern mehr als zwei Millionen gezählt hatte. Die Rückkehr des Papstes aus Frankreich war daher ein Wendepunkt in der Geschichte Roms wie der Kirche", so schreibt Ferdinand Gregorovius in „Die Grabdenkmäler der Päpste" über die Situation, die Gregor XI. bei seiner Ankunft in Rom vorfand. Er erfreute sich seiner Rückkehr allerdings nicht sehr lange, denn der Tod ereilte den siechen Papst am 27. März 1378. Er wurde in der Kirche, in der er Titelkardinal gewesen war, beigesetzt.

„Hic requiescit corpus beati Gregorii Papae XI.", (Hier ruht der Körper Papst Gregors XI) besagt die Inschrift auf dem Sockel des Grabes an der Wand rechts neben der Apsis. Keine Statue oder Liegefigur des Papstes ziert den Sarkophag. Ein großes Relief nimmt die Rückwand ein. Es zeigt ein sowohl für Gregor XI. als auch für das gesamte Papsttum und Rom außerordentlich wichtiges Ereignis, nämlich seine Rückkehr aus Avignon. Das fein gearbeitete Relief gibt den Einzug Gregors XI. in Rom an der Spitze einer prächtigen Prozession wieder. Er sitzt hoch zu Roß, unter einem von Senatoren und Priestern getragenen Baldachin, von seinen Edelleuten umgeben und von der hl. Katharina begleitet. Dieser beliebten Dominikanerin, sie ist Nationalheilige Italiens, war es gelungen, Gregor XI. zu der heiß ersehnten Rückkehr zu bewegen. Dem Papst folgen Diener mit Straußenwedeln, Hellebardiere, Kardinäle auf phantastisch gezäumten Pferden und zahlreiche Edelleute. Aus den mittelalterlichen Toren der Porta S. Paolo (Gregor XI. kam aus Süd-Westen, denn er landete mit dem Schiff in Ostia) strömt ihm das jubelnde, von der personifizierten „Roma" (in der Gestalt der Minerva) angeführte Volk entgegen. Mit dem Papst kehrte auch der „Stuhl Petri" wieder zurück, der über dem Baldachin samt einem freundlichen Putto mit Schlüsselpaar und Tiara dargestellt ist.

Der auf seinen eigenen Wunsch hier beigesetzte Papst bekam dieses Grabmonument allerdings erst nach mehr als 200 Jahren. Es wurde 1584 vom Volk und dem Senat von Rom aus Dankbarkeit und zur Erinnerung an den Papst gestiftet, der Rom wieder zum Zentrum der Christenheit machte. Das Relief ist ein Werk von Pier Paolo Olivieri, die beiden Statuen seitlich in den Nischen stellen den „Glauben" und die „Klugheit" dar.

## GESCHICHTLICHES

S. Maria Nova entstand auf dem Gelände des von Kaiser Hadrian im 2. Jahrhundert erbauten Tempels der „Venus und Roma". Den Anlaß zur Errichtung eines christlichen Heiligtums bildete die Legende um Simon den Zauberer, der mit dem hl. Petrus bzw. den beiden Apostelfürsten in eine Art Wettstreit getreten war (Apg 8,9-24). Simon der Zauberer aus Gittae in Samaria, dort von dem Diakon Paulus für das Christentum

*Grabmal Gregors XI. mit Einzug des Papstes in S. Maria Nova*

gewonnen, gedachte, sich die Macht, den hl. Geist durch Handauflegung zu erteilen, mit Geld erwerben zu können. Daran erinnert heute noch der Ausdruck „Simonie", womit der Kauf von kirchlichen Ämtern gemeint ist. Der Legende nach forderte Simon, der vielleicht zur Zeit Kaiser Neros mit den Aposteln Petrus und Paulus in Rom zusammmentraf, die beiden zu einer Art Wettstreit auf. Er wollte damit beweisen, daß seine Zauberkunst wirksamer sei als die Glaubensstärke der beiden Apostel. Infolge seiner magischen Künste erhob er sich auch tatsächlich – so die Legende – in die Lüfte und zog seine Runden über dem Forum Romanum und dem Kolosseum. Das innige Gebet der beiden Apostelfürsten, die falschen Zauberkünste Simons zu entdecken, ließ den Magier zu Boden stürzen. Er fiel herab und erlag seinen Verletzungen. Zur Erinnerung an dieses Ereignis, das sich hier in der Nähe abgespielt haben soll, ließ Papst Paul I. (757-767) ein hier bereits bestehendes Oratorium erneuern. Vermutliche Reste davon fand man zwischen dem Tempel der Venus und Roma und der Via Sacra, die neben S. Maria Nova vorbeiführt. Das inbrünstige Gebet der beiden Apostelfürsten soll aber nicht nur zum Sturz Simons des Zauberers geführt haben, sondern auch zu den anfangs erwähnten „Silices Apostoli", den Knieabdrücken des Apostels, die schon der hl. Gregor von Tours im 6. Jahrhundert erwähnte. Man kann sie heute noch in der Basilika sehen.

Unter Papst Leo IV. (847-855) kam es in den Ruinen des Venus- und Romatempels zu einem Neubau, der der Hl. Maria geweiht wurde. Den Beinamen „Nova" erhielt das Gotteshaus, weil es die Privilegien und Funktionen als Diakonie von S. Maria Antiqua übernahm, die als allererste Kirche auf dem Forum Romanum infolge des allgemeinen Verfallprozesses auf dem Forum unbenutzbar geworden war. Im 10. Jahrhundert fand die erste feierliche Einweihung unter Papst Gregor V. (996-999) statt. Aus diesem Anlaß wurden die Gebeine der Märtyrer Nemesius, Olimpius, Sempronius, Lucilla, Esuperia und Theodulus aus den Katakomben hierher überführt. Ihnen und ihren Martyrien sind die 1684 von D.M. Canuti geschaffenen Fresken im unteren Teil der Apsis gewidmet.

Im Laufe des 12. Jahrhunderts umgebaut und erweitert, – man fügte den Glockenturm, das Querschiff und die Apsis an, die mit wunderbaren Mosaiken ausgestattet wurde – konnte eine zweite Weihe im Jahre 1161 unter Alexander III. (1159-1181) stattfinden.

Unter Honorius III. (1216-1227) nach einem Brand wiederhergestellt, bekam S. Maria Nova unter Papst Paul V. (1605-1621) und der Leitung des Architekten Lombardi zwischen 1608 bis 1615 ihre heutige Gestalt.

## AUSSENFASSADE

Ganz aus weißem Travertin ragt die Barockfassade von S. Maria Nova majestätisch aus dem Ruinenfeld des Forum Romanum heraus. Sie geht, wie bereits erwähnt, auf die Tätigkeit von Carlo Lambardi (1554-1620) zurück, der die mittelalterliche durch die mächtige, von vorspringenden Lisenen und Voluten geprägte, heute noch bestehende Außenfront ersetzte. Die fünf Statuen an den oberen Gesimsen sind auch ein Werk von Lombardi. Den Giebel krönt eine schöne Madonna mit dem Kinde. Über dem linken Giebeleck steht die hl. Francesca Romana mit ihrem Schutzengel, dessen Wirken sie nicht nur spürte, sondern den sie auch wirklich sah.

## INNENRAUM

Obwohl S. Maria Nova an der Via Sacra steht und historisch und baulich gesehen zum Forum Romanum gehört, befindet sich der Zugang nicht hier. S. Maria Nova ist als öffentlich zugängliches Gotteshaus vom Forum, das einen archäologischen Park bildet, durch einen Zaun getrennt. Eine Rampe und eine Treppe führen heute von der Via dei Fori Imperiali zu dieser verborgenen Kirche. Betritt man S. Maria Nova, so beeindrucken das prächtige barocke Mittelschiff mit der herrlichen Kassettendecke und dem mittelalterlichen Kosmatenfußboden sowie das wunderbare Mosaik im Hintergrund der Apsis.

### Die Apsis

Möglicherweise von den gleichen Künstlern wie dasjenige in S. Clemente geschaffen, sieht man in der Mitte die Hl. Jungfrau mit dem Kind im Arm auf einem kostbaren Thron sitzen. Sie und die sie umgebenden Figuren befinden sich unter prächtigen Arkaden, durch Säulen voneinander getrennt. Rechts von ihr stehen die hll. Petrus und Andreas, links Jacobus und Johannes Ev. Darüber schwebt schirmartig das Himmelszelt, aus dem die Hand des Ewigen mit dem Kranz herausragt.

## Die Marienikone

In der Apsis gibt es noch ein gleicherweise interessantes wie eindrucksvolles Kunstwerk: Unter dem eben beschriebenen Mosaik ist am Altar eine Ikone angebracht. Angeblich aus der Stadt Troja aus Palästina gebracht, überstand sie beinahe unbeschädigt den Brand unter Honorius III. Dieser Umstand vermehrte die bei den Gläubigen bereits vorhandene große Verehrung dieses Marienbildes. Im 19. Jahrhundert während einer Restaurierung übermalt, vergaß man es in kunsthistorischer Hinsicht. Als die Benediktiner, die dieses Gotteshaus seit 1352 innehaben, anläßlich des Heiligen Jahres 1950 mit der Generalrestaurierung der gesamten Anlage begannen, wurde auch dieses Bild von einem Restaurator untersucht. Er entfernte die Übermalung des 19. Jahrhunderts, und das wunderbare Bild des 12. Jahrhunderts, das die Gläubigen früherer Zeiten so verehrt hatten, kam wieder zum Vorschein. Die Ikone soll zu den sieben von der Hand des Lukas entstandenen Bildern gehören. Schließlich kam in der untersten Schicht ein noch früheres Marienbild zum Vorschein. Dieses datieren die Experten ins 5. Jahrhundert. Das Bild aus dem 12. Jahrhundert wurde nun, sachgerecht abgenommen und restauriert, wieder an seinem ursprünglichen Standort in der Apsis angebracht. Das bei der Restaurierung in der untersten Schicht gefundene Marienbild kann man in der Sakristei bewundern. Die Sakristei stellt mit den schönen Ölbildern, die hier aufbewahrt sind, ein Museum für sich dar. Man erreicht sie vom linken Querschiff aus. Besichtigt man die Sakristei, sollte man den neben dem Eingang zur Sakristei an der Querschiffwand angebrachten, fein gearbeiteten Tabernakel nicht übersehen. Es stammt aus der Renaissance und ist vermutlich das Werk von Mino del Reame.

## S. Francesca Romana

S. Maria Nova wird auch Francesca Romana genannt. S. Francesca Romana lebte im 15. Jahrhundert. Nachdem sie ihre beiden Kinder früh verloren hatte, wurde sie der Gabe mächtig, die tröstende Nähe eines Engels nicht nur zu spüren, sondern diesen auch zu sehen. Sie gründete den Orden der „Oblate di Tor dei Specchi", deren Kloster nicht weit von hier beim Marcellustheater steht. Durch ihr frommes Leben stand sie im Ruf der Heiligkeit. Wundertätigkeit wurde ihr nicht nur zu ihren Lebzeiten nachgesagt, sondern auch nach ihrem Tode im Jahre 1440. In S.

Maria Nova begraben, wurde diese Kirche bald nach dieser volkstümlichen Heiligen benannt, obwohl sie ihr nie geweiht wurde. Die ihr zu Ehren in der Konfessio aufgestellten Statuen gehen auf Bernini zurück (Mitte des 17. Jahrhunderts). Ihr mumifizierter und mit einem Ordensgewand angetaner Leichnam befindet sich in einem gläsernen Sarg gleich dahinter in der Krypta unter dem Hauptaltar. Den Zugang bildet seitlich eine Treppe im Querhaus.

### Kassettendecke

Beachtenswert ist auch die wertvoll geschnitzte Holzkassettendecke, die 1612 nach Entwürfen des Architekten Lambardi entstand. Die Gestalten der Jungfrau mit dem Kinde und der hl. Francesca Romana fallen trotz der Fülle des Zierrats und der Wappen sofort auf.

### Die „Silices Apostoli" – die Knieabdrücke des Apostelfürsten

Man kann aber S. Francesca Romana oder S. Maria Nova nicht verlassen, ohne die „Silices Apostoli" gesehen zu haben. Es handelt sich dabei um zwei Basaltsteine mit tiefen tellerartigen Ausnehmungen, die von den Knien des hl. Petrus stammen und während seines inbrünstigen Gebetes zu Gott um die Entdeckung der Zauberkünste von Simon dem Magier entstanden sein sollen. Sie befinden sich an der Stirnwand des rechten Querschiffes, hinter zwei starken Eisengittern geschützt. Leider schlecht beleuchtet, sind sie nicht nur wegen ihrer kuriosen Entstehungslegende, sondern auch wegen ihrer Größe und ihres Alters bemerkenswert.

### Kloster

Zu S. Maria Nova gehörte früher auch ein Kloster mit einem stimmungsvollen Kreuzgang. Gregor IX., der ein großer Förderer der Benediktiner war, übergab es diesen Mönchen im Jahre 1352. Heute ist in einem Teil das Antiquarium des Forum Romanum untergebracht und nur von hier zugänglich. Im Rahmen eines Besuchs des Antiquariums kann man daher auch den Kreuzgang besichtigen.

*Kreuzgang von S. Maria Nova (S. Francesca Romana) am Forum Romanum*

# S. Sabina

## Die letzte Ruhestätte Papst Alexanders I. (105-115)

S. Sabina auf dem Aventin ist als eines der ältesten Gotteshäuser der Ewigen Stadt vor allem wegen der uralten Holztüren berühmt, die aus dem 5. Jahrhundert, der Entstehungszeit der Basilika, stammen. Das wunderbare, nach der letzten Restaurierung im Stil der frühchristlichen Zeit wiedererstandene Gotteshaus selbst, der stimmungsvolle Kreuzgang und der Orangenbaum des hl. Domenikus sind Fixpunkte, die in keinem Besichtigungsprogramm fehlen sollten. In dieser geschichtsträchtigen, auf den Resten eines römischen Herrschaftshauses errichteten Kirche wurden die Reliquien Papst Alexanders I. beigesetzt.

## ALEXANDER I.
### (aus Rom, 105-115)

Alexander I., der sechste Bischof von Rom, entstammte einer vornehmen römischen Familie. Als er im Jahre 105, wenige Tage nach dem Tod des Evaristus (97-105), zum Papst gewählt wurde, war er noch nicht dreißig Jahre alt. Er war wohl der erste, der als Ergebnis einer Wahl den Stuhl Petri bestieg und nicht infolge einer testamentarischen Verfügung. An dieser Wahl nahmen die Bischöfe, Priester, Diakone ebenso wie die Gläubigen teil. Zur Zeit Alexanders wirkte und erlitt, wohl zwischen 107 und 108, der hl. Ignatius, Bischof von Antiochia, den Märtyrertod. Infolge von Intrigen gefangengenommen, wurde er nach Rom gebracht und hier den wilden Tieren vorgeworfen. In seinem Römerbrief preist er die römische Christengemeinde wegen ihrer Glaubensfestigkeit und der Reinheit ihrer Lehrverkündigung, was das große Ansehen und die Autorität, das die römische Gemeinde bereits genoß, noch vermehrte. Die besondere Verehrung, die Ignatius der römischen Kirche entgegenbrachte, war auf die Tatsache zurückzuführen, daß die beiden Apostel-

S. Sabina, Fassade

fürsten in Rom gewirkt hatten und hier auch gestorben waren. Sie waren es, die die Grundlage für die reine Lehre legten.

Alexander soll vor allem am Hofe des Kaisers Trajan (98-117) sehr viele Anhänger gehabt haben, wie beispielsweise den Präfekten Hermes und den Tribunen Quirinus, was ihn jedoch vor dem Märtyrertod nicht rettete. Er wurde zusammen mit Hermes und zwei weiteren Priestern, Eventius und Theodulus, im Jahre 115 enthauptet. Vermutlich in der gleichnamigen Katakombe (S. Alessandro), beim siebenten Meilenstein der Via Nomentana beigesetzt, wurde sein Leichnam samt denen der beiden Märtyrerpriester von Papst Eugen II. (824-827) hierher überführt und zusammen mit denen der hll. Sabina und Seraphia, die hier ihre letzte Ruhestätte bereits hatten, in der Apsis unter dem Hochaltar beigesetzt.

## GESCHICHTLICHES

S. Sabina gehört zu den altehrwürdigen frühchristlichen Gotteshäusern Roms. Über dem Steilabhang des Aventin (einer der sieben „klassischen" Hügel Roms) zum Tiber gelegen, ist S. Sabina wegen ihres uralten Holzportals, der wunderbaren „Schola Cantorum" (die Sängertribüne) und des eindrucksvollen, lichterfüllten, von harmonischen Arkaden geprägten Inneren ein beliebtes Ziel unzähliger Rompilger und Touristen.

Bei Ausgrabungen anläßlich der durchgreifenden Restaurierungsarbeiten zu Beginn unseres Jahrhunderts entdeckte man unter der ersten Hälfte der Basilika (vom Eingang aus) Reste eines vornehmen römischen Herrschaftshauses. Diese sog. „Domus" stammt aus dem 3. oder 4. Jahrhundert, vielleicht auch etwas früher datierbar, aus der Kaiserzeit. Die Säulen ihres Atriums wurden im nordwestlichen Teil der Kirche eingebaut. Eine davon ragt heute noch in der Wand des rechten Seitenschiffes zur Hälfte aus dem unteren Niveau der Kirche. Vermutlich war ein Saal dieser „Domus" für Versammlungen der Christen bestimmt und bildete die Keimzelle für den späteren „Titulus Sabinae".

Unter der Apsiszone hingegen kamen zwei archaische Heiligtümer ans Tageslicht. Eines davon identifizierte man als den Tempel der „Libertas" oder des „Jupiter Liber".

Der erste richtige Kirchenbau geht auf den aus Dalmatien stammenden Priester Petrus Illyricus zurück, wie aus der goldglänzenden Inschrift über dem Hauptportal hervorgeht. Er stammte wahrscheinlich aus

Sakotovaz (Sabioncello), auf der Halbinsel Peljesac und begann mit dem Bau unter Papst Coelestin I. (422-432). Der Nachfolger Coelestins I., Papst Sixtus III. (432-440), weihte das Gotteshaus und verlieh ihm – als Zeichen besonderer Anerkennung – das Taufrecht.

Ende des 5. Jahrhunderts, 499, in den Synodalakten Papst Symmachus' als eine der 28 Titelkirchen Roms genannt, wurden die Beschlüsse von den Priestern Abundantius, Victorinus und Valens unterzeichnet.

Anfang des 6. Jahrhunderts floh Papst Silverius (536-537) infolge des Streites um den Monophysitismus nach S. Sabina und wurde dort vom Feldherrn Belisar, der dieser Lehre anhing, festgehalten. Nach seiner Amtsenthebung wurde Silverius auf die Insel Ponza verbannt, wo er im Jahre 538 verstarb. Papst Gregor I. (590-604) suchte während einer schrecklichen Pestepidemie in S. Sabina Schutz und führte den lange gepflegten Brauch ein, hier am ersten Tag der Fastenzeit die „Statio" abzuhalten. Papst Johannes XXIII. hat diese Tradition wieder aufgenommen.

Eine sehr unruhige Zeit stellte für S. Sabina das Mittelalter ab dem 10. Jahrhundert dar. Das Gotteshaus wurde durch Alberico de'Crescenzi Teil einer Festung. Diese kam Anfang des 11. Jahrhunderts durch Erbschaft in den Besitz der römischen Familie Savelli. Cencio Savelli, der spätere Papst Honorius III. (1216-1227) baute sie aus, denn er wollte sie zur Papstresidenz machen. Im Jahre 1222 fand hier die historische Begegnung zwischen diesem Papst und dem hl. Domenikus, der ihm die Ordensregel seiner neugegründeten Gemeinschaft übergab, statt. Honorius III. anerkannte den Orden und stellte den Mönchen die Kirche und einen Teil der anschließenden Gebäude zur Verfügung. Die Dominikaner, deren Generalat hier ist, haben den Konvent und die Kirche heute noch inne.

Die Geschichte von S. Sabina weist einige kuriose Begebenheiten auf, wie beispielsweise die Papstwahl des Jahres 1287/88. Sie fand im Palast Honorius' IV. statt, der seine Residenz hier aufgeschlagen hatte und am 3. April 1287 gestorben war. Das sofort einberufene Konklave zog sich monatelang hin und löste sich schließlich in den Sommermonaten wegen einer Malariaepidemie, bei der alle Kardinäle außer einem erkrankten oder starben, auf. Erst nach elf Monaten wurde am 22. Februar 1288 das Konklave fortgesetzt, aus dem Nikolaus IV. (1288-1292) als Papst hervorging.

Ende des 16. Jahrhunderts beauftragte Sixtus V. (1585-1590) den Architekten Domenico Fontana mit der Restaurierung von S. Sabina. Die Veränderungen, die er an dem Bau vornahm, wurden zu Beginn unseres Jahrhunderts wieder entfernt.

Im vorigen Jahrhundert mußte S. Sabina eine letzte Modifikation über sich ergehen lassen. Zwischen 1874 und 1884 wurde im Konvent ein Lazarett und die erste Dampfwäscherei Roms eingerichtet. Erst 1936, als das Lazarett übersiedelte, konnten die Gebäude ihrer ursprünglichen Bestimmung wieder zugeführt werden.

Der Legende nach ist die hl. Sabina die Stifterin des gleichnamigen Gotteshauses. Über sie und die hl. Seraphia, ihre Dienerin, die sie zum Christentum bekehrte, weiß man wenig. Eine antike Überlieferung beschreibt sie uns als die wohlhabende Patrizierin Sabina, die von ihrer Magd Seraphia für das Christentum gewonnen wurde. Die wegen ihres Glaubens zum Tode verurteilte Seraphia erlitt ihr Martyrium durch Steinigung. Auch Sabina wurde wenig später angeklagt und ein Jahr darauf (etwa 114 n. Chr.) enthauptet. Es ist anzunehmen, daß im Haus dieser Matrone Sabina die erste Hauskirche und der erste „Titulus Sabinae" gegründet wurden.

## AUSSENFASSADE

Die gegenwärtige Erscheinungsform von S. Sabina ist das Ergebnis einer Serie von Restaurierungsarbeiten, die Anfang unseres Jahrhunderts begonnen und in mehreren Etappen durchgeführt wurden. Das ursprünglich frühchristliche Aussehen war im Laufe der Zeit, vor allem aber durch die Eingriffe von Domenico Fontana im 16. Jahrhundert, verschwunden. Die nüchterne, unauffällige Ziegelfassade von S. Sabina wird seitlich nur durch einen Vorbau aus dem 15. Jahrhundert aufgelockert.

## DAS HOLZPORTAL

Von außen ein bescheidener Rohziegelbau, betritt man S. Sabina nicht durch den Portikus aus dem 15. Jahrhundert an der Via S. Sabina, der wie ein Haupteingang aussieht, sondern über eine überwölbte Vorhalle durch das ursprüngliche Hauptportal aus dem 5. Jahrhundert. Hier befindet sich die berühmteste Sehenswürdigkeit der Basilika, nämlich das herrliche frühchristliche Portal. Für die christliche Kunst stellt es die älteste mit Bildschnitzereien versehene Holztür dar. Daß es in einem derart guten Zustand erhalten ist, grenzt beinahe an ein Wunder. Es ist wahrscheinlich der Tatsache zu verdanken, daß die Vorhalle im Mittelalter, als die Kirche Teil einer Festung wurde, zugemauert wurde und dieses einzigartige Werk frühchristlicher Kunst somit vor der Zerstörung geschützt war. Es ist eine der hervorragendsten und seltensten Schöpfungen und wohl zusammen mit der Basilika im 5. Jahrhundert entstanden.

Die 5,35 x 3,35 Meter große Tür aus Zedern- oder Zypressenholz besteht aus vier schmalen Türblättern, die ursprünglich mit 28 Schnitzbildern (16 großen und zwölf kleinen) versehen waren. Davon sind nur mehr 18 Felder, acht große und zehn kleine im oberen Teil erhalten. Im Laufe der Zeit kam die Reihenfolge der Paneele durcheinander. Doch ist das ikonographische Programm durchaus ersichtlich, nämlich der Vergleich zwischen Moses (Gesetz), Elias (Prophet) und Christus (Evangelium). Die großen lassen eine Reihenfolge von unten nach oben erkennen, die kleinen eine von links nach rechts.

Unter den Holzreliefs fällt besonders das erste, links oben, auf: der Gekreuzigte zwischen den beiden Schächern. Es handelt sich dabei um die erste Kreuzigungsszene überhaupt, die wir kennen und ist nicht nur aus diesem Grund interessant, sondern vor allem deswegen, weil bis ins 6. Jahrhundert die bildliche Wiedergabe der Kreuzigung Christi nicht erlaubt war, es sich also um die Darstellung einer offiziell verbotenen Szene handelte. Der Höhepunkt und gleichzeitig der Schlüssel zur Interpretation des ganzen Werkes liegt im Paneel mit dem „Triumph Christi und der Kirche". Es ist in der oberen Reihe der großen Paneele das erste von rechts.

## INNENRAUM

Betritt man S. Sabina, beeindrucken im lichterfüllten, feierlichen Inneren vor allem die wohlproportionierten, von schlanken Säulen getragenen Arkaden. Sie gehen genauso wie der darüber verlaufende 2,5 Meter hohe Marmorfries noch auf die frühchristliche Bauphase, also das 5. Jahrhundert zurück. Die Marmordekorationen über den kannelierten Säulen – vielleicht stammt das Material aus dem Tempel der Diana auf dem Aventin – stellen nach neueren Forschungen Militärstandarten dar

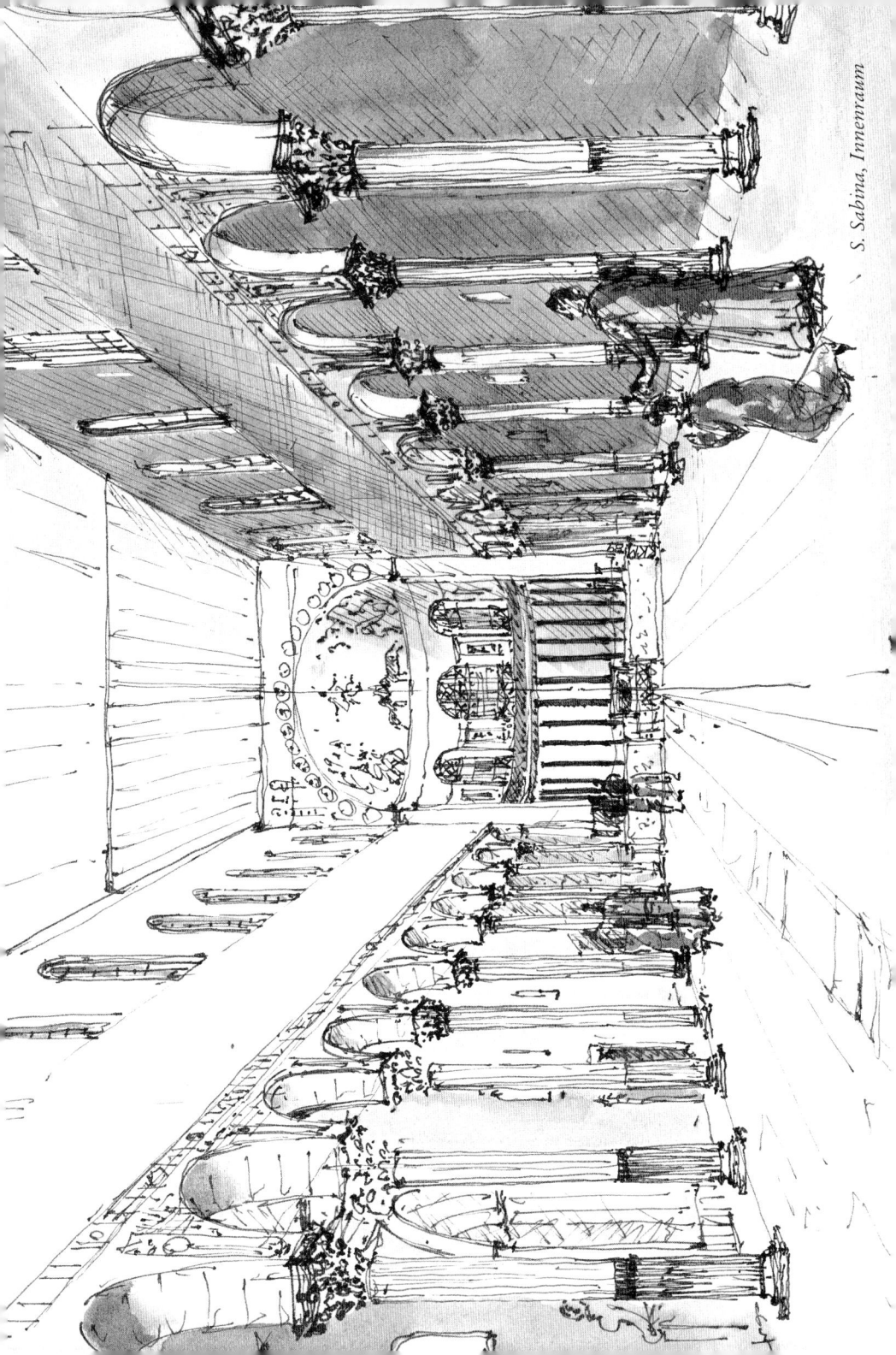

S. Sabina, Innenraum

und sollen den Triumph Christi und der Kirche über das römische Reich versinnbildlichen.

Wendet man sich um, erblickt man über dem Hauptportal die Widmungsinschrift des Priesters Petrus Illyricus, der dieses Gotteshaus stiftete. Etwa 3 Meter hoch und 13 Meter lang und soll der Text von Paolinus von Nola stammen. Die goldenen Lettern auf dunkelblauem Grund sind seitlich von zwei Frauenfiguren umgeben. „Ecclesia Ex Gentibus" steht bei der einen geschrieben. Sie hält das Neue Testament in ihren Händen und versinnbildlicht die „Heidenkirche". „Ecclesia Ex Circumcisione" kann man bei der anderen lesen, mit dem Alten Testament, die für die „Juden" steht. Dies ist ein Hinweis auf den Ursprung der Kirche aus der Heiden- und Judenbekehrung. Das Mosaik setzte sich ursprünglich im oberen Teil mit den Figuren der beiden Apostelfürsten und den Symbolen der Evangelisten fort. Es ging leider, wie auch das Mosaik in der Apsis und auf dem Triumphbogen (das heutige stellt eine Nachempfindung aus unserer Zeit dar), verloren.

### Apsisbereich und Altarraum

Die Marmorverkleidung der Apsis und der von antiken Greifen flankierte Bischofsstuhl sind ein Ergebnis der jüngsten Restaurierungsarbeiten. Die schwarz-weißen Längsstreifen wurden der Dekoration von S. Agnese fuori le Mura (Via Nomentana) nachgebildet. Die großen Fenster darüber hingegen gehören der frühchristlichen Bauphase an und schaffen zusammen mit denen des Mittelschiffes die freundliche, lichterfüllte Atmosphäre dieser alten Basilika. Das Fresko in der Wölbung der Apsis zeigt, zwischen 1559/60 geschaffen, jedenfalls frühchristliche Anklänge. Von Taddeo Zuccari gemalt, weist es eine seiner Zeit fremde Symbolik, nämlich die der Epoche zwischen dem 4. und dem 13. Jahrhundert auf. Man fand bei einer Untersuchung auch tatsächlich Reste einer Mosaikdekoration, deren Steinchen die gleiche Farbe wie das Fresko darüber aufwiesen. Man nimmt daher an, daß sich Taddeo Zuccari von den Resten des mittlerweile beschädigten mittelalterlichen oder gar frühchristlichen Mosaiks inspirieren ließ und sein Werk diesem nachempfand. Es zeigt Christus in der Mitte auf dem Weltenberge thronend, von kleinen Engeln umgeben. Links und rechts von ihm stehen Heilige und Apostel, darunter St. Sabina, St. Seraphia und Angehörige des Dominikanerordens mit dem hl. Domenikus. Der vor ihm kniende Papst ist

Alexander I. und dahinter wohl der Stifter des Werkes, Kardinal-Bischof Otto Truchseß von Waldburg. Unterhalb des Weltenberges entspringen die vier Paradiesflüsse, an denen sich Schafe – als Symbol für die Gläubigen der ganzen Welt – laben.

Der Altarraum wird von einer „Schola Cantorum" begrenzt, wie sie in frühchristlicher Zeit in den Gotteshäusern üblich waren. Sofort fallen die mit feingearbeiteten Flechtornamenten, Kreuzen, Vögeln, Sternen, Kreisen und anderen Dekorationen versehenen Platten der Schola Cantorum vor dem Hauptaltar auf. Von Papst Eugen II. im 9. Jahrhundert gestiftet, hatte Domenico Fontana sie Ende des 16. Jahrhunderts entfernt und in der erhöhten Apsis, mit der Rückseite nach oben, als Fußboden verwendet. Anfang unseres Jahrhunderts wiederentdeckt, wurden sie zwischen 1914 und 1919 an ihrem vermutlichen Standort wieder aufgestellt. In der Mitte der Schola Cantorum brachte man die leider seinerzeit von Fontana beschädigte Marmorplatte mit der Gedenkinschrift an die Übertragung der Reliquien Papst Alexanders I. und der beiden Märtyrer Eventius und Theodulus durch Papst Eugen II. an. Es ist der ursprüngliche Verschluß des Reliquiensarkophags.

Um die vielen Sprünge in der Platte rankt sich eine uralte Legende: Der hl. Domenikus pflegte auf dieser Platte täglich seine Gebete zu verrichten. Diese Tatsache erzürnte den Teufel derart, daß er einen schweren, schwarzen Stein auf den Heiligen warf, ihn aber verfehlend, den Sarkophagdeckel traf. Den Stein, es handelt sich um ein antikes römisches Gewicht, kann man heute noch sehen: er steht gleich beim Eingang links auf einer Säule.

Vor der Schola Cantorum befindet sich im Fußboden eine wunderbare, kosmatengeschmückte Grabplatte mit der Liegefigur des Munoz de Zamorra. Er war, wie die Inschrift besagt, siebenter Ordensgeneral der Dominikaner. Von Papst Nikolaus dem IV. abgesetzt, zog er sich, nachdem er zwei Jahre Erzbischof von Palencia gewesen war, nach S. Sabina zurück. Möglicherweise ein Werk von Jacopo Torriti (er schuf die Mosaiken in S. Maria Maggiore und S. Giovanni in Laterano), ist diese Grabplatte einzigartig in Rom.

### Weitere Sehenswürdigkeiten

Auch die anderen Grabmäler von S. Sabina sind bemerkenswert. Manche sind bescheiden im Fußboden eingelassen, andere stellen prunkvolle Denkmäler an den Wänden der Seitenschiffe dar. Das bekannteste ist wohl das Grabmal des spanischen Kardinals Auxia di Poggio, Erzbischof von Monreale und Titelinhaber der Basilika. Es befindet sich im rechten Seitenschiff auf der Höhe der Schola Cantorum. „Ut Moriens Viveret/ Vixit Ut Moriturus" (Damit er im Sterben das Leben finde, lebte er wie einer, der sterben muß), kann man auf dem Sarkophag unter seiner Liegefigur lesen. Darüber schwebt in einem Marmorelief die Madonna zwischen den beiden Heiligen Katharina von Siena und Alexandria. Es wird Andrea Bregno zugeschrieben.

Bemerkenswert sind auch die beiden Seitenkapellen. Die rechte ist dem hl. Hyazinth geweiht und wurde um 1600 von Federico Zuccari ausgemalt. Anläßlich der Kanonisierung des Heiligen (1594) gestiftet, schildern die Fresken dessen Geschichte von der Berufung bis zu seinem Tode. Das Bild auf der linken Wand stellt ein historisches Ereignis dar, das sich im Kloster von S. Sabina abgespielt hat: Die Einkleidung des hl. Hyazinth (1185-1257, er kam aus Polen) und die seines Bruders Ceslas, ebenso wie die des Deutschen Hermann durch den hl. Domenikus 1220 im Kapitelsaal. Das Altarblatt der Kapelle ist ein Werk der Malerin Lavinia Fontana (1552-1614) aus Bologna. Sie beeinflußte mit ihrem Werk die spätere Ikonographie dieses Heiligen außerordentlich: die meisten der späteren Bilder des Heiligen folgen ihrer „Madonna mit dem Kinde und dem hl. Hyazinth".

Gegenüber befindet sich im linken Seitenschiff die barocke Kapelle der hl. Katharina von Siena. Von der Sieneser Familie D'Elci gestiftet, wurde sie von G. B. Contini erbaut und ist mit Fresken aus dem Leben der hl. Katharina ausgestattet. Den Altar ziert ein liebliches Bild der Rosenkranzmadonna von Giovanni Battista Salvi, genannt Sassoferrato, der es 1643 malte. Die beiden Heiligen, die vor der Madonna knien, sind Domenikus und Katharina. Sie erhält von Jesus eine Dornenkrone, der hl. Domenikus einen Rosenkranz.

Bevor man S. Sabina durch die Vorhalle wieder verläßt, sollte man beim Hinausgehen durch das kleine ovale Fensterchen rechts schauen. Man erkennt den von dem hl. Domenikus der Überlieferung nach gepflanzten Orangenbaum. Mit Hilfe seiner kandierten Früchte soll die hl. Katharina von Siena, sie war Dominikanerin, Papst Gregor XI. (1370-1378) zu seiner Rückkehr nach Rom und somit zur Beendigung des sog. Exils der Päpste in Avignon veranlaßt haben.

## Kreuzgang

Den stimmungsvollen Kreuzgang mit seinen 104 Marmorsäulchen im anschließenden Konvent kann man nur mit Genehmigung der Dominikaner besuchen. Die unter Papst Clemens IX. (1667-1669) 1668 von Borromini umgebaute Zelle des hl. Domenikus gehört ebenfalls zum Klosterverband. Eine Etage darüber befindet sich die Zelle Pius' V. (1566-1572, er war selbst Dominikaner), die im Jahre 1710 in eine Kapelle umgewandelt wurde. Hat man noch etwas Zeit, empfiehlt es sich, den Rundgang durch S. Sabina mit einem kurzen Spaziergang im angrenzenden Parco Savelli zu beschließen. Die verwitterten Umfassungsmauern des mit Orangenbäumen bepflanzten Parks erinnern an die Burg einer der mächtigsten Adelsfamilien Roms. Die Festung ist untergegangen, doch nicht der wunderbare Blick über die Ewige Stadt. Man kann ihn heute noch vom Steilabhang des Aventins genießen.

*S. Maria in Trastevere, Fassade*

# S. Maria in Trastevere

Die Aschenurne Innozenz' II. (Gregorio Papareschi aus Rom, 1130-1143)

S. Maria in Trastevere bildet mit dem davorliegenden gleichnamigen Platz den Mittelpunkt des volkstümlichen Viertels Trastevere. Man vermutet, daß es die älteste der römischen Marienkirchen ist. Daher reicht die Geschichte dieses Gotteshauses auch weit zurück. Kommt man heute nach S. Maria in Trastevere, lassen bereits die in der Vorhalle angebrachten Marmorteile und Inschriftentafeln vermuten, daß es sich um ein sehr altes Gotteshaus handelt. Der Gedanke, daß eines dieser Bruchstücke die Asche eines Papstes enthalten haben könnte, wird einem allerdings schwerlich kommen. An einem der Pilaster hoch oben ist der Rest eines viereckigen Steinbehälters angebracht. Die gotischen Lettern darauf verraten, daß es sich um die Aschenurne Innozenz' II. handelt.

## INNOZENZ II.
### (Gregorio Papareschi aus Rom, 1130-1143)

Innozenz II. entstammte einer eingesessenen adeligen Familie. Unter Paschalis II. (1099-1118) zum Kardinaldiakon ernannt, wurde er gleich nach dem Tod seines Vorgängers Honorius II. (1124-1130) in aller Eile zum Papst erhoben und im Lateran inthronisiert. Die vom deutschen Kaiser unter der Führung des Kardinals und Kanzlers Haimerich begünstigte Wahl führte sofort zu einem Schisma. Denn gleichzeitig wurde von einer Mehrheit der Kardinäle und unter Zustimmung von zahlreichen Vertretern des römischen Klerus und Adels der Kardinalpriester von S. Maria in Trastevere zum Papst gewählt. Er entstammte der Bankiersfamilie Pierleoni und war ein Mann von Bildung und Weltoffenheit. Er nahm den Namen Anaclet an. Vom Gegenpapst vertrieben, floh Innozenz nach Frankreich. Von den meisten europäischen Herrschern anerkannt und vom hl. Bernhard von Clairvaux sowie vom deutschen König Lothar III. unterstützt, gelang es ihm, nach Rom zurückzukehren.

Der in der Engelsburg festgesetzte Gegenpapst starb am 25. Januar 1138. Der gleich darauf von der Gegenpartei gewählte neue Gegenpapst trat auf Anraten des hl. Bernhard von Clairvaux zurück. Nach der Beendigung der Kirchenspaltung mußten ihre Folgen beseitigt werden. Deswegen und um verschiedene Reformdekrete zu erlassen, berief er im April 1139 das zehnte ökumenische und zweite Laterankonzil ein. Die Schwierigkeiten waren damit jedoch keineswegs beseitigt. Dem Normannenherzog Roger gelang die Anerkennung der ihm von Anaklet verliehenen Besitzungen, und in Rom brach ein Aufstand aus. All diese Aufregungen brachten Innozenz II. den Tod. Er starb am 24. September 1143. Seine Bedeutung liegt in der Förderung des hierarchischen Ausbaues der Kirche, der allgemeinen Seelsorge und in der Reform des Klerus. Zunächst im Lateran beigesetzt, fand er seine letzte Ruhestätte in S. Maria in Trastevere, der Basilika, die er wiederherstellen und mit Mosaiken schmücken ließ.

## GESCHICHTLICHES

Der Überlieferung nach soll im Jahre 30 v. Chr. an der Stelle, wo sich heute die Kirche erhebt, eine Ölquelle entsprungen sein. Damals soll hier die „Taberna Meritoria", ein Lokal für Kriegsveteranen gestanden haben. Der hl. Hieronymus schreibt über dieses Ereignis folgendermaßen: „In der Taberna Meritoria entsprang Öl aus der Erde und floß den ganzen Tag ohne Unterbrechung weiter und versinnbildlichte so die Gnade Christi, der zu den Menschen kommen sollte." Dieses Ereignis, das heute durchaus wissenschaftlich (durch vulkanische Tätigkeit) erklärbar ist, wurde von den zahlreichen jüdischen Bewohnern des Viertels als eine Ankündigung des Messias angesehen. Die Christen übernahmen diese Vorstellung später und errichteten an dem durch solch ein Wunder ausgezeichneten Ort die erste Marienkirche Roms.

Der ungewöhnliche Ort, an dem 30 v. Chr. die Ölquelle entsprang, wurde später offensichtlich ein Treffpunkt für die Christen, die sich in Erinnerung an das merkwürdige Ereignis hier versammelten und ihre Gottesdienste feierten. Im 3. Jahrhundert gab es hier eine „ecclesia domestica" des Papstes Callixtus (217-222). Etwa ein Jahrhundert später gründete Julius I. (337-352) ganz in der Nähe die große Basilika.

Das heutige Aussehen von S. Maria in Trastevere geht auf den Neubau unter Innozenz II. im 12. Jahrhundert zurück. Auf seinen Wunsch entstanden die Mosaiken in der Apsis und auf dem Triumphbogen. Ende des 16. Jahrhunderts ließ der Titelkardinal Marcus Sitticus Altemps die Kapelle der „Madonna della Clemenza" und den Großteil der Seitenkapellen errichten. Im Jahr 1617 wurde unter Kardinal Pietro Aldobrandini die eindrucksvolle Kassettendecke begonnen. Clemens XI. (1700-1721) ließ die Fassade und die Vorhalle nach Plänen von Carlo Fontana gestalten. Die letzten größeren Arbeiten an der Kirche fanden im vorigen Jahrhundert unter Pius IX. (1846-1878) statt. Er beauftragte damit Virgilio Vespignani, der zwischen 1866 und 1874 unter anderem den Fußboden der Kirche um einiges tiefersetzte und so die Basen der Säulen wieder freilegte. Er rekonstruierte die Stufen zum Querschiff, die Fenster im Hauptschiff und die Hauptfassade.

S. Maria in Trastevere hatte während einiger Heiligen Jahre die Funktion einer der vier Hauptkirchen, nämlich von S. Paul vor den Mauern, inne. Das war ab 1525 der Fall, wenn Tiberüberschwemmungen oder sonstige Katastrophen den Zugang zu S. Paul verhinderten. Bei diesen Gelegenheiten bildete das Hauptportal in der Mitte die Heilige Pforte.

## AUSSENFASSADE

Nähert man sich S. Maria in Trastevere von dem gleichnamigen Platz aus, fällt der hohe Campanile auf. Mitte des 12. Jahrhunderts entstanden, geht er auf den Pontifikat Eugens III. (1145-1153) zurück. Hoch oben auf dem letzten Stock befindet sich ein unter einem kleinen Dachvorbau angebrachtes Mosaikbild der Madonna mit dem Kinde.

Daneben erhebt sich die imposante Fassade von S. Maria in Trastevere. Die Mosaiken über den drei Fenstern sind zwischen dem 13. und 14. Jahrhundert in verschiedenen Phasen entstanden. Die Mitte nimmt die Gottesmutter auf einem gemmengeschmückten Thron ein. Sie stillt ihr göttliches Kind. Ihr zu Füßen knien zwei Kleriker, offensichtlich die beiden Stifter. Von beiden Seiten nahen je fünf Jungfrauen mit teils brennenden, teils ausgelöschten Lampen. Sie stellen vermutlich die fünf törichten und die fünf klugen Jungfrauen dar (vgl. Mt 25,1-13). Einer anderen Theorie nach könnte es sich um Jungfrauen handeln, die als Symbol ihres unerschütterlichen Glaubens brennende Lampen tragen (die ausgelöschten wären dabei auf eine mißglückte Restaurierung zurückzuführen).

Unter Carlo Fontana erstmals umgebaut, geht das heutige Aussehen der Fassade auf die Tätigkeit Virgilio Vespignanis zurück. Er ließ die drei großen Fenster einbauen und die Malereien dazwischen durch Silverio Capparoni anbringen. Es handelt sich zwischen den Fenstern um Palmen, links und rechts davon in den Außenfeldern um die beiden heiligen Städte Jerusalem und Betlehem. Der Portikus mit seinen fünf Arkaden ist ein Werk von Carlo Fontana. Auf den Ballustraden darüber befinden sich vier Statuen der Heiligen Callixtus, Cornelius, Julius und Calepodius. Die Figuren sind Arbeiten verschiedener Künstler des 17. Jahrhunderts.

## VORHALLE

Die Vorhalle machen die an den Wänden angebrachten Chorschranken, Inschriften, Bruchstücke von Marmordekorationen und -figuren und Reste von Sarkophagen zu einem kleinen Museum. Die phantasievoll ausgearbeiteten Chorschranken stammen aus der alten Basilika und entstanden im frühen Mittelalter. Über ihre genaue Datierung gehen die Meinungen der Forscher auseinander.

### Aschenurne Innozenz' II.

An einem der Pfeiler ist hoch oben der Rest der Aschenurne Innozenz' II. angebracht, was aus der Inschrift mit gotischen Lettern hervorgeht. Die sterblichen Überreste von Innozenz II. haben nach einer Irrfahrt durch Rom – von S. Maria in Trastevere nach S. Giovanni in Laterano und wieder zurück – im Jahre 1308 in dieser uralten Basilika ihre endgültige Ruhestätte gefunden. Darauf geht auch das falsche Sterbedatum (1148 anstatt 1143) auf der Urne zurück. Offensichtlich ist die Jahreszahl 1148 das Datum der Überführung in den Lateran.

## INNENRAUM

Der Innenraum von S. Maria in Trastevere geht in seiner Anlage noch auf Innozenz II. zurück. Da er aus einer alteingesessenen Familie in Trastevere stammte, hatte er ein großes Interesse an der Erhaltung und Verschönerung dieser ersten Marienkirche. Sie ist mit ihrer vornehmen und feierlichen Atmosphäre eines der besten Beispiele für die Architek-

*S. Maria in Trastevere,*
*Innenraum*

tur des 11.-13. Jahrhunderts in Rom und von klassisch-antiken Vorbildern wie Alt-St. Peter und S. Maria Maggiore geprägt. Sofort fallen die mächtigen Säulen, die das Hauptschiff von den Nebenschiffen trennen, auf. Sie wurden im 12. Jahrhundert, vermutlich aus den Caracallathermen (oder einem anderen unter Alexander Severus errichteten spätantiken Gebäude, vielleicht das Iseum auf dem Marsfeld), hierhergebracht. Verschieden hoch und stark weisen sie ionische Kapitelle (mit Ausnahme zweier, die korinthisch sind) auf. Innozenz II. ließ die Säulen wahrscheinlich mit Absicht aus einem Monument der Zeit Alexander Severus' hier aufstellen, das somit in der gleichen Zeit wie die vermutlich erste Basilika entstanden war. Da damals auch der legendäre Gründer der Kirche, Papst Callixtus, den Märtyrertod erlitten hatte, versinnbildlichte die Wiederverwendung von Baumaterial gerade aus einem dieser gewaltigen heidnischen Prachtbauten eine Art „ausgleichender Gerechtigkeit". Jetzt war es möglich, diese mächtigen architektonischen Elemente zur Ausschmückung der fast zur gleichen Zeit gegründeten Marienkirche zu verwenden, wo unter anderem auch der Papst verehrt wurde, der damals den Märtyrertod erlitten hatte. Schaut man die Kapitelle genauer an, so entdeckt man die kleinen, teilweise beschädigten Köpfe heidnischer Gottheiten, wie Isis und Serapeius.

*Apsis, Apsismosaiken und Hauptaltar*

Ganz beeindruckend ist das ebenfalls unter Innozenz II. entstandene Apsismosaik. Die Mitte nehmen Jesus und Maria auf einem herrlich geschmückten Thron ein. Jesus hält seine Rechte um die Schulter der bekrönten hl. Jungfrau. Links neben Maria stehen Callixtus, der hl. Lorenz und Innozenz II. als Stifter, mit dem Modell seiner Kirche in den Händen. Rechts neben Jesus sind Petrus, Cornelius, Julius und Calepodius zu sehen. Darüber befindet sich das Himmelszelt in der Art eines Schirmes, aus dem die Hand des Ewigen mit der Krone herausragt. Unter der Widmungsinschrift bewegen sich je sechs Lämmer aus den Heiligen Städten Jerusalem und Bethlehem auf das göttliche Lamm in der Mitte zu. Der Triumphbogen ist ebenfalls mit Mosaiken aus der gleichen Zeit ausgestattet. Links und rechts stehen unter Palmen die beiden Propheten Isaias und Jeremias, beide mit Schriftrollen, deren Text sich auf die Geburt und Fleischwerdung des Herrn bezieht. Darüber befinden sich die Symbole der Evangelisten.

Der untere Teil der Apsis und des Triumphbogens wurde etwa 100 Jahre später im Auftrag von Kardinal Stefaneschi (sein Grabmal befindet sich gleich linker Hand im Querhaus) von Pietro Cavallini mit eindrucksvollen Mosaiken versehen. Eine Folge von sieben Bildern zeigt Ereignisse aus dem Leben der Hl. Jungfrau Maria (Geburt Mariens, Verkündigung, Geburt Christi, Anbetung der Weisen, Darstellung im Tempel, Tod Mariens).

Der eindrucksvolle Hauptaltar ist nur teilweise antik. Er wurde im vorigen Jahrhundert aus alten (Porphyrsäulen) und neuen Teilen zusammengesetzt. Die Chorschranken davor stammen ebenfalls teilweise aus dem vorigen Jahrhundert. Die äußeren, mit Kosmatenschmuck versehenen Chorschranken scheinen allerdings aus dem Mittelalter zu stammen. Die moderne Inschrift „fons olei" bezeichnet die Stelle, an der vor über 2 000 Jahren die Ölquelle entsprungen sein soll. Bemerkenswert ist auch der kosmatengeschmückte Osterleuchter.

### Kassettendecke

Die mit großen sternförmigen Kassetten versehene Decke erinnert an das Wirken von Kardinal Aldobrandini, der 1617 Domenichino mit ihrem Entwurf beauftragte. Von Domenichino ist auch das auf Kupfer gemalte Bild in der Mitte, die „Himmelfahrt Mariens". Das Querhaus ist ebenfalls mit einer goldstrahlenden Kassettendecke ausgestattet. Hier schaut aus luftiger Höhe eine Holzstatue der Maria, die von zwei Engeln in den Himmel geführt wird, herab.

### Weitere Sehenswürdigkeiten

Eine Reihe von Kapellen, die vor allem im Barock entstanden, umgibt die Basilika. Rechts neben der Apsis befindet sich die Chorkapelle. Domenichino war auch hier als Architekt und Bildhauer tätig. Hier brachte man im 17. Jahrhundert am Altar ein Madonnenbild an, das wundertätig sein soll. Nach seinem Auffindungsort heißt es „Madonna della Strada cupa".

Die Altempskapelle links neben der Apsis wurde auf Wunsch von Kardinal Marcus Sitticus Altemps – er war Titelinhaber der Basilika und Neffe Pius' IV. (1559-1564) – in Erinnerung an das Konzil zu Trient angelegt. Die beiden großen Wandbilder links und rechts von Pasquale Jesi beziehen sich daher auf dieses wichtige Ereignis der Gegenreformation und zeigen eine Sitzung, vielleicht jene vom 3. Dezember 1563, als die Bilderverehrung auf der Tagesordnung stand und die Bestätigung der Konzilsakten durch Pius IV. In dieser Kapelle wird die „Madonna della Clemenza" verehrt. Überaus interessant ist in ihrer barocken Form im linken Seitenschiff die Avila-Kapelle (1680). Antonio Gherardi entwarf sie und schuf die perspektivisch-illusionistischen Effekte, die nicht nur in den kulissenartig geschwungenen Altären zum Ausdruck kommen, sondern auch in der Gestaltung des oberen Abschlusses: es handelt sich um eine Art transparenter Kuppel in der Kuppel. Dabei tragen vier ätherische Engel eine baldachinartige Säulenstruktur, die in der Kuppel verschwindet.

Bemerkenswert sind die beiden gotischen Grabmäler für die Kardinäle d'Alencon und Pietro Stefaneschi. Dieser war der Stifter des Mosaikstreifens von Cavallini unter dem großen Apsismosaik und ist auf einem der Bilder verewigt. Kardinal Stefaneschi hinterließ uns mit der Beschreibung des allerersten Heiligen Jahres in der Geschichte (1300), das er als Ratgeber von Papst Bonifaz VIII. (1294-1303) und wohl auch als Mitorganisator erlebte, ein außerordentlich wichtiges Dokument. Auf der anderen Seite des Querhauses steht das eindrucksvolle Grabmal von Kardinal Armelini. Es soll von Andrea Sansovino (1460-1529) sein.

Nicht übersehen sollte man in dieser stimmungsvollen Basilika den lieblichen Tabernakel von Mino del Reame, der sich rechts am Beginn des Hauptschiffes befindet und zu den schönsten Bildwerken des 15. Jahrhunderts gehört. Das mit der Inschrift „Olea Sancta" versehene Türchen des reich verzierten steinernen Schreines ist von verspielten Engeln umgeben und von der Figur Johannes' d. Täufers bekrönt. Das Werk ist unten rechts mit „Opus Mini" signiert.

S. Maria in Trastevere weist aber auch Kurioses auf: Im rechten Seitenschiff sind seitwärts des Nebeneingangs in einer Nische runde, rote und schwarze Steine aufbewahrt. Es handelt sich um alte römische Gewichte. Dabei fällt ein auf einer Konsole liegender auf. Der hl. Callixtus, der legendäre Gründer der Basilika und des ersten offiziellen christlichen Friedhofes, der Katakomben von S. Callisto, soll damit im Brunnen der nach ihm benannten Kirche in unmittelbarer Nähe ertränkt worden sein.

# S. Maria in Aracoeli
## (St. Maria zum Himmelsaltar)

Die letzte Ruhestätte von Papst Honorius IV. (Jacopo Savelli aus Rom, 1285-1287)

Im Herzen der Ewigen Stadt, auf „urrömischem Boden" auf dem Kapitol, liegt S. Maria in Aracoeli, S. Maria zum Himmelsaltar. Eine steile mittelalterliche Treppe mit 124 unbequemen Stufen führt von der verkehrsumbrandeten Piazza Venezia zu diesem geschichtsträchtigen Gotteshaus. Wegen der zahlreichen Kunstwerke, die sich in S. Maria in Aracoeli befinden, ist sie ein beliebtes Ziel vieler Touristen und Kunstbegeisterter. Zur wundertätigen Statue des „Bambin Gesu", das sich in einer Seitenkapelle befindet, pilgern zahlreiche Gläubige. In dieser uralten Kirche, in der im Mittelalter die Versammlungen der Senatoren und Gemeinderäte der Stadt stattfanden, hat in der Familienkapelle einer der bedeutendsten dieser Senatorsfamilien, ein Papst, nämlich Honorius IV., seine letzte Ruhestätte gefunden.

## HONORIUS IV.
### (Jacopo Savelli aus Rom, 1285-1287)

Jacopo Savelli wurde um 1210 als Sohn des Senators Luca Savelli und seiner Frau (Gio)Vanna Aldobrandeschi geboren. Die Saveller zählten damals zu den mächtigsten Adelsfamilien Roms. Als er am 2. April 1285 in Perugia – sein Vorgänger Martin IV. war da am 28. März 1285 gestorben – überraschend schnell zum Papst gewählt wurde, nahm er zu Ehren seines Vorgängers und Großonkels, nämlich Honorius' III. (1216-1227) den gleichen Namen an. In Rom herrschten damals die beiden Senatoren Annibaldus und Pandulf, der ein Bruder Honorius' IV. war. Die Römer übertrugen nun auch Honorius IV. die Senatorswürde. Ferdinand Gregorovius schreibt darüber in seiner „Geschichte der

*S. Maria in Ara Coeli*

Stadt Rom: „Es ist seltsam, diese zwei Brüder, den einen in seinem Palast bei S. Sabina auf dem Aventin als Papst, den anderen auf dem Kapitol als Senator die Stadt regieren zu sehen, beide gichtbrüchig und unfähig, sich zu bewegen. Honorius war an Händen und Füßen so gelähmt, daß er weder frei stehen noch gehen konnte; wenn er am Hochaltar zelebrierte, vermochte er die Hostie nur durch eine mechanische Vorrichtung zu erheben; und der podagrische Pandulf mußte auf einem Stuhle getragen werden. Aber diese würdigen Männer besaßen einen gesunden Geist voll Klugheit und Kraft. Pandulf führte an Krücken im Kapitol hinkend ein so strenges Regiment, daß Rom der besten Ruhe genoß."

Die Römer begrüßten die Wahl Honorius' IV. freudig und forderten ihn auf, seine Krönung in Rom vornehmen zu lassen, was am 20. Mai 1285 erfolgte. Mit Rudolf von Habsburg, der Honorius IV. gleich nach der Papstwahl durch eine Gesandtschaft seine Glückwünsche übermitteln ließ, verbanden ihn gute Beziehungen. Am 31. Mai 1286 kam es zwischen den beiden zu einer Vereinbarung über die Kaiserkrönung Rudolfs in Rom, zu der es letztlich – auch wegen der kurzen Regierungszeit Honorius' IV. nie kam. Er starb am 3. April 1287 und wurde zunächst im Vatikan beigesetzt. Papst Paul III. (1534-1549) ließ seine sterblichen Überreste 1545 in die Familienkapelle der Savelli in S. Maria in Aracoeli auf dem Kapitol überführen.

### Grabmal Honorius' IV.

Die Familienkapelle der Savelli schließt das rechte Querschiff von S. Maria in Aracoeli ab. Im 18. Jahrhundert (1727) unter Benedikt XIII. umgebaut, wurde sie dem hl. Franz von Assisi geweiht. Auf die damals durchgeführten Restaurierungsarbeiten geht der prächtige Altar von Filippo Raguzzini mit dem Altarblatt von Francesco Trevisani (Ekstase des hl. Franz) zurück. Links und rechts befinden sich an den Seitenwänden die zwei Grabmonumente, die sich die Familie Savelli in der zweiten Hälfte des 13. Jahrhunderts errichten ließ. Honorius IV. ist in dem rechten zur letzten Ruhe gebettet. Sein Grabmal ist durch seine Liegefigur gekennzeichnet. Sie soll ein Werk des Arnolfo di Cambio oder des Fra Guglielmo da Pisa sein.

Der mit den Wappen der Savelli und der Aldobrandeschi geschmückte Sarkophag entstand eigentlich als Grablege der (Gio)Vanna Aldobrandeschi di S. Fiora, Gemahlin des Luca Savelli und Mutter Honorius' IV. Die

*Grabmal Honorius' IV. (Gavelli) in S. Maria in Ara Coeli*

Marmorfigur Honorius' IV., „eines Mannes mit schönem, bartlosen Angesicht", wie Gregorovius sie beschreibt, stammt von seinem früheren Grabmal in der Nikolauskapelle im Alt-St. Peter. Als dieses dem Neubau weichen mußte und die sterblichen Überreste dieses Papstes nach S. Maria in Aracoeli überführt wurden, brachte man diese Statue ebenfalls hierher und stellte sie über dem Sarkophag seiner Mutter auf. Das gotisch aussehende, kosmatengeschmückte Grab Honorius' IV. und seiner Mutter ist allerdings im Laufe der Zeit stark umgestaltet worden und das Ergebnis verschiedener Restaurierungsarbeiten.

Gegenüber liegt das Grab von Luca Savelli und anderer Familienmitglieder. Der Vater von Honorius III. war 1234 Senator und starb 1266. Sein Grabmal vereint in eindrucksvoller Weise Stilelemente der römischen Antike mit denen des Mittelalters: über einem Sarkophag aus dem 3. Jahrhundert sitzt ein zweiter aus dem Spätmittelalter. Der antike trägt auf seiner Vorderseite die Halbfiguren der Verstorbenen über zwei schweren, von Jünglingen gehaltenen Fruchtgirlanden. Darunter bevölkern Putten mit Körben voller Früchte, ein Pfau und andere Fabeltiere die Szene. Der mittelalterliche Sarkophag der Savelli darüber ist mosaikgeschmückt und weist das Familienwappen auf. Das Mittelfeld darüber nimmt eine kleine Statuette der Maria mit dem Kinde auf. Sie wird, genauso wie das gesamte Grabmal, dem Arnolfo di Cambio zugeschrieben.

## GESCHICHTLICHES

Einer uralten Sage nach soll S. Maria in Aracoeli über einem von Kaiser Augustus in der Folge einer Vision errichteten Altar entstanden sein: Augustus, dem der Senat göttliche Ehren als Kaiser angetragen hatte, ließ, sehr verwundert darüber, die Sibylle von Tibur zu sich rufen. Sie sollte ihm Aufklärung darüber verschaffen, warum der Senat ihm Ehren zugestehen wollte, die nur den Göttern vorbehalten waren. Die Sybille kam und prophezeite ihm, „daß der König der Jahrhunderte herniedersteigen werde", also die Geburt Christi. Noch während sie sprach, hatte Augustus die legendäre Vision: Maria mit dem Kinde erschien ihm lichtumflossen über einem Altar, und eine Stimme ertönte: „Dies ist die Jungfrau, die in ihrem Schoße den Erlöser empfangen wird – dies ist der Altar des Sohnes Gottes." Zur Erinnerung an diese Erscheinung ließ

Augustus an der Stelle einen Altar errichten. Diese Erzählung, die in etwas abgeänderter Form bereits im Frühmittelalter bekannt war, bekam durch die damals im Entstehen begriffenen ersten „Mirabilia Urbis" (12., 13. Jh.) ihre heutige Form. In dieser Zeit begann die heutige Bezeichnung der Kirche, S. Maria in Aracoeli, die ursprüngliche, S. Maria in Capitolio, zu ersetzen und verdrängte diese endgültig.

Die Ursprünge von S. Maria in Aracoeli liegen im dunkeln. Daß es an dieser auffallenden Stelle am Kapitol (es handelt sich um eine der beiden Anhöhen des Kapitolshügels) schon früh ein Heiligtum gegeben hat, scheint sicher. In der römischen Antike stand hier der Tempel der Juno, 343 v. Chr. errichtet. Er bekam wegen der später hier in der Nähe errichteten Münzprägeanstalt den Beinamen „Moneta". Vom Tempel der Juno Moneta fand man bis heute allerdings keine Spur. Auf dem Kapitol, dessen zweite Anhöhe der größte und wichtigste Tempel der Stadt, der Tempel des Jupiter Capitolinus einnahm, wurde unter anderem auch die „Tanit" oder „Virgo Celestis" (göttliche Jungfrau), eine Gottheit aus Karthago, verehrt.

Ob der Tempel der Juno Moneta sofort nach dem Erlöschen des heidnischen Kultes durch eine der Hl. Jungfrau geweihte Kirche ersetzt wurde, konnte bis heute nicht festgestellt werden. Ein Kloster ist hier jedenfalls zu Beginn des 8. Jahrhunderts belegt und bestand wohl schon einige Zeit davor. Aufgrund einer hier aufgefundenen griechischen Inschrift nimmt man an, daß es von griechischen Mönchen bewohnt war. Zu Ende des 10. Jahrhunderts haben Benediktiner das Kloster inne. Die hier – wohl schon seit Jahrhunderten – bestehende Kirche trägt den Namen „S. Maria in Capitolio", doch hat vorläufig offensichtlich das Kloster größere Bedeutung als die Kirche. Dies ändert sich, als 1143 der römische Senat wiederhergestellt wird und die Kirche bis zum Ende des Mittelalters zum Sitz der Gemeinde Rom wird. Die Kirche wird zum Sitzungssaal des großen und des kleinen Rates, also zu einer Art Stadtparlament. Hier werden die vom Senat vorgeschlagenen Gesetze diskutiert und beschlossen. Der Konventbau hatte dabei die Funktion des Senatorenpalastes. S. Maria in Aracoeli hieß deshalb bisweilen auch „Chiesa del Senato di Roma" (Kirche des Senats von Rom). Die mächtigsten Familien Roms berieten in ihren Mauern über die Geschicke der Ewigen Stadt. Die vielen an den Wänden und im Fußboden angebrachten Grabsteine geben beredte Kunde von dieser glorreichen Vergangenheit.

Die beiden bereits erwähnten Savellergräber entstanden ebenfalls in der Blütezeit der mittelalterlichen römischen Kommune.

Ursprünglich bestand die Kirche aus dem heutigen Querschiff, der Hauptaltar befand sich anstelle des heutigen Helenenaltares. In diesem Gotteshaus standen die beiden kunstvoll mit Kosmatenschmuck versehenen Ambonen, die von Lorenzo und Jacopo Cosma Ende des 12. Jahrhunderts geschaffen, später an die heutige Stelle in der Vierung kamen.

Im Jahr 1249 übergab Papst Innozenz IV. (1243-1254) S. Maria in Capitolio den Franziskanern, die Kirche und Konvent heute noch innehaben. Sie waren im Mittelalter berühmte Dentisten und übten ihr „Handwerk" jeden Vormittag zum Wohle der Bevölkerung kostenlos aus. Sofort begannen die Franziskaner, die Kirche von Grund auf zu erneuern. Ihre heutige Anlage und Gestalt gehen auf diese Zeit zurück. Im Jahr 1285 begonnen, wurde der Neubau 1291 – allerdings unvollendet – eingeweiht. Die Bauarbeiten wurden erst 1348 mit der Errichtung der steilen, mittelalterlichen Treppe, die heute noch besteht, beendet. Vom Baumeister Lorenzo di Simeone Andreozzi aus Spenden der Bevölkerung (als Dank für die Abwendung der Pestepidemie) errichtet, stieg während der Einweihungszeremonie der römische Freiheitsheld Cola di Rienzo als erster diese Treppe empor.

## AUSSENFASSADE

Auch die heutige schmucklose Hauptfassade aus unverputzten Ziegeln (Spolienmaterial) geht auf die Aktivität der Franziskaner zurück. Will man sich die Mühe sparen und S. Maria in Aracoeli besichtigen, ohne die steile mittelalterliche Treppe zu erklimmen, empfiehlt es sich, den Nebeneingang aufzusuchen: auf der bequemen Renaissancetreppe kommt man zunächst zum Kapitolsplatz und von da über die Stufen links hinter den Kapitolinischen Museen zum Seiteneingang.

## INNENRAUM

Eine stille, feierliche Atmosphäre empfängt den Besucher in dieser freundlichen, hellen, dreischiffigen Basilika. Sofort beeindrucken die 22 Säulen, teils aus Marmor, teils aus Granit. Sie weisen alle verschiedene

S. Maria in Ara Coeli, Innenraum

Kapitelle und Basen auf und sind Spoliengut aus den Ruinen Roms. Einige fallen besonders auf, wie beispielsweise das zweite Säulenpaar (vom Haupteingang). Sie sind aus weißem Marmor und kanneliert, während die übrigen durchaus glatte Schäfte haben. Auf dem Schaft der dritten Säule links steht hoch oben in großen Lettern die Inschrift: „A CUBICULO AUGUSTORUM". Sie stammt nicht aus der römischen Antike, sondern wurde wohl im Mittelalter hier angebracht, um so den Zusammenhang mit der Legende um die Vision des Augustus hervorzuheben.

Auch die vierte Säule links ist interessant. In eine dünne Putzschicht über dem Granit wurde Anfang des 15. Jahrhunderts das Fresko der „Madonna del Rifugio" gemalt. Sie ist von einem kleinen Altar eingefaßt. Die Nachbarsäule trägt ebenfalls auf dünnem Malgrund das eindrucksvolle Bildnis des hl. Lukas (14. Jh.). Im Fußboden neben dieser Säule ist die abgetretene Grabplatte des Leiters der Umbauarbeiten des 13. Jahrhunderts eingelassen: … „Magister Aldus Murator … fundator opus istius ecclesiae" (Magister Aldus Maurer … Gründer dieses Kirchenbaues). Nächst der fünften Säule befindet sich die Grabplatte für Eberhard von Erlach († 26. Mai 1312). Er begleitete Heinrich VII. auf seinem Romzug zur Kaiserkrönung und starb in Rom. Auf der sechsten Säule links befindet sich der Freskenrest einer „Madonna mit Kind" (15. Jahrhundert). Auch die schöne Kanzel daneben, aus dunklem Holz gefertigt, ist beachtenswert. Sie entstand nach Entwürfen von Gian Lorenzo Bernini im 17. Jahrhundert.

Aufmerksamkeit sollte man auch dem Kosmatenfußboden schenken, mit dem die gesamte Kirche ausgestattet ist. Wendet man den Blick nach oben, gewahrt man die kunstvolle, goldstrahlende Kassettendecke, mit der man S. Maria in Aracoeli im 16. Jahrhundert ausstattete – zur Erinnerung an die siegreiche Schlacht von Lepanto, 1571, die der Expansion der Türken auf dem Seeweg ein Ende setzte und an der die päpstliche Flotte beteiligt war. In ihrer Mitte ist die Statue der Madonna mit dem Kinde angebracht. Auch das Querschiff weist eine vergoldete Kassettendecke auf. Hier schaut von der Mitte der „ewige Vater" aus einer Wolke herab. Links von ihm stillt in einiger Entfernung die Wölfin ihre Findlinge Romulus und Remus (die legendären Gründer der Ewigen Stadt), rechts die Wappen Gregors XIII. und des römischen Volkes.

Unbedingt sehenswert sind die Wandbilder des Bernardino di Betto, gen. Pinturicchio (1454-1513), in der ersten Seitenkapelle rechts. Sie ist

Basilika von S. Marco,
Innenraum

dem hl. Bernhardin von Siena geweiht, der im März 1442 in der Kirche predigte. Die Fresken wurden um 1486 im Auftrag des Konsistorialadvokaten Niccolo' di Mannio Bufalini geschaffen. Der hl. Bernhardin wurde deshalb als Patron der Familienkapelle ausgewählt und wichtige Episoden eines Lebens in Fresken festgehalten, weil es ihm gelungen war, einen Familienstreit zwischen den Bufalini und den Baglioni zu schlichten. In der dritten Kapelle links kann man am Altar ein Bild von Benozzo Gozzoli, einem florentinischen Meister des 15. Jahrhunderts, bewundern: den hl. Antonius von Padua, um 1450.

Von Pietro Cavallini, der Ende des 13. Jahrhunderts gemeinsam mit anderen Künstlern in Rom einen großartigen neuen Stil einführte, soll in S. Maria in Aracoeli ein kleines Fresko der Madonna mit dem Kinde zwischen den Heiligen Matthäus und Franziskus sowie das Christusmedaillon darüber stammen (es wird auch Giotto zugeschrieben). Ähnlich wie in S. Cecilia – wo man die Fresken Cavallinis heute noch bewundern kann – schuf dieser Meister der beginnenden Renaissance in S. Maria in Aracoeli in der Apsis ein großes Wandgemälde, das die Augustuslegende darstellte. Gemälde und Apsis fielen Renovierungsarbeiten im 16. Jahrhundert zum Opfer. So kann man hier nur mehr das kleine Wandbild über dem Grabmal des Kardinals Matthäus von Acquasparta im Querschiff links bewundern. Im Jahr 1287 General der Franziskaner, war er Botschafter Bonifaz' VIII. in Florenz und starb 1302. Dante erwähnte ihn in seiner „Göttlichen Komödie" im 12. Gesang des Paradieses. Die architektonische Gestaltung und die schönen Mosaikverzierungen des Grabes sollen von Giovanni Cosma sein.

## Helenenaltar

Die Mitte des linken Querschiffes nimmt der baldachinartige Altar der hl. Helena ein. Über einer Porphyrurne errichtet, handelt es sich um einen tempelartigen Aufbau über acht Säulen. Anläßlich der 1963 durchgeführten Ausgrabungen entdeckte man den mittelalterlichen Altar darunter, der der Legende nach über der Stelle entstand, an der Augustus seine berühmte Vision hatte. Dabei öffnete man auch den Porphyrsarkophag und fand darin einen fein geschnitzten und vergoldeten Schrein aus Sandelholz (12. Jahrhundert) welcher die Reliquien der hl. Helena enthielt. Da der kosmatengeschmückte Altar aus dem 13. Jahrhundert bei einem Umbau beinahe ganz im Fußboden verschwand, ist er heute schwer zu besichtigen. Man muß vom Mittelschiff aus ganz nahe an die Ballustraden des Helenenaltares herangehen, um hineinblicken zu können. Ein dort angebrachter Lichtschalter erleichtert das Unternehmen, so daß man die „Vision des Augustus" (links neben dem Bogen Augustus, rechts die Madonna mit dem Kinde) gut erkennen kann.

Noch viele andere Kunstwerke hat S. Maria in Aracoeli zu bieten: die eindrucksvollen Grabmäler rechts vom Haupteingang (Grabplatte des Donatello, leider sehr abgetreten, und das Wandgrab des Kardinals D'Albert von Andrea Bregno (Grab mit der Liegefigur des Bischofs Pietro Manzi, Andrea Sansovino zugeschrieben und das Grab des Cecchino di Bracci gegenüber, nach einem Entwurf des Michelangelo von seinem Schüler Pietro Urbano geschaffen).

### Hauptaltar und Marienikone

Die wunderschöne Marienikone am Hauptaltar sollte man auf keinen Fall übersehen. Sie nimmt die Mitte des im 17. Jahrhunderts erneuerten Altars ein und soll im 11. Jahrhundert entstanden sein. Der Legende nach vom hl. Lukas, also nicht von Menschenhand gemalt, steht ihr gemeinsam mit der Ikone von S. Maria Maggiore der Titel „Salus Populi Romani" zu. Wie bei den meisten römischen Marienikonen ist auch hier die Datierung umstritten. Neueren Forschungen nach soll das Gemälde sogar bis ins 6. Jahrhundert zurückgehen. Das Bild gehört zu den beliebtesten Mariendarstellungen in Rom. Ihr zu Ehren wurde die steile Monumentaltreppe als Dank für die Rettung vor der Pestepidemie 1348 errichtet. Diese Ikone soll zur S. Francesca Romana die Worte „sto qui per te" (ich bin für dich da) gesprochen haben. Im Jahre 1636 vom Vatikanischen Kapitel gekrönt, wurde sie 1797 durch die französischen Truppen ihrer Krone beraubt und erst 1938 wieder gekrönt.

Doch S. Maria in Aracoeli hat auch Kuriositäten zu bieten. Im Jahre 1412 wurde hier an der Außenfassade die erste mechanische Uhr Roms angebracht. Vom Maestro Ludovico da Firenze geschaffen, wurde ihr 1804 auf dem Turm des Senatorenpalastes ein neuer Platz angewiesen. Die Anbringung einer Uhr auf der Fassade von Aracoeli war damals ein derart wichtiges Ereignis, daß man dafür sogar ein spezielles Amt, die „moderatores horologi" einführte. Sie mußten das genaue Funktionieren dieser Uhr überwachen.

## Das „Bambin Gesu", die Statue des Jesuskindes

S. Maria in Aracoeli kann man nicht verlassen, ohne dem „Bambin Gesu" (dem Jesuskind) einen Besuch abgestattet zu haben. Es befindet sich in einer Nebenkapelle, die vom linken Querschiff aus zugänglich ist. Aus dem Holz eines Ölbaumes aus dem Garten Gethsemani Ende des 15. Jahrhunderts von einem Franziskaner geschnitzt, genießt diese etwa 60 Zentimeter hohe Statue nicht nur bei der römischen Bevölkerung große Verehrung. In der ganzen Welt bekannt, erhält das „Jesuskind" alljährlich tausende Briefe aus allen Ländern. Oft sind diese Briefe einfach nur an das „Bambin Gesu, Rom", adressiert. Sie werden links und rechts der Statue aufbewahrt, und so steht es, inmitten von dicken Stapeln von Briefen, in seiner Kapelle. Seit 1794 setzte sich der Brauch durch, das Jesuskind zu Kranken zu bringen. Im vorigen Jahrhundert wurde vom Fürsten Torlonia sogar eine eigene Kutsche zur Verfügung gestellt, die das Jesuskind bei Bedarf zu mittellosen Kranken fahren sollte. Am Weihnachtsabend und am Dreikönigstag findet eine feierliche Prozession im Inneren der Kirche statt, bei der das Jesuskind von seiner Kapelle in die Krippenkapelle (zweite Kapelle links) und wieder zurück gebracht wird. Fuhr das Jesuskind früher in der Kutsche zu den Kranken, so reist es mittlerweile im Taxi und erfüllt auf diese Weise heute noch seine heilige Mission.

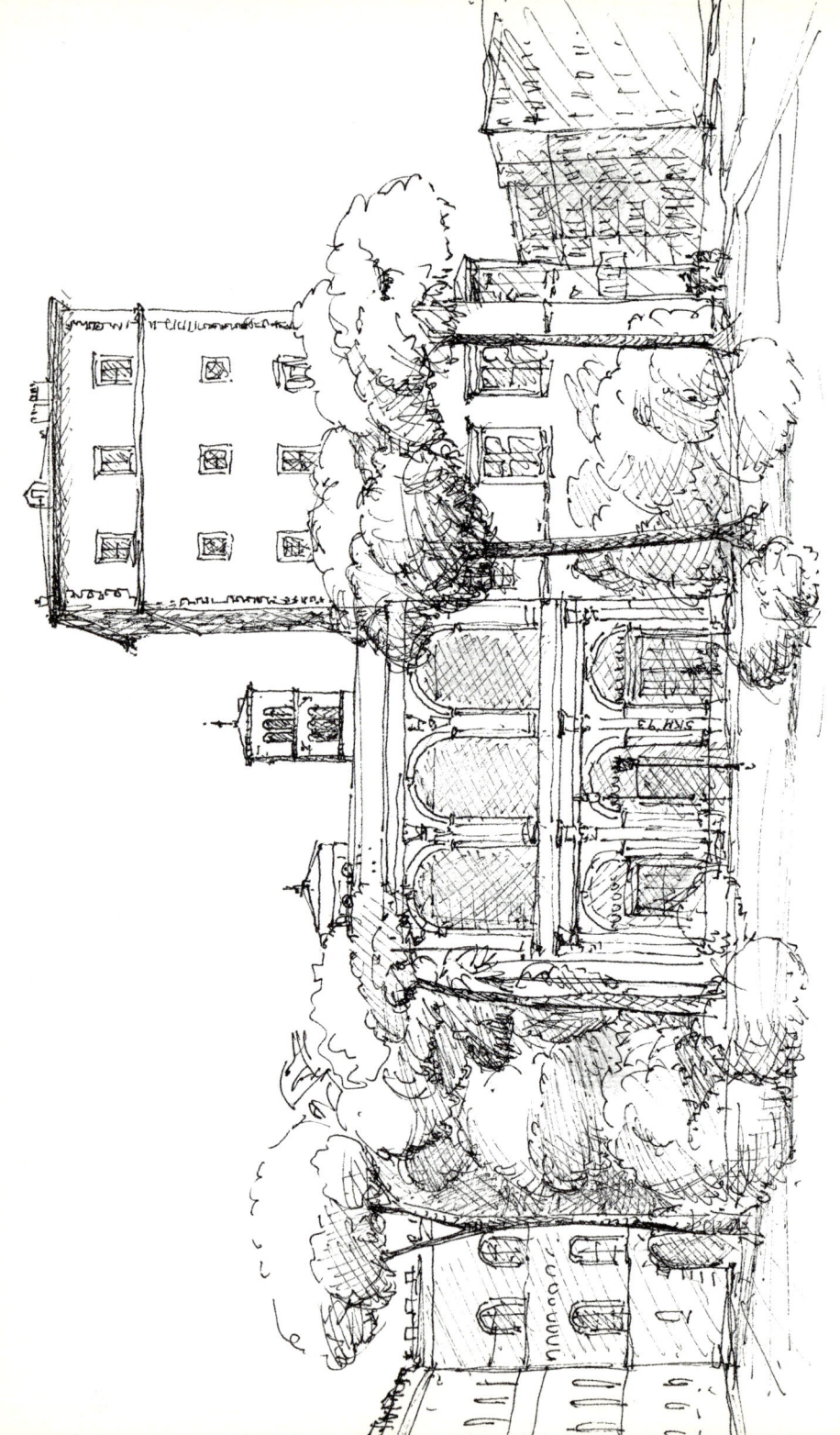

S. Marco, Fassade (Piazza Venezia)

# S. Marco

Die letzte Ruhestätte von Papst Markus (336)

Mitten in Rom steht an der Piazza di Venezia, einem der verkehrsreichsten Plätze der Ewigen Stadt, und doch hinter alten Pinienbäumen verborgen etwas abseits, die Kirche S. Marco. Ihre Gründung geht auf Papst Markus zurück, der vorerst in der Katakombe der hl. Balbina begraben, im Mittelalter hierher überführt wurde.

## MARKUS
## (Rom, 18. 1. 336-7. 10. 336)

Markus stammte aus Rom und war der Sohn eines Priscus. Zunächst Diakon, wurde er der Überlieferung nach am 18. Januar 336 zum Nachfolger Silvesters I. (315-335). Über diesen Papst wissen wir sehr wenig, schon deswegen, weil sein Pontifikat in der Frühzeit des Christentums kaum zehn Monate dauerte. Von ihm soll das Dekret stammen, das dem Bischof von Ostia das Recht der Weihe des Bischofs von Rom zugesteht. Außer S. Marco gründete er an der Via Ardeatina im Friedhof der Balbina eine Basilika. Hier wurde er zunächst beigesetzt. Seine sterblichen Überreste wurden 1145 nach San Marco überführt, wo sie heute noch unter dem Hauptaltar in einer antiken Porphyrurne ruhen.

## GESCHICHTLICHES

Der Überlieferung nach geht S. Marco auf den Evangelisten Markus zurück. Er kam als Mitarbeiter der beiden Apostelfürsten nach Rom und soll während seines Aufenthaltes in der Nähe der heutigen Kirche im Hause einer christlichen Familie am Fuße des Kapitols gewohnt haben. Hier gründete er ein Oratorium. Nach altkirchlicher Tradition schrieb der hl. Markus sein Evangelium in Rom. Es ist daher möglich, daß es ganz in der Nähe von San Marco verfaßt wurde. Der Evangelist Markus hieß

*Altar in S. Marco*

eigentlich Johannes Markus, stammte aus Jerusalem und war der Sohn einer Maria, in deren Haus sich die Urgemeinde in Jerusalem versammelte. Hierher kam Petrus nach seiner wunderbaren Befreiung aus dem Kerker. Der hl. Markus war ein Vetter des Barnabas, Mitstreiter des Paulus und später auch des Petrus. Man nimmt an, daß sein Evangelium, das vor allem Heiden und Heidenchristen ansprechen sollte, um 70 verfaßt wurde.

Papst Markus begann aus Mitteln, die ihm Konstantin der Große zur Verfügung stellte, an Stelle dieses Oratoriums und anderer spätantiker Vorgängerbauten, vielleicht auch anstelle seines eigenen Wohnhauses, das wohl hier lag und das er der Kirche stiftete, eine der ersten dreischiffigen Säulenbasiliken Roms zu bauen. Zwischen 1947 und 1950 durchgeführte Ausgrabungen haben unter dem Niveau der von Papst Markus gegründeten Kirche Reste älterer römischer Bauten freigelegt, bei denen es sich möglicherweise um das Wohnhaus Papst Markus' handelt. S. Marco entstand also an einer Stelle, die seit dem 1. Jahrhundert wohl ohne Unterbrechung ein christlicher Kultort war. Die von Papst Markus im vierten Jahrhundert gegründete Basilika wies bereits, wie die heutige, die ungewöhnliche Ausrichtung nach Norden auf. Diese wurde vermutlich durch die im 4. Jahrhundert hier bereits bestehende Anlage verursacht, die man in dem Kirchenbau Markus' unbedingt berücksichtigen wollte.

Die in den Synodalakten von Papst Symmachus 499 als „Titulus Marci" erwähnte Kirche wurde im 5. und 6. Jahrhundert das Opfer eines Brandes. In der folgenden Zeit wiederhergestellt, geht ihre heutige Anlage auf einen Neubau unter Papst Gregor IV. (827-844) zurück. An ihn erinnern heute noch die Mosaiken in der Apsis.

Der niedrige mittelalterliche Campanile, der neben dem mächtigen Turm des anschließenden Palazzo Venezia beinahe kaum auffällt, ist das Werk römischer Marmorarbeiter des 12. Jahrhunderts. Das Ziborium über dem Hauptaltar, das sie damals ebenfalls schufen, ging im Laufe der Zeit verloren.

Mitte des 15. Jahrhunderts brachte der Venezianer Pietro Barbo – Neffe Eugens IV. (1431-1447) und später als Paul II. von 1464 bis 1471 selbst Papst – wichtige Neuerungen für die Kirche. Als er 1451 Titelkardinal von S. Marco wurde, begann er sofort mit dem Ankauf von Grundstücken um die altehrwürdige Basilika. Er wollte seine Residenz den modernen Ansprüchen anpassen und traf Vorbereitungen für den Bau eines großen Palastes. Er besteht als Palazzo Venezia heute noch und bildet das erste Beispiel profaner Renaissancearchitektur in Rom. Damals wurde die Kirche in den Baukomplex des Palazzo Venezia einbezogen und bekam die luftige, elegante Marmorhauptfassade, hinter der man eine Kirche kaum vermutet. Auch die goldstrahlende Kassettendecke, die älteste in Rom, entstand auf seine Initiative. Die heutige Innenausstattung ist größtenteils das Resultat der Restaurierungsarbeiten unter dem venezianischen Botschafter Sagredo im 17. Jahrhundert und dem Titelkardinal Angelo Maria Quirini, einhundert Jahre später.

## AUSSENFASSADE UND EINGANGSHALLE

Der früher weithin sichtbare, prächtige Renaissanceportikus von S. Marco ist heute durch die hohen Pinienbäume beinahe gänzlich verdeckt. Zwei übereinandergestellte hohe Akardenreihen mit jeweils drei Bögen bilden ihn. Die unteren drei formen mit der weiten, kreuzgratgewölbten Halle den Haupteingang. Darüber befindet sich die elegante, leichte Benediktionsloggia, von der der Papst den Segen spendete. Der Palazzo Venezia war somit eine Zeitlang Papstresidenz. Deswegen ließ Papst Paul II. dieses repräsentative Entree samt einer Loggia errichten, von welcher er sich gut sichtbar an das Volk wenden konnte. Der Architekt, der diese Aufgaben genial löste, ist unbekannt, doch nimmt man wegen der Ähnlichkeit der Stilelemente an, daß es sich um den gleichen handeln könnte, der die Benediktionsloggia der ehemaligen Peterskirche (Alt-St. Peter) und die Arkaden im Hof des Palazzo Venezia entwarf.

Es ist eine majestätische Eingangshalle, die man durch eine der Arkaden betritt. An den Wänden sind antike Inschriften, Grabplatten, Teile von Marmorchorschranken und andere Fundstücke angebracht. Die zehn kleinen Marmorsäulchen an der linken Wand stammen wahrscheinlich vom mittelalterlichen Baldachin, der um 1700 abgetragen wurde. An der rechten Schmalwand ist eine Inschrift eingelassen, die an die Restaurierungsarbeiten unter Paul II. erinnern. Auf der gleichen Seite befindet sich in Bodennähe die Grabplatte der Vanozza Cattanei, Freundin des Rodrigo Borgia (Alexander VI., 1492-1503) und Mutter seiner Kinder, des Cesare, Giovanni und Lucrezia Borgia. Ursprünglich in S. Maria del Popolo aufgestellt, kam die Grabplatte auf mysteriöse Weise hierher. Interessant ist der Rest eines steinernen Brunnenschachtes im rechten Teil der Halle. Er hat früher wohl in der Mitte des Atriums vor der Kirche gestanden, damit sich jeder an seinem Wasser erfrischen konnte. Ein Presbyter namens Johannes ließ im 9. oder 10. Jahrhundert eine Inschrift darauf anbringen. Sie besagt, daß das Wasser dieses Brunnens ein Geschenk Gottes und seine finanzielle Nutzung daher ein Sakrileg sei.

Das schönste Kunstwerk der Vorhalle ist jedoch sicherlich das Relief über dem Hauptportal. Es stellt den hl. Markus dar und wird Isaia von Pisa (um 1464) zugeschrieben. Es stellt den Evangelisten Markus auf einem reich verzierten Thron sitzend dar. Sein Evangelium auf dem Schoß, schaut er dem Betrachter trotz der strengen Würde, die ihm sein langes Haupthaar und der wallende Bart verleihen, freundlich entgegen. Blickt man genau hin, kann man an den Thron geschmiegt, als wär's ein treuer Wachhund, den Löwen entdecken. Zwei weitere, leider sehr beschädigte romanische Löwen befinden sich beiderseits des Hauptportals.

## INNENRAUM

Über einige Stufen betritt man das um 1,5 Meter tiefer liegende Innere der Basilika. Ihr heutiges Aussehen ist das Ergebnis der Restaurierungsarbeiten im Barock. Die Aufmerksamkeit des Besuchers wird sofort von der goldstrahlenden Kassettendecke und dem herrlichen Apsismosaik im Hintergrund angezogen.

### Die Kassettendecke

Bei der unter Paul II. entstandenen Kassettendecke handelt es sich um die allererste dieser Art in Rom. Sie ist ein Werk von Giovanni und Marco de'Dolci. Giuliano degli Amidi vergoldete sie unter Verwendung von 200 Blättern feinsten Goldes und 300 Blättern Silber.

### Das Apsismosaik

Aus der Zeit Gregors IV. (827-844) stammt das beeindruckende Apsismosaik. Auf glänzendem Goldgrund ist in der Mitte Jesus in einem dunklen Gewand, die Rechte griechisch segnend erhoben, dargestellt. In der Linken hält er ein geöffnetes Buch, auf dem die Worte: „Ego sum lux, ego sum vita, ego sum resurrectio" ersichtlich sind (Ich bin das Licht, das Leben und die Auferstehung). Er steht auf einem niedrigen Podest mit den symbolträchtigen griechischen Buchstaben „Alpha" und „Omega". Über ihm wird die Hand des Ewigen mit dem Kranz sichtbar. Die drei Personen rechts neben Jesus sind Papst Markus (mit Meßgewand und Pallium bekleidet), der hl. Agapitus und die hl. Agnes. Links neben Jesus befinden sich der hl. Felicissimus – er war genauso wie Agapitus Diakon Sixtus' II. (257-258). Alle drei erlitten während der Valerianischen Verfolgung 258 in der Calixtuskatakombe den Märtyrertod –, der Evangelist Markus und Papst Gregor IV. Der hl. Markus hält den mit dem rechteckigen Heiligenschein der Lebenden versehenen Papst Gregor mit freundschaftlicher Geste umfangen und empfiehlt ihn Christus. Als Stifter des Mosaiks und der Kirche hält Gregor IV. das Modell seines Gotteshauses in Händen. Auf dem Mosaikstreifen darunter sieht man unter Jesus das Lamm Gottes auf dem Weltenberg, dem die vier alttestamentarischen Paradiesflüsse Euphrat, Tigris, Pischon und Gihon entspringen. Von beiden Seiten kommen aus den beiden Heiligen Städten Jerusalem und Betlehem je sechs Lämmer (Symbole für die Apostel) auf das Lamm Gottes zu. Die Inschrift darunter erinnert an die Stiftung durch Gregor IV. Der Triumphbogen ist ebenfalls mit einem Mosaik versehen. Über dem Scheitel des Bogens ist – beiderseits von den Symbolen der Evangelisten flankiert – die Halbfigur Jesu dargestellt. Links und rechts des Bogens erkennt man Petrus und Paulus.

### Das Hauptschiff

Die Verkleidung der ursprünglichen Granitsäulen mit sizilianischem Jaspis und ihre Umwandlung in Pfeiler Mitte des 18. Jahrhunderts geht auf Kardinal Quirini zurück. Damals entstanden auch die Stuckreliefs zwischen den Gemälden im Mittelschiff. Sie sind von verschiedenen Meistern und stellen Geschichten aus dem Leben der Apostel dar. Auf der rechten Seite sind alle von Carlo Monaldi (1690-1760), der auch den Brunnen im Hof des Palazzo Venezia mit der allegorischen Darstellung der Hochzeit Venedigs mit dem Meer schuf. Auf der linken ist das vierte (vom Eingang aus) erwähnenswert. Es stammt von Michelangelo Slodts (1705-1764), einem französischen Bildhauer, Lehrer des gefeierten Jean Antoin Houdon (1741-1828), und stellt die „Vision des hl. Johannes Ev." dar.

Die Gemälde über den Arkaden im Mittelschiff entstanden Mitte des 17. Jahrhunderts und zeigen Geschichten aus dem Leben Papst Markus' (links) und der Märtyrer Abdon und Sennen, die im Mittelalter große Verehrung genossen. Ihre Reliquien ruhen mit denen Papst Markus' unter dem Hauptaltar. Die barocken, leider etwas beschädigten Fresken sind Werke verschiedener Künstler, wobei vor allem die beiden ersten Bilder links und rechts („Abdon und Sennen begraben christliche Märtyrer" und „Die Krönung von Papst Markus") von Guillaume Courtois (gen. Borgognone, 1621-1671) bemerkenswert sind. Er war ein Schüler von Pietro da Cortona, der offensichtlich mit der Arbeit seines Schülers sehr zufrieden war, da er sie öffentlich sehr lobte.

## Weitere Sehenswürdigkeiten

Bemerkenswert ist die Abschlußkapelle des rechten Seitenschiffes, die Sakramentskapelle, rechts neben dem Hauptaltar. Kuppelüberwölbt und mit einer Laterne versehen, stammt ihr Entwurf von Pietro da Cortona (Pietro Berettini, 1596-1669). Leider sehr nachgedunkelt und daher schwer sichtbar ist das Altarbild von Melozzo da Forli' (1438-1494). Es stellt Papst Markus dar. Ebenfalls von Melozzo da Forli' ist ein Bild des „Evangelisten Markus" in der Sakristei.

San Marco birgt eine Reihe interessanter Grabmäler, die zum Großteil aus der Barockzeit stammen. Im rechten Seitenschiff ist zunächst das merkwürdige Grabmal des Kardinals Francesco Pisani (gest. 1570) mit einem tempelartigen Aufbau, dem offensichtlich die Statuen fehlen. In der dritten Nische befindet sich das Grabmal von Cristoforo Vidman, Patriarch von Venedig (gest. 1660). Der Deckel des dunklen Sarkophags ist mit einem geflügelten Totenkopf geschmückt. Darüber machen sich in spielerischer Weise beiderseits der Inschrift zwei Putten an einer schwarzen Draperie aus Stein zu schaffen. Das Werk stammt von Cosimo Fancelli, einem Berninischüler.

Eines der ersten Werke von Antonio Canova (1757-1822) ist das 1796 geschaffene Grabmal für Leonardo Pesaro in der 5. Nische rechts, der im Alter von 16 Jahren starb. Der einfache quaderartige Marmorblock ist in der Art eines römischen Grabsteines gestaltet und trägt das Medaillon des Verstorbenen.

Im linken Seitenschiff ist das Grabmal von Marco Antonio Bragadino (gest. 1658) erwähnenswert. Es stammt von Antonio Raggi. Auch das von Kardinal Priuli (gest. 1720) in der dritten Nische ist interessant. Der betende Kardinal ist von allegorischen Figuren, rechts der „Liebe" und links der „Gerechtigkeit", umgeben.

Die Nebenaltäre sind alle mit leider teilweise sehr beschädigten Bildern versehen, wie beispielsweise die erste Kapelle im rechten Seitenschiff (Kreuzigung von Jacopo Palma d. J., eig. Giacomo Negretti, 1548-1628). Die dritte im gleichen Seitenschiff weist eine „Anbetung der Könige" von Carlo Maratta auf.

### Die Sakristei

Bei einem Besuch von S. Marco darf die Sakristei nicht fehlen. Unter den hier aufbewahrten Kunstwerken fällt vor allem der wunderschöne Renaissance-Hochaltarstabernakel auf. Im Jahr 1474 von Kardinal Marco Barbo gestiftet, fiel er Anfang des 18. Jahrhunderts Restaurierungsarbeiten zum Opfer und wurde in der Sakristei aufgestellt. Es ist ein Werk von Mino da Fiesole (Gottvater mit drei Engelsköpfen und das Relief mit Abraham und Melchisedek) und Giovanni Dalmata („Erstgeburtsübertragung Isaaks an Jakob", links).

# Santi Dodici Apostoli (SS. XII Apostoli)

## Die letzte Ruhestätte Papst Clemens' XIV. (1769-1774)

Ganz in der Nähe der Piazza Venezia steht auf der Piazza SS. XII Apostoli die einzige Apostelkirche Roms, Santi Dodici Apostoli. Die gesamte Gegend um das Gotteshaus war in der Antike dicht besiedelt. Darauf weisen heute noch die Reste der Trajansmärkte – einer der hervorragendsten Baukomplexe der Antike – hin.

Im Frühmittelalter unter den Päpsten Pelagius I. (556-561) und Johannes III. (561-574) gegründet, soll diese Kirche der Überlieferung nach sogar auf das 4. Jahrhundert zurückgehen und unter Papst Julius I. (337-352) entstanden sein. In dieser uralten Kirche ist Papst Clemens XIV. zur letzten Ruhe gebettet.

## CLEMENS XIV.
### (Giovanni Vincenzo Ganganelli, aus Santarchàngelo di Romagna, Emilia Romagna, 1769-1774)

Giovanni Vincenzo Ganganelli wurde am 21. Oktober 1705 in Santarchàngelo bei Rimini als Sohn eines Arztes geboren. Er studierte in Rimini und Urbino, trat achtzehnjährig dem Minoritenorden bei und wurde bald als guter Prediger bekannt. Im Jahre 1740 Rektor des Bonaventurakollegs in Rom, ernennt ihn Benedikt XIV. (1740-1758) zum Konsulenten des Sant' Uffizio. Clemens XIII. (1758-1769) erhebt ihn 1759 zum Kardinal. Das Konklave, das zwei Wochen nach dem Tode Clemens' XIII. am 2. Februar 1769 zusammentrat, war wegen der Uneinigkeit der Kardinäle sehr kontrastreich und dauerte drei Monate. Am 19. Mai 1769 ging daraus nach einstimmiger Wahl Giovanni Vincenzo Ganganelli als Clemens XIV. hervor. Das größte Problem seines Pontifikates war die Auseinandersetzung um den Jesuitenorden. Die gute theologische Bildung, große Frömmigkeit und äußerste Liebenswürdig-

*SS. Dodici Apostoli, Fassade*

keit dieses Papstes konnten die Kontroverse leider nicht in positive Bahnen lenken. Nach langem Zögern hob er schließlich mit dem Breve „Dominus ac Redemptor Noster" 1773 die Gesellschaft Jesu auf. Diese Entscheidung (nur Preußen und Rußland folgten ihr nicht und bewahrten daher das Schulsystem in diesen Ländern vor den Konsequenzen) hatte vor allem für die höheren Schulen und Universitäten Europas schwere Folgen. Bei den europäischen Herrscherhäusern und der öffentlichen Meinung fand sie jedoch großen Beifall. Der kurze Pontifikat Clemens' XIV. war überhaupt von Schwäche gegenüber den europäischen Mächten, und das nicht nur in der Frage der Aufhebung des Jesuitenordens, sondern auch bei allen anderen kirchenpolitischen Problemen geprägt. Clemens XIV. war ein Förderer der Wissenschaft und Kunst. Als Mozart 1770 während seiner ersten Italienreise in Rom weilte, zeichnete der Papst den Vierzehnjährigen am 5. Juli im Quirinalspalast mit den Insignien des Ordens vom Goldenen Sporn (das Goldene Kreuz am Roten Band, Degen und Sporen) aus. Das letzte Lebensjahr Clemens' XIV. war durch schwere Krankheit gezeichnet. Er starb am 22. September 1774. Zunächst im Petersdom beigesetzt, wurden seine sterblichen Überreste 1802 von Pius VII. (1800-1823) in SS. XII Apostoli in einem prächtigen Monument zur letzten Ruhe gebettet.

### *Grabmal Clemens' XIV.*

Das Grab Clemens' XIV. befindet sich im linken Seitenschiff über dem Eingang zur Sakristei. Das zwischen 1783 und 1787 geschaffene Monument ist das erste große Werk Antonio Canovas in Rom. Aus strahlend weißem Marmor gemeißelt, umrahmt es malerisch das Portal zur Sakristei: Der schlichte Sarkophag steht über der Tür, links und rechts davon symbolisieren zwei trauernde Frauengestalten die Charaktereigenschaften Clemens' XIV.; links stehend über den Sarkophag gebeugt die „Bescheidenheit", rechts sitzt etwas tiefer die „Sanftmut" mit einem kleinen Lamm. Die gesamte Komposition beherrscht mit ausholender Geste die Sitzfigur Clemens' XIV. Seine sterblichen Überreste befinden sich allerdings nicht in diesem einfachen Sarkophag, sondern in einer Nische an der linken Wand, die durch eine stets brennende Lampe bezeichnet ist.

*Clemens XIV. von seinem Grabmal in SS. Dodici Apostoli (A. Canova)*

# GESCHICHTLICHES

Die Gründung einer Basilika in der siebten Region beim Trajansforum geht gemäß dem Liber Pontificalis auf Papst Julius I. (337-352) zurück. Die erste große Basilika zu Ehren der beiden Apostel Philippus und Jacobus wurde allerdings erst zwei Jahrhunderte später von den Päpsten Pelagius I. (556-561) und Johannes III. (561-574) errichtet. Damals befand sich der byzantinische Feldherr Narses im Verlauf der Gotenfeldzüge in Italien. Es gelang ihm, im Jahr 553 zunächst Rom und 554-555 die Festungen Cumae und Conza von den Goten zu befreien. Ihre Vorherrschaft in Italien war somit gebrochen, und Narses wurde für seine Siege von Kaiser Justinian zum „römischen Patrizier" ernannt. Der Beginn der Verehrung der beiden Apostel Philippus und Jacobus, die vor allem im Osten sehr verbreitet war, kann somit wahrscheinlich auf diesen byzantinischen General zurückgeführt werden, da er vermutlich durch seine Initiative die Errichtung einer Basilika zu Ehren der beiden Apostel förderte. Sie wurde später allen Aposteln geweiht.

SS. XII Apostoli ist wohl eine gemeinsame Gründung von Papst Pelagius und dem byzantinischen General Narses. Johannes III. vollendete den Bau und weihte ihn. Die seinerzeit unter dem Hauptaltar aufbewahrten Reliquien der beiden Apostel befinden sich heute noch da. Die erste, ursprünglich dreischiffige Basilika wurde unter Papst Stefan V. (885-891) erneuert, da sie vom Einsturz bedroht war. Ein halbes Jahrhundert später verursachte das Erdbeben von 1348 große Schäden. Sie wurden erst unter Martin V. (1417-1431) behoben. Melozzo da Forlì malte die Apsis im 15. Jahrhundert mit einem wunderbaren Fresko aus. Es wurde während der Umbauarbeiten unter Clemens XI. (1700-1721) leider sehr beschädigt, so daß nur mehr einige Reste davon erhalten sind (Pinakothek der Vatikanischen Museen). Die lieblichen, musizierenden Engel, die davon übriggeblieben sind, lassen die ehemalige Eleganz und tiefe Ausdruckskraft jedoch bestens erahnen. Die Renovierung unter Clemens XI. nahmen Carlo und Francesco Fontana vor. Sie gestalteten die Basilika vollkommen um und gaben ihr das heutige Aussehen.

SS. XII Apostoli ist seit dem 6. Jahrhundert eine Pfarre. Die Basilika wurde 1475 von Papst Sixtus IV. (der selbst diesem Orden angehörte) den Minoriten übergeben, die sie heute noch betreuen.

# AUSSENFASSADE UND VORHALLE

SS. XII Apostoli betritt man über die wohlproportionierte Renaissancevorhalle mit ihren neun eleganten Bögen von der gleichnamigen Piazza aus. Baccio Pontelli errichtete sie auf Wunsch von Giuliano della Rovere, dem späteren Papst Julius II. (1503-1513), zwischen 1474 und 1481; er war hier Titelkardinal. Die Bögen im ersten Stock des zweigeschossigen Portikus mauerte man später zu. Mitte des 17. Jahrhunderts ordnete der Barockbaumeister und Architekt Carlo Rainaldi hier die großen Fenster und auf der Ballustrade darüber die Statuen der 12 Apostel an. Diese Figuren sind eine Stiftung des Minoritenbruders und späteren Kardinals Fra Lorenzo di Lauria. Die auf den Sockeln der Statuen angebrachten römischen Lettern könnten daher die Anfangsbuchstaben des Satzes: „De Lauria Generalis Secretarius Ordinis Theologus Sapientiae Examinator Episcoporum Custos Vaticanae Bibliothecae" bedeuten.

Die etwas weiter dahinter aufragende einfache Kirchenfassade entstand 1827 nach Entwürfen von Giuseppe Valadier und ist eine Stiftung des Fürsten Torlonia.

An den Wänden der Vorhalle von SS. XII Apostoli sind bemerkenswerte Inschriftentafeln und archäologische Fundstücke angebracht. Sofort fallen die beiden liebenswürdigen, malerisch links und rechts des Haupteingangs hingelagerten Löwen auf. Sie sind aus rotem Marmor. Bemerkenswert ist das große Marmorrelief aus dem 2. Jahrhundert n. Chr. an der rechten Schmalseite. Es zeigt den römischen Legionsadler mit majestätisch ausgebreiteten Schwingen auf einem Kranz von Eichenlaub. Aus der Inschrift darunter geht hervor, daß Kardinal Giuliano della Rovere dieses Bruchstück hierherbringen ließ.

Wendet man sich von hier aus nach links, entdeckt man rechts des (rechten) Seitenportals einen Gedenkstein an den berühmten italienischen Barockkomponisten Girolamo Frescobaldi (1583-1643), der hier in der Basilika nahe des Presbyteriums (durch eine Inschriftentafel im Boden gekennzeichnet) begraben wurde. Bemerkenswert ist auch das Grabmonument für Lorenzo Oddone Colonna links neben diesem Portal. Es zeigt das Portrait des Verstorbenen, von zwei trauernden Putten mit nach unten gerichteten Fackeln flankiert. Es ist ein Werk von Luigi Capponi (1485).

In der zweiten Lunette jeweils links und rechts des Hauptportals kann man Inschriften aus dem „Liber Pontificalis" erkennen. Sie erinnern an die Gründung der Basilika. Darunter sind Medaillons mit den Porträts der beiden Apostel, denen die Kirche zunächst geweiht war, angebracht. Die sieben Medaillons an den Pilastern stellen Heilige der Franziskaner dar und stammen aus dem vorigen Jahrhundert. An der linken Stirnwand befindet sich das Grabmal des venezianischen Kupferstechers Volpato (gest. 1803). Antonio Canova, sein Freund und Schüler, schuf es. Auch den an den Wänden angebrachten Bruchstücken von Chorschranken mit schönen Rosettenmustern und allerlei Vögeln sowie den Grabsteinen darunter sollte man etwas Aufmerksamkeit schenken.

## INNENRAUM

SS. XII Apostoli ist eine weite, durch große Fenster gut belichtete, dreischiffige Kirche. Francesco Fontanta erstellte die Entwürfe für ihren Neubau, der 1702 begonnen wurde und wegen des schlechten Bauzustandes unvermeidlich schien. Nach seinem Tod 1708 führten sein 74 Jahre alter Vater Carlo Fontanta sowie ab 1712, als dieser aus Altersgründen den Auftrag zurücklegte, Nicola Michetti das Projekt zu Ende.

Der Innenraum der Basilika beeindruckt sofort durch seine prächtige Ausstattung mit Wandgemälden, bunten Marmorverkleidungen und goldglänzenden Stuckdekorationen. Den imposanten Mittelpunkt bildet der

### Hochaltar und Chorbereich

Das große Altarblatt im Hintergrund stammt von Domenico Muratori und entstand 1715. Es ist das größte Altargemälde der Ewigen Stadt und zeigt das Martyrium der beiden Apostel Philippus und Jacobus inmitten einer bewegten Menge aus Engeln, Männern, Frauen, Kindern und Scharfrichtern: rechts zieht man Philippus auf das Kreuz, während im linken Teil Jacobus gegeißelt wird. Domenico Muratori malte das Ölbild direkt auf die Mauer. Der Altar stammt von Nicola Corona (1713), doch wurde er später umgebaut und am 27. April 1879 erneut geweiht.

Beachtenswert sind die Renaissancegrabmäler links und rechts an den Wänden. Andrea Bregno schuf Ende des 15. Jahrhunderts das linke für Kardinal Pietro Riario (gest. 1474). Dieser war der Lieblingsneffe Six-

*SS. Dodici Apostoli, Innenraum*

tus' IV., welcher das Monument in Auftrag gab. Im Relief über seiner Liegefigur sieht man die Madonna mit dem Kinde. Von den beiden Aposteln Petrus und Paulus werden ihr der Verstorbene und sein Bruder Girolamo anvertraut. Gegenüber, an der rechten Wand, befinden sich übereinander die beiden ähnlich gestalteten, von unbekannten Meistern stammenden Grabmäler für den französischen Edelmann Giraud d'Ancedune (gest. 1505, Gemahl einer Nichte Papst Julius' II., der ebenfalls ein Neffe Sixtus' IV. war) und darüber das für Kardinal Raffaele Riario, Bischof von Ostia (er war der Großneffe Sixtus' IV., ließ den Palazzo della Cancelleria erbauen und starb 1521). Das Deckenfresko im Chor stammt von Giovanni Odazzi (1709) und zeigt den „Engelssturz" äußerst realistisch.

## Hauptschiff

Das große Deckengemälde im Gewölbe des Hauptschiffes ist ein Spätwerk von Giovanni Battista Gaulli, gen. Baciccia, der es 1707 in zweimonatiger Arbeit malte. Es ist „Der Triumph der drei Orden des hl. Franz von Assisi", wobei die Apostel Philippus und Jacobus die Heiligen Franz und Antonius dem Heiland vorstellen. Die übrigen Dekorationen gehen auf Restaurierungsarbeiten im vorigen Jahrhundert zurück.

## Kreuzkapelle

Die Kapelle rechts des Hauptaltars ist die „Capella del Crocefisso", die Kreuzkapelle. Hierher übertrug man einige Teile der alten Basilika: den Kreuzaltar in der Mitte, rechts den Altar der hl. Solomea und links den der Geburt Christi. Die acht kostbaren Marmorsäulen, die die Kapelle in drei Schiffe teilen, stammen aus der Antike. Die aus einem römischen Prachtgebäude stammenden und beim Bau der Basilika wiederverwendeten Säulen wurden beim Abbruch der Apsis im alten Mauerwerk gefunden und hier aufgestellt. Den Altar ziert ein Kruzifix aus dem 16. Jahrhundert.

## Krypta

Die Stufen vor dem Hauptaltar führen in die erst Ende des 19. Jahrhunderts, zwischen 1871-1879, vom Architekten Luca Carimini geschaffene Krypta. In der kleinen Kapelle in der Mitte des halbkreisförmigen Teils sind in einem Marmorsarkophag die Reliquien der beiden Apostel Philippus und Jacobus aufbewahrt. Die Wandmalereien sind Imitationen der Dekorationen der Katakomben und entstanden im vorigen Jahrhundert.

Der kleine Raum links ist die „Capella Riario". Hier ließ Luca Carimini die Grabmäler für Alessandro Riario (gest. 1585) und Raffaele della Rovere (gest. 1477) aufstellen. Der linke, aus der römischen Antike stammende, wurde für die Gebeine von Kardinal Alessandro Riario wiederverwendet. Der rechte ist ebenfalls ein römischer Sarkophag. Die Liegefigur darüber stellt Raffaele della Rovere dar und ist ein Werk des Andrea Bregno (1477). Raffaele della Rovere war der Bruder Sixtus' IV. und Vater Julius' II. Seinem Andenken und dem seiner Mutter widmete Julius II. dieses Grab, das sich ursprünglich in der Apsis der alten Basilika befand.

Wendet man sich um, fällt unter dem Altar in der Mitte der Krypta ein durch ein Gitter geschützter Stein auf. Es ist der sog. „Pozzo dei Martiri" (der Märtyrerbrunnen), in dem 1879 die Reliquien der Märtyrer Chrysanthus, Daria, Protus, Hyazinth und einiger anderer wieder beigesetzt wurden.

### Kapelle des hl. Bonaventura

In die Basilika zurückgekehrt, sollte man die erste Kapelle rechts des Haupteinganges, die „Capella di S. Bonaventura", besuchen. Von Michelangelo Simonetti (um 1770) entworfen, wurde sie am 14. Juli 1775 am S. Bonaventuratag von Papst Clemens XIV. eingeweiht. Sie ist mit wertvollem Marmor kostbar ausgestattet und hat auf dem Altar eine liebliche Marienikone. Es ist die Ende des 15. Jahrhunderts wohl von Antoniazzo Romano geschaffene sog. „Madonna Greca", ein Geschenk von Kardinal Bessarion, der von 1440-1468 hier Titelkardinal war. Die Erinnerung an die vier Päpste aus dem Minoritenorden (Sixtus IV., Julius II., Sixtus V. und Clemens XIV.) wird in der ersten Kapelle links des Haupteinganges (Capella della Pieta') durch deren Portraits in den Pendentifs der Kuppel wachgehalten.

Auch der mit Gemälden und schönen Wandschränken ausgestatteten Sakristei sollte man einen Besuch abstatten, ebenso wie den beiden Kreuzgängen, die von der Piazza SS. XII Apostoli aus zugänglich sind. Unter den hier aufbewahrten Objekten fällt im ersten Kreuzgang ein eindrucksvolles Relief auf, das u. a. die Geburt Christi darstellt (Schule des Arnolfo di Cambio) sowie ein allerdings sehr beschädigter frühchristlicher Sarkophag. Auch der zweite Kreuzgang birgt einige interessante Kunstwerke, darunter das große Grabmal rechts, mit einer Liegefigur eines Mannes und einem Tischchen daneben. Die Inschrift besagt, daß Michelangelo Buonarroti nach seinem Tod (er starb in seinem in der Pfarre SS. XII Apostoli gelegenen Haus am 8. Februar 1564) hier bis zu seiner Überführung nach Florenz aufgebahrt war.

*S. Marcello al Corso, Fassade*

# S. Marcello

### Die letzte Ruhestätte Papst Marcellus' I. (308-309)

Geht man von der Piazza Venezia die Via del Corso Richtung Piazza del Popolo, erreicht man nach wenigen Schritten eine unauffällige Platzerweiterung. Es ist die Piazza S. Marcello, so nach der barocken Kirche benannt, die sie überragt. Die bewegte, nicht allzu überladene Travertinfront beherrscht den kleinen Platz an der ehemaligen römischen „Via Lata", der heutigen Via del Corso und läßt die Idee, daß es sich um ein uraltes Gotteshaus, ja um eine der ältesten Titelkirchen handelt, gar nicht aufkommen. Denn auch das Innere dieses Papst Marcellus geweihten Gotteshauses ist barock.

„Der Bischof Marcellus weihte der Tradition nach das Haus einer Römerin Lucina auf der Via Lata zur Basilika. Er selbst soll dort unter wilden Tieren den Martertod erlitten haben. Es ist derselbe Bischof, welchem die Errichtung von 25 Titeln zugeschrieben wird." So schreibt Ferdinand Gregorovius in seiner „Geschichte der Stadt Rom" über Marcellus I., den 30. Bischof von Rom, an den im Herzen der Ewigen Stadt heute noch die ihm geweihte Kirche erinnert.

## MARCELLUS I.
### (aus Rom, 308-309)

Papst Marcellus wurde nach vier Jahres Sedisvakanz, verursacht durch die diokletianischen Verfolgungen, am 27. März 308 30. Bischof von Rom. Nach den traurigen Jahren der Verfolgung stand er vor der schweren Aufgabe, die stark dezimierte und geprüfte Kirche zu reorganisieren. Vor allem mußten die zerstörten Kultstätten wiederhergestellt werden. Deshalb schuf Marcellus 25 Titelkirchen mit genau definierten Aufgaben.

Ein großes Problem seines Pontifikats bildeten die während der

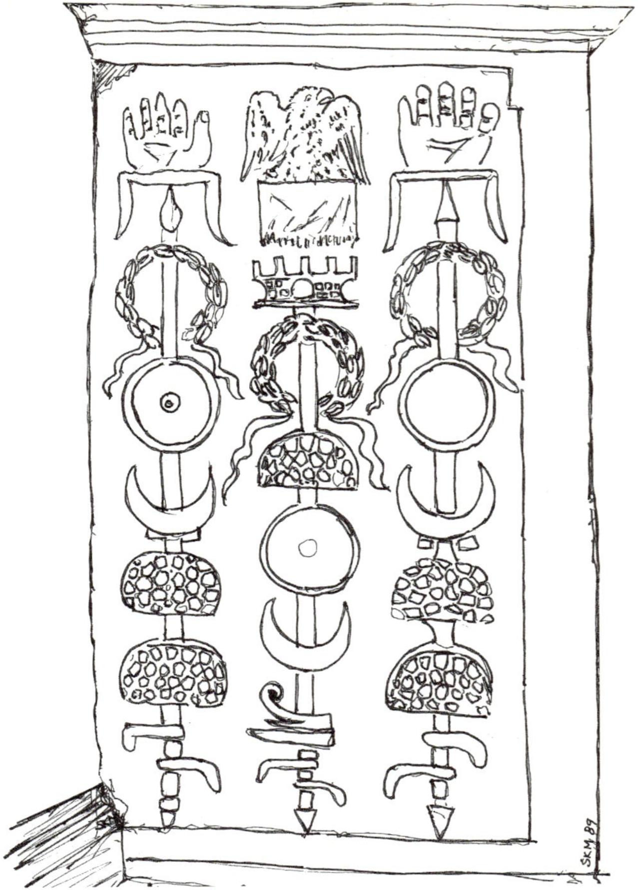

Seitenansicht des Altares in der Kreuzkapelle
(römischer Gedenkstein)

Statue Papst Marcellus' I. aus der Fassade von S. Marcello
(Statue von Francesco Cavallini)

Verfolgungen abtrünnig gewordenen Christen, die nach überstandener Gefahr der christlichen Gemeinde wieder beitreten wollten. Es handelte sich um die sog. „Lapsi", die während der Verfolgungen ihren Glauben verleugnet hatten, um so den schweren Strafen, Folterungen und der Beschlagnahmung von Hab und Gut zu entgehen. Nach dem Abflauen der Gefahr wünschten sie wieder in den Schoß der Kirche zurückzukehren, was selbstverständlich zahllose Polemiken und Diskussionen hervorrief. Papst Marcellus zeigte sich den „Lapsi" gegenüber ziemlich unnachgiebig, bzw. genehmigte ihren Wiedereintritt erst nach angemessener Buße.

Diese Einstellung rief offensichtlich eine starke Opposition hervor. Es kam scheinbar sogar zu Tumulten in Rom, so daß Kaiser Maxentius (Mitkaiser von Konstantin d. Großen, der ihn 312 in der Schlacht an der Milvischen Brücke besiegte) den von einem abtrünnigen Christen denunzierten Marcellus ins Exil verbannte, wo er am 16. Januar 309 starb. An diesem Tag wird heute noch sein Namensfest gefeiert. Sein Leichnam wurde nach Rom überführt und in der Katakombe der Priscilla beigesetzt. Seine sterblichen Überreste wurden im Mittelalter in die Kirche an der Via del Corso gebracht, wo sie sich heute noch unter dem Hochaltar befinden.

Eine andere Version der Lebensgeschichte Papst Marcellus' überliefert der „Liber Pontificalis" (die Papstchronik aus der Mitte des 6. Jahrhunderts). Demnach bestrafte ihn der Kaiser Maxentius wegen seiner hingebungsvollen Tätigkeit für die Kirche (Reorganisation nach der diokletianischen Verfolgung) mit Zwangsarbeit im „Catabulum", dessen Reste bisher allerdings nicht identifiziert werden konnten. Es wird von Fachleuten als eine Art Stall (oder Magazin) im Zusammenhang mit dem „Cursus Publicus" (der öffentlichen Poststation) gedeutet. Nach neun Monaten schwerer Arbeit als Stallknecht wurde Papst Marcellus von seinem Klerus befreit und von der Matrone Lucina aufgenommen. Von Kaiser Maxentius nochmals zu Zwangsarbeit im Catabulum verurteilt, starb Papst Marcellus an den Entbehrungen und wurde von Lucina in S. Priscilla beigesetzt.

Die „Passio" des hl. Marcellus verquickt die beiden Versionen und berichtet von seiner Verbannung – weil er vor Gericht einige Christen verteidigte – und späteren Zwangsarbeit in dem zum „Catabulum" umgewandelten Haus der Lucina, die ihr Hab und Gut der Kirche vermacht hatte. Dort starb er am 16. Januar 309 und wurde von Lucina und dem Presbyter Johannes beigesetzt.

Angesichts dieser verschiedenen Versionen verwundert es nicht, daß manche Wissenschaftler die Meinung vertreten, daß es diesen Papst gar nicht gegeben habe. Sie identifizieren ihn mit seinem Vorgänger Marcellino (296-304). Doch gibt es zahlreiche Dokumente, die seine Existenz bezeugen.

Auf Marcellus bezieht sich eines der berühmten, von Papst Damasus (366-384) verfaßten Gedichte:

„Veridicius Rector Labsos Quia Crimina Flere
Predixit Miseris Fuit Omnibus Hostis Amarus
Hinc Furor Hinc Odium Sequitur Discordia Lites
Seditio Caedes Solvuntur Foedera Pacis
Crimen Ob Alterius Christum Qui In Pace Negavit
Finibus Expulsus Patriae Est Feritate Tyranni
Haec Breviter Damasus Voluit Conperta Referre
Marcelli Ut Popolus Meritum Cognoscere Possit".

„Weil der rechtlehrende Bischof die Gestrauchelten hieß, ihre Schuld zu beweinen, war er für all' die Erbärmlichen ein bitterer Feind. Es erhoben sich Wut, Haß, Zwietracht und Streit, Aufruhr und Mord; es lösten sich die Bande des Friedens. Aus Schuld eines anderen, der Christus in Frieden verleugnet', stieß ihn der Zorn des Tyrannen über die Grenzen der Heimat. Hiervon erhielt Damasus Kunde und wollte es kurz berichten, damit das Volk das Verdienst des Marcellus erkenne."

Diese Inschrift befindet sich in der Basilika S. Silvestro (im Verband der Katakomben von S. Priscilla). Es handelt sich hier leider nicht um das Original, das im Laufe der Zeit verlorengegangen ist, sondern um eine Abschrift aus dem Mittelalter. Mit dem „Veridicius Rector", dem rechtgelehrten Bischof, ist Marcellus gemeint. Seine ablehnende Einstellung, die Abtrünnigen so ohne weiteres wieder in die Kirchengemeinschaft aufzunehmen, verursachte offensichtlich Unstimmigkeiten, so daß „Hinc Furor, Hinc Odium Sequitur …" Wut und Haß folgten. Schließlich gab es sogar Tumulte in Rom. Papst Damasus spielt offensichtlich in seinem Gedicht auf einen nicht namentlich genannten Abtrünnigen an, der als Wortführer der zur Buße bereiten Gruppe Unruhe stiftete: „Crimen Ob Alterius Christum Qui In Pace Negavit …", so daß Kaiser Maxentius Papst Marcellus schließlich verbannte.

# GESCHICHTLICHES

Über den Ursprung von S. Marcello und die erste dem Papst Marcellus geweihte Kirche wissen wir sehr wenig. Die Fachleute nehmen an, daß der Papst Marcellus mit dem gleichnamigen Gründer der Kirche nicht identisch ist, bzw. daß eben diese Gleichnamigkeit Anlaß zur Entstehung der Legende um Papst Marcellus geführt hat. Daß hier eine antike Kirche einmal stand, bewiesen Ausgrabungen, die 1912 ein uraltes Taufbecken zu Tage förderten (man kann es nach Voranmeldung in der Sakristei besichtigen bzw. in der daneben gelegenen Bank von oben hineinblicken). Seine Entstehung setzen die Wissenschaftler nicht vor das 5. Jahrhundert. Man fand auch Reste frühchristlichen Mauerwerks, die annehmen lassen, daß es hier eine „Domus Ecclesiae" (eine Hauskirche) in einem Privathaus gegeben hat. Die Meinungen der Wissenschaftler gehen hier jedoch auseinander.

Jedenfalls wird eine „Ecclesia Marcelli" bereits 418 in einem Brief des römischen Präfekten Symmachus an Kaiser Honorius in Ravenna erwähnt, wobei es um die gleichzeitige und natürlich sehr umstrittene Wahl zweier Kandidaten, Bonifaz, den späteren Papst (418-422) und Eulalius, ging. Die Wahl Bonifaz' I. soll seinerzeit in der „Ecclesia Marcelli" stattgefunden haben. Der „Titulus S. Marcelli" wird auch 499 in den Synodalakten Papst Symmachus' genannt.

Die auf geschichtsträchtigem Boden errichtete und im Laufe der Jahrhunderte immer wieder restaurierte und instand gehaltene Kirche brannte in der Nacht vom 22. zum 23. Mai 1519 beinahe vollkommen aus. Nur ein hölzernes Kruzifix – es steht heute noch in der vierten Kapelle rechts und genießt seither große Verehrung – blieb damals samt dem davor brennenden Lämpchen unversehrt.

Das heutige Aussehen von S. Marcello geht auf den Wiederaufbau im 16. und 17. Jahrhundert zurück. Die ersten Entwürfe lieferte Jacopo Sansovino, doch wurde seine Arbeit 1527 durch den „Sacco die Roma", die Plünderung Roms durch die Landsknechte Karls V., unterbrochen. Antonio da Sangallo und andere Baumeister setzten sein Werk fort. Die Kirche wurde schließlich 1592 fertiggestellt, wobei allerdings noch die Fassade fehlte. Diese entstand erst etwa 100 Jahre später, nämlich 1686, und geht auf einen Entwurf Carlo Fontanas zurück. Sie ist, was ihre äußere Erscheinung betrifft, umstritten: Von den einen als Meisterwerk des Fontana angesehen, wird sie von den anderen als plump und schwer erachtet, nicht zuletzt der angeblich alles andere als gut gelungenen Figuren des Francesco Cavallini wegen, welche die Fassade schmücken.

## AUSSENFASSADE

Die zweigeschossige, dreiteilige Fassade von S. Marcello weist einen leicht konkaven Verlauf auf. Über dem etwas erhöhten Portal befindet sich ein Relief. Von Antonio Raggi geschaffen, zeigt es die „Zurückweisung der Tiara" durch den hl. Philippo Benizzi. Er war fünfter Ordensgeneral der Serviten (geb. in Florenz 1233, gest. in Todi 1285) und verzichtete sowohl auf den Bischofsstuhl von Florenz als auch auf den Stuhl Petri. In der rechten Wandnische ist er vollplastisch als Figur dargestellt. In der linken Nische steht die Statue Papst Marcellus' I.

Der über dem durchbrochenen Tympanon über dem Hauptportal angebrachte leere Travertinrahmen bildet eine Kuriosität: Er wartet heute noch auf die Anbringung eines Reliefs, einer „Verkündigung", die man seinerzeit bestellt hatte.

## INNENRAUM

### Das Hauptschiff

Es ist eine helle und freundliche Kirche, die wir in S. Marcello betreten. Vor uns öffnet sich ein einschiffiger, im Grundriß rechteckiger Sakralraum mit je fünf Kapellen links und rechts. Aufgrund der schönen Wandmalereien und Dekorationen, der goldstrahlenden Kassettendecke mit der Figur der Immaculata in der Mitte und der reichverzierten Grabmäler gehört sie sicherlich mit zu den schönsten Gotteshäusern Roms. Bereits die Eingangswand fällt durch ihre außerordentliche Gestaltung auf. Gleich links vom Eintretenden befindet sich das bemerkenswerte Doppelgrabmal des Kardinals Michiel (obere Figur) und seines Neffen, des Bischofs Antonio Orso (untere Figur). Das Monument wird Jacopo Sansovino zugeschrieben.

Giovanni Michiel (Neffe Pauls' II. 1464-1471) hatte den Kardinalstitel von S. Marcello von 1484-1491 inne, war Bischof von Verona und ein wichtiger Mitarbeiter Papst Innozenz' VIII. (1484-1492). Bei dem Konklave von 1492, aus dem schließlich Alexander VI. (Rodrigo Borgia,

1492-1503) hervorging, war er einer der favorisierten Kandidaten. An seinem Tod durch Gift, 1503, war Cesare Borgia schuld, der es auf seine Reichtümer abgesehen hatte. Antonio Orso war Mitarbeiter mehrerer Päpste (von Innozenz VIII. bis Julius II.). Als er starb, hinterließ er den Serviten eine ansehnliche Erbschaft, darunter 700 Kodizes. Betrachtet man seine Liegefigur etwas genauer, so bemerkt man, daß sie auf einem Stapel von Büchern ruht, ein Hinweis auf seinen großzügigen Nachlaß.

Die gesamte Wand darüber nimmt ein Bild ein. Das riesige Gemälde stellt in einer bewegten, von zahlreichen Gestalten bevölkerten Szene die Kreuzigung dar. Giovan Battista Ricci schuf dieses Werk 1613. Es ist am unteren Rand, über dem Hauptportal, signiert: „Johannes Baptista Riccius Novariensis pingebat A.D. MDCXIII". Auf Ricci gehen im Hauptschiff auch die Malereien in den Feldern zwischen den Fenstern (Leidensgeschichte und Auferstehung Christi) sowie die Gestalten von Jesaja und David an beiden Seiten des Triumphbogens zurück. Die Fresken an der Unterseite des Triumphbogens und die der Apsis wurden ebenfalls von ihm gemalt. Sie stellen die vier Evangelisten, den Ewigen Vater, Episoden aus dem Leben Mariens und vier Sibyllen mit musizierenden Engeln dar. In der Apsis kann man in drei Bildnissen den Tod, die Krönung und die Auferstehung der Mutter Gottes sehen. Die Figuren darunter sowie die „Glorie des hl. Marcellus" stammen aus dem vorigen Jahrhundert. Der Altartisch, unter dem die Reliquien von Papst Marcellus I. ruhen, ist ein Werk des Architekten Francesco Vespignani (1842-1899).

### Die Seitenkapellen

Die erste Kapelle rechts ist wegen ihrer malerischen Ausstattung interessant. Das Deckengemälde spiegelt in einer grandiosen perspektivischen Sicht die Fortsetzung der Marmorstützen des Altars in der Art einer großartigen Säulenordnung gegen den Himmel vor. In den Wolken in der Mitte umschweben liebliche Putten den Heiligen Geist. Leider kann man dieses Kleinod barocker Illusionsmalerei wegen der mangelhaften Beleuchtung nicht gut sehen. Die in dieser Kapelle aufbewahrte Pietà soll von Bernini bzw. seiner Schule sein.

In der zweiten Kapelle rechts sind die beiden barocken Büsten bemerkenswert. Auf den Grabmalen von Giovanni Muti und Maria Colomba Visentini, seiner Schwägerin, angebracht, blicken sie betend von einer

Balustrade auf die Altartafel, die das Martyrium der beiden Heiligen Degna und Merita darstellt. Die beiden Büsten sind ein bekanntes Werk des Bildhauers Bernadino Cametti (1669-1736). In dieser Kapelle war der deutsche Maler Ignaz Stern (1679-1748) aus Ingolstadt tätig. Sein Werk ist die in leuchtenden Farben gemalte „Glorie der beiden Heiligen Degna und Merita" auf dem Deckengewölbe. Das Gemälde geht über den goldenen Stuckrahmen hinaus und ist von zwei allegorischen Figuren, der „Stärke" und dem „Glauben", umgeben.

Die dritte Kapelle rechts versah Francesco Salviati (1509-1563) mit Fresken. Sie ist der auf dem Wandbild über dem Altar dargestellten „Madonna delle Grazie" geweiht. Es handelt sich dabei vermutlich um ein zu Ende des 14. Jahrhunderts von einem unbekannten Künstler geschaffenes Werk, welches aus der alten Basilika stammte. Die fünf Bilder von Salviati, welche die „Madonna delle Grazie" harmonisch umgeben, zeigen Szenen aus dem Leben der Mutter Gottes und entstanden Mitte des 16. Jahrhunderts; die Bilder an den Seiten – die Anbetung der Könige und der Hirten – und auf dem Gewölbe sind von G. B. Ricci.

In der vierten Kapelle rechts ist das oben bereits erwähnte Kruzifix aufbewahrt, das den katastrophalen Brand 1619 unversehrt überstand. Ihm ist diese Kapelle geweiht. Während der Pestepidemie 1522 wurde es 16 Tage lang bis zu dem Abflauen der schrecklichen Krankheit durch alle Bezirke Roms getragen. Es ist auch Brauch, das Kruzifix anläßlich der Heiligen Jahre in einer Prozession nach St. Peter zu bringen. Anläßlich des Westfälischen Friedens wurde es ebenfalls in einer feierlichen Dankprozession nach St. Peter gebracht. Aus diesem Anlaß kamen damals 15 000 Serviten aus ganz Europa nach Rom. Sie bildeten den Anfang der Prozession, die von Flagellanten, fünf Kardinälen, dem Botschafter von Spanien und Musikern begleitet wurde. Leider kam es zu einem Tumult, und die „Friedensprozession" mußte unterbrochen werden.

Bemerkenswert sind die Fresken am Deckengewölbe. Anfang des 16. Jahrhunderts von Perin del Vaga gemalt, wurden sie von Daniele da Volterra vollendet und stellen „Die Erschaffung der Eva" und die Evangelisten Markus und Johannes auf der einen Seite daneben und Lukas und Mathäus auf der anderen dar.

Beachtenswert ist auch der Altartisch dieser Kapelle. Es ist ein römischer Gedenkstein, der als christlicher Altar Wiederverwendung fand. Die Verzierungen an den Seiten weisen darauf hin. Sie stellen Feldzeichen (vielleicht eines Manipels/Teil der Legion/Manus = Hand, daher die offene Hand) dar und erinnern wohl an einen Sieg. Da die ursprüngliche Inschrift fehlt, kann man nähere Einzelheiten nicht mehr feststellen. Von Fachleuten in das 3. Jahrhundert datiert, vielleicht auf der Via Flaminia oder auf dem Campo Marzio gefunden, wurde er hier wieder aufgestellt und seine Vorderseite im 12. Jahrhundert mit bunten Marmorquadraten versehen.

Die vierte Kapelle links malten Mitte des 16. Jahrhunderts die Brüder Zuccari mit Begebenheiten aus dem Leben des Völkerapostels Paulus aus. Die hier angebrachten Büsten stellen Angehörige der römischen Familie der Frangipani dar, wobei die drei rechts von Alessandro Algardi (1595-1654) geschaffen wurden.

Die Geschichte von S. Marcello ist reich an denkwürdigen Ereignissen wie beispielsweise die Heldentat des Jacopo Colonna. Er verlas am 22. April 1328 die Bulle Johannes' XXII. (1316-1334, damals im Exil in Avignon) öffentlich, befestigte sie an dem Hauptportal von S. Marcello und konnte sich anschließend unbehelligt wieder in Sicherheit bringen. Durch diese Bulle wurde Ludwig der Bayer, der auf Veranlassung von Sciarra Colonna, einem Feind des Papstes, nach Rom gekommen war, exkommuniziert.

Die Begebenheit um Cola di Rienzo, den tragischen Freiheitshelden Roms, ist hingegen etwas makabrer: Nach seiner Ermordung im Oktober 1354 wurde sein verstümmelter Leichnam vom Kapitol bis S. Marcello geschleppt. Dort hängte man ihn – in unmittelbarer Nähe des Palazzo Colonna, seinerzeit seine ärgsten Widersacher – zwei Tage und eine Nacht auf, bevor man ihn beim Mausoleum des Augustus verbrannte. Damals gab es die Serviten noch nicht in S. Marco. Sie übernahmen die Kirche – in dem anschließenden Kloster befindet sich auch das Generalat – erst einige Jahre später, nämlich 1369, und verwalteten sie seit dieser Zeit ununterbrochen.

*S. Silvestro in Capite, Fassade*

# S. Silvestro in Capite

Die letzte Ruhestätte von Papst Stephan I. (254-257) und Papst Silvester I. (314-335)

S. Silvestro in Capite liegt an der gleichnamigen Piazza. Von hier ist es nicht weit zur Spanische Treppe, zum Pantheon und zum Trevibrunnen. Daß eine strategisch so gut gelegene Stelle zum Standort eines Autobusbahnhofes genutzt wurde, bei dem zahlreiche öffentliche Buslinien ihre Endstelle haben, ist daher kein Wunder. Von parkenden Autos und öffentlichen Verkehrsmitteln überfüllt, fällt in dem unentwegten Kommen und Gehen der Menschen die kleine bescheidene Kirche im Hintergrund des Platzes, an der Ecke zur Via del Gambero, kaum auf. In diesem Gotteshaus haben die Päpste Stephan I. und Silvester I. ihre letzte Ruhestätte gefunden.

## STEPHAN I.
### (aus Rom, 254-257)

Papst Stephan I. entstammte einer vornehmen römischen Familie und wurde am 12. Mai 254 in S. Callisto (die heutigen Katakomben) zum Papst gewählt. Er war während der „ruhigen" Zeit der Herrschaft Kaiser Valerians Bischof von Rom und konnte sich daher inneren Problemen der Kirche widmen. Diese bestanden damals hauptsächlich im „Ketzertaufstreit", einer innerkirchlichen Diskussion über die Wiedertaufe der während Verfolgungszeiten abtrünnig gewordenen Christen, welche nach dem Ende der Gefahr wünschten, in den Schoß der Kirche zurückzukehren. Gestützt auf die bewährte Apostolische Tradition der römischen Kirche befahl Stephan, daß man sich dort, wo man mit der Wiedertaufe der Abtrünnigen – vor allem in Karthago – begonnen hatte, der römischen Praxis anschließe und die Abtrünnigen nur durch Handauflegung wieder aufzunehmen seien. Stephan berief sich dabei auf seinen hierarchischen Vorrang als Nachfolger Petri. Ein Zerwürfnis zwischen Rom und Karthago schien unvermeidlich. Die im Jahr 257 ausbrechende Christenverfolgung setzte dem Streit ein blutiges Ende. Beide Bischöfe, Stephan und Cyprianus, der Bischof von Karthago, verloren dabei ihr Leben. Später stellte man die Gestalt Stephans I. in eine Reihe mit Gregor VII. (1073-1085) und Innozenz III. (1198-1216), da er die Primatialdoktrin seiner Zeit zusammenfaßte und ihr die auf dem Neuen Testament (Mt 16, 18ff.) beruhende, gültige Form gab. Stephan I. starb am 2. August 257 aller Wahrscheinlichkeit nach als Märtyrer. Zunächst in der Papstgruft von S. Callisto beigesetzt, wurden seine Reliquien im Mittelalter in die Kirche SS. Silvestro e Martino und S. Silvestro in Capite überführt.

## SILVESTER
### (aus Rom, 314-335)

Silvester I. war der erste Bischof von Rom, der nach dem Mailänder Edikt von 313, das im gesamten römischen Reich Religionsfreiheit gewährte, am 31. Januar 314 gewählt wurde. Er war der Nachfolger des Melchiades (311-314). Sein Pontifikat fällt mit der Herrschaft Konstantin d. Großen (306-337) zusammen. Während seiner Amtszeit fand das wegen der Häresie der Arianer einberufene Konzil zu Nizäa (325) statt, auf dem das „Nizäo-Konstantinopolitanische Glaubensbekenntnis" formuliert wurde. Unter seiner Herrschaft wurde u. a. mit dem Bau der drei Hauptkirchen Roms begonnen, St. Johann im Lateran, St. Peter und St. Paul. Sie sind Stiftungen Kaiser Konstantins des Großen und entstanden teilweise auf kaiserlichem Grund und Boden. Papst Silvester tat sich bei Entscheidungen – im Gegensatz zu Konstantin, der darin vielmehr Entschlußkraft bewies – hinsichtlich kirchenpolitischer Probleme nicht hervor und hielt sich während seiner gesamten Amtszeit stets im Hintergrund.

Die Silvesterlegende, die diesen Papst im Gegensatz zu Konstantin hervorhebt, geht auf das 5. Jahrhundert zurück. Sie ist in der Kirche Quattro Coronati in einem Freskenzyklus aus der Mitte des 13. Jahrhunderts dargestellt. Demnach war Konstantin der Große zunächst ein Christenverfolger. Deshalb hatte sich Papst Silvester auf den Berg Soratte (ca. 60 km nördlich von Rom) geflüchtet und hielt sich da verborgen. In der Folge wird Konstantin von einer mysteriösen Krankheit, wohl Lepra, befallen. Heidnische Priester raten ihm zu einem Bad im Blute ermordeter Kinder, doch er lehnt angesichts des Jammergeschreis der herbeigeeilten Mütter diese Grausamkeit ab. Eines Nachts erscheinen ihm die Apostelfürsten Petrus und Paulus und raten ihm, sich an Papst Silvester auf dem Berg Soratte zu wenden. Die drei von Konstantin abgesandten Boten können Silvester zur Rückkehr nach Rom bewegen. Dort angekommen, gelingt es dem Papst, Konstantin durch die Taufe zu heilen. Aus Dankbarkeit gestattet Konstantin dem Christentum nun Religionsfreiheit und gründet viele Kirchen. Diese liebenswürdige Legende ist eine pure Erfindung des Mittelalters und beruht auf keinerlei reellen Tatsachen.

Papst Silvester I. starb am 31. Dezember 335 und wurde in der von ihm errichteten, nach ihm benannten Basilika im Verband der Priscilla-Katakomben bestattet. Im Mittelalter brachte man seine sterblichen Überreste in die beiden in der Stadt gelegenen Kirchen S. Silvestro e Martino und S. Silvestro in Capite.

## GESCHICHTLICHES

Die Gründung von S. Silvestro in Capite geht auf die Initiative Papst Stephan II. (752-757) zurück. Er gründete bei seinem Vaterhaus („in domo patris sui") ein zunächst den Heiligen Dionysius, Rusticus und Eleuterius geweihtes Kloster. Die Umgebung der Kirche war zur Römerzeit dicht bebaut gewesen. Hier in der Nähe, wenn nicht direkt unter dem heutigen Gotteshaus, hatte der von Kaiser Aurelianus (270-275) gegründete Sonnentempel gestanden. Aufgrund der Barbareneinfälle im Zuge der Völkerwanderung von der Wohnbevölkerung verlassen, war die Umgebung von S. Silvestro nun überwiegend mit Weingärten und Wiesen bedeckt. Stephan II. war der Papst, der die weltgeschichtlich überaus bedeutsame Abwendung der Kirchenpolitik vom Osten (Byzanz) zum Westen (Frankenreich) vollzog. Beinahe sofort nach seinem Amtsantritt von den Langobarden bedroht – sie hatten Ravenna und das Exarchat erobert – rief er den Frankenkönig Pippin zu Hilfe. Doch nicht um das byzantinische Exarchat wiederherzustellen, sondern um dem hl. Petrus das zurückzuerstatten, was ihm aufgrund eines antiken Dokumentes zustand. Bei dem antiken Dokument handelte es sich um die sog. „Konstantinische Schenkung" oder „Constitutum Constantini" an Papst Silvester I., eine apokryphe Schrift, deren Authentizität u.a. Kardinal

Nikolaus von Kues (1401-1463), der große deutsche Humanist, als einer der ersten bezweifelte.

Die „Konstantinische Schenkung" ist ein in der Form eines Ediktes von Kaiser Konstantin abgefaßtes Dokument, welches dem irdischen Vertreter Christi (hier Papst Silvester) die gesamte Macht, „principatus Potestas", zuerkennt, den Stuhl Petri über jeglichen irdischen Thron erhebt und ihm kaiserliche Ehren und Würden zugesteht. Die Kirche ist dabei als selbständiger Staat dargestellt, dessen Oberhaupt Christus, sein Gründer, ist, der Beherrscher des Himmels, dessen irdischer Vertreter der Papst ist. Die Kaiserkrone gebühre daher dem Papst – damals Silvester, der sie jedoch ablehnte und sie Kaiser Konstantin verlieh. Daher erklärten sich die vielen Territorialschenkungen an Silvester, und daher zog sich Konstantin auch in den Ostteil des Reiches zurück, dem Papst den Westen überlassend. Schließlich wird noch angeführt, daß der Titel „Patricius Romanorum" nur vom Papst dem militärischen Verteidiger der Gebiete, die der Kirche angehören, verliehen werden kann.

Von den Langobarden aufs ärgste bedrängt, begab sich Papst Stephan II. im Jahr 753 ins Frankenland. Er war der erste Papst, der die Alpen überschritt. Er traf im Palast von Ponthion, südlich von Chalons-sur-Marne, mit Pippin zusammen. Während seines Aufenthaltes am fränkischen Hof lebte der Papst in der Abtei von S. Denis (St. Dionysius) bei Paris. Am 28. Juli 754 wurden Pippin, seine Frau Bertrada und seine beiden Söhne Karlmann und Karl (später Karl der Große) von Papst Stephan II. feierlich gesalbt, wobei sie den Titel „Patricius Romanorum" erhielten. Nach den nun folgenden, für Pippin siegreichen Auseinandersetzungen mit den Langobarden kam es zu einem Vertrag. Es handelt sich um die berühmte „Pippinische Schenkung", die den Kirchenstaat schuf und das Papsttum für mehr als tausend Jahre zu einer bedeutenden Macht innerhalb Europas machte.

Vielleicht widmete Paul I. (757-767), der Nachfolger und leibliche Bruder Stephanus' II., gerade im Hinblick auf diese Ereignisse die von seinem Bruder begonnene und aus Dankbarkeit Pippin gegenüber ursprünglich den Stadtpatronen von Paris geweihte Kirche dem ersten Papst der Friedenszeit und der konstantinischen Kirchengründungen, nämlich Silvester I. Am 19. Juli 761 wurden jedenfalls die sterblichen Überreste von Papst Silvester I. von der Priscilla-Katakombe nach St. Silvester übertragen. Am 17. August diejenigen von „S. Stephani Martyri" (Papst Stephan I.), wie es in der Bulle von Papst Paul I. heißt. Dieser setzte den von seinem Bruder angefangenen Bau fort und stellte ihn einige Zeit später fertig.

Das erste Dokument, in dem S. Silvestro erwähnt wird, ist eine Bulle Papst Pauls I. vom 2. Juni 761. Von einer Bautätigkeit Stephans II. wissen wir nur aus Schriftstellen, die davon berichten. Von dem Gebäude, das Paul I. errichtete, fand man einige Mauerreste während der Bauarbeiten an der neuen Krypta. Die ursprüngliche Kirche wies drei Schiffe auf und muß, was ihre Ausmaße betrifft, der heutigen ziemlich ähnlich gewesen sein. Ebenso weisen auf die Zeit der Entstehung zwei Marmortafeln hin, die sich beiderseits des Kircheneingangs befinden und die Namen der aus den Katakomben übertragenen Heiligen aufzählen. Ihre Gebeine wurden unter dem Hauptaltar beigesetzt. Auch die beiden Päpste, Stephanus I. und Silvester I., fanden ihre letzte Ruhestätte unter dem Hauptaltar.

Zunächst von griechischen Mönchen bewohnt, ging S. Silvestro auf Benediktiner über, deren letzter Abt 1285 nach San Lorenzo vor den Mauern übersiedelte. Kurz darauf bezogen Klarissinnen das Gebäude, die es bis zu der Enteignung 1876 durch den italienischen Staat innehatten. Das Kloster wurde in der Folge demoliert und durch das heute bestehende Hauptpostgebäude ersetzt. Im Jahre 1885 übernahmen englische Pallottiner das Gotteshaus. Das heutige Aussehen von S. Silvestro geht auf Umbauten und Restaurierungen Ende des 16. und 17. Jahrhunderts unter verschiedenen Baumeistern, darunter Carlo Rainaldi und Domenico de Rossi, zurück.

Heute ist S. Silvestro in Capite Sitz der englischen Nationalkirche und der Pallottiner und wird als Ort der Verehrung wichtiger Reliquien, nämlich des Hauptes Johannes' des Täufers und der sterblichen Überreste der hl. Päpste Silvester I. und Stephan I., von Gläubigen aus aller Welt aufgesucht.

## AUSSENFASSADE

Domenico de Rossi entwarf die eher nüchterne und bis auf einige Heiligenfiguren schmucklose Fassade um 1700. Das Relief über dem Hauptportal stellt die Christus-Ikone von Edessa dar. Die vier Skulpturen über den Ballustraden von links nach rechts sind die Heiligen Silvester, Stephan, Franziskus und Klara, in Anspielung auf die hier verehrten Heiligen und die Klarissinnen, die das Kloster über 500 Jahre bewohnten. Die große Inschrift auf der Hauptfassade erinnert an die beiden Päpste, denen die Kirche geweiht ist.

## DAS ATRIUM

S. Silvestro besitzt heute noch ein kleines Atrium, das der Kirche vorgelagert ist. Hat man das mit einem Blattmuster schön verzierte, große Portal aus dem 13. Jahrhundert, von dem es heißt, daß es aus dem Hause Papst Paul I. stammen soll, durchschritten, fallen sofort die vielen antiken Fundstücke auf, die nicht nur in der Toreinfahrt eingemauert sind, sondern auch die Wände des kleinen Hofes über und über bedecken. Pater William Whitmee (er war zwischen 1887 und 1909 der erste Rektor der Pallottiner und geistlicher Rat der Königin Margherita) hat diese kleine Antikensammlung zusammengestellt. Bemerkenswert sind hier zwei Statuen beiderseits des Eingangs. Es sind Allegorien des „Glaubens" und der „Tugend", die zu einem Grabmal aus dem 15. Jahrhundert gehörten und leider beschädigt sind. Das Plätschern eines Brunnens an der linken Seite des Hofes – es handelt sich um einen ehemaligen Sarkophag – verbreitet eine angenehme Atmosphäre und läßt den Trubel der Piazza San Silvestro vergessen. Von hier hat man auch – unmittelbar von der Toreinfahrt aus – einen ausgezeichneten Blick auf den siebenstöckigen, romanischen, um 1200 erbauten Glockenturm. Schaut man sehr genau hin, so entdeckt man einen kleinen Bronzehahn auf seiner Spitze, der vermutlich aus dem 12. Jahrhundert stammt und somit eine Rarität in Rom darstellt.

Auch in dem von Arkaden getragenen Portikus sind antike Marmorbruchstücke angebracht. Links und rechts des Haupteingangs befinden sich die oben erwähnten Inschriften, die die Namen der aus den Katakomben hierhergebrachten Märtyrer aufführen. Ganz rechts ist eine große Marmorplatte eingelassen, die den modernen Betrachter sicherlich eigenartig berührt. Es ist eine Inschrift, die sich, von einem Petrus „humilis abbas" (einem bescheidenen Abt Petrus) verfaßt, auf das Besitzrecht der Mark-Aurel-Säule bezieht. Dieses lag damals bei den Mönchen von S. Silvestro. Sie verflucht und exkommuniziert jene Äbte und Mönche, die es wagen sollten, die Säule in Pacht oder Besitz zu

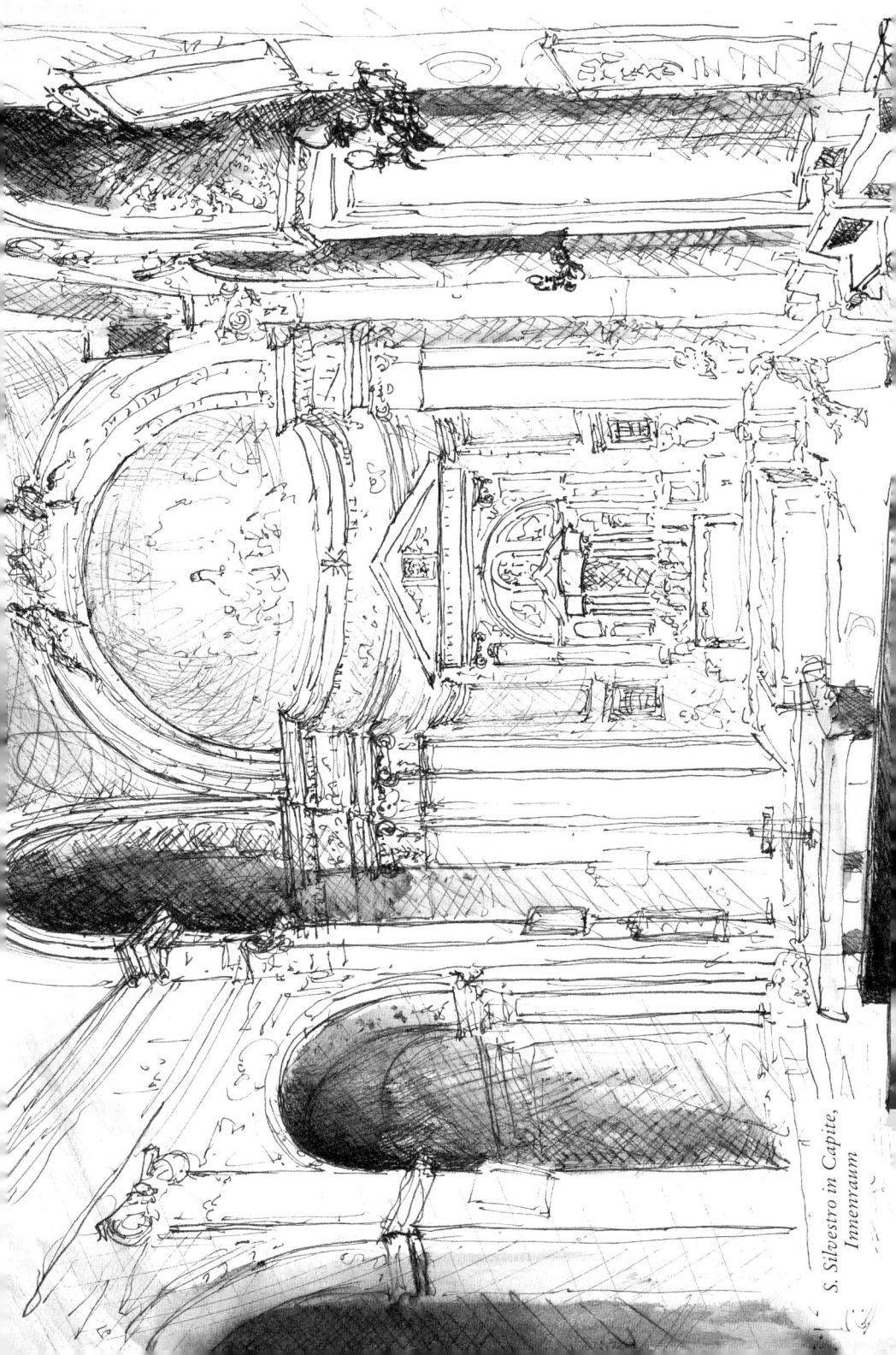

S. Silvestro in Capite,
Innenraum

vergeben. Eine kluge Vorkehrung im Hinblick auf die Erhaltung und Restaurierung der Mark-Aurel-Säule.

## DER INNENRAUM

Es ist eine kleine Barockkirche, die wir durch das Hauptportal betreten. Auf ihren antiken Ursprung weisen nur mehr die Reste in der leider meist geschlossenen Krypta hin. Das geräumige, tonnengewölbte und mit einem Fresko von Giacinto Brandi, „Himmelfahrt Mariens" (um 1680, wobei Maria von Johannes dem Täufer und dem hl. Silvester umgeben ist), versehene Langhaus weist beidseitig je drei Kapellen auf. Sie sind alle mit Gemälden verschiedener römischer Barockmeister, wie beispielsweise Giuseppe Ghezzi (1634-1721) und Lodovico Gimignani (1643-1697), versehen.

### Der Altarraum

Eindrucksvoll ist der Hochaltar an der Rückwand der Apsis. Er geht auf den Beginn des 16. Jahrhunderts zurück. Der tempelartige Aufbau in der Mitte stammt von Carlo Rainaldi. Die Bilder links und rechts des Hauptaltars in der Apsis stellen einerseits das Martyrium von Papst Stephan I. dar, andererseits die Ankunft der Boten bei Papst Silvester auf dem Berg Soratte. Sie wurden von Orazio Borgianni 1601 geschaffen. Die Apsiswölbung malte Ludovico Geminiani mit der „Taufe Kaiser Konstantins durch Papst Silvester" aus.

Die Kuppel der Vierung ist mit einem eindrucksvollen Bild von Cristoforo Roncalli (gen. „il Pomarancio") ausgestattet („Gottvater in der Glorie", um 1605).

In der Mitte des Langhauses ist unmittelbar hinter dem modernen Altar eine runde Platte in den Boden eingelassen. Sie erinnert an Johann Adam von Dietrichstein, den Neffen von Kardinal Franz von Dietrichstein. Der Kardinal war zwischen 1599 und 1623 Titelinhaber von S. Silvestro und weihte die Kirche 1609 wieder ein, nachdem sie mit seinen großzügigen Spenden restauriert worden war.

### Das Haupt Johannes' des Täufers

Die erste Kapelle links des Haupteinganges ist der „Maria Addolorata", der schmerzhaften Mutter Gottes geweiht. Hier befindet sich in ein einem

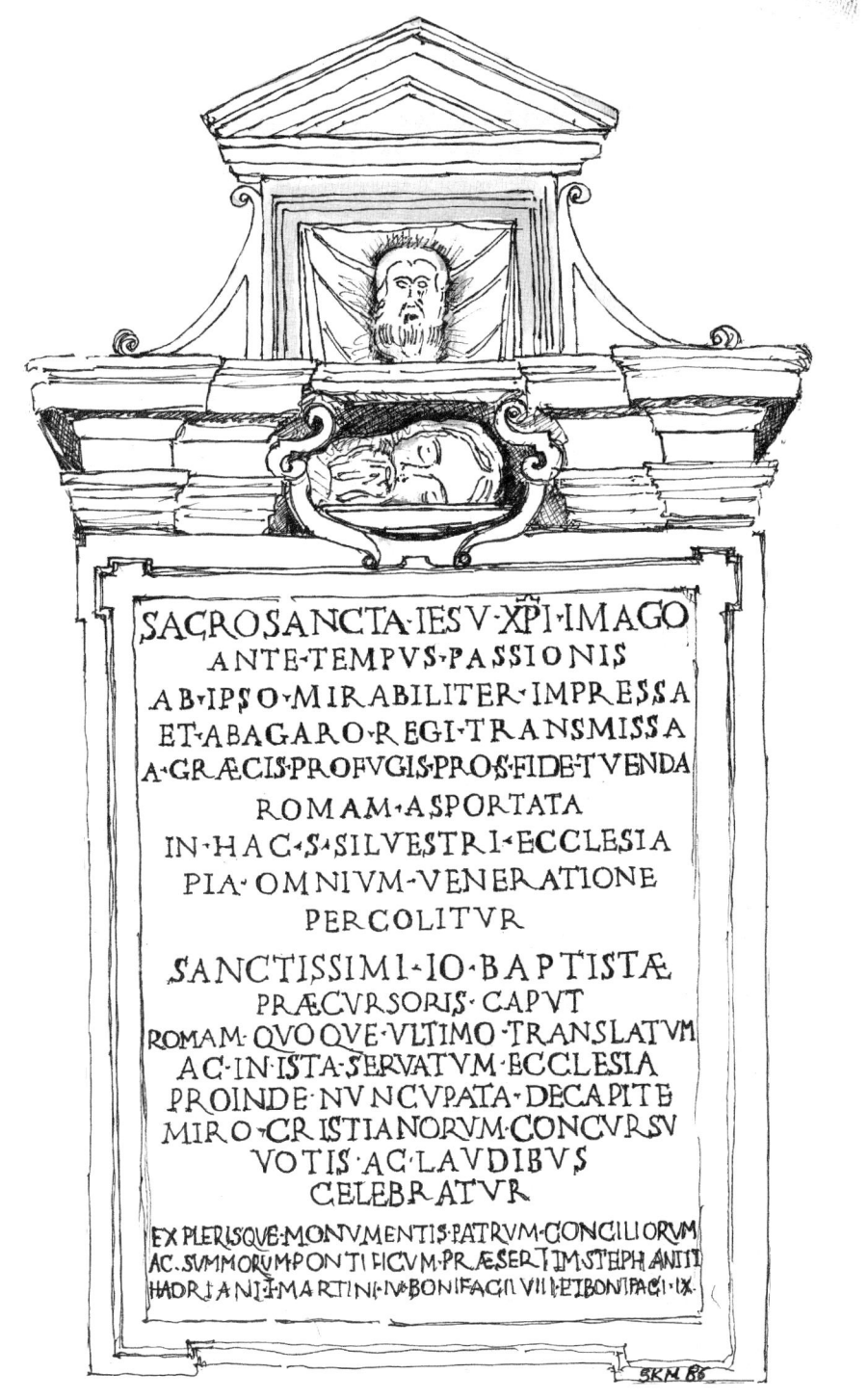

SACROSANCTA·IESV·XPI·IMAGO
ANTE·TEMPVS·PASSIONIS
AB·IPSO·MIRABILITER·IMPRESSA
ET·ABAGARO·REGI·TRANSMISSA
A·GRÆCIS·PROFVGIS·PRO·FIDE·TVENDA
ROMAM·ASPORTATA
IN·HAC·S·SILVESTRI·ECCLESIA
PIA·OMNIVM·VENERATIONE
PERCOLITVR

SANCTISSIMI·IO·BAPTISTÆ
PRÆCVRSORIS·CAPVT
ROMAM·QVOQVE·VLTIMO·TRANSLATVM
AC·IN·ISTA·SERVATVM·ECCLESIA
PROINDE·NVNCVPATA·DECAPITE
MIRO·CRISTIANORVM·CONCVRSV
VOTIS·AC·LAVDIBVS
CELEBRATVR

EX·PLERISQVE·MONVMENTIS·PATRVM·CONCILIORVM
AC·SVMMORVM·PONTIFICVM·PRÆSERTIM·STEPHANII
HADRIANI·MARTINI·IV·BONIFACII·VII·ET·BONIFACII·IX·

*Gedenktafel an die Übertragung der Christusikone von Edessa und des Hauptes Johannes' des Täufers*

wertvollen Behälter die Kopfreliquie Johannes' des Täufers. Angeblich von griechischen Mönchen nach Rom gebracht und vorerst in einer S. Giovannino genannten, heute nicht mehr existierenden Kirche aufbewahrt, soll sie um 1130 an S. Silvestro in Capite gekommen sein. Bemerkenswert ist der Schrein, in dem diese Reliquie untergebracht ist. Aus vergoldetem Silber und mit Emailverzierungen geschmückt, ist er mit kleinen Heiligenfiguren versehen. Auf diese Reliquie geht der Beiname dieser Kirche zurück: S. Silvestro in Capite (Caput = Kopf).

Eine andere berühmte Reliquie wurde einst in S. Silvestro aufbewahrt: Die „acheropite" (nicht von Menschenhand gemalte) Christusikone aus Edessa. Sie wurde allerdings viel später erst, nämlich im 15. Jahrhundert, nach der Eroberung von Konstantinopel durch die Türken, von Mitgliedern der Familie der Colonna nach Rom gebracht und befindet sich jetzt im Vatikan.

### Begebenheiten um S. Silvestro in Capite

In der bewegten Geschichte von S. Silvestro in Capite sticht besonders das Attentat auf Papst Leo III. (795-816) hervor. Am 25. April 799 näherte sich eine feierliche Prozession der Kirche. Sie fand zu Ehren des hl. Markus an seinem Namensfest statt. An der Spitze ritt der Papst mit seinen Klerikern. Die Prozession hatte in S. Johann im Lateran begonnen und sollte nach St. Lorenzo in Lucina führen. Vor der Kirche und dem Konvent von S. Silvestro angelangt, stürzte sich eine Gruppe von Verschwörern mit großem Geschrei auf Leo III. und seine unbewaffneten Begleiter, die, von Entsetzen gejagt, davonstoben. Eingekeilt zwischen zwei hohen kirchlichen Würdenträgern, die als einzige übrigblieben, nämlich dem Primicerius Paschalis und dem Sacellarius Campulus, die sich später als Anführer des Komplotts entpuppten, und die, um jede Verwechslung mit dem Papst zu vermeiden, sogar keine Kaseln angelegt hatten, hatte der Papst keine Chance zu entkommen. Er wurde vom Pferd gerissen und so bös zugerichtet, daß er für tot galt, als man ihn nach S. Silvestro schleppte. Von griechischen Mönchen bewohnt, war hier eine Art Schlupfwinkel der Gegner des Papstes. Bei Anbruch der Dunkelheit wurde Leo III. mehr tot als lebendig nach S. Erasmus (ein anderes griechisches Kloster in Rom) gebracht und dort gefangengesetzt. Mitten in der Nacht jedoch gelang es seinen Getreuen, darunter seinem Kämmerer Albinius, ihn zu befreien, indem man ihn an einem Seil an den Klostermauern herabließ. Nach seiner

Befreiung floh der Papst zunächst nach Spoleto und dann nach Paderborn zu Kaiser Karl dem Großen, um gegen die schweren Anschuldigungen Stellung zu nehmen, die man gegen ihn erhob. Ein Jahr später, als Karl der Große zu seiner Krönung nach Rom kam, legte Leo III. zwei Tage vorher einen feierlichen Reinigungseid ab und kam dabei auf die ungerechtfertigten Vorfälle von S. Silvestro zu sprechen. Am 25. Dezember empfing Karl der Große vom nunmehr rehabilitierten Papst Leo III. die Krone des Heiligen Römischen Reiches. Somit steht also S. Silvestro nicht nur mit der Gründung des Kirchenstaates in engstem Zusammenhang, sondern auch mit der des Heiligen Römischen Reiches.

*S. Lorenzo in Lucina, Fassade*

# S. Lorenzo in Lucina

Die Reliquien folgender Päpste wurden lt. Inschrift in der Vorhalle im Mittelalter hierhergebracht:

Alexander I. (105-115), ursprünglich in der gleichnamigen Katakombe an der Via Nomentana beigesetzt, seine Reliquien werden in S. Sabina, das vergoldete Haupt in S. Lorenzo in Lucina verehrt.

Cornelius (251-253), ursprünglich im Bereich der Lucinakrypten (Katakomben von S. Callisto) beigesetzt.

Stephan I. (254-257), ursprünglich in den Katakomben von S. Callisto beigesetzt.

Dionysius (259-268), ursprünglich in den Katakomben von S. Callisto beigesetzt.

Martin I. (649-653), gest. 655 im Exil, ursprünglich in Byzanz beigesetzt, später nach Rom, S. Silvestro e Martino, gebracht.

Hadrian (die Inschrift in S. Lorenzo in Lucina bestimmt diesen Papst nicht näher, daher wurde keine Beschreibung verfaßt. Die Päpste Hadrian I. [772-795] und Hadrian II. [867-872] wurden in St. Peter, Vatikan, beigesetzt, Hadrian III. [884-885] starb auf seiner Reise nach Worms in der Nähe des Klosters Nonantola, wo er beigesetzt ist, die übrigen Päpste dieses Namens kommen hier nicht in Frage).

S. Lorenzo in Lucina ist „die berühmte Kirche des St. Laurentius in Lucina, an der Sonnenuhr des Augustus", berichtet Ferdinand Gregorovius in seiner „Geschichte der Stadt Rom". Als eine in den Synodalakten von Papst Symmachus im Jahr 499 erwähnte Titelkirche gehört sie zu den ältesten Gotteshäusern Roms. Hier wird nicht nur die Erinnerung an den Protomärtyrer Laurentius und den uralten „Titulus Lucinae" aufrechterhalten, sondern auch die an einige Päpste, deren Reliquien (wie die

*Löwe vor dem Hauptportal von S. Lorenzo in Lucina*

Marmorinschrift an der linken Seite des Hauptportals besagt) im Hochmittelalter hier aufbewahrt wurden: Alexander I., Cornelius, Stephan I., Dionysius, Martin I. und Hadrian.

ALEXANDER I. (aus Rom, 105-115) ist im Kapitel über S. Sabina näher beschrieben. In der gleichnamigen Katakombe an der Via Nomentana bestattet, wurden seine sterblichen Überreste von Papst Eugen II. (824-827) nach S. Sabina gebracht. In S. Lorenzo in Lucina wird in der dritten Kapelle rechts in einem gläsernen Schrein das vergoldete Haupt des fünften Nachfolgers des hl. Petrus heute noch verehrt.

## CORNELIUS
### (aus Rom, 251-253)

Cornelius entstammte einer vornehmen römischen Familie und war der Nachfolger Papst Fabianus' (236-250), der in der Verfolgung des Decius 250 den Märtyrertod erlitten hatte. Trotz aller widriger Umstände hatte sich die Kirche in Rom stark entwickelt. Man schätzt die Zahl ihrer Mitglieder auf rund 30 000. Es war die Zeit, in der der hl. Laurentius lebte und wirkte. Die Christen bildeten eine straff organisierte Gemeinschaft, die von 46 Presbytern, sieben Diakonen sowie sieben Subdiakonen geleitet wurde. Cornelius hatte sich während seines Pontifikates mit dem Problem der „Lapsi" auseinanderzusetzen, die während der Verfolgung des Decius das Christentum verleugnet hatten und nun wieder in die Kirche aufgenommen werden wollten. Cornelius wurde in dieser Angelegenheit zu große Nachsichtigkeit vorgeworfen.

Die Polemiken in diesem Zusammenhang führten sogar zu der Entstehung einer „Gegenkirche" unter dem Presbyter Novatian. Ihm schwebte ein sehr strenges Heiligkeitsideal vor, das alle „Todsünder" aus seiner „Kirche der Heiligen" ausschloß. Ja, er ließ sich sogar zum Gegenbischof von Rom weihen. Seine Anhänger nannten sich „Katharoi" (griech. = die „Reinen", daraus wurde dann der spätere Begriff „Ketzer"). Die Kirche blieb jedoch ihrer Sendung treu, Heilsgemeinschaft für die Heilsbedürftigen und nicht eine Art „Club" für eine Elite oder Scheinheilige zu sein. Das angesichts des drohenden Schismas von Cornelius in Rom einberufene Konzil verurteilte in Anwesenheit von 60 Bischöfen Novatian und seine Anhänger. Im Jahre 252 verbannte Kaiser Trebonianus Gallus Papst

Cornelius nach Civitavecchia, wo er im Juni des darauffolgenden Jahres starb. Erst nach 30 Jahren nach Rom überführt, beerdigte ihn der Überlieferung nach die Matrone Lucina im Bereich der nach ihr benannten „Lucinakrypten", nicht weit von der Papstgruft in S. Callisto. Das über ein Jahrtausend lang verschollene Grab fand im vorigen Jahrhundert G. B. de Rossi, der sog. „Vater der christlichen Archäologie", während seiner Nachforschungen in dem Gebiet der Katakomben von S. Callisto. Im Frühmittelalter im Zuge der „Rettung" der Reliquien der Märtyrer vor den Barbaren zunächst in einer anderen Kirche aufbewahrt, kamen wohl auch die Reliquien Papst Cornelius' später nach S. Lorenzo.

Papst STEPHAN I. und DIONYSIUS sind im Kapitel über die Katakomben von S. Callisto näher beschrieben.

Papst MARTIN siehe Kapitel über S. Silvestro e Martino.

## GESCHICHTLICHES

S. Lorenzo in Lucina entstand – wie Ausgrabungen beweisen konnten – auf dem Areal der unter Kaiser Augustus angelegten, gigantischen Sonnenuhr, dem „Horologium Augusti". Die auf einer riesigen ebenen Fläche angelegte, in der Antike weithin berühmte und von römischen Schriftstellern wie Plinius d. Älteren (23-79) beschriebene Sonnenuhr erstreckte sich hier, westlich der „Via Lata", der heutigen Via del Corso. Sie wurde von einem ägyptischen Obelisken dominiert, den Augustus aus Heliopolis nach Rom bringen ließ. Er war dem Pharao Psammetris II. (594-589 v. Chr.) zu Ehren in dieser ägyptischen Stadt aufgestellt gewesen. Auf dem Marsfeld von Augustus wieder aufgerichtet, sollte er mit seinem Schatten die Zeit anzeigen. Er steht heute nicht weit von seiner ursprünglichen Stelle entfernt auf der Piazza Montecitorio vor dem italienischen Parlament.

In die weite, trapezförmige, mit Travertinplatten ausgelegte Fläche waren, einem ausgeklügelten System folgend, leicht gekrümmte Bronzelinien sowie andere, die diese senkrecht schnitten, eingelassen. Südlich davon, schon außerhalb dieses Trapezes, stand der Obelisk und diente mit seinem Schatten als Zeiger. Es handelte sich hier nicht nur um die größte Sonnenuhr der Antike, sondern auch um den ersten öffentlichen Kalender des Altertums. Sie gab die Zeit für das gesamte römische Imperium an. Von Maecenas im Auftrag des Augustus im Jahre 10 v. Chr. erbaut

– damals war auch der Obelisk aus Ägypten nach Rom gebracht worden – breitete sie sich auf einem Areal von 160 x 60 Metern aus (etwa so groß wie der Petersplatz). Maecenas ließ deshalb aus Alexandrien in Ägypten gelehrte Mathematiker und Astronomen kommen, die die Position des Obelisken und der Bronzelinien, auf denen sich sein Schatten bewegte, genau berechneten. So konnte man nicht nur die Stunden und Minuten, sondern auch die Tage, die dazugehörigen Windrichtungen, die vier Jahreszeiten, Tierkreiszeichen und wichtige Daten erkennen. Diese Sonnenuhr hatte seinerzeit auch den Beginn der Volkszählung in Galiläa zur Zeit der Geburt Christi angegeben. Über diese gigantische Travertinfläche wandelten den Bronzelinien oder dem Schatten des Obelisken folgend Senatoren, Ritter und hohe Beamte in ihrer strahlend weißen Toga oder gar berühmte Persönlichkeiten wie Maecenas, Virgil oder Horaz.

Das „Horologium Augusti" diente aber nicht nur praktischen Zwecken, sondern war von Augustus auch aus Gründen der Propaganda errichtet worden: Die einzige gerade Linie, welche – West-Ost gerichtet – das Trapez in etwa zwei Hälften teilte, stellte den Verlauf des Schattens des Obelisken am 23. September dar. Das bedeutete nicht nur die Tag- und Nachtgleiche, sondern vor allem den Geburtstag dieses außergewöhnlichen Kaisers. An diesem Tag wanderte der Schatten von Sonnenaufgang an bis Sonnenuntergang entlang dieser einzigen geraden Linie, um schließlich am Ende dieses hervorragenden Tages mit seiner Spitze die „Ara Pacis" (den Friedensaltar des Augustus) zu berühren. Dieses Monument hatte Augustus zu seiner und der Ehre seiner Familie als der Stifterin der „Pax Austea", des Friedens des Augustus, der zum Wohle aller Völker der damals bekannten Welt begonnen hatte, errichten lassen. Die übriggebliebenen Teile der „Ara Pacis", die ursprünglich in der Nähe von S. Lorenzo in Lucina stand, nämlich dort, wo die Via in Lucina eine Ecke bildet, wurden 1938 ausgegraben und an der heutigen Stelle am Lungotevere wieder aufgebaut.

Das ursprüngliche Niveau der Sonnenuhr lag um acht Meter tiefer als das heutige. Diesen großen Höhenunterschied verursachte der Tiber, der all das Material in zahllosen Überflutungen in zweitausend Jahren angeschwemmt hat. In dieser Tiefe fanden Archäologen in der Via di Campo Marzio 48 – einer „strategisch" günstigen Grabungsstelle – auch tatsächlich einen 40 Quadratmeter großen Teil des „Horologiums".

Unter S. Lorenzo in Lucina vermutet man weitere Reste der kolossalen Sonnenuhr. So wandte man sich wegen der Grabungserlaubnis an den Pfarrer von S. Lorenzo und die Oberintendanz. Der Pfarrer war in den Kellergewölben seiner Kirche bereits auf eigene Faust – der starken aufsteigenden Feuchtigkeit wegen – auf „Entdeckungsreise" gegangen und war dabei beinahe im Schlamm der letzten (!) Tiberüberschwemmung von 1870 versunken. Er erteilte daher die Grabungsgenehmigung schon aus Gründen der Trockenlegung. Obwohl man bis jetzt noch nicht in acht Meter Tiefe vorgestoßen ist, haben die Untersuchungen schon aufsehenerregende Ergebnisse gebracht. In der bisher tiefsten Schicht legte man nicht nur Teile des Mosaikfußbodens eines Wohnhauses aus dem ersten oder zweiten Jahrhundert frei, sondern auch Mauerreste einer zu einem späteren Zeitpunkt im zweiten Jahrhundert errichteten „Insula" (ein römischer Wohnblock). Die Fundamente eines Teiles der entdeckten „Insula" stimmen genau mit denen unserer Kirche überein und lassen vermuten, daß sich hier der ursprüngliche „Titulus Lucinae" befand, die Urkirche S. Lorenzo in Lucina.

Die Sonnenuhr hörte wegen der häufigen Überschwemmungen etwa nach 50 Jahren zu funktionieren auf. Der Obelisk war offensichtlich aus dem Lot geraten, wie uns Plinius der Ältere in seinen „Naturalis Historia" berichtet. Später breitete sich die Stadt dann auch auf dem bisher wenig bebauten Marsfeld aus.

Der Überlieferung nach hat sich nicht nur der hl. Laurentius hier aufgehalten. Die beiden Apostelfürsten Petrus und Paulus sollen ebenfalls hier gewohnt haben. Auf jeden Fall gab es hier eines der ersten frühchristlichen „Gemeindezentren" Roms. Damals gab es in Rom noch keine „Kirchen" in unserem Sinn. Vielmehr existierten eine Reihe von polyfunktionalen Versammlungsräumen, die sich in Häusern mehr oder weniger reicher Mitbrüder im Glauben befanden. Sie stellten einen geeigneten Saal für Zusammenkünfte und den Gottesdienst zur Verfügung. Nicht selten stifteten sie ihre Güter der Kirche. So entstanden viele der berühmten „Tituli". Auch bei S. Lorenzo in Lucina vermutete man zunächst (auch weil der „Liber Pontificalis" sie ausdrücklich als Verwandte des Kaisers Gallienus erwähnt) eine Matrone Lucina als fromme Stifterin des „Titulus Lucinae". Die Ausgrabungen haben neue Aspekte gebracht: Ein Brunnen kam unter der Sakristei ans Tageslicht. Nun gab es hier in der Antike auch einen Tempel der „Juno Lucina". Sie war die

Beschützerin der schwangeren Frauen, die aus ihrem Brunnen heilkräftiges Wasser schöpften. Später etwas umgebaut, diente dieser Brunnen vermutlich als einer der ersten Taufbrunnen Roms. Die Aufgabe der Beschützerin der Gebärenden übernahm später die Jungfrau Maria bzw. die hl. Anna.

Die bisher ältesten Nachrichten hinsichtlich der Kirche gehen auf das vierte Jahrhundert zurück, Es handelt sich dabei um eine Inschrift und die briefliche Erwähnung der Wahl Papst Damasus', die 366 in S. Lorenzo in Lucina – damals wahrscheinlich ein kleines Gemeindezentrum – stattfand. Die Errichtung des Gotteshauses geht vermutlich auf Papst Sixtus III. (432-440) zurück, der die Apsis mit Wandbildern ausschmücken ließ.

Im Laufe der Zeit immer wieder restauriert, wobei der Fußboden allenthalben angehoben wurde, behielt die Kirche im Grunde ihren frühchristlichen Grundriß. Die jüngsten archäologischen Untersuchungen ergaben, daß die heutige Anlage genau der frühchristlichen entspricht. Das eher schlichte Aussehen des Innenraumes geht auf die letzte große Restaurierung unter Papst Pius IX. (1846-1878) zurück.

## AUSSENFASSADE UND VORHALLE

Seit der kleine Platz vor der Kirche zu einer Fußgängerzone geworden ist, kann man die harmonischen Proportionen der luftigen Vorhalle der Kirche mit ihren sechs Granitsäulen viel besser erkennen. Sie stammt aus dem 12. Jahrhundert. Der nicht allzu hohe Glockenturm, der neben der sehr einfachen Kirchenfassade herausragt, entstand in der gleichen Zeit. Links des von zwei romanischen Löwen flankierten Hauptportales befinden sich einige mittelalterliche Inschriften, darunter auch die, welche sich auf die Überführung der Reliquien von Märtyrern und Päpsten aus den Katakomben in dieses Gotteshaus beziehen.

## INNENRAUM

An den eleganten romanischen Löwen vorbei betritt man das barock aussehende, doch nüchtern wirkende Hauptschiff. Dieser Eindruck wird durch die monochrome Malerei an den Wänden, braun in braun, sowie durch die einfache Kassettendecke vermittelt. Das große Deckengemälde, die „Himmelfahrt Christi zwischen den Heiligen Laurentius, Damasus,

Lucina und Franziskus", ist ein Werk von Roberto Bonpiani (1860), der auch die einfarbigen Gemälde schuf: links Begebenheiten aus dem Leben des hl. Franziskus Caraccioli und rechts aus dem Leben des hl. Laurentius. Die vergoldete Kassettendecke trägt zur Erinnerung an die Arbeiten, die Pius IX. durchführen ließ, sein Wappen.

*Altarraum*

Besonders wirkungsvoll ist das Altarbild von Guido Reni (1575-1642), das man bereits vom Haupteingang sieht. Es zeigt den gekreuzigten Christus und ist seiner Plastizität und außerordentlichen Ausdruckskraft wegen berühmt und viel bewundert worden. Der Hauptaltar entstand nach einem Entwurf von Carlo Rainaldi (1669). Die mächtigen schwarzen Marmorsäulen sind eine Stiftung der Marquise Duglioli-Angeletti, die vor dem Hauptaltar bestattet ist. Vom durchbrochenen Tympanon hoch oben sieht die Jungfrau mit dem Kinde herab. Es handelt sich um ein Mosaik und zeigt die „Madonna della Sanitá", die besonders von den Gebärenden um Beistand gebeten wird.

Das Presbyterium ist ein sehr interessanter Bereich. Geht man um den Altar herum in den Chor (es empfiehlt sich, in der Sakristei um Erlaubnis zu bitten), bemerkt man im Apsisrund zunächst nur ein würdiges Chorgestühl aus dem vorigen Jahrhundert. Von „außen" einfach und ohne irgendeine Besonderheit, birgt es jedoch eine großartige Überraschung: Öffnet man die Holztür in der Mitte, so kommt der uralte Bischofsstuhl zum Vorschein. Auf den Außenseiten der Armlehnen kann man hübsche Weinranken erkennen. Paschalis II. (1099-1118) ließ auf der kreisförmigen Rückenlehne eine Inschrift anbringen, die darüber informiert – auch die Inschriften in der Vorhalle berichten darüber – daß im Jahre 1112 im Altar zwei Behälter mit dem Blut des hl. Laurentius und der Rost, auf dem er sein Martyrium erlitt, aufgehoben wurden. Auch Reste des mittelalterlichen Altars kann man noch sehen. Allerdings erfordert dies etwas Gewandtheit: Man muß den kleinen Zwischenraum zwischen dem Altartisch und der Altarwand seitlich betreten (es ist sehr eng, ein Lichtschalter ist bequem angebracht). Etwa in der Mitte dieses kleinen „Ganges" befindet sich auf der dem Haupteingang zugewandten Seite der Rest des mittelalterlichen Kosmatenaltars mit einem Mosaik aus Porphyrrhomben und achteckigen Sternen. In der Öffnung darin erkennt man den antiken strigillierten Reliquiensarkophag.

## Die Seitenkapellen

In der ersten Kapelle rechts – sie ist dem hl. Lorenz geweiht – befindet sich die berühmteste Reliquie von S. Lorenzo in Lucina. Es handelt sich dabei um einen Teil des Rostes, auf dem der heroische Diakon der Überlieferung nach seinen Märtyrertod erlitt. Das Altarbild stellt den Heiligen in der Glorie dar, von der hl. Lucina verehrt. Ein liebenswürdiger Putto weist den Plan der Kirche vor. Die Bilder seitlich stellen Begebenheiten aus dem Leben des Heiligen dar. Aller Wahrscheinlichkeit nach war der hl. Laurentius als „Archidiakon" (als erster Diakon also die zweitwichtigste Person nach dem Papst) in S. Lorenzo in Lucina tätig, wo sich die erste Kurie befand. Er verwaltete die Kirchengüter und – so wird angenommen – erlitt den Märtyrertod auf einem glühenden Rost, weil er dem Kaiser Valerianus, dessen Staatskassen leer waren und der es deshalb darauf abgesehen hatte, die Kirchenschätze nicht auslieferte, sondern diese unter die Armen und Bedürftigen verteilte.

Die zweite Kapelle rechts stammt von Carlo Rainaldi. Ursprünglich dem hl. Antonius gewidmet, ist sie mit Bildern, die Episoden aus seinem Leben zeigen, ausgestattet.

In der dritten Kapelle rechts wird in einem Reliquiar im Unterteil des Altars das vergoldete Haupt Alexanders I. aufbewahrt.

Auch die vierte Kapelle rechts ist bemerkenswert. Gian Lorenzo Bernini schuf sie für Gabriele Fonseca, den zu seiner Zeit sehr angesehenen aus Portugal stammenden Leibarzt von Papst Innozenz X. (1644-1655). Bernini war 70 Jahre alt, als er die Ausstattung dieser Kapelle übernahm. Die von einer kleinen elliptischen Laterne bekrönte Kuppel ist von einer Schar lustiger Putten bevölkert. Das ovale Altarbild mit einer Verkündigungsszene wurde von Luigi Gemignani (1643-1697) nach einem Bild von Guido Reni gemalt und wird von zwei großen Engeln gehalten. Vier Marmorbüsten fallen in dieser Kapelle sofort auf, wobei die linke, zum Altar nähere, den Stifter der Kapelle darstellt und ebenfalls von Bernini ist.

Die fünfte Kapelle links birgt ebenfalls interessante Kunstwerke. Hier war der französische Maler Simon Vouet (1590-1649) tätig. Von ihm stammen die Bilder an den Seitenwänden, „Versuchung des hl. Franz von Assisi" und „Der Verzicht auf seinen Besitz".

Die dritte Kapelle links stellt, was ihren Heiligen betrifft, eine Selten-

231

heit in Rom dar: Sie ist dem hl. Johann Nepomuk geweiht, der ja vor allem nördlich der Alpen verehrt wird. Die Gemälde seitlich erzählen von ihm; links die Anklage (G. B. Speranza, 1600-1640); rechts sein Tod in den Fluten der Moldau, wobei ein lieblicher Engel seine Beichtstola als Symbol seines Martyriums) über ihn hält (Davil, 17. Jahrhundert).

Die zweite Kapelle links ist dem hl. Karl Borromäus geweiht. Das Altarblatt zeigt den Heiligen in einer Prozession, bei der ein Nagel aus dem Kreuz mitgeführt wurde. Das Bild stammt von Carlo Saraceni (1618).

### Weitere Sehenswürdigkeiten

In S. Lorenzo in Lucina gibt es auch einige liebenswürdige Kuriositäten, wie beispielsweise den spektakulären Deckel des Taufbeckens in der Form eines ansehnlichen hölzernen Kirchenmodells samt Kuppel (erste Kapelle links) oder die mittelalterliche Weiheinschrift des Gegenpapstes Anaclet II. (1130-1138) in der Vorhalle, links neben dem Hauptportal. Dieser als schismatisch erklärte Papst nahm die Weihe des Gotteshauses nach der Wiederherstellung durch Papst Paschalis II. vor. Später als ungültig erkannt, wurde sie unter Coelestin III. (1191-1198) wiederholt.

Von den Grabmälern in S. Lorenzo in Lucina verdient das des berühmten französischen Malers Nicolas Poussin (1594-1665) Erwähnung, dessen Epitaph an dem dritten Pfeiler rechts angebracht ist. Der deutsche Kupferstecher Wilhelm Friedrich Gmelin (gest. 1820) hat ebenfalls hier seine letzte Ruhestätte gefunden. Die Marmorinschrift, die an ihn erinnert, ist innen gleich rechts neben dem Hauptportal befestigt.

# S. Ignazio

## Das Grabmal Papst Gregors XV. (1621-1623)

Auf halbem Wege zwischen der Via del Corso und dem Pantheon liegt auf einem der reizvollsten und heitersten Plätze Roms S. Ignazio, die Kirche des Collegio Romano. In diesem, dem Gründer des Jesuitenordens Ignaz von Loyola, geweihten Gotteshaus ist Papst Gregor XV. beigesetzt. In gewissem Sinne geht S. Ignazio auf seine Initiative zurück. Denn er regte seinen Neffen und Vizekanzler Kardinal Ludovico Ludovisi an, dem Gründer des Jesuitenordens und des „Collegio Romano", das gleich daran anschließt, ein Gotteshaus zu errichten.

## GREGOR XV.
### (Alessandro Ludovisi aus Bologna, 1621-1623)

Gregor XV. entstammte der vornehmen Bologneser Familie Ludovisi und wurde am 9. Januar 1554 in der Hauptstadt der Emilia-Romagna geboren. Selbst Schüler des Collegio Romano, studierte er später in Bologna sowohl ziviles als auch kanonisches Recht und wurde von seinem Vorgänger auf dem Stuhl Petri, Paul V. (1605-1621), zum Erzbischof seiner Geburtsstadt und dann zum Kardinal ernannt. Als er am 9. Februar 1621 nach einem kurzen Konklave zum Papst gewählt wurde, galt er wegen seiner labilen Gesundheit als „Übergangspapst". Er regierte tatsächlich nur zwei Jahre. Trotzdem hatte sein Pontifikat nachhaltige Auswirkungen. Einer seiner ersten Beschlüsse betraf die Reform der Papstwahl. Durch die Bullen „Aeterni Patris" (1621) und „Decet Romanorum Pontificem" (1622) schrieb er Klausur, Zettelwahl sowie Zweidrittelmehrheit vor. Da ihm die Missionsarbeit besonders am Herzen lag, gründete er 1622 die „Propaganda Fide". Denn wie er selbst sagte, war er davon überzeugt, daß „die höchste Aufgabe des Hirten in der Verbreitung des christlichen Glaubens liege".

*Piazza S. Ignazio*

Die neue Kongregation bildete einen Meilenstein im Pontifikat Gregors XV. Ihre Arbeit wirkt sich bis heute segensreich für die Kirche aus. Die Weiterarbeit an der Verwirklichung der Trienter Reformbeschlüsse gehörte ebenfalls zu seinen Hauptanliegen. Unter seinem Pontifikat wurden Ignatius von Loyola, Franz Xaver, Therese von Avila und Filippo Neri kanonisiert. Gregor XV. starb am 8. Juli 1623, wurde zuerst provisorisch in St. Peter beigesetzt und fand nach Vollendung von S. Ignazio hier seine letzte Ruhestätte.

### Grabmal Gregors XV.

In einer ansonsten ziemlich schmucklosen Kapelle, rechts neben dem Hauptaltar, steht das mächtige Grab Gregors XV. Von Pierre Legros (1666-1719) und Pierre Monnot (1657-1733) nach einem Entwurf von P. Orazio Grassi geschaffen, nimmt es die gesamte Rückwand ein. Auf einem hohen Sockel thront in der Mitte die Sitzfigur des Papstes unter einem barocken Baldachin. Die Rechte zum Segen erhoben, sitzt er gleichsam in einer durch einen gewaltigen, bewegten Marmorvorhang gebildeten Grotte, wobei Engel die Draperien offenhalten. Darüber schweben weitere Putten mit dem Ludovisiwappen. Die zwei Frauengestalten, die zu Füßen des Papstes sein Grab umgeben, symbolisieren links den „Glauben" und rechts „Ruhm und Großzügigkeit"; die beiden Figuren sind von Pierre E. Monnot. Die Statue des Papstes ist ein Werk von Le Gros.

Auf dem von entzückenden Putten umspielten Medaillon darunter ist der Neffe des Papstes und Förderers von S. Ignazio, Kardinal Ludovico Ludovisi, im Profil dargestellt. Er ruht mit seinem Onkel in einem Grabmal.

## GESCHICHTLICHES

Wo heute S. Ignazio steht, befand sich Mitte des 16. Jahrhunderts ein von der Marchesa von Tolfa gestiftetes Kloster. Es fiel dem Aufstand 1559, der unmittelbar nach dem Tod Pauls IV. um das nahegelegene Inquisitionsgebäude (S. Maria sopra Minerva) ausbrach, zum Opfer, wurde verlassen und stand leer. Die „Gesellschaft Jesu" wandte sich daher an die Marchesa mit dem Plan, das bereits bestehende Collegio zu erweitern. Die erste Kirche im Verband mit der berühmten Schule entstand so zwischen 1562 und 1564.

Das „Collegio Romano" war 1551 von Ignaz von Loyola gegründet worden und entwickelte sich durch die Tatkraft von Francesco Borgia, dem dritten Ordensgeneral der Jesuiten, rasch weiter. In ihrem Gründungsjahr hieß das Collegio nach „Scuola di Grammatica, Umanità e Dottrina Cristiana Gratis" (Unentgeltliche Schule der Grammatik, Menschlichkeit und christlichen Doktrin). Sie wurde für viele Schulen Europas beispielgebend.

Gregor XIII. (1572-1585) unterstützte sie durch Ankauf weiterer Grundstücke und durch finanzielle Mittel. Den Neubau des Collegio, das zum Ziel zahlreicher Studenten aus verschiedenen Ländern wurde, konnte man 1584 eröffnen. Zu Beginn des 17. Jahrhunderts wies das Collegio Romano bereits etwa 2000 Schüler auf.

Die 1566 geweihte Vorgängerin von S. Ignazio, S. Annunziata, wurde zu Beginn des 17. Jahrhunderts abgerissen, weil sie sich als zu klein für das rasch wachsende Collegio Romano erwies. S. Annunziata war die Kirche, in der die Heiligen Stanislaus Kostka und Luigi Gonzaga im Gebet verweilt hatten. Der hl. Johannes Berchmans fand hier seine letzte Ruhestätte und dem hl. Aloisius (Luigi Gonzaga, gest. 1591), war hier ein Altar gewidmet gewesen. Er befindet sich heute in der Sakristei von S. Ingazio. Gregor XV. war es als ehemaligem Schüler des Collegio ein Herzenswunsch, Ignatius von Loyola, dem Begründer dieser außerordentlichen Institution, ein würdiges Andenken zu errichten.

Bevor 1626 die feierliche Grundsteinlegung zu S. Ignazio stattfand, ließ sich Kardinal Ludovico Ludovisi Entwürfe verschiedener Architekten vorlegen und wählte daraus den des Jesuitenpaters und Mathematikprofessors des Collegio Romano, Orazio Grassi (1583-1654), aus. Nach der Genehmigung des Projektes durch eine Kommission namhafter Architekten und Maler, darunter Carlo Maderna und Domenico Zampieri (Domenichino), konnte mit dem Bau begonnen werden. Kardinal Ludovisi konnte die Vollendung seines Werkes nicht mehr erleben, da er 1632 starb, doch dotierte er in seinem Nachlaß den Bau mit erheblichen Geldmitteln. Auch P. Orazio Grassi konnte nicht mitverfolgen, wie sich sein Entwurf entwickelte, denn man berief ihn zuerst an das Kolleg in Siena und dann nach Savona.

*S. Ignazio, Grabmal Gregors XV.*

Als 1640 in S. Ignazio aus Anlaß der Hundertjahrfeier der Gesellschaft Jesu die erste feierliche Messe – Papst Urban VIII. (1623-1644) zelebrierte sie – stattfand, fehlte an dem Gotteshaus noch die Wölbung über dem Mittelschiff und weitere wichtige Bauteile. Im Jahre 1649 wurde der Leichnam des hl. Aloisius hierher überführt und 1650 das Langhaus provisorisch für die Gläubigen eröffnet. An dem Hochamt, das Papst Innozenz X. (1644-1655) zelebrierte, nahm Königin Cristine von Schweden teil.

Als der Bau 1685 schließlich fertiggestellt war, fehlte noch immer die Kuppel, zu deren Ausführung es wegen Geldmangels und anderer Schwierigkeiten nie kam. Statt dessen malte Bruder Andrea Pozzo (1642-1709) die berühmte Scheinkuppel auf einer Leinwand von 17 Metern Durchmesser. Sie wurde 1685 auf die Decke angebracht. Andrea Pozzo versah auch das Mittelschiff mit der beeindruckenden Glorie des hl. Ignatius. Im Jahre 1722 wurde S. Ignatius durch Kardinal Antonio Felice Zonda schließlich feierlich geweiht. Die Innenausstattung des Gotteshauses, die danach nur mehr langsam voranschritt, konnte wegen der zeitweiligen Aufhebung des Ordens damals nicht mehr fertiggestellt werden.

## AUSSENFASSADE

Die eindrucksvolle Vorderfront von S. Ignazio ist nach dem Vorbild von „Il Gesu" entstanden. P. Orazio Grassi entwarf sie, doch wurde sie später durch einen anderen Bauleiter etwas verändert und ihre Höhe um fünf Meter angehoben.

Die Fassade von S. Ignazio überragt und dominiert das Ensemble der Häuser an der gleichnamigen Piazza, die einen der liebenswürdigsten Plätze Roms darstellt. Von Filippo Raguzzini entworfen, bilden sie eine hübsche Rokoko-„Szenerie", in welcher die mächtige Vorderfront von S. Ignazio den unübersehbaren Mittelpunkt bildet.

## INNENRAUM

Es ist ein heller, lichterfüllter Sakralraum, den man durch das Hauptportal betritt. Nach dem Beispiel der ersten Kirche der Jesuiten, „Il Gesu", gestaltet, besteht sie aus einem weiten Hauptschiff und Nebenkapellen, die jedoch so miteinander verbunden sind, daß sie den Eindruck von Nebenschiffen erwecken. Das Gotteshaus erlangte nicht zuletzt wegen der außerordentlich realistisch gemalten Kuppel und durch die vielleicht malerisch noch wirkungsvoller gestaltete Wölbung des Längshauses Berühmtheit.

### Die Scheinarchitekturen des Andrea Pozzo

Der Blick des Besuchers wird sofort von der hellen, ein nicht enden wollendes Firmament vortäuschenden Wölbung des Mittelschiffes angezogen. Bruder Andrea Pozzo wurde mit der Gestaltung beauftragt, nachdem er mit der Ausführung der Scheinkuppel sein außergewöhnliches Talent bewiesen hatte. Auf 750 Quadratmetern schuf er die in eine nach oben scheinbar offene Säulenhalle eingebettete Verherrlichung der Missionstätigkeit der Gesellschaft Jesu sowie die Glorie des hl. Ignatius. Um die Perspektive in ihrer vollen Wirkung genießen zu können und von der Illusion ganz eingenommen zu werden, muß man sich auf eine kleine gelbe, mitten im Hauptschiff eingelassene Marmorplatte stellen. Die scheinbar über den Pfeilern des Hauptschiffes schwebenden Hauptfiguren – sie personifizieren die vier damals bekannten Erdteile Europa, Afrika, Amerika und Asien – fallen sofort auf. Sie sind von den Symbolen der Kontinente und Engeln umgeben, welche die dunklen Männergestalten (sie stehen für die Irrlehren und Laster) bekämpfen. „Asia", die Heimat der Religion, reitet auf einem Kamel und weist seherisch gegen den Himmel. „Afrika" sitzt, in der rechten einen Elefantenzahn, auf einem Krokodil, wobei ein Putto die Mächte des Bösen mit einer Lanze in Schach hält. „Amerika", mit einer Federkrone auf dem Haupt und von einem Puma flankiert, bedroht mit einem Speer die finsteren Gestalten unter ihr. „Europa" reitet stolz als Königin der Welt, ein Zepter in der Rechten, einen Globus mit der Linken umfassend, auf einem Apfelschimmel. Den Mittelpunkt – auch den konstruktiven – der gesamten Komposition bildet die Dreifaltigkeit. Ihr entgegen schwebt der hl. Ignatius auf einer von Engeln getragenen Wolke. Etwas unterhalb folgen ihm die Heiligen Aloisius, Franz Xaver und Stanislaus Kostka.

### Die gemalte Kuppel

Die Vierung wird von der gemalten Kuppel überspannt. Es handelt sich um das größte Leinwandbild Roms. Es täuscht nicht nur eine kassettengeschmückte Kuppel samt Laterne vor, sondern auch eine lichtdurchflutete und mit Fenstern und Loggen versehene Tambour. In der Mitte schwebt das von fanfarenblasenden Engeln umgebene Wappen der Jesuiten mit der berühmten Inschrift „IHS".

Auch die Pendentifs, die für die ursprünglich geplante Kuppel errichtet worden waren, wurden von Andrea Pozzo mit Wandbildern versehen. Sie stellen „Samson und die Philister", „Deborah tötet Sisra", „David und Goliath" und „Judith und Holofernes" dar. Die Pendentifs sind eine wichtige Komponente in der Wirkung der Kuppel. Kommt man am Übergang vom Hauptschiff zur Vierung zu einer zweiten gelben, im Fußboden eingelassenen Marmorscheibe, sollte man hier anhalten und die Kuppel betrachten, denn das ist die von Andrea Pozzo dafür vorgesehene und damit perspektivisch richtige Stelle.

### Der Apsisbereich

Die Gemälde in der Apsiswölbung und an deren Wänden sind ebenfalls ein Werk von Andrea Pozzo. Sie zeigen Begebenheiten aus dem Leben des hl. Ignatius. Auf dem Gewölbe des Presbyteriums ist seine Bekehrung im Zuge der Belagerung von Pamplona zu sehen. Das große Fresko in der Apsiswölbung stellt die Errettung einer ganzen Stadt durch den Heiligen dar. An der Altarwand sieht man links die „Entsendung des hl. Franz Xaver nach Indien", in der Mitte die „Vision des hl. Ignatius bei La Storta" und rechts die „Aufnahme des Francesco Borgia in den Jesuitenorden". Das auf dem Kordongesims über dem Hauptaltar angebrachte Medaillon mit der Aufschrift „Ego vobis Romae propitius ero" (ich werde euch in Rom günstig gesinnt sein) erinnert an die Worte, die Christus anläßlich der Erscheinung von La Storta zum hl. Ignatius (November 1537) gesprochen hat.

### Die Altäre des hl. Aloisius und Johannes Berchmans im Querschiff

Die Stirnseiten des Querschiffs werden von den prächtigen Altären der Heiligen Aloisius (rechts) und Johannes Berchmans eingenommen. Beide sind mit gedrehten Marmorsäulen und wertvollen Steinverklei-

*S. Ignazio, Innenraum*

dungen ausgestattet. Die Altarbilder sind nicht gemalt, sondern Reliefs, was den Altären ein besonders feierliches Gepräge gibt. Das Relief mit der Verklärung des hl. Alois ist ein Werk von Pierre Legros; die Verkündigungsszene gegenüber ist von Filippo Valle (1749). Beide Altäre sind über kostbaren Urnen aus Lapislazuli errichtet, die die Gebeine der beiden Heiligen enthalten. In der dritten Kapelle rechts ruht der hl. Robert Bellarmin in einer Glasurne.

### Die Piazza S. Ignazio

Verläßt man S. Ignazio, empfängt einen der reizende Rokokoplatz vor der Kirche, der durch seine unbeschwerte Atmosphäre einen gelungenen Kontrast zu der strengen Fassade bildet. Raguzzini wurde wegen der „lächerlichen, wie Kommoden aussehenden Häuser", seinerzeit stark kritisiert. Mittlerweile wird niemand mehr leugnen, daß der kleine Platz durch seine „bühnenbildnerischen" Effekte sicherlich gewonnen hat und einer der interessantesten Kirchen Roms einen würdigen Rahmen verleiht.

# S. Maria sopra Minerva

## Die Grabmäler der Päpste Leo X. (1513-1521), Clemens VII. (1523-1534), Paul IV. (1555-1559), Urban VII. (1590), Benedikt XIII. (1724-1730)

Ganz nahe beim Pantheon, eigentlich unmittelbar dahinter, liegt die Piazza della Minerva mit dem kleinen verschmitzten, obeliskbeschwerten Elefanten in der Mitte. Die nüchterne, schmucklose Fassade von S. Maria sopra Minerva deutet keineswegs darauf hin, daß sich im Inneren eines der an Kunstwerken reichsten Gotteshäuser Roms verbirgt. Berühmt wegen der wunderbaren Fresken von Filippo Lippi, der Christusstatue Michelangelos, sowie wegen des Grabes der hl. Katharina von Siena und der letzten Ruhestätte des Malers lieblicher Madonnenbilder, Beato Angelico, ist vielleicht weniger bekannt, daß auch fünf Päpste hier ihre Grabdenkmäler haben: Leo X., Clemens VII., Paul IV., Urban VII., Benedikt XIII.

## LEO X.
### (Giovanni Medici, aus Florenz, 1513-1521)

Giovanni Medici wurde am 11. Dezember 1475 (beinahe genau ein halbes Jahrs später als Michelangelo) als zweiter Sohn von Lorenzo dem Prächtigen in Florenz geboren. Von Anfang an für die Kirchenlaufbahn bestimmt, wurde er siebenjährig Apostolischer Protonotar und mit 13 Jahren Kardinal. Als er zum Papst gewählt wurde, war er erst 38 Jahre alt, doch schon schwer leidend. Im Konklave, wohin man ihn seiner Krankheit wegen tragen mußte, ließ er sogar einen chirurgischen Eingriff über sich ergehen.

„Die stillversteckte, diplomatische Natur der Medici, aber auch das geistreiche Florentiner Wesen, Lebenslust und Gefühl für alles Schöne, waren im Kardinal Giovanni verkörpert ... Liebenswürdigkeit ersetzte

*Obelisk vor S. Maria sopra Minerva*

die Mängel seiner Gestalt, welche häßlich zu nennen war: der Kopf auffallend groß, der Hals kurz und dick, der Oberkörper massiv ... er war kurzsichtig und brauchte ein Augenglas ... Ein weichliches Wesen, leicht in Gefühlen lösbar, spricht sich in dem berühmten Portrait Raffaels von ihm aus. Auch die weiße, weichliche Hand ist weder die eines Denkers noch des Mannes der Tat", so beschreibt Ferdinand Gregorovius Leo X.

Unter seinem Pontifikat begann der Protest des Augustinermönchs und Wittenberger Professors Martin Luther gegen die nunmehr inhaltslos gewordene Ablaßpraxis. Dieser wandte sich gegen die Mißstände, die im Zusammenhang mit der von Julius II. ausgerufenen und von Leo X. bestätigten Indulgenz für den Bau der Peterskirche eingerissen waren. Die Reformation nahm ihren Anfang und die Glaubensspaltung konnte trotz der Bannandrohungsbulle „Exsurge domine" (Erhebe dich, Herr) und des Wormser Edikts Kaiser Karls V. nicht aufgehalten werden.

Großartig war Leo X. als Mäzen. Er unterstützte und förderte die Künstler, die unter Julius II. mit ihrer Tätigkeit begonnen hatten, wie beispielsweise – um nur den berühmtesten zu nennen – Raffael, der die Wandbilder in den Stanzen und den Loggien fertigstellte. Leo X. starb am 1. Dezember 1521 unerwartet im Alter von 46 Jahren und wurde zunächst in St. Peter beigesetzt, von wo er später in das Mausoleum in Santa Maria sopra Minerva überführt wurde.

### Das Grabmal Leos X.

Das Grabmonument Leos X. befindet sich in der Chorkapelle hinter dem Hauptaltar, die wegen der beiden architektonisch in gleicher Weise gestalteten Medicigrabmäler auch „Medicikapelle" heißt. Diese war von Kardinal Bartolomeo Vitelleschi in gotischem Stil erneuert worden und wurde unter Mitwirkung von Alessandro de' Medici, dem Neffen Clemens' VIII., in der Absicht, die Grabmäler der beiden Medicipäpste hier unterzubringen, umgebaut. Carlo Maderna barockisierte sie 1614. Ihr heutiges Aussehen geht auf das vorige Jahrhundert zurück.

Die Figur Leos X. an der linken Wand ist ein Werk von Raffaele da Montelupo (Raffaelo di Bartolomeo Sinibaldi, 1505-1557). Er stellte den Papst tiarabekrönt auf einem Thron dar, die Rechte zum Segen erhoben, in der Linken den Schlüssel. Die Statue des Papstes bildet den Mittelpunkt des großen dreiteiligen Monuments. Sie wird seitlich von den beiden

*Leo X. von seinem Grabdenkmal in S. Maria sopra Minerva*

Apostelfürsten flankiert, die zusammen mit den Reliefs darüber (links die „Taufe Christi", Mitte „Die Begegnung Papst Leos X. mit König Franz I. in Bologna", rechts das „Totenerweckungswunder des hl. Julianus") ein Werk von Baccio Bandinelli (1493-1560) sind. Darüber prangt das Mediciwappen.

## CLEMENS VII.
### (Guilio Medici, aus Florenz, 1523-1534)

Giulio Medici war der Sohn des am 26. 4. 1478 während der „Verschwörung der Pazzi" im Dom zu Florenz ermordeten Julian (Bruder von Lorenzo dem Prächtigen, welcher bei dem Anschlag leicht verletzt wurde). Julian war laut Gregorovius „der Liebling von Florenz gewesen; unvermählt gestorben, hinterließ er ein Bastardenkind von wenigen Monaten mit Namen Julius". Giulio Medici war somit der Cousin von Leo X. und drei Jahre jünger als dieser.

Von seinem Vetter zum Bischof von Florenz und dann zum Kardinal ernannt, war er ein entschiedener Anhänger seines unmittelbaren Vorgängers, Papst Hadrians VI. (1522-1523). Nach einem relativ langen Konklave von beinahe zwei Monaten wurde er am 19. November 1523 zum Papst gewählt. Aufgrund seiner kurialen Erfahrungen, die er als Vizekanzler und päpstlicher Legat unter Leo X. erworben hatte, und nach der strengen und nüchternen Regierungszeit Hadrians VI. setzte man große Hoffnungen auf ihn. Als seine wichtigsten Anliegen betrachtete er die Lösung der „Luthersache", den Frieden zwischen den europäischen Fürsten und die Türkenabwehr. Diese Projekte scheiterten jedoch alle. Die Katastrophe des „Sacco die Roma", nämlich die verheerende Plünderung durch die lutheranischen Landsknechte Karls V., sind ein sprechender Beweis dafür. Clemens VII., der sich während dieser Katastrophe nur mit Mühe und Not in die Engelsburg retten konnte, wurde am 5. Juni gefangengenommen und mußte große Zugeständnisse machen sowie 400000 Dukaten zahlen, um freizukommen. Allein in Trastevere hatte der „Sacco die Roma" 10000 Todesopfer gefordert. Die geschätzte Beute überstieg 10 Millionen Florentiner Goldgulden. Abgesehen von den geplünderten Archiven und vernichteten Dokumenten, Handschriften, wertvollen Büchern, Bildern, Wandteppichen und anderen Kunstwerken, wurde der Papst sogar seines Ringes und seines Meßkelches beraubt.

*Clemens VII. von seinem Grabdenkmal in S. Maria sopra Minerva*

Die so dringend vom Kaiser verlangte Einberufung eines allgemeinen Konzils schob Clemens VII. trotz all dieser schrecklichen Ereignisse in Erinnerung an das Konstanzer und Baseler Konzil immer wieder hinaus.

Unter seinem Pontifikat kam es auch zur Gründung der Anglikanischen Kirche. Denn als Clemens dem englischen König Heinrich VIII., der Anna Boleyn heiraten wollte (sie beendete später ihr Leben auf dem Schafott), die Lösung seiner Ehe mit Katharina von Aragon verweigerte und ihn exkommunizierte, setzte Heinrich VIII. sich selbst an die Spitze der englischen Kirche.

Der Vertraute Clemens' VII., Clemens Vettori, schrieb über diesen Papst: „Seit mehr als hundert Jahren saß auf dem Heiligen Stuhl kein besserer Mann als Clemens VII.: Er war nicht grausam, nicht stolz, nicht simonistisch, nicht geizig, nicht wollüstig … Trotzdem ist der Zusammensturz in seine Zeit gefallen; und andere, welche voll von Lastern waren, lebten und starben in bezug auf die Welt in Glück." Clemens VII. beendete sein Leben am 25. September 1534 nach Monaten elenden Siechtums und wurde nach einem provisorischen Begräbnis in St. Peter in S. Maria sopra Minerva in dem Grabmal gegenüber seinem Vetter beigesetzt.

*Grabmal Clemens' VII.*

Das Monument Clemens' VII. befindet sich an der rechten Wand der Medicikapelle. Seine Sitzfigur in der Mitte stammt von Nanni da Baccio Bigio (Giovanni Lippi, gest. um 1568). Die beiden Statuen (links hl. Hieronymus, rechts hl. Johannes der Täufer) und die Reliefs sind von Bandinelli. Sie zeigen in der Mitte „Die Krönung Kaiser Karls V. durch Clemens VII.", links die „Predigt des Täufers", und rechts die „Begegnung des hl. Benedikt mit dem falschen König Totila". Auch sein Grabmal wird von dem Mediciwappen bekrönt.

# PAUL IV.
## (Gian Pietro Carafa, aus S. Angelo della Scala bei Avellino, Campanien, 1555-1559)

Paul IV. wurde als Gian Pietro Carafa 1476 in S. Angelo della Scala bei Avellino geboren. Unter Julius II. (1503-1513) 1505 zum Bischof ernannt, hatte er zusammen mit Cajetan von Thiene den Orden der

*Papst Paul IV. von seinem Grabmal in S. Maria sopra Minerva*

Theatiner oder Cajataner gegründet. Deshalb galt er als Hauptvertreter der Katholischen Reform. Paul III. (1534-1549) erhob ihn zum Kardinal. Er war Großinquisitor von Rom und Dekan des Kardinalkollegiums. Als er am 23. Mai 1555 zum Papst gewählt wurde, war er bereits 79 Jahre alt. Sein Pontifikat war durch unnachgiebige Strenge und Nepotismus geprägt. Die Inquisition, von der auch hochgestellte Persönlichkeiten nicht verschont wurden, bekam unter seinem Pontifikat großen Einfluß. Als er am 18. August 1559 nach Tagen des Fastens und der Buße starb, entlud sich der Haß der Römer gegen seine Härte und Neffenwirtschaft in einem Volksaufstand. Daher wurde er in aller Heimlichkeit in St. Peter beigesetzt. Pius V. (1566-1572), der wegen seiner großen Frömmigkeit heiliggesprochen wurde, ließ seinen Vorgänger in S. Maria sopra Minerva zur letzten Ruhe betten.

*Das Grabmal Pauls IV.*

Das Grabmal Pauls IV. befindet sich in der Verkündigungskapelle, (auch „Capella Carafa", Stirnseite des rechten Querschiffes) an der linken Seitenwand. Sein Onkel, Kardinal Oliviero Carafa von Neapel, hatte diese Ende des 15. Jahrhunderts mit wunderbaren Fresken von Filippo Lippi ausgemalte Kapelle zu Ehren des hl. Thomas von Aquin gestiftet.

Über seinem Sarkophag aus gelbem Marmor befindet sich die strenge, in reiches Gewand gehüllte und mit der Tiara bekrönte Sitzfigur des Papstes, die Rechte zum Segen erhoben, in der Linken die Schlüssel. Nach einem Entwurf von Pirro Ligorio (1510-1583), von Giacomo Castagnola und seinen Gehilfen ausgeführt, wurden die von Filippo Lippi auf der linken Seitenwand der Kapelle gemalten Fresken damals leider vernichtet.

# Urban VII.
## (Gian Battista Castagna, aus Rom, 15. September bis 27. September 1590)

Gian Battista Castagna wurde am 4. August 1521 in Rom geboren. Als Erzbischof von Rossano Calabro unter Gregor XIII. (1572-1585) 1583 zum Kardinal ernannt, wählte man ihn nach dem Tod Sixtus' V. (1585-1590) während eines drei Monate dauernden Konklave zum Papst. Sein Pontifikat war eines der kürzesten in der Kirchengeschichte. Er war kaum dreizehn Tage in Amt und Würden, als ihn die Malaria dahinraffte.

*Grabmal Urbans II. in S. Maria sopra Minerva*

Er vermachte sein gesamtes Vermögen der „Confraternità dell' Annunziata" (Bruderschaft der Maria Verkündigung in S. Maria sopra Minerva), die wegen ihrer vornehmen Aufgabe auch „Congregazione delle Zitelle" (Kongregation der unverheirateten Jungfrauen) hieß. Kardinal Juan Torquemada (gest. 1468) hatte sie durch eine Stiftung ins Leben gerufen, um armen heiratsfähigen Mädchen eine Aussteuer zu sichern. Daher heißt die Kapelle, in der das Grabmal Urbans VII. steht, auch nach dieser Bruderschaft. Da Urban VII. ihr sein ganzes Vermögen hinterließ, wurde ihm von der Bruderschaft sein Grabmal an der linken Seite der Kapelle gewidmet.

### Grabmal Urbans VII.

Das Grabmal Urbans VII. besteht aus der majestätischen Sitzfigur des Papstes von Ambrogio Bonvicino (1552-1622) über einem schlichten Inschriftensockel. Der tiarabekrönte Pontifex ist in traditioneller Weise dargestellt: Die Rechte segnend erhoben sitzt er auf einem Thron.


## BENEDIKT XIII.
### (1724-1730, Pietro Francesco Orsini, im Orden Bruder Vincenzo Maria, aus Gravina bei Bari, 1724-1730)

Benedikt XIII. wurde am 2. Februar 1649 als Sproß der uralten römischen Adelsfamilie Orsini in Gravina bei Bari geboren. Schon in jungen Jahren (1668) verzichtete er auf Hab und Gut und trat dem Dominikanerorden bei. Im Jahre 1672 zum Kardinal, drei Jahre später zum Bischof von Manfredonia und 1686 zum Bischof von Benevent ernannt, behielt er die asketische, einfache Lebensweise eines Ordensmannes stets bei und entfaltete eine eifrige seelsorgerische Tätigkeit. Mehrere asketische und praktisch theologische Werke gehen auf ihn zurück. Am 29. Mai 1724 nach einem dreiwöchigen Konklave zum Papst gewählt, betrachtete er die Reform der kirchlichen Disziplin als vordringlich, wandte sich gegen jeden Luxus im Kirchenstaat und machte das gottesdienstliche Wirken zu seinen Hauptaufgaben. Unter seinem Pontifikat fanden die Selig- und Heiligsprechungen der Heiligen Aloisius (Luigi Gonzaga), Stanislaus Kostka, Johannes von Nepomuk und Johannes vom Kreuz statt. Auf ihn geht die Errichtung eines der beliebtesten

Wahrzeichen Roms, nämlich die Spanische Treppe zurück. Sie wurde von ihm anläßlich des Heiligen Jahres 1725 feierlich eröffnet. Er kümmerte sich auch um die Instandsetzung zahlreicher Kirchen. Benedikt XIII. starb am 21. Februar 1730 und wurde in der Kirche seines Ordens in einem prächtigen Grabmal beigesetzt.

### Grabmal Benedikts XIII.

Das Grabmonument Benedikts XIII. befindet sich in der dem Gründer des Ordens, dem hl. Domenikus, gewidmeten Kapelle im linken Querschiff. Ihre heutige Gestalt erhielt sie 1725 durch den Architekten Filippo Raguzzini im Auftrag Benedikts XIII. Sein Denkmal steht an der rechten Wand und ist von zwei Frauengestalten umgeben: links die „Religion", von Bartolomeo Pincelotti, gest. 1740, und rechts die „Reinheit", von Pietro Bracci (1700-1773). Das Grabmal ist samt dem Relief – es stellt das römische Konzil Benedikts XIII. dar – ein Werk von Carlo Marchioni (1702-1780).

Über dem Steinsarg befindet sich die schlichte Inschriftentafel und die Figur des Papstes mit barock bewegtem Gewand und devoter, ehrerbietiger Geste, die Tiara seitlich abgelegt. Er kniet mitten in einer mit rotem und grünem Marmor prächtig ausgestatteten Rundnische, deren Wölbung perspektivisch durch immer kleiner werdende Kassetten betont ist. Genau hinter dem Haupt des Papstes schwebt eine Taube, das Symbol des Heiligen Geistes. Das gesamte Grabmal wird von zwei eleganten schwarzen Marmorsäulen eingerahmt und einem durchbrochenen Tympanon bekrönt, in dem das Wappen des Papstes prangt.

S. Maria sopra Minerva bewahrt auch das Andenken zweier Päpste, die nicht hier bestattet sind: Clemens VIII. (Ippolito Aldobrandini 1592-1605) und Pius' V. (1566-1572). Clemens VIII. ließ die gleichnamige Kapelle (Aldobrandini) als Grablege seiner Eltern von Giacomo della Porta und Carlo Maderna umgestalten und von Carlo Rainaldi prächtig ausstatten. Von den besten Künstlern der ausgehenden Renaissance geschaffen, kann man sie daher als ein weiteres „Gesamtkunstwerk" im Reigen der Kapellen von S. Maria sopra Minerva ansehen. Als Stifter wurde ihm hier ein Denkmal gesetzt. Es steht an der linken Wand und ist ein Werk von Ippolito Buzzi (gest. 1634). Clemens VIII.

*Figur Benedikts XIII. von seinem Grabmal in S. Maria sopra Minerva*

selbst ist in einem prächtigen Grabmal in S. Maria Maggiore (Capella Paolina) beigesetzt.

Pius V. ist als berühmtem Angehörigen des Dominikanerordens die sechste Kapelle links gewidmet, die letzte vor dem Querschiff. Der Initiator der Liga gegen die Türken, die 1571 den Sieg bei Lepanto errang, ist auf dem Altargemälde von Andrea Procacini (1671-1734) abgebildet. Seine letzte Ruhestätte fand der wegen seiner großen Frömmigkeit heiliggesprochene Papst in einem Glassarkophag unter seinem prächtigen Grabmonument in S. Maria Maggiore (capella Sistina).

## GESCHICHTLICHES

In der Nähe von S. Maria sopra Minerva befand sich einst ein unter Domitian errichteter Tempel der Minerva. Daß hier schon im 8. Jahrhundert eine kleine Kirche stand, die den Namen der heidnischen Göttin der Weisheit, Minerva, mit dem der hl. Jungfrau Maria verband, geht aus einem uralten Pilgerführer, dem „Itinerar von Einsiedeln" hervor. Papst Zacharias I. (741-752) übergab sie 750 den infolge des Bilderstreites aus Konstantinopel geflohenen Basilianerinnen (byzantinische Nonnen). Gegen Ende des 13. Jahrhunderts übernahmen die Dominikaner die kleine Kirche und begannen um 1280, wohl nach den Entwürfen der beiden Dominikanerbrüder Sisto und Ristoro (ihnen wird auch die Errichtung von S. Maria Novella in Florenz zugeschrieben), mit dem Bau des heutigen Gotteshauses. Seine Vollendung zog sich aber wegen verschiedener Schwierigkeiten, wie beispielsweise der Übersiedlung der Päpste nach Avignon, lange hin. Erst Mitte des 16. Jahrhunderts war sie in ihren wesentlichen Strukturen fertig.

Vielleicht trug gerade diese lange Bauzeit dazu bei, daß S. Maria sopra Minerva zu einer wahren Schatzkiste an Kunstwerken wurde. Fast jede der 20 Kapellen der dreischiffigen Kirche weist herrliche Gemälde und Reliefs, außergewöhnliche Grabdenkmäler und berühmte Statuen auf, wobei hier nur auf die wichtigsten eingegangen werden kann.

## AUSSENFASSADE

Der überaus einfachen, ursprünglich in der Art der Vorderfront von S. Maria Aracoeli errichteten Fassade wurde Mitte des 17. Jahrhunderts ihr heutiges Aussehen verliehen. Nur durch Lisenen unterteilt weist die ansonsten vollkommen ebene und schmucklose Fassade drei Portale auf, wobei das von einem Giebel bekrönte Hauptportal in der Mitte meist geschlossen ist. Über den Portalen befinden sich Rundfenster.

## INNENRAUM

Betritt man S. Maria sopra Minerva, hat man den Eindruck, in ein gotisches Gotteshaus nördlich der Alpen zu gelangen. Sie ist trotz der „purifizierenden" Restaurierungsarbeiten im vorigen Jahrhundert (damals wurden die malerischen Dekorationen an Wänden und Gewölben angebracht, die ein neugotisches Gebäude vortäuschen) tatsächlich eine gotische Kirche. Ja, sie ist sogar die einzige gotische Kirche der Ewigen Stadt, in der sich dieser Baustil ganz und gar nicht durchsetzen konnte. Stilelemente der Gotik findet man in Rom nur bei kleineren Bauwerken im Inneren der Kirchen, wie beispielsweise bei Baldachinen und Tabernakeln.

### Hauptaltar

Ein weiter dreischiffiger, relativ dunkler, von hohen Spitzbogen getragener Sakralraum empfängt den Besucher. Sofort fällt der Hauptaltar im Hintergrund auf. Er ist in seiner heutigen Gestalt das Ergebnis der Restaurierungsarbeiten im vorigen Jahrhundert. Unter dem von niedrigen, neugotischen, dreipaßförmigen Arkaden getragenen transparenten Altar ist in einem Marmorsarkophag die hl. Katharina von Siena, Kirchenlehrerin und Schutzpatronin Italiens, beigesetzt. Die Deckplatte des Sarkophages trägt ihre Figur und wurde im Auftrag des hl. Anton von Florenz, damals Prior von S. Maria sopra Minerva, wohl von Isaia di Pisa um 1430 geschaffen. Ursprünglich in der Kapelle rechts des Hauptaltares beigesetzt, wurden die sterblichen Überreste der hl. Katharina 1885 unter dem Hauptaltar bestattet. Der Körper im Sarkophag ist allerdings nicht vollständig. Das Haupt der Heiligen wurde 1385 von B. Raimondo von Capua der Kathedrale S. Domenico von Siena übergeben. Die kleinen Rundbilder mit den Engelsköpfen am Altar und die vier Kardinaltugenden an den Seiten sind ein Werk aus dem vorigen Jahrhundert und stammen von Francesco Podesti.

In der Tribuna hinter dem Hauptaltar (Medicikapelle) befinden sich links und rechts an den Wänden die oben beschriebenen Grabmonumente der beiden Päpste und Vettern Leo X. und Clemens VII.

### Der „Auferstandene Christus" von Michelangelo

In der Zone rings um den Hauptaltar „ballen" sich gleichsam die Gedenkstätten und Kunstwerke. Die große Marmorstatue links des Hauptaltars stammt von Michelangelo und stellt den „Auferstandenen Christus" dar. Im Jahre 1514 für 200 Dukaten in Auftrag gegeben, begann Michelangelo die Arbeit erst 1519. Zwei Jahre später sandte er das unvollendete Werk nach Rom, wo es von seinem Gehilfen Pietro Urbano weiterbearbeitet und beinahe ruiniert wurde. Federico Frizzi und Michelangelo selbst versuchten, die Statue zu retten, doch Kritiker meinen, daß ihnen das nicht gelang. Die Ansichten gehen hier auseinander, denn Vasari nannte sie „vornehmste Figur". Der unvoreingenommene Betrachter vermißt jedoch bei dieser etwas verträumten Figur die kraftvolle Spannung, die den meisten Werken dieses großen Meisters anhaftet. Der Lendenschurz aus Bronze wurde im Barock hinzugefügt.

### Die Fresken des Filippi Lippi in der „Capella Caraffa"

Die berühmteste Kapelle von S. Maria sopra Minerva ist sicherlich die an der Stirnseite des rechten Querschiffes gelegene Capella Caraffa. Fast vollständig von Filippo Lippi mit Wandbildern ausgestattet, wurde sie von Kardinal Oliviero Caraffa Ende des 15. Jahrhunderts der Hl. Jungfrau Maria und dem hl. Thomas von Aquin gewidmet. Bereits der von einem wunderbar gearbeiteten Portal und fein verzierten Marmorschranken eingefaßte Zugang (Mino da Fiesole, Verrocchio und Giuliano da Maiano zugeschrieben) ist sehr eindrucksvoll mit den zwei verspielten Putten auf den Kapitelvorsprüngen in luftiger Höhe. Sofort zieht das von einem Marmorrahmen umgebene Hauptbild „Maria Verkündigung und der hl. Thomas von Aquin" die Aufmerksamkeit des Besuchers an. Der Stifter der Kapelle, Kardinal Caraffa, wird hier, während der lilientragende Engel naht, der Hl. Jungfrau durch den hl. Thomas vorgestellt. Darüber schwebt in Wolken die in den Himmel aufgenommene Maria, von musizierenden Engeln umringt. Die rechte Wand ist dem „Sieg des hl. Thomas über die Irrlehren" gewidmet. Schaut man hier etwas genauer hin, so erkennt man im Hintergrund die Statue des römischen Kaisers Mark Aurel (sie stand bis vor kurzem mitten auf dem Kapitolsplatz, jetzt im Museum), die man früher für Konstantin den Großen hielt.

Das Gewölbe wurde ebenfalls von Filippo Lippi ausgemalt. Er bestimmte es den Sibyllen, die jede inmitten einer Engelschar sein Meisterwerk bekrönen.

### Das Grab des Beato Angelico

In der ehemaligen Kapelle des hl. Thomas von Aquin, links des Hauptaltars, – sie ist heute der Nebeneingang des Gotteshauses – gibt es gleich mehrere großartige Grabmäler dicht nebeneinander, ja sogar über dem Eingang ist eins angebracht. Unter den Schöpfern dieser Kunstwerke findet man illustre Namen, wie beispielsweise Giacomo della Porta, Carlo Rainaldi und Gian Lorenzo Bernini. Hinter modernem Bronzeblattwerk verborgen liegt im Fußboden eingelassen das wohl berühmteste dieser Gräber: das des Beato Angelico (Fra Giovanni da Fiesole), der hier 1455 starb. „Der Ruhm, das Vorbild, die Ehre der Maler, Giovanni, Bürger von Forenz, liegt hier begraben/Er war treuer Bruder des Heiligen Ordens des großen Dominik/und wahrer Diener Gottes/den die Schüler eines so großen Meisters des Pinsels beweinen…" steht auf der Inschrift über seiner letzten Ruhestätte geschrieben. In der Kapelle links daneben kann man die große Kunst dieses Meisters lieblicher Madonnenbilder gleich bewundern. Die am Hauptaltar angebrachte Madonna mit Kind soll von ihm bzw. aus seiner Werkstatt stammen. In dieser Kapelle befindet sich an der linken Wand ein weiteres interessantes Grabmonument mit der Liegefigur des Giovanni Arberini (15. Jahrhundert). Sie ruht auf einem wunderbar gearbeiteten griechischen Sarkophag aus dem 5. vorchristlichen Jahrhundert, auf dessen Vorderseite man Herakles im Kampf mit dem Nemeischen Löwen erkennt. Zwar handelt es sich dabei aller Wahrscheinlichkeit nach um eine Kopie eines griechischen Originals, doch schmälert das den Eindruck keineswegs.

### Das Sterbezimmer der hl. Katharina von Siena

Geht man hier den Pfeilen nach und durchquert die Sakristei, gelangt man zum dahintergelegenen Sterbezimmer der Heiligen Katharina von Siena. Sie starb unweit von hier in der Via S. Chiara Nr. 14 am 27. 9. 1380. Kardinal Antonio Barberini ließ ihr Sterbezimmer 1630 Stein für Stein abbauen und hier – nunmehr eine der Einkehr und dem Andenken dieser großen Heiligen gewidmete Kapelle – wieder aufstellen. Die erlesenen, leider beschädigten Fresken sind ein Werk des Antoniazzo Romano und seiner Schule (Kreuzigung, Verkündigung und Heiligendarstellungen, um 1585).

## Weitere Sehenswürdigkeiten

Von Antoniazzo Romano stammt ein weiteres Werk in S. Maria sopra Minerva. Es handelt sich um eine Verkündigungsszene auf dem Altarbild in der fünften Kapelle rechts. Hier spielt sich während der Verkündigung noch eine andere Handlung ab. Die Madonna übergibt drei weißgekleideten jungen Mädchen in Anwesenheit des Kardinals Giovanni Torquemada (er war der Oheim des Großinquisitors) weiße Beutelchen, die allem Anschein nach mit Geld gefüllt sind. Diese Szene erinnert an eine von diesem Kardinal eingeführte Institution, die armen heiratsfähigen Jungfrauen eine Aussteuer zusicherte. Diese Zuwendung wurde anläßlich des Festes der Verkündigung vom Papst persönlich überreicht und zählte damals zu den eindrucksvollsten Feierlichkeiten Roms.

In dieser Kapelle ist das oben beschriebene Grabmal Papst Urbans VII. an der linken Wand angebracht.

In die ehrfurchtgebietende Atmosphäre kostbarer Grabmäler, Gemälde und Statuen schleicht sich auch hier Kurioses ein. Wie beispielsweise das Denkmal für die ehrwürdige Maria Raggi (am fünften Pfeiler links vom Haupteingang aus), wo Bernini den harten Marmor zu einer flatternden und sehr glaubwürdigen Draperie um das von zwei vergnügten Putten gehaltene Medaillon mit den Gesichtszügen der Verstorbenen gestaltet hat. Auch die beiden kräftigen Putten, die die etwa 1,5 Meter hohen Weihwasserbecken in der Nähe des Haupteinganges hochhalten (vom Florentiner Künstler Ottaviano Lazzeri 1588 geschaffen), sind sicherlich bemerkenswert.

In der Geschichte dieses Gotteshauses und des anschließenden Dominikanerklosters finden wir ebenfalls Überraschendes. Hier fanden zwei Konklaven statt: Aus dem ersten ging Eugen IV. (1431-1447) hervor, bei dem zweiten wurde Nikolaus V. (1447-1455) zu seinem Nachfolger gewählt. Der berühmte Prozeß gegen Galileo Galilei wurde in diesem Kloster abgewickelt. Am 4. 5. 1791 wurden auf dem Platz vor der Kirche die Schriften und Werkzeuge des Cagliostro öffentlich verbrannt.

Bevor man S. Maria sopra Minerva verläßt, sollte man jedoch noch einige andere, bemerkenswerte Kunstwerke besichtigen: das Gemälde des Melozzo da Forli' in der achten Kapelle rechts (Christus zwischen zwei Engeln), welches eigentlich Teil eines von Andrea Bregno geschaffenen Grabmals ist und das gotische Grab des Bischofs von Mende, Wilhelm Durand (gest. 1296), mit dem wunderbaren Goldmosaik von Giovanni Cosma.

## Der Elefant unter dem Obelisken

Tritt man wieder auf die Piazza vor der Kirche, sollte man dem liebenswürdigen Elefanten in der Mitte etwas Beachtung schenken. „Pulcin della Minerva", Küken der Minerva, nennen ihn die Römer. Seit über 300 Jahren trägt er unverdrossen den ägyptischen Obelisken auf seinem Rücken. Dieser wurde 1655 bei Bauarbeiten im Kreuzgang des Kloster gefunden. Der gelehrte und in Hieroglyphen spezialisierte deutsche Pater Athanasius Kircher (* Fulda 1602, † Rom 1680) wurde sofort herbeigerufen und überwachte die Bergung, die Hieroglyphen konnte er allerdings noch nicht entziffern. Papst Alexander VII. (1655-1667) widmete ihn der Mutter Gottes und der göttlichen Weisheit.

Der verschmitzte Elefant ist ein Werk des Ercole Ferrata, nach einem Entwurf des Gian Lorenzo Bernini. Warum gerade dieses Tier für den Obelisken gewählt wurde, erklärt die Inschrift auf dem Sockel: Um eine gut fundierte Weisheit „solidam sapientiam" aufnehmen zu können, braucht man eine kräftige Intelligenz „robustis Mentis essere".

*S. Andrea della Valle*

# S. Andrea della Valle

Die Grabmäler der Päpste Pius II. (1458-1464) und Pius III. (1503)

Wenige Schritte vom Largo Argentina, von dichtem und lärmenden Verkehrsgewühl umbrandet, steht am Corso Vittorio Emmanuele II S. Andrea della Valle. Das mit erlesenen Kunstwerken ausgestattete Gotteshaus mit seiner kürzlich restaurierten, endlich wieder weißstrahlenden Fassade, ist so manchem Opernbegeisterten als Kirche der „Tosca" wohlbekannt. Denn ihr Inneres bildet den malerisch-romantischen Ort der Handlung des ersten Aktes dieser berühmten Oper von Puccini. Daß es sich hier um ein weites, geräumiges Gotteshaus mit der zweitgrößten Kuppel Roms nach der Peterskirche handelt, kommt in der Oper meist nicht zum Ausdruck, weil die Handlung in einer Nebenkapelle spielt. In dieser eindrucksvollen Barockkirche fanden zwei Päpste ihre letzte Ruhestätte, nämlich Pius II. und Pius III.

## PIUS II.
### (Aenea Silvio Piccolomini, aus Corsignano, später ihm zu Ehren „Pienza" genannt, 1458-1464)

Aenea Silvio Piccolomini wurde am 18. Oktober 1405 als Sohn einer Adelsfamilie in Corsignano (Pienza) bei Siena geboren. Nach Abschluß seines Jurastudiums an der Universität Siena nahm er als Sekretär des Bischofs Domenico Capranica am Konzil von Basel teil und stellte sich in der Folge in den Dienst des Konzils und des Gegenpapstes Felix' V. (Herzog Amadeus VIII. von Savoyen, 1439-1449; er zog sich 1449 zurück). Als Humanist mit weitgestreuten Interessen, als Dichter, Geschichtsschreiber, Geograph, Politiker und Diplomat war er später im Dienst Kaiser Friedrichs III. (1415-1493) tätig, wobei er maßgeblich an den Verhandlungen beteiligt war, die zum Abschluß des „Wiener Konkordats" führten; 1445 empfing er die höheren Weihen und wurde 1456 von Callixt III. (Alfonso Borgia, 1455-1458) zum Kardinal ernannt. Am 19. August 1458, nach einem dreitägigen Konklave zu dessen Nachfolger gewählt, sah er die Vereinigung der christlichen Welt in einem gemeinsamen Kreuzzug gegen die Türken als wichtigste Aufgabe seines Pontifikates an und setzte sich für seine Durchführung sehr ein.

Trotz seines dramatischen Aufrufes auf dem Kongreß zu Mantua am 12. Oktober 1458, auf dem die Teilnahme vieler Staaten beschlossen wurde, fand dieser Kreuzzug nie statt. Als seiner dringenden Aufforderung keine Taten folgten, versuchte er in einem Brief (1461) an den türkischen Sultan Mohammed II., diesen zum Christentum zu bekehren. Dieser Brief enthielt eine ausführliche Widerlegung des Korans, erklärte die christlichen Glaubenswahrheiten und bot dem Sultan schließlich nach dem Empfang der Taufe die Krone des Ostreiches an.

Nach diesem erfolglosen Versuch der friedlichen Beilegung wandte sich Pius II. neuerlich dem Kreuzzugsprojekt zu. Aus diesem Grund wurde das jüngst aus dem von den Türken besetzten Orient gebrachte Haupt des Apostels Andreas öffentlich ausgestellt, was unzählige Menschen zu einer Pilgerfahrt in die Ewige Stadt veranlaßte.

Ferdinand Gregorovius schreibt in seiner Geschichte der Stadt Rom darüber: „Der Legende nach war Andreas, der Bruder Petri, zu Patras gekreuzigt worden; dort blieb sein Kopf zurück, während sein Leib nach Amalfi geführt wurde. Als nun die Türken im Frühjahr 1460 in Morea einbrachen, herrschten daselbst noch Demetrius und Thomas... Der erste fiel zu den Türken ab, der andere rettete sich nach dem venezianischen Navarin. Dann kam er nach Korfu, mit sich führend als letztes Kleinod die Reliquie (das Haupt des hl. Andreas)... Die Fürsten Europas streckten begierig ihre Hände danach aus ... Thomas gab nur dem Papst Gehör. Er landete im Winter 1460 in Ancona; dort übergab er das Haupt dem Kardinal Oliva, und dieser legte es auf Befehl des Papstes in die Burg zu Narni nieder... Im April 1462 wurde die Reliquie von den Kardinälen Piccolomini und Oliva aus Narni abgeholt ..." und am 11. April nach Rom gebracht, wo bereits dichtgeschartes Volk ungeduldig darauf wartete, es in einer prächtigen Prozession in den Vatikan zu geleiten.

Bedeutsam waren die Reformbemühungen Pius' II., mit denen er schon bald nach seiner Wahl begann, die aber erfolglos blieben. Denn die von ihm geplante Reformbulle blieb unglücklicherweise im Entwurfsstadium stecken.

Die Bautätigkeit Pius' II. beschränkte sich größtenteils auf Corsignano, seinen Geburtsort, der später nach ihm „Pienza" (Pius + Aenea) genannt wurde und den er mit großartigen Bauwerken ausstattete. Die Burg von Tivoli geht ebenfalls auf seine Initiative zurück, genauso wie die Ausgrabungen, mit denen er in dieser antiken Stadt begann.

Pius II. starb am 15. Oktober 1464 in Ancona, wohin er der venezianischen Türkenflotte trotz seiner schweren Krankheit entgegengereist war. Sein Leichnam wurde nach Rom überführt und in der von ihm errichteten Kapelle des hl. Andreas bei St. Peter beigesetzt. Von dort überführte man ihn 1623 nach S. Andrea della Valle, wo das Grabmal bereits 1614 errichtet worden war.

### Grabmal Pius' II.

Das Grabmal Pius' II. befindet sich im Langhaus links, (vom Haupteingang am Corso Vittorio Emanuele aus) knapp vor der Vierung hoch oben an der Wand. Es handelt sich um einen viergeschossigen Wandaufbau, der zuerst in St. Peter aufgestellt und infolge der Demolierung der konstantinischen Basilika hierhergebracht wurde.

Die unterste „Etage" weist, von zwei Wappen flankiert, eine lange Inschrift mit seiner Lebensgeschichte auf. Das Relief darüber stellt Pius II. während der Prozession anläßlich der Übertragung des Hauptes des hl. Andreas am 11. April 1462 – nach der Ankunft an der Milvischen Brücke – nach St. Peter dar. Darüber erkennt man die Liegefigur Pius' II. über seinem Sarg, von den Figuren des „Glaubens" links und der „Liebe" rechts flankiert. Das vierte „Geschoß" weist ein Relief der „Maria mit dem Kinde" auf, sie thront auf einem Halbmond, von Cherubim umschwebt, wobei rechts der hl. Paulus den Verstorbenen als Kardinal, links der hl. Petrus diesen als Papst der Hl. Jungfrau empfiehlt; seitlich links die „Wissenschaft", rechts die „Kraft". Der Künstler dieses Grabmals ist unbekannt, es wird jedoch meist Nicola della Guardia und Piero da Todi zugeschrieben.

## PIUS III.
### (Francesco Todeschini Piccolomini, aus Siena, 1503)

Francesco Todeschini Piccolomini wurde 1439 als Sohn einer der Schwestern Pius' II. in Siena geboten. Im Jahre 1460 zum Kardinal

*Grab Papst Pius' II. in S. Andrea della Valle*

ernannt, zeichnete er sich durch eine fromme und demütige Lebensführung aus. In seiner Heimatstadt Siena trat er als Kunstmäzen auf. Er stiftete dem Dom eine von Pinturicchio ausgemalte, wunderbare Bibliothek. Daß er keiner der damaligen Parteien zuzurechnen war bzw. sich neutral verhielt, war ein entscheidendes Kriterium bei seiner Wahl. Doch war er bereits ein kranker Mann, als er aus dem viertägigen Konklave am 21. September 1503 als „Übergangspapst" hervorging. Man erwartete von ihm, der würdig und reformwillig war, die Einberufung eines Konzils und durchgreifende Neuerungen. Sein Tod nach bereits 26 Tagen machte diese Erwartungen zunichte. Er starb am 18. Oktober 1503 und wurde in St. Peter beigesetzt. Sein Grabmal, das sich heute in S. Andrea della Valle befindet, wurde gleichzeitig mit dem seines Onkels hierher überführt.

### Grabmal Pius' III.

Das Grabmal Pius' III. befindet sich gegenüber dem seines Onkels an der rechten Langhauswand. Im Aufbau genauso gestaltet wie das seines Oheims, wurde es 1503 von den Bildhauern Francesco di Giovanni und Pasquino da Montepulciano und anderen Gehilfen aus der Werkstatt des Andrea Bregno geschaffen. Es war das letzte Grabmal eines Papstes, das in der alten konstantinischen Basilika von St. Peter aufgestellt wurde. Denn 1506 wurde mit ihrem Neubau begonnen, was zu der Zerstörung der altehrwürdigen konstantinischen Kirche und der sukzessiven Übertragung der Grabmäler der Päpste in die neue Basilika bzw. in andere Gotteshäuser führte.

Die unterste „Etage" des Grabmals Pius' III. weist zwischen den Piccolominiwappen eine ähnliche Inschrift auf, wie das seines Onkels. Darüber zeigt ein Relief zwischen den Heiligen Franz von Assisi (rechts) und Romuald (links) die „Krönung Pius' III".

Die Liegefigur des Papstes über seinem Sarkophag, von Petrus und Gregor d. Gr. flankiert, wird im oberen Teil von einem Relief bekrönt: „Die Jungfrau Maria zwischen Engeln". Ihr wird rechts Pius III. von Paulus empfohlen, links übergibt ihm Petrus die Schlüssel; seitlich links der hl. Andreas, rechts der hl. Jacobus.

*Grabmal Pius' III. in S. Andrea della Valle*

# GESCHICHTLICHES

Die sterblichen Überreste der beiden Päpste Pius' II. und Pius' III. haben nicht ohne Grund in S. Andrea della Valle ihre letzte Ruhestätte gefunden. Pius II. hatte noch als Kardinal Aenea Silvio Piccolomini im Bereich der heutigen Kirche einen Palast errichten lassen (der Platz davor hieß seinerzeit nach dem aus Siena stammenden Kardinal „Piazza Siena"). Dieses Bauwerk erbte eine Verwandte, Costanza Piccolomini d'Aragona, Herzogin von Amalfi. Sie war es dann, die es 1582 dem Reformorden der Theatiner, auch Cajetaner genannt, überließ. In ihrem Testament verpflichtete sie jedoch die Ordensmitglieder, dem Stadtpatron von Amalfi, nämlich dem hl. Andreas, dessen Reliquie zur Zeit Pius' II. in Rom ausgestellt worden war, eine Kirche zu erbauen. In diesem Zusammenhang ist auch die Überführung der Grabmäler der Piccolominipäpste aus dem Vatikan zu sehen, die im Hinblick auf den einst hier befindlichen Palast der Piccolomini und die damit verbundene Schenkung erfolgte.

Der Palast war seinerzeit, als Pius II. noch Kardinal war, über einem Teil der Ruinen des großen Portikus (es umfaßte ein Areal von 180 x 135 Metern) bei dem Theater des Pompeius errichtet worden. In dem Portikus hatte sich die „Curia Hostilia", in der Julius Caesar an den Iden des März 44 v. Chr. ermordet worden war, befunden.

Der Palast erstreckte sich unmittelbar hinter der heutigen Kirche, über dem Gelände des heutigen Konvents. Damals stand hier eine uralte Kirche, die dem hl. Sebastian, im Volksmund liebevoll „Bastianello" genannt, geweiht war. Der Überlieferung nach hatten Heiden den von Pfeilen durchbohrten Körper des hl. Sebastian hier in einen überdeckten Kanal geworfen, um ihn vor den Christen zu verbergen und so seine Bestattung zu verhindern. Der hl. Sebastian erschien jedoch der Matrone Lucina im Traum und entdeckte ihr das Versteck, so daß die fromme Frau den Leichnam bergen und ihn in der nach diesem Heiligen genannten Katakombe an der Via Appia beisetzen konnte.

Bei dem Kanal handelt es sich um den Abfluß des antiken „Stagnum Agrippae". Denn seit den Anfängen Roms gab es hier ein von Bäumen umstandenes sumpfiges Gewässer (hier befindet sich die tiefste Stelle der Tiberschleife). Dieser Teich wurde dann im Verband mit den Thermen des Agrippa (hinter dem Pantheon) zum „Stagnum Agrippae" umgestaltet. Von hier floß ein Kanal, der „Euripus Agrippae", der unter der Kirche

S. Lorenzo in Damaso als unterirdischer See wiederentdeckt wurde und heute noch existiert, zum Tiber. Die Gegend, wo sich einst der Sumpf und dann der Teich des Agrippa befunden hatten, hieß im Mittelalter wegen ihrer tiefen Lage „Valle". Dieser Ausdruck lebt heute noch im Namen der Kirche S. Andrea della Valle fort.

Die von Costanza Piccolomini testamentarisch festgesetzte Andreasverehrung begann zunächst in der dem hl. Sebastian geweihten Kirche bzw. in einer kleinen Kapelle im Palast der Piccolomini, der in der Zwischenzeit von den Theatinern bezogen worden war. Im Jahre 1590 wurden sowohl der Palast als auch die Kirche samt Pfarrhaus im Zuge des städtebaulichen Sanierungsprogrammes Sixtus' V., das die Verbreitung der „Via Papale" vorsah, niedergerissen. Der Neubau einer den Heiligen Andreas und Sebastian geweihten Kirche wurde von Sixtus V. jedoch durch ein päpstliches „Breve" gesichert. Am 12. März 1591 legte Kardinal Alfonso Gesualdo den Grundstein für das neue Gotteshaus, dessen Entwürfe Pietro Paolo Olivieri fertigte. Nach dem Tode Olivieris und des Kardinals kümmerte sich Kardinal Alessandro Peretti-Montalto, ein Neffe Papst Sixtus' V., um den kaum begonnenen Bau und beauftragte Carlo Maderna mit der weiteren Planung. Die neue Kirche sollte nach dem ausdrücklichen Wunsch des Kardinals mit dem Petersdom erfolgreich in Wettstreit treten können.

Papst Urban VIII. (1623-1644) nahm am 23. März 1625 unter Assistenz von sieben Kardinälen die Teileinweihung des halb fertigen Gotteshauses vor, dem noch einige Nebenkapellen und vor allem die Fassade fehlten. Als 25 Jahre später Kardinal Alessandro Peretti-Montalto die Gesamtweihe durchführte, war die Vorderfront jedoch noch immer unvollendet. Sie wurde erst um 1665 durch Carlo Rainaldi geschaffen, der den Entwurf Madernas etwas abänderte und ihr das heutige Aussehen gab.

## AUSSENFASSADE

Vor allem die lebhaften Licht- und Schatteneffekte, die Rainaldi durch die vor- und rückspringenden Fassadenteile erreichte und die durch schräg einfallendes Sonnenlicht besonders hervorgehoben werden, steigert die Wirkung der monumentalen Travertinfront. Sie war für die heutige städtebauliche Situation mit dem Corso Vittorio Emmanuele II., der 1873 entstand, und dem Corso Rinascimento, der erst 1930 gebaut wurde, gar nicht berechnet. Im Gegenteil: Im Ensemble eines sehr engen Platzes entworfen, kam die Vorderansicht gar nicht zu ihrer vollen Wirkung. Aber vielleicht hinterließen die vor- und rückspringenden Fassadenteile, aus einem schrägen Blickwinkel betrachtet, mit allen Verkürzungen, die sich daraus ergeben, einen viel tieferen Eindruck der Monumentalität als heute, da man die Kirche vom Corso Rinascimento aus bereits von weitem sehen kann.

Die im Erdgeschoß in den Nischen aufgestellten Figuren sind von bekannten Bildhauern aus der Schule Berninis (von links nach rechts): der hl. Cajetan (D. Guidi), der Apostel Andreas (E. Ferrata), der hl. Sebastian (D. Guidi) und der hl. Andreas von Avellino (E. Ferrata). Darüber halten Puttenpaare Medaillons mit den Symbolen des jeweils darunter befindlichen Heiligen. Die Fassade weist aber auch eine Kuriosität auf: Auf der Höhe des zweiten Geschosses steht links eine wunderschöne Statue eines Engels, dem auf der anderen Seite sein Pendent offensichtlich fehlt. Die Seitenfassaden sind sehr einfach gehalten und bestehen aus unverputztem Ziegelmauerwerk.

## INNENRAUM

Durch das große Holzportal in der Hauptfassade kommt man in ein nicht weniger monumentales, durch seine Weite und großzügige Ausgestaltung beeindruckendes Gotteshaus, dessen Grundriß ein lateinisches Kreuz bildet. Die Anlage ist deutlich von der Jesuitenkirche „Il Gesu" beeinflußt. Das geräumige Hauptschiff weist je sechs miteinander verbundene, kuppelüberwölbte Seitenkapellen auf. Schlanke, mit Hohlkehlen versehene Pilaster tragen ein mächtiges Kranzgesims. Darüber erhebt sich das durch Stichkappen beleuchtete und mit großen Bildern versehene Tonnengewölbe.

Die Gemälde in der Wölbung entstanden zu Beginn unseres Jahrhunderts (1905) und stellen die „Vertreibung aus dem Paradies" und „Maria erscheint der hl. Ursula Benincasa" dar. Sie war die Gründerin der Theatinerinnen. Beide Werke sind von Salvatore Nobili. Die „Verkündigung des Dogmas der unbefleckten Empfängnis" und „Heimsuchung Mariä" sind von Virginio Monti.

## Der Altarbereich

Das im Verhältnis zu anderen Kirchen Roms relativ einfach gehaltene Presbyterium fällt durch seine großartigen Wandbilder auf. Besonders beeindrucken die drei großen Fresken an der Rückwand der Apsis. Mattia Preti, einer der bekanntesten Barockmeister – er wirkte vor allem in Neapel – schuf sie 1650/51 (von links nach rechts Kreuzaufrichtung, Kreuzigung d. hl. Andreas und Kreuzabnahme). Die Apsis darüber gestaltete Domenichino (Domenico Zampieri 1581-1641) mit Bildern, die Begebenheiten aus dem Leben des hl. Andreas zeigen: „Johannes der Täufer macht Petrus und Andreas auf Jesus aufmerksam", „Berufung von Andreas und Petrus" und „Geißelung des hl. Andreas". Auch die übrigen Dekorationen in der Apsis sind von Domenichino. Bereits Goethe sah diese wundervollen Gemälde und schrieb darüber in seiner „Reise nach Italien" am 17. November 1786: „Ich habe die Freskogemälde von Dominichin in Andrea della Valle gesehen. Freilich zuviel für Monate, geschweige denn für einen Tag."

## Die Kuppel

Von Domenichino sind auch die vier Evangelisten in den Zwickeln der Kuppel. Die Kuppel selbst ist konstruktionsmäßig eines der gelungensten Werke von Carlo Maderna. „Die Himmlische Glorie" mit der in den Himmel aufgenommenen Maria inmitten von Engeln, Propheten, Märtyrern, Kirchenvätern und Heiligen, unter denen Andreas, Cajetan, Petrus und Andreas Avellinus hervorstechen, schuf Giovanni Lanfranco zwischen 1621-25. Sie ist ein hervorragendes Beispiel für barocke Illusionsmalerei. Die Figuren sind so realistisch gemalt, daß man meint, in luftiger Höhe wirklich schwebende Gestalten und Wolken zu erkennen. Die große Inschrift auf Goldgrund auf dem Kuppelgesimse bezieht sich auf den hl. Andreas: „Andreas Christi Famulus Germanus Petri et in Passione Socius" (Andreas, Jünger Christi, Bruder des Petrus und Leidensgefährte).

## Die Seitenkapellen

Die erste Kapelle links ist die „Capella Barberini". Durch hohe Gitter vom Hauptschiff getrennt, wird sie von einer Kuppel überwölbt. Sie entstand auf Wunsch von Maffeo Barberini, dem zukünftigen

Urban VIII., der den von Matteo da Città di Castello entworfenen Bau höchstpersönlich überwachte. Von Domenico Cresti (gen. „Il Passignano", 1559-1638) um 1605 ausgemalt, wurden die schönen Marmorfiguren Magdalena, Johannes der Täufer, Martha und Johannes der Evangelist von verschiedenen Bildhauern geschaffen. Bemerkenswert ist besonders „Johannes der Täufer", ein Werk von Pietro Bernini, dem Vater des großen Gian Lorenzo. Die Porphyrmedaillons im Durchgang zur Capella Ruccellai stellen Antonio Barberini und seine Gemahlin Camilla Barbadora dar. Sie waren die Eltern Papst Urbans VIII.

Die Barberinikapelle ist als „Cappella Attavanti" Schauplatz des ersten Aktes der „Tosca". Sie liegt über dem Areal der alten Kirche S. Sebastiano und somit an der Stelle, an der die Matrone Lucina der Legende nach den Leichnam des hl. Sebastian aus dem Kanal geborgen haben soll.

Die dritte Kapelle links ist dem hl. Sebastian geweiht. Das Altarblatt von Giovanni de' Vecchi (1537-1615) mit der Darstellung des durch seine Leiden verklärten hl. Sebastian ist eines der letzten Werke dieses Meisters. Es ist ein schönes Beispiel für den ausgehenden Manierismus und sollte nicht übersehen werden.

In der ersten Kapelle rechts, „Capella Lancellotti", befindet sich ein bemerkenswertes Relief von Antonio Raggi (um 1675 geschaffen). Es zeigt in eindrucksvoller Weise die Szene, in der Joseph die Flucht nach Ägypten aufgetragen wird, mit der sehr fürsorglichen Maria mit dem Kinde, dem Engel, dem betroffenen Joseph und Gottvater mit dem Hl. Geist, die beide die gesamte Szene beherrschen.

Die zweite Kapelle rechts, „Capella Strozzi", beherbergt gewissermaßen eine „Kuriosität". Hier befindet sich ein Bronzeabguß der Pietà des Michelangelo, flankiert von Statuen der Rachel und der Lea vom Grabmal Julius' II., die natürlich ebenfalls Kopien sind. Die gesamte Kapelle ist in „michelangioleskem Stil" gehalten und wohl von einem Epigonen des Meisters zu Beginn des 17. Jahrhunderts geschaffen.

*Querschiff*

Der Altar an der linken Stirnseite ist dem hl. Cajetan Thiene geweiht. Er war gemeinsam mit Gian Pietro Carafa, dem späteren Paul IV., im Jahre 1524 Begründer der Theatiner (nach der antiken Bezeichnung der Stadt Chieti „Teate Marrucinorum"). Trotz des aus dem 18.Jahrhundert stammenden Altarblattes ist die Kapelle erst zu Beginn unseres Jahrhunderts ausgestaltet und 1912 geweiht worden. Sie bildet mit ihren Statuen und dem reichen Marmoraufbau ein schönes Beispiel für die Kunst des beginnenden 20. Jahrhunderts in Rom. Im gegenüberliegenden Kreuzarm ist die Kapelle des hl. Andreas von Avellino. Das Altarblatt („Tod des hl. Andreas von Avellino" um 1625) ist ein Werk Lanfrancos, das stark überarbeitet wurde.

### Die Sakristei

Ein Besuch der Sakristei ist ebenfalls zu empfehlen. Man betritt sie von der Kapelle des hl. Cajetan aus. Der große rechteckige Saal enthält verschiedene Gemälde, darunter eines von Gerard Hornthorst (Gherardo delle Notti) oder seiner Schule, „Christus vor Kaiphas", sowie andere mit Darstellungen der Wunder des hl. Cajetan und Bildnisse der Päpste Urban VIII. und Paul IV.

S. Andrea della Valle, die monumentale Barockkirche an der Kreuzung zwischen Corso Vittorio Emmanuele und Corso Rinascimento ist nicht nur ein Denkmal für den Apostel Andreas, sie erinnert auch an den Märtyrer Sebastian und an die Päpste aus der Familie der Piccolomini, von denen Pius II. das Haupt des hl. Andreas nach Rom bringen ließ.

# S. Lorenzo in Damaso

## Die letzte Ruhestätte Papst Damasus' (366-384)

S. Lorenzo in Damaso liegt im Verband des „Cancelleria" genannten Häuserblocks zwischen Corso Vittorio Emanuele und Campo di Fiori an der gleichnamigen Piazza (Cancelleria). Kommt man, vielleicht nach einem Spaziergang über die Piazza Farnese und den Campo de' Fiori, wo sich einer der liebenswürdigsten und volkstümlichsten Märkte Roms befindet, der an die ehemalige Richtstätte Roms absolut nicht mehr erinnert (hier endete z. B. Giordano Bruno auf dem Scheiterhaufen), auf die Piazza della Cancelleria, so weist nichts darauf hin, daß sich hier hinter der strengen Marmorvorderfront auch ein Gotteshaus verbirgt. Kein Glockenturm, keine feierliche Fassade deuten darauf hin. Hier fanden die Reliquien Papst Damasus' ihre letzte Ruhestätte.

## DAMASUS I.
### (vermutlich in Rom geboren, doch spanischer Herkunft 366-384)

Damasus war laut „Liber Pontificalis" „natione hispanus", d. h., er entstammte einer spanischen Familie. Er selbst wurde jedoch vermutlich in Rom geboren. Sein Vater Antonius wurde später selbst Bischof, seine Mutter hieß Laurentia. Damasus hegte eine besondere Verehrung für den hl. Laurentius (Märtyrer unter Kaiser Valerianus, 258), der ebenso wie er Spanier war. Als Damasus etwa im Alter von 60 Jahren 366 zum Papst gewählt wurde, mußte er sich gegen den von einer kleinen Minderheit unterstützten und in S. Maria in Trastevere gewählten Gegenkandidaten, den Diakon Ursinus, durchsetzen. Es kam zu Auseinandersetzungen, die in Tumulten und blutigen Kämpfen ausarteten, wobei es über einhundert Tote gegeben haben soll. Ursinus verschanzte sich in der Basilika „Sicinniana" (wahrscheinlich S. Maria Maggiore, manche glauben auch S. Maria in Trastevere), wo er sich dann schließlich ergab. Doch die

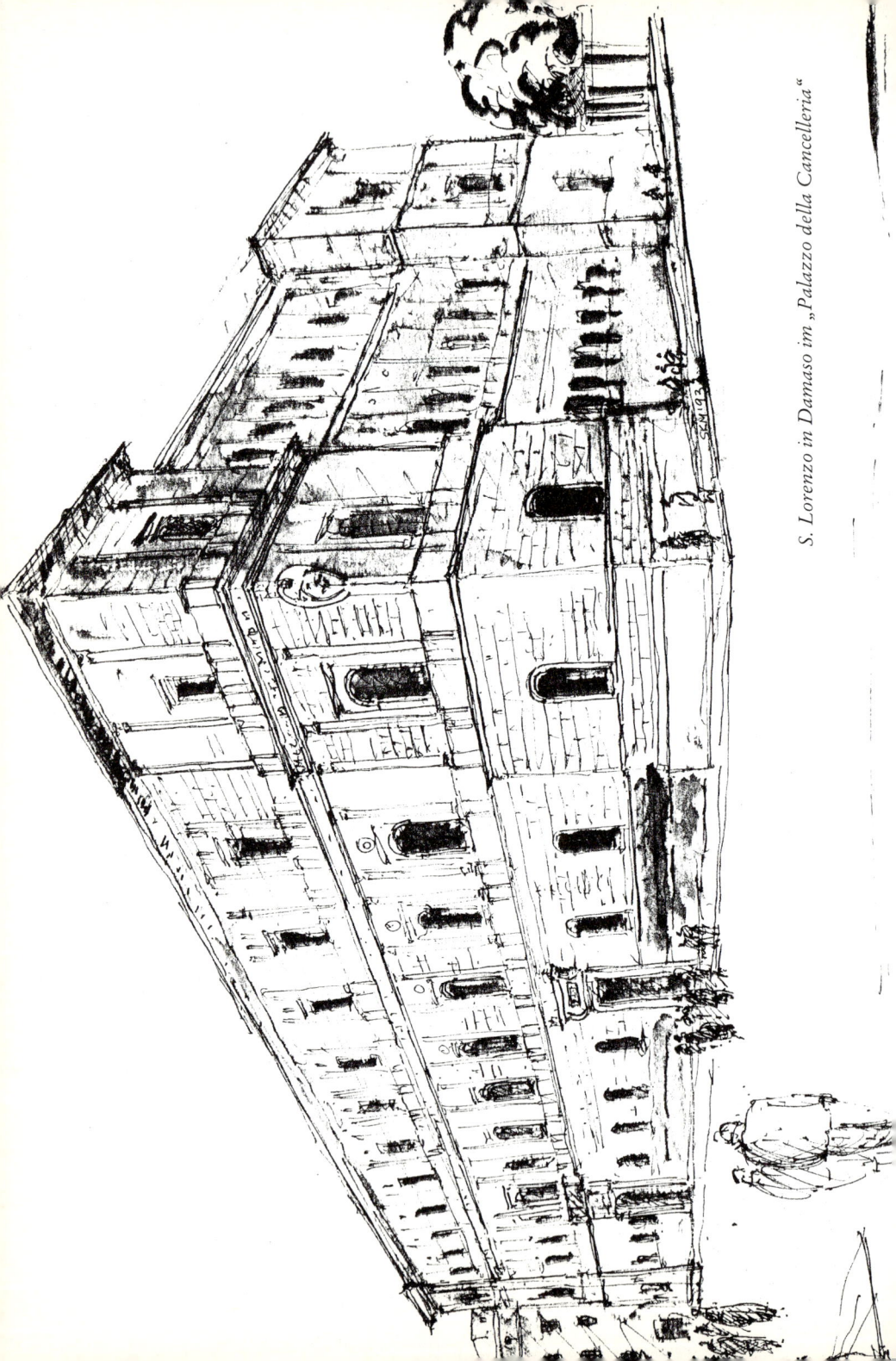

S. Lorenzo in Damaso im „Palazzo della Cancelleria"

Kapitulation des Ursinus war nur eine scheinbare, denn dieser fuhr auch im Exil fort, Damasus Schwierigkeiten zu bereiten. Der Papst wurde verleumdet, moralisch verdächtigt und sogar des Mordes angeklagt. Erst das Eingreifen des Kaisers setzte den Intrigen ein Ende, und Damasus wurde endgültig rehabilitiert.

Der Papst mußte sich auch mit einigen Irrlehren auseinandersetzen. Da gab es beispielsweise die Arianer, Semiarianer und Pneumatomachen (sie verleugneten die Gottheit des Hl. Geistes). Der Streit mit den Donatisten sollte Damasus ebenfalls bis zu seinem Ende begleiten. Doch Damasus starkem Charakter gelang es immer wieder, die Probleme zu meistern.

Sein Verdienst ist die endgültige Annahme des Nizäisch-konstantino-politanischen Glaubensbekenntnisses durch die Kirche des Westens. Schließlich gehen auf ihn auch alle unsere Bibelübersetzungen zurück. Denn er beauftragte den gelehrten Theologen und großen Kirchenvater Hieronymus (geb. zwischen 342 und 347, gest. 419/420) – mit dem ihn außer einer ansehnlichen Korrespondenz (vor allem Probleme der Bibel betreffend) auch eine tiefe Freundschaft verband – eine zuverlässige lateinische Bibelübersetzung zu verfassen. Diese „Vetus Latina" oder „Itala" genannt, wurde als offizieller Bibeltext der westlichen Kirche später im Abendland so populär, daß sie gemeinhin „Vulgata" (die „Allgemeine") hieß. Sie stellt daher eines der würdigsten literarischen „Denkmäler" des antiken Christentums dar. Somit gab Damasus auch den Anstoß zum endgültigen Wechsel vom Griechischen zum Lateinischen als liturgischer Sprache der römischen Kirche.

Als überaus gebildeter Mann verfaßte er neben einigen Werken in Prosa die berühmten metrischen Verse zum Lobe zahlreicher Märtyrer. Ihre Verehrung und die Verbreitung ihres Kultes lag ihm besonders am Herzen. Deshalb veranlaßte er die Restaurierung und Instandhaltung ihrer Gräber in den Katakomben, die er für die immer größer werdenden Pilgerscharen in adäquater Weise ausbauen ließ.

Damit verwirklichte er ein Projekt, das in der Spätantike einzigartig ist. Denn am Ende seines Pontifikats war Rom von einem Kranz von Kultstätten umgeben, deren zentrale Punkte, die Märtyrergräber, zahllose Gläubige anzogen.

Die „Elogien" (die oben genannten metrischen Verse), die Papst Damasus für die Märtyrer verfaßte, wurden in nach ihrem Erfinder „filokalianisch" genannten Lettern in Marmor gemeißelt und in jeder

*Medaillon Papst Damasus' I., „Corpus S. Damasi, Pontifex Maximus", in S. Lorenzo in Damaso*

dieser Grabstätten zur Erinnerung aufgestellt. Das Ergebnis der Zusammenarbeit zwischen Damasus und Filokalus war von einer außerordentlichen Wirkung und hatte eine unglaubliche Ausstrahlung auf die zahllosen Pilger, die nach Rom kamen, um die Gräber derer zu besuchen, die als Blutzeugen („usque ad effusionem sanguinis" – bis zur Vergießung des eigenen Blutes) den christlichen Glauben verteidigt und damit zu seiner Verbreitung wesentlich beigetragen hatten. Von diesen Epigrammen sind vier fast vollständig erhalten, andere nur in Fragmenten, der Rest ist verlorengegangen, bzw. teilweise aus mittelalterlichen Abschriften bekannt.

Damasus starb 384 nach einem Pontifikat von 17 Jahren und wurde beinahe sofort als Heiliger verehrt. Zunächst an dem an der Via Appia gelegenen Friedhof der hll. Marcus und Marcellianus neben seiner Mutter und seiner Schwester Irene bestattet, wurden seine Reliquien unter Papst Paul I. (757-767) nach S. Lorenzo in Damaso übertragen und unter dem Hauptaltar bestattet.

## GESCHICHTLICHES

„HAEC DAMASUS TIBI CHRISTE DEUS NOVA TECTA DICAVI/LAURENTII SAEPIUS MARTYRIS AUXILIO"
(Diese neuen Gebäude widmete ich, Damasus, dir, Christus Gott, da mir des Märtyrers Laurentius Hilfe oftmals zuteil ward.)

So konnte man es einstmals in der Apsis der frühchristlichen Basilika von San Lorenzo in Damaso lesen, wie aus den „Syllogen von Verdun und Lorsch" (Inschriftensammlungen) hervorgeht. Das ursprüngliche Gotteshaus samt Inschrift gibt es schon lange nicht mehr. Es wurde Ende des 15. Jahrhunderts im Zuge der Neuerrichtung des „Palazzo della Cancelleria" demoliert und als Teil desselben wieder aufgebaut. Seither galt die ursprüngliche damasianische Basilika als verschollen.

Bei den jüngst von einem deutschen Forscherteam im Hof der Cancelleria durchgeführten Ausgrabungsarbeiten kamen jetzt jedoch die Reste der Fundamente der antiken Basilika zum Vorschein: Die sicherlich aufsehenerregenden Ergebnisse der Grabung werden zweifellos dazu beitragen, einige der Geheimnisse um dieses uralte Gotteshaus zu lüften: So war den Fachleuten die Orientierung der frühchristlichen Kirche immer ein Rätsel gewesen und in vielen Führern konnte man lesen, daß ihre Fassade an der Via del Pellegrino stand. Dies ist nun widerlegt, denn es scheint sicher, daß die Fassade der alten Kirche der heutigen Piazza della Cancelleria zugewandt war. Über den Grundriß ist man sich noch nicht im klaren, da die Untersuchungen noch nicht abgeschlossen sind. Auf jeden Fall geht sie auf Papst Damasus zurück, worauf ja bereits der Name „In Damaso" hinweist. Doch die Kirche hatte auch noch einen anderen Namen, nämlich „S. Lorenzo in Prasina". Diese Bezeichnung bezieht sich auf eine der vier Parteien, deren Gespanne im Zirkus Maximus um die Wette liefen. Sie unterschieden sich durch die Farben weiß, rot, grün und blau. In unserem Fall handelte es sich um die „fractio prasina", die Grünen, die kaiserliche Partei. Diese hatte, wie die Funde ergaben, hier ihre „Stabula" (Ställe) gehabt.

Ob das Gotteshaus eine Neugründung Papst Damasus' war oder ob er bereits existierende Gebäude umbaute, weiß man nicht. Jedenfalls ließ er anschließend an die Kirche auch ein Archiv für Dokumente, Dekrete und sonstiges Schrifttum der Kirche errichten. Diese Funktion übt die „Cancelleria" in gewissem Sinne noch immer aus. Heute sind hier beispielsweise das Tribunal der „Sacra Rota" und die päpstliche Akademie für römische Archäologie untergebracht.

An die Gründung durch Damasus erinnerte eine weitere damasianische Inschrift, die auch in der antiken Basilika, jedoch an der Innenseite der Fassade (analog zu Santa Sabina und vielleicht auch in Mosaik gefaßt) angebracht war, und von den Syllogen (Inschriftensammlungen) überliefert wird:

„HINC PATER (oder Puer) EXCEPTOR LECTOR LEVITA SACERDOS/CREVERAT HINC MERITIS QUONIAM MELIORIBUS ACTIS / HINC MIHI PROVECTO CHRISTUS CUI SUMMA POTESTAS / SEDIS APOSTOLICAE VOLUIT CONCEDERE HONOREM / ARCHIBIS FATEOR VOLUI NOVA CONCEDERE TECTA / ADDERE PRAETEREA DEXTRA LAEVAQUE COLUMNAS / QUAE DAMASI TENEANT PROPRIUM PER SAECULA NOMEN"

(Hier wurde der Vater [oder „wurde das Kind"; die Zeile ist leider unklar überliefert] aufgrund seiner Verdienste und außerordentlichen Taten zunächst Schreiber, Lektor, Diakon und dann Priester; hier wollte, nachdem ich erwachsen war, Christus, der Allmächtige, mir die Ehre des Apostolischen Stuhles zugestehen, und ich, ich gestehe, wollte einen neuen Sitz für Archive schaffen, indem ich links und rechts Säulen hinzufügte, damit sie Damasus' Namen durch die Jahrhunderte bewahren.)

Diese Inschrift kann man heute noch in S. Lorenzo sehen. Zwar nicht an der ursprünglichen Stelle an der Fassadeninnenwand, sondern als Kopie in Stein gemeißelt an der Wand des linken Seitenschiffes.

Daß S. Lorenzo in Damaso eine uralte Kirche ist, beweist die Erwähnung in den Synodalakten von Papst Symmachus von 499 als eine der Titelkirchen. Sie bestand, im Laufe der Jahrhunderte immer wieder instand gehalten und restauriert, das gesamte Mittelalter hindurch, bis in die Neuzeit.

Im Jahr 1480 wurde Kardinal Raffaele Riario, (1460-1521) der Neffe Sixtus' IV. (1471-1484), Titelkardinal von S. Lorenzo in Damaso. Er begann mit dem Umbau und erneuerte den gesamten Komplex so gründlich, daß von der uralten Basilika jegliche Spur verschwand. Erst im Zuge der jüngsten Ausgrabungen stieß man wieder auf ihre Reste.

Von der ursprünglichen Basilika wußte man daher nur aus mittelalterlichen Schriftquellen, die unter anderem berichteten, daß in diesem Gotteshaus noch Messen stattfanden als das neue bereits im Bau war. Es wurde erst nach der Fertigstellung des neuen endgültig demoliert.

Der Architekt des prächtigen neuen Palastes samt des in seine Mauern miteinbezogenen Gotteshauses blieb bis heute unbekannt. Ende des 15. Jahrhunderts in Auftrag gegeben, wurde die großartige Renaissancearchitektur bisher meistens Bramante zugeschrieben. Da Bramante jedoch erst 1499 nach Rom kam, als der Palazzo della Cancelleria bereits im Bau war, wurde wahrscheinlich nur sein Rat anläßlich einer Modifizierung des Projektes eingeholt. Als mögliche Baumeister werden auch Andrea bzw. sein Bruder Antonio Bregno genannt.

Im Jahre 1495 nahm das Domkapitel von S. Lorenzo Besitz von der neuen Kirche, die alte Kirche wurde 1499 dem Erdboden gleichgemacht. Drei Jahre vorher, im Juni 1496, begann man mit der Übersiedlung der Altäre in das neue Gotteshaus, dessen Apsis zunächst rechteckig war. Im Jahr 1521 kam die Cancelleria (nach Ableben des Kardinals Riario) in den Besitz der Apostolischen Kammer. Kardinal Riario, der in seinem von ihm errichteten Palast fürstlich lebte, war 1517 eines Anschlags auf Papst Leo X. (1513-1521) verdächtigt, in der Engelsburg eingekerkert worden, und erst nach einer Zahlung von 50 000 Dukaten, sowie der Verpflichtung, daß nach seinem Tod sein Palast (Cancelleria) Eigentum der Kammer werde, freigelassen worden.

In der Folge wurde die Kirche auch mit herrlichen Gemälden, z.B. von Zuccari und Giuseppe Cesari (Cavalier d'Arpino) versehen und mit einer wunderbaren Kassettendecke ausgestattet. Die rechteckige Apsis wurde von Gianlorenzo Bernini in eine runde, mit kostbaren Steinen, Marmorreliefs und einem schwebenden Hochaltar (der zelebrierende Priester war den Gläubigen zugewandt) umgewandelt. Im Jahre 1798, während der Römischen Republik, wurde diese Kirche beschlagnahmt und geschlossen. Die französische Besatzung benutzte sie als Pferdestall. Zusammen mit dem Palast wurde sie 1810 dem kaiserlich französischem Hof zur Verfügung gestellt, und 1814 übersiedelte der Gerichtshof aus dem Palazzo Montecitorio in die Cancelleria, wobei die Kirche, waagerecht unterteilt, als Magazin diente. Acht Jahre später (1818) als Gotteshaus wiedereröffnet und von Valadier restauriert, kam es zwischen 1868 und 1882 (endgültige Wiedereröffnung) zum letzten tiefgreifenden Umbau, den der römische Architekt Virgilio Vespignani vornahm. Durch ihn erhielt das Gotteshaus sein heutiges Aussehen. Schließlich führte 1939 ein Brand, der einen Teil der Holzdecke zerstörte, zu geringfügigen Modifizierungen.

## AUSSENFASSADE UND ARKADENHOF

S. Lorenzo in Damaso ist im Baukomplex der Cancelleria vollkommen eingebaut. Die einfache, doch wohlproportionierte dreigeschossige Travertinfassade zeigt in der architektonischen Gliederung und in den Details ganz die einfache Auffassung der Bramanteschen Frührenaissance. Die überall angebrachte Blume gehört zu dem Wappen des Erbauers, Kardinal Riario. Auch der rechteckige, dreigeschossige Hof ist mit seinen klassischen Säulenhallen ein Beispiel für die Reinheit der Form, der Eleganz und des harmonischen Maßes der Renaissance.

Nur zwei Portale weist die Cancelleria gegen den gleichnamigen Platz auf: Das größere Tor in der Mitte bildet (über den wunderbaren Renaissancehof) den Zugang zum Palast der Cancelleria, das etwas kleinere ist das Hauptportal der altehrwürdigen Kirche S. Lorenzo in Damaso. Es ist sehr schlicht und soll ein Werk von Vignola (Jacopo Barozzi, 1507-1573) sein. Von seinen grünen Türblättern blicken die beiden „Namenspatrone" der Kirche herunter: links der hl. Laurentius, rechts Papst Damasus.

## INNENRAUM

Es ist eine ihrem Stil nach merkwürdige Kirche, die wir in San Lorenzo betreten. Denn im Grundriß dem ursprünglichen altchristlichen Gotteshaus nachempfunden, stellt sie heute infolge der vielen Umbauten und Restaurierungen, die sie im Lauf ihres nunmehr etwa fünfhundertjährigen Bestehens über sich hat ergehen lassen müssen, ein „Konglomerat" verschiedener Stilarten, von Renaissance über Barock und Klassizismus dar, dem schließlich der Architekt Vespignani im vorigen Jahrhundert den endgültigen Stempel aufgedrückt hat. Doch dies alles beeinträchtigt die würdige und feierliche Atmosphäre der Kirche nicht.

### Der Apsisbereich

Wenn wir durch das Portal des Vignola und die dunkel Vorhalle in das atriumartige hohe Hauptschiff kommen, beeindruckt der goldstrahlende Baldachin über dem Hochaltar sofort. Er ruht auf vier Säulen aus orientalischem Alabaster, ist ein Werk von Virgilio Vespignani und birgt die Reliquien des Papstes Damasus und des hl. Eutychius.

Die von Vespignani stark veränderte Apsis, die in ihrer Rundung auf Bernini zurückgeht, hat drei Medaillons in der Halbkuppel. Sie stellen die „Liebe", den „Glauben" und die „Hoffnung" dar und stammen von Francesco Grandi (1831-1891). Die Apsiswand ziert eine Tafel von Federico Zuccari (1540-1609) mit der Krönung Mariens und den Heiligen Petrus, Paulus, Laurentius und Damasus, sowie dem Martyrium des hl. Laurentius.

### Das Hauptschiff

Die goldstrahlende Kassettendecke trägt in ihrer Mitte das Wappen Pius' XII. (1939-1958). Er hatte sie nach dem Brand 1939 wiederherstellen lassen. Die Fresken, die die Wände des Hauptschiffes über den Arkaden zieren, entstanden alle 1878. Von Luigi Fontana geschaffen, zeigen sie Begebenheiten aus dem Leben des hl. Laurentius und Sixtus II. (sie erlitten knapp hintereinander den Märtyrertod) und anderer Heiliger.

Eine ganz außergewöhnliche Überraschung bildet die wunderschöne Marienikone in der Kapelle der „SS. Concezione" links neben dem Hauptaltar. Sie wird irrtümlich „Madonna von Grottapinta" genannt, weil man dachte, daß sie aus der Kirche S. Maria in Grottapinta hierhergebracht worden sei. Die Wissenschaft hat anhand einer antiken Handschrift (Pergament der „Compagnia della Concezione" von 1494 – dieser Bruderschaft lag außer der besonderen Devotion der Jungfrau Maria gegenüber auch die Sorge für unbemittelte junge Mädchen und deren Mitgift oder klösterliche Versorgung am Herzen) nachgewiesen, daß sie aus der seinerzeit abgerissenen Kirche S. Salvatore ad Arco am Campo de' Fiori stammt. Das Madonnenbild mit dem sanften, eine außergewöhnliche Ruhe ausstrahlenden Antlitz wurde 1635 anläßlich seiner feierlichen Krönung vom Vatikanischen Domkapitel in einer Prozession in der Stadt getragen. Die goldene Krone, die man auf Fotografien noch sehen kann, ist leider entwendet worden.

In dieser Kapelle wird auch die Erinnerung an vierzig Märtyrer und die Heiligen Marcus und Marcellianus sowie an Papst Felix aufrechterhalten. So besagt zumindest die Inschrift, die das Bild im Rechteck umrahmt: „IN HAC IMAGINE RECONDITAE SUNT/RELIQUIAE SANC-TORUM QUADRAGINTA/ MARTYRUM ET FELICIS PAPAE ET/ SANCTORUM MARCI ET MARCELLIANI" (dieses Bild enthält – in einem kleinen Oval in der Höhe des Herzens – die Reliquien von vierzig Märtyrern, Papst Felix, sowie der Heiligen Marcus und Marcellianus). Die architektonische Gestaltung der kleinen Kapelle geht auf Pietro da Cortona (1596-1669) zurück. Leider ist das Deckengemälde, das auch sein Werk war, in den Wirren der Zeiten verlorengegangen.

Eindrucksvoll ist im linken Seitenschiff das Grabmal von Kardinal Lodovico Trevisan Mezzarota-Scarampi, Patriarch von Aquileia und Titelinhaber von S. Lorenzo in Damaso. Er war nicht nur Geistlicher, sondern auch Feldherr und besiegte in dieser Eigenschaft die Türken bei Belgrad. Seine strengen Gesichtszüge hat ein Renaissancebildhauer (vielleicht Andrea Bregno oder Paolo Taccone) überaus realistisch überliefert. Im linken Seitenschiff befinden sich außerdem noch die Inschriftentafel, die an die Gründung des Archivs durch Papst Damasus erinnert, ferner das von ganz reizenden Renaissanceputten gehaltene Wandgrabmal des

Giuliano Galli (1436-1488), einem Freund des Kardinals Riario, und das Gemälde der „Madonna delle Gioie". Es wird Circignani zugeschrieben, Cristoforo Roncalli (gen. „Il Pomarancio", 1552-1626) war es, der es überarbeitet hat.

*Weitere Sehenswürdigkeiten*

Bemerkenswert wegen ihres auffallenden Ziboriums ist auch die Sakramentskapelle, links neben dem Haupteingang. Sie wurde von Kardinal Riario der 1508 gegründeten „Confraternità del SS. Sacramento e delle Cinque Piaghe" übergeben. Die Sitzfigur direkt neben dem Portal ist eine Kopie der 1551 auf der Via Tiburtina gefundenen Statue des hl. Hippolytus.

Die Kapelle des hl. Nikolaus, rechts neben dem Portal, birgt außer dem schönen Altarblatt von Sebastiano Conca, „Maria mit Kind und den Heiligen Nikolaus und Filippo Neri" (1743 geschaffen) auch ein wunderschönes Taufbecken. Hier wurde am 22. April 1795 der hl. Vinzenz Pallotti getauft. Bevor der Besucher S. Lorenzo in Damaso verläßt, sollte er auch das schöne Kruzifix in der Cappella Massima oder Kreuzkapelle gesehen haben. Es ist ein Werk des 14. Jahrhunderts. Der Legende nach soll dieses Kreuz zur hl. Brigitta gesprochen haben. Auch die Grabmäler im rechten Seitenschiff sowie der kleine Nebenraum der Sakristei mit dem Rest der alten Holzdecke und der Freskenfragmente (von Giuseppe Cesari) über dem Seitenportal zum Corso Vittorio Emmanuele sind sehenswert.

Viel gäbe es noch über S. Lorenzo in Damaso und die Cancelleria zu erzählen: Beispielsweise, daß während der Restaurierungsarbeiten zwischen 1937 und 1945 das Grab des römischen Schriftstellers und Konsuls Aulus Hirtius – er verfaßte das achte Buch von Cäsars „De Bello Gallico" – sowie ein antikes Mithraeum gefunden wurden. Sie wären heute noch in den unterirdischen Gewölben der Kirche sichtbar, wenn sie nicht vom gleicherweise antiken Kanal des „Euripus" (s. S. Andrea della Valle), den man auch damals entdeckte, überschwemmt wären – unter S. Lorenzo in Damaso befindet sich ein regelrechter kleiner See – so daß leider nur ein geringer Teil der Ruinen aus dem Wasser herausragt. Auch der tragische Vorfall um Pellegrino Graf Rossi wäre einer näheren Erörterung wert: von Papst Pius IX. (1846-1878) zum Ministerpräsidenten des Kirchenstaates ernannt und am 15. 11. 1848 auf den Stufen der

*S. Lorenzo in Damaso, Taufbecken in der Kapelle rechts vom Haupteingang*

Cancelleria ermordet, befindet sich sein Grabmal im rechten Seitenschiff, in der Nähe der Sakristei.

Die Anekdote, die man sich um die berühmte „Sala dei Cento Giorni" (Salon der hundert Tage, der so heißt, weil ihn Vasari in nur einhundert Tagen ausgemalt haben soll) erzählt – sie befindet sich genau über der Basilika im Palast der Cancelleria; um ihn besuchen zu können braucht man eine spezielle Genehmigung – ist hingegen viel heiterer: Als sich Vasari vor Michelangelo brüstete, den großen Raum mit nur zwei Gehilfen in einem so kurzen Zeitraum von einhundert Tagen mit Wandbildern versehen zu haben, meinte der große Meister nur lakonisch: „Man merkt's".

*S. Maria in Monserrato, Fassade*

# S. Maria di Monserrato

Die letzte Ruhestätte der Päpste Calixtus III. (1455-1458)
und Alexander VI. (1492-1503)

In dem Straßengewirr zwischen der schnurgeraden, von Papst Julius II. (1503-1513) gegründeten und nach ihm benannten Via Giulia und der weiten Piazza Farnese windet sich eine enge Gasse Richtung St. Peter. In früheren Zeiten von Pilgern (neben der Via del Pellegrino) als eine der Hauptadern nach dem Vatikan benutzt, liegt die malerische Via Monserrato heute etwas abseits des Touristenstromes, der meist nur bis zur Piazza Farnese mit ihrem mächtigen Palast und den riesigen Granitwannen davor reicht.

Wie der Name bereits vermuten läßt, hat das Sträßlein etwas mit Spanien zu tun: Es ist nach dem Gotteshaus S. Maria in Monserrato benannt, das sich etwa in der Mitte des Verlaufes befindet, und National-kirche der Spanier ist. Hier haben zwei spanische Päpste – nach einer Irrfahrt von einigen Jahrhunderten – 1889 ihre letzte Ruhestätte gefunden: Calixtus III. und Alexander VI.

## Calixtus III.
### (Alfonso Borgia, aus Játiva bei Valencia, 1455-1458)

Alfonso Borja wurde am 31. 12. 1378 in einem Dorf bei Játiva, südlich von Valencia, als einziger Sohn von fünf Kindern geboren. Seine Eltern waren Domingo de Borja und Francina Marti und gehörten zu einer ärmeren Nebenlinie der Familie Borja, die später italienisiert zu „Borgia" wurde. Während der junge Alfonso eines Tages einer der mitreißenden Predigten des dominikanischen Bußpredigers Vincente Ferrer beiwohnte, wurde dieser auf ihn aufmerksam. In der Folge gelingt es Don Vincente, die Verwandten von den Fähigkeiten des jungen Alfonso zu überzeugen und ihm dadurch das Theologiestudium zu ermöglichen.

Einige Jahre später Kanoniker der Kathedrale von Valencia und Professor der Rechte der Universität Lérida bemüht er sich erfolgreich um die Beilegung der letzten Reste des Großen Schismas, indem er den Gegenpapst Clemens VIII. (Gil Sanchez Munoz aus Barcelona, 1423-1429 abgetreten) zur Abdankung und Anerkennung Martins V. (Oddone Colonna aus Rom, 1417-1431) veranlaßt. Im Jahre 1429 wird Alfonso Borgia von König Alfonso von Aragon zum Bischof von Valencia ernannt und 1444 von Eugen IV. zum Kardinal erhoben. Am 8. April 1455 im Alter von 77 Jahren zum Papst gewählt, gab er sofort die programmatische Erklärung ab, alles menschenmögliche tun zu wollen, um das von den Türken 1453 eroberte Konstantinopel wieder zurückzugewinnen. Von dem Gedanken des Türkenkreuzzuges war somit sein dreijähriges Pontifikat auch ganz durchdrungen. Sein beharrlicher Einsatz wurde von einem unerwarteten Erfolg gekrönt. Am 21. Juli 1456 gelang es den vom Papst unterstützten, vom ungarischen Feldherrn Johann Hunyadi militärisch angeführten und vom Franziskanermönch Giovanni Capestrano enthusiastisch angespornten Truppen, in Belgrad den Sieg über die Türken zu erringen.

Da Calixtus III. glaubte, sich in dem von Familienfehden beherrschten Rom nur auf seine eigene Familie verlassen zu können, besetzte er alle Schlüsselpositionen mit seinen Verwandten. In diesem Zusammenhang ernannte er seinen Neffen Rodrigo, den späteren Alexander VI. und Sohn seiner jüngsten Schwester Isabella, zum Kardinal. Calixtus III. starb am 6. August 1458 an den Folgen einer Krankheit und wurde in St. Peter beigesetzt, wo der Sarkophag mit seiner Liegefigur heute noch in den Grotten steht. Im Zuge der Neuerrichtung der Peterskirche fanden seine sterblichen Überreste in S. Maria in Monserrato ihre letzte Ruhestätte.

## ALEXANDER VI.
### (Rodrigo Borgia, aus Játiva bei Valencia, 1492-1503)

Rodrigo Borgia wurde am 1. Januar 1531 im gleichen Ort wie sein Oheim geboren. Achtzehnjährig wurde er nach dem Besuch der Universität von Valencia von Alfonso Borgia, damals noch Kardinal, nach Rom berufen. Im Alter von 25 Jahren wurde er 1456 ins Kardinalskollegium aufgenommen und bekleidete 35 Jahre lang das Amt des Vizekanzlers ohne je mit den fünf Päpsten, unter denen er seinen Dienst versah, in größere Konflikte zu geraten. Er war ein bedeutender Politiker und ein fähiger Staatsmann. Seine Zeitgenossen rühmten seine diplomatische Gewandtheit, seine Überzeugungskunst und sein angenehmes Auftreten. Leider entsprach seine Lebensführung nicht seinen hohen Ämtern. Außerdem wirkten sich in seinem Pontifikat die krasse Nepotenwirtschaft und das üble Treiben seiner Kinder und Familienangehörigen negativ aus.

Als Herrscher des Kirchenstaates hat sich Alexander VI. allerdings als kluger Politiker, der großes internationales Ansehen genoß, gezeigt. Während seines Pontifikats widmete er sich neben der Politik auch einer lebhaften Bautätigkeit. So ließ er beispielsweise die Engelsburg und die Kassettendecke in S. Maria Maggiore restaurieren und sorgte für die malerische Ausgestaltung des Borgia-Appartements im Vatikanspalast. Die Orden, vor allem den der Augustiner, förderte er in besonderer Weise und unterstützte die Missionen, die ihm ein echtes Anliegen bedeuteten. Während seines Pontifikats wirkte der hl. Franz von Paola, dessen neuer Eremitenorden bereits 1493 bewilligt wurde.

Für das Jubeljahr 1500 wußte Alexander VI. ungeahnte Pilgermassen nach Rom zu ziehen. Auf ihn gehen die stimmungsvollen Riten der feierlichen Öffnung der heiligen Pforten in den Hauptbasiliken und ihre Schließung am Ende der Heiligen Jahre zurück. Tragisch endete seine Auseinandersetzung mit dem Dominikaner und Bußprediger Girolamo Savonarola, der 1498 hingerichtet wurde. Alexander VI. starb am 18. August 1503 unerwartet an den Folgen des römischen Fiebers oder eines Anschlages. Vorerst in St. Peter beigesetzt, fand er seine letzte Ruhestätte in Santa Maria di Monserrato.

*Das Grab Calixtus' III. und Alexanders VI.*

Die sterblichen Überreste der beiden spanischen Päpste wurden erst Ende des 18. Jahrhunderts in S. Maria in Monserrato würdig bestattet. Denn nachdem man sie anläßlich des Umbaues der Peterskirche aus ihren ursprünglichen Sarkophagen in der „Cappella degli Spagnoli" (Santa Maria della Febbre) in St. Peter entfernt und gemeinsam in einem Bleikästchen versenkt hatte, stellte man dieses in einem Vorraum der Orgel von Alt-St. Peter auf. Später nach Santa Maria di Monserrato gebracht, stand es 300 Jahre beinahe vergessen in einer

*Grabmal Callixtus' III. und Alexanders VI. in S. Maria di Monserrato*

dunklen Ecke der Sakristei. Im Jahre 1889 fanden die beiden Borgia-Päpste in der heutigen Steinurne in der ersten Kapelle rechts endlich ihre letzte Ruhestätte.

Der schlichte Marmorschrein mit den sterblichen Überresten der beiden spanischen Päpste ist mit ihren Portraits versehen. Dabei unterlief dem Bildhauer F. Mortilla oder seinen Gehilfen offensichtlich ein Fehler: Sie verwechselten die Namen unter den Medaillons und versahen das Portrait Calixtus' III. mit dem Namen seines Neffen und meißelten seinen Namen unter den Alexanders VI.

Das Grabmal darunter hat mit den beiden Päpsten allerdings nichts zu tun. Es erinnert an König Alfonso III., der 1941 in Rom im Exil starb, provisorisch hier beigesetzt und 1980 feierlich in den Escorial überführt wurde.

## GESCHICHTLICHES

S. Maria in Monserrato wurde im 14. Jahrhundert gegründet. Damals erwarb die Spanierin Giacoma Ferran hier ein Haus, um ein Hospiz für ihre Landsleute zu errichten. Darin befand sich bereits die Vorgängerin des heutigen Gebäudes, nämlich eine dem hl. Nikolaus geweihte Kapelle. Ursprünglich San Nicolo' a Corte Savella genannt (nach dem Gerichtshof der Savelli, der sich in nächster Nähe befand), hieß sie nach den Spaniern auch San Nicolo' dei Catalani. Als 1506 die „Confraternità Santa Maria di Monserrato" in der „Chiesa del Pozzo Bianco" (Santa Maria in Vallicella, heute Chiesa Nuova) gegründet wurde, um die Verehrung der Madonna von Monserrat zu verbreiten, erhielt auch das Hospiz bei San Nicolo' dei Catalani großen Zulauf. Man beschloß, eine neue, größere Kirche zu bauen – schon um mit San Giacomo, dem Gotteshaus der Kastilier auf der Piazza Navona, konkurrieren zu können.

Die alte Kapelle San Nicolo' dei Catalani wurde abgerissen und am 13. 6. 1518 durch Juan Sanchis, Bischof von Cefalu', feierlich der Grundstein für Santa Maria di Monserrato gelegt.

Den Entwurf für das neue Gotteshaus lieferte Antonio da Sangallo der Jüngere. Doch der Neubau ging wegen der mangelnden Geldmittel nur sehr schleppend voran. Daher wurde das Langhaus erst Ende des 16. Jahrhunderts überwölbt. Nach dem Tode von Antonio da Sangallo übernahmen den Bau zunächst Bernardino Valperga und später Francesco da Volterra, der auch die Fassade entwarf. Im Jahr 1594 fand in der unvollendeten Kirche die Weihe des Hochaltars statt. Zu Beginn des 17. Jahrhunderts bekam Santa Maria in Monserrato endlich eine Sakristei. Sie wurde an Stelle der unmittelbar an das neue Gotteshaus angrenzenden alten Kirche San Andrea di Nazareth errichtet. Die Apsis wurde gar erst zwischen 1673 und 1675 durch G.B. Contini vollendet. Im gleichen Jahr weihte man den Hochaltar zum zweiten Mal.

Im Zuge der unentwegten Bautätigkeit entstanden um die Kirche auch die Hospizgebäude, die man im vorigen Jahrhundert während eines letzten Umbaues errichtete. S. Maria in Monserrato wurde im vorigen Jahrhundert restauriert und bekam damals ihr heutiges Aussehen. Zur Zeit der französischen Besatzung geschlossen, wurde sie von Giuseppe Camporese und seinem Sohn zwischen 1820 und 1821 wieder instand gesetzt. Sie wurde damals mit vielen Einrichtungsgegenständen aus der einstigen „Konkurrenzkirche" San Giacomo – 1817 wurde wegen Baufälligkeit ihre Schließung verfügt – ausgestattet. Die Fußbodenplatten, einige Grabmäler (auch die im Arkadenhof), abgenommene Fresken, Statuen und Bilder stammen von dort. Die über dem Hauptportal angebrachte Orgel kommt ebenfalls aus San Giacomo.

## HAUPTFASSADE

Die der Via Monserrato zugewandte Hauptfassade aus Travertin wurde erst Anfang des vorigen Jahrhunderts fertiggestellt. Zweigeschossig und fünfteilig weist sie über dem Hauptportal eine vollplastische Darstellung der Madonna mit dem Kinde auf. Die Gottesmutter thront in einer Felshöhle, das Jesuskind auf dem Schoße. Es hat eine scharfe Säge in der Rechten, mit der es im Begriff ist, die Felsen auseinanderzuschneiden und weist damit auf den Namen der Kirche hin. In ihrem unteren Teil ein Werk aus der zweiten Hälfte des 18. Jahrhunderts, wurde die Fassade um 1820 von Giuseppe Camporese beendet.

## INNENRAUM

Besucht man S. Maria in Monserrato an Wochentagen, wird man das Hauptportal verschlossen finden. Ein kleines Metallschildchen bittet die Besucher, auf der anderen Seite des Häuserblocks in der Via Giulia 151, dem Spanischen Kolleg, zu läuten. Ein freundlicher Portier öffnet und man betritt die einschiffige, nicht all zu große Kirche – nachdem man den kleinen Arkadenhof überquert und einen kurzen Korridor durchlaufen hat – über einen Nebeneingang beim Presbyterium.

### Hauptschiff und Altarbereich

S. Maria in Monserrato ist eine kleine Kirche. Ihr Inneres geht auf die Entwürfe von Antonio da Sangallo d.J. (16. Jahrhundert) zurück. Nach seinem Tode führten Bernardino Valperga, Francesco da Volterra und G.B. Contini sein Werk zu Ende. Die malerische Innenausstattung ist ein Werk des vorigen Jahrhunderts. Hinter dem Hauptaltar fällt sofort der eindrucksvolle „Gekreuzigte" auf, ein Ölbild von Girolamo Scicolante (gen. „Il Sermoneta", 1564/65).

### Die Seitenkapellen

Die erste Kapelle rechts – vom Haupteingang gesehen – ist dem hl. Diego di Alcala' geweiht. Hier ist das gemeinsame Grab der Borgia – Päpste. Das wirkungsvolle Altarbild der Kapelle ist eines der Hauptwerke von Annibale Carraci und stellt den hl. Diego von Alcala' dar. Ursprünglich in der Kirche S. Giacomo degli Spagnoli angebracht, kam es mit vielen anderen Einrichtungsgegenständen aus der ehemaligen Kirche der Kastilier, die wegen Baufälligkeit abgerissen und teilweise neu errichtet wurde, hierher.

Beachtenswert sind in der zweiten und dritten Kapelle rechts die kräftig kolorierten Wandgemälde. Die eine ist der Verkündigung Mariä geweiht, wobei die Bilder (Francesco Nappi) Begebenheiten aus ihrem Leben zeigen: „Die Geburt" und „Aufnahme in den Himmel". In der anderen wird die „Madonna del Pilar" verehrt.

In der ersten Kapelle links – sie ist der hl. Anna gewidmet – fällt die hübsche Mamorgruppe der hl. Anna Selbdritt auf. Von Tommaso Boscolo 1544 im Auftrag des Pedro Velasco aus Sevilla für seine Familienkapelle in S. Giacomo geschaffen, ist die Gestalt des Stifters kniend vor der rechten Figur dargestellt. Bemerkenswert ist der elegante Tabernakel rechts über den Marmorschranken. Die hübschen Reliefs (anbetende Engel, die Taufe Christi soll später angefügt worden sein) werden Luigi Capponi zugeschrieben.

Die zweite Kapelle links ist der Madonna von Monserrat geweiht.

Daher ist auch am Altar eine Nachbildung der Madonna aus diesem spanischen Wallfahrtsort aufgestellt. Die Fresken auf den Wänden gehen auf G. B. Ricci (1550-1623) zurück, der rechts das „Wunder des hl. Raimund von Penafort" darstellte. Der Heilige überquert in wunderbarer Weise, auf seinem Mantel stehend, das Meer zwischen Mallorca und Barcelona. Links ist ein Bild vom Berg Monserrato.

Besonders eindrucksvoll ist die ehrfurchtsgebietende Statue des hl. Jakob in der gleichnamigen dritten Kapelle links, der einstigen Kreuzkapelle. Jacopo Sansovino schuf sie Anfang des 16. Jahrhunderts für eine Kapelle in S. Giacomo und erntete großen Beifall dafür.

Hier befinden sich auch zwei interessante Grabmäler aus dem 15. Jahrhundert. Sie sind einander – beide weisen Liegefiguren über Paradebetten, Bücherstapeln und Blumengirlanden auf – recht ähnlich im Aussehen und gehen wohl auf Andrea Bregno zurück. Im rechten Grabmal wurde Juan de Fuensalida (gest. 1498), Bischof von Terni und Sekretär Alexanders VI., beigesetzt, im linken Bischof Alfonso de Paradinas von Ciudad Rodrigo (gest. 1485). Die beiden Grabmäler stammen ebenfalls aus San Giacomo.

## Sakristei

Die Sakristei, die anstelle der antiken Kirche S. Andrea entstand, ist wegen der Einrichtungsgegenstände, einem Renaissancetabernakel, Marmorwaschbecken usw., sehenswert.

## Der Arkadenhof und Büste des Bernini

In dem stimmungsvollen Arkadenhof, den man von der Via Giulia betritt, wurden einige schön gearbeitete Grabmäler aus S. Giacomo angebracht. Hat man noch etwas Zeit, sollte man den Kustoden ersuchen, die nahegelegene „Sala di Conferenze del Centro Studi Ecclesiastici" besichtigen zu dürfen. Hier befindet sich einer der interessantesten Portraitköpfe des Gianlorenzo Bernini. Es ist die Büste des Pedro Foix de Montoya (Grabmal), die wohl 1621 noch zu dessen Lebzeiten entstand. Sie soll derart realistisch in der Ausführung sein, daß – nach den eigenen Worten des großen Gian Lorenzo – Papst Urban VIII. zum Scherz die Büste für den Lebenden und den lebenden Montoya für seine Büste gehalten haben soll. In diesem Saal sind noch andere wertvolle Denkmäler und Gemälde aufbewahrt.

Steht man wieder auf der Via Giulia, gibt es viele Möglichkeiten, den Romspaziergang fortzusetzen: entlang dieser romantischen Renaissance-straße zum Palazzo Farnese oder entlang der Via di Monserrato auf den Spuren der mittelalterlichen Pilger Richtung Engelsburg, wobei man auf die erst kürzlich wieder restaurierte und in makelloser Schönheit neuer-strahlte Fassade von S. Maria in Monserrato einen letzten Blick werfen sollte.

*Piazza Navona*

# S. Agnese in Agone

## Die letzte Ruhestätte von Papst Innozenz X. (1644-1655)

Einer der schönsten Plätze der Ewigen Stadt ist sicherlich die Piazza Navona. Ihren einzigartigen, von Einheimischen wie Fremden beinahe ständig umdrängten Mittelpunkt bildet der obeliskbekrönte Vier-Flüsse-Brunnen des Bernini. Der berühmten, sprudelnden Fontäne wird jedoch erst durch die geschwungene, barocke Fassade von S. Agnese in Agone der richtige Rahmen gegeben. Zusammen bilden Fontäne und Kirche ein unvergleichliches städtebauliches Ensemble und strahlen eine einzigartige, typisch römische Atmosphäre und eine Faszination aus, der Pilger und Touristen gleicherweise wie die Römer, erliegen. Der Papst, auf dessen Initiative Brunnen und Kirche zurückgehen, war Innozenz X. Er ist in S. Agnese in Agone beigesetzt.

## INNOZENZ X.
### (Giovan Battista Pamphilij, aus Rom, 1644-1655)

Giovan Battista Pamphilij wurde als Sohn der römischen Familie Pamphilij am 6. Mai 1574 geboren. Er war zunächst Konsistorialadvokat und Auditor an der Rota, dann Nuntius in Neapel und Spanien und wurde 1629 von seinem Vorgänger Urban VIII. (1623-1644) zum Kardinal ernannt. Als er am 5. September 1644 nach einem etwas länger als einem Monat währenden Konklave zum Papst gewählt wurde, war er bereits 70 Jahre alt und zu schwach, um sich der Herrschsucht und den Intrigen seiner Schwägerin Donna Olimpia Maidalchini entgegenzusetzen. Diese Situation war dem Ansehen des Apostolischen Stuhles sicherlich nicht förderlich.

Während des Pontifikates von Innozenz X. kam es nach langen Verhandlungen zwischen Kaiser und Reich, Frankreich und Schweden und deren Verbündeten zum Abschluß des Westfälischen Friedens. An den Sitzungen nahm als päpstlicher Legat der Kölner Nuntius Fabio Chigi teil, doch konnte er nicht viel retten: Der Dreißigjährige Krieg fand durch den 1648 in Münster und Osnabrück geschlossenen Vertrag wohl ein Ende, kostete die Kirche aber 14 Erzbistümer und Bistümer sowie zahlreiche Abteien. Der von seiten des Papstes eingelegte Protest blieb ohne Folgen.

Innerkirchlich bemühte sich der Papst um die Weiterführung der Tridentinischen Reform und unterstützte die kirchliche Erneuerung, die in Deutschland bald nach dem Westfälischen Frieden einsetzte. Im übrigen mußte er sich mit dem „Jansenismus" auseinandersetzen. Es handelte sich dabei um eine von Cornelius Jansen beeinflußte Bewegung. Cornelius Jansen (1585-1638), ein niederländischer katholischer Theologe und seit 1636 Bischof von Ypern, strebte eine Rückkehr zu Lehre und Kultus des frühen Christentums an. Im Jahr 1653 verurteilte der Papst mit der Bulle „Cum Occasione" einige Sätze aus Jansens Werk „Augustinus" als häretisch, was schwere Kontroversen hervorrief. Sie dauerten unter seinen Nachfolgern noch lange fort.

Innozenz X. entfaltete eine rege Bautätigkeit. Nicht nur die Piazza Navona mit dem prächtigen Brunnen und S. Agnese entstanden auf sein Betreiben, auch die unter Sixtus V. (1585-1590) und Paul V. (1605-1621) begonnene städtebauliche Erneuerung Roms führte er weiter. Der heute noch auf dem Gianicolohügel bestehende Park samt einer großen Villa von Alessandro Algardi gehen ebenfalls auf ihn zurück.

Er starb am 7. Januar 1655 nach langer Krankheit und wurde vorerst in St. Peter beigesetzt und später nach S. Agnese auf der Piazza Navona überführt.


*Grabmal Innozenz' X.*

Das Grabmal Innozenz' X. steht hoch oben über dem – meist geschlossenen – Hauptportal von S. Agnese in Agone. Von G.B. Maini 1729 geschaffen, besteht es aus einem niedrigen, gerieften und mit Akanthuslaub bedeckten Sarkophag. Die beiden Figuren links und rechts symbolisieren den „Glauben" und die „Tugend". In der Mitte befindet sich die Halbfigur des tiarabekrönten Papstes.

*Papst Innozenz X. Pamphilij, Statue von seinem Grabmal in S. Agnese*

# GESCHICHTLICHES

Bereits die Grundrißform des länglichen, an einer Seite abgerundeten Platzes weist darauf hin, daß sich hier in der Römerzeit ein Stadion befand. Es war das sog. „Stadion des Domitian", dessen Freifläche heute die Piazza Navona einnimmt. Die Häuser stehen an Stelle der früheren Sitzreihen. Das Stadion wurde von Kaiser Domitian wohl bereits vor 86 n. Chr. errichtet. Da es sich nicht um einen Zirkus handelte, war die Piste vollkommen frei, d. h. nicht durch eine Trennmauer (die „Spina"), wie es sie beispielsweise auch im Zirkus Maximus gab, in zwei Fahrbahnen getrennt. Es fehlten auch die „Carceres" – wir würden heute „Boxen" sagen – für die Wagengespanne, da die Fläche für sportliche Wettkämpfe wie Leichtathletik u. ä. vorgesehen war. Kaiser Domitian liebte diese Art von Wettkämpfen besonders. Sie bildeten zusammen mit musikalischen Veranstaltungen und Pferderennen den Wettkampf des „Certamen Capitolinum", einen Wettbewerb, der zu Ehren des Jupiter Capitolinus abgehalten und 86 n. Chr. eingeführt wurde.

Der christlichen Überlieferung nach war das Stadion des Domitian um 300 der Ort des Martyriums der hl. Agnes. Die Legende erzählt, daß die Christin Agnes angeklagt wurde, weil sie sich weigerte, den heidnischen Göttern zu opfern. Das junge Mädchen wurde in ein sogenanntes „Lupanar", ein Freudenhaus gesperrt, das sich in den Ruinen des nunmehr im Verfall befindlichen Stadion des Domitian eingenistet hatte. Doch wie durch ein Wunder wurden alle, die sich der unbekleideten und nur mit ihrem herrlichen langen Haar bedeckten Jungfrau näherten, von ihr abgehalten. Der Sohn des Präfekten, der ebenfalls nach ihr trachtete, fiel wie vom Blitz getroffen hin und konnte nur durch das Gebet der Heiligen wiedererweckt werden. Der Sage nach erlitt Agnes den Märtyrertod am 21. Januar 258/9 (oder 304) im Alter von 13 Jahren in den Räumen, die in der Unterkirche von S. Agnese in Agone noch immer gezeigt werden. Beigesetzt wurde sie allerdings nicht hier, sondern in der gleichnamigen Katakombe bzw. Kirche S. Agnese fuori le Mura (St. Agnes außerhalb der Mauern).

Der Grundstein zum heutigen Gotteshaus wurde 1652 gelegt. Doch bereits vorher hatte hier eine der hl. Agnes geweihte Kirche gestanden. Daß die hl. Agnes schon sehr früh in Rom verehrt wurde, beweisen die relativ zahlreichen scheibenförmigen, spätantiken Goldgläser, die die

Märtyrerin mit der Beischrift „Agnes" abbilden. Jedenfalls gab es hier sicherlich bald nach dem Märtyrertod der Heiligen ein kleines, ihr geweihtes Heiligtum. Im 8. Jahrhundert betreuten zunächst Basilianer (griechische Mönche) und dann die Benediktiner von Farfa ein kleines Oratorium an dieser Stelle. Calixtus II. (1119-1124) ließ es erweitern und zu einer kleinen Kirche umbauen. Im Jahr 1123 geweiht, gehörte sie zu S. Lorenzo in Damaso und hieß „S. Agnese de Cryptis Agonis". Ihr Eingang lag an der heutigen Via Santa Maria dell'Anima.

Im Laufe der Zeit nur wenig verändert, wünschte Papst Innozenz X. das Gotteshaus, welches in unmittelbarer Nachbarschaft des neuen Stadtpalastes seiner Familie (Pamphily) lag, zu seiner Familienkirche zu machen. Am 15. August 1652 erfolgte die Grundsteinlegung. Die beiden bekannten Architekten Girolamo und Carlo Rainaldi (Vater und Sohn) wurden mit dem Projekt betraut. Zwei Jahre später, als einige Bauteile bereits standen, beauftragte der Papst Francesco Borromini – mit den Architekten Rainaldi kam es zu Spannungen – mit der Weiterführung. Doch auch mit Borromini gab es Streit. Er schied 1657 aus der Bauleitung, und eine Kommission aus verschiedenen Architekten, darunter auch Carlo Rainaldi, führte das Projekt zu Ende. Als S. Agnese 1672 durch Kardinal Carlo Gualtiero geweiht wurde, war das Gotteshaus bis auf einige dekorative Details vollendet. Seither ist es unverändert geblieben. Innozenz X. selbst erlebte seine Fertigstellung nicht mehr. Er starb 1655.

## AUSSENFASSADE

S. Agnese ist das Ergebnis der unfreiwilligen Zusammenarbeit der Barockarchitekten Rainaldi und Borromini. Borromini veränderte den ursprünglichen Grundriß von Girolamo und Carlo Rainaldi kaum. Seine Ideen wirkten sich mehr in der Fassadengestaltung aus. Die damals bereits ausgeführten Teile der Vorderfront wurden wieder abgetragen und nach den Plänen des Borromini in der heutigen, nach innen geschwungenen Form, errichtet. So erhielt S. Agnese in Agone das weltberühmte, konkave, kuppelbekrönte und von zwei Türmchen flankierte Aussehen. Ihr Hauptportal wird von einem mächtigen Dreiecksgiebel überdacht, die gewaltige Kuppel scheint sich gleich hinter der geschwungenen Außenwand zu erheben. Auch sie ist das Ergebnis der unbeabsichtigten gemeinsamen Planungsarbeiten der beiden Barockmeister. Als es nämlich zum Bau der Kuppel kommen sollte, zog sich Borromini zurück, da er die Fundierung bemängelte. Carlo Rainaldi übernahm wieder die Bauleitung und vollendete die Kuppel, deren Laterne nach seinen Ideen gestaltet wurde.

## INNENRAUM

Über einige Stufen und den rechten Nebeneingang (das Hauptportal ist meist geschlossen) gelangt man von der belebten Piazza in das Innere von S. Agnese in Agone. Die gewaltige Fassade läßt einen ebensolchen Innenraum erwarten und so überrascht der verhältnismäßig kleine Zentralbau über einem griechischen Kreuz. Von der mächtigen, mit Fresken versehenen Kuppel strömt viel Licht in das Gotteshaus. Ihre Wandgemälde zeigen die Glorie der hl. Agnes. Sie gehen auf C. Ferri (1634-1689), der sie 1689 begann, und seinen Schüler Corbellini, der sie nach dem Tode des Meisters vollendete, zurück. In den Pendentifs schuf G. B. Gaulli die Allegorien der Kardinaltugenden: die „Weisheit" und „Gerechtigkeit" links und rechts des Hauptaltars und die „Stärke" und „Mäßigung". Diese Gemälde sind aber auch die einzigen in diesem Gotteshaus, denn an den Altären sind ausnahmslos Reliefs angebracht.

### Hauptaltar und Zentralraum

Der Hochaltar ist prächtig mit kostbarem Marmor ausgestattet. Das große Relief ist ein Werk von Domenico Guidi (1686 vollendet) und zeigt die Heilige Sippe. Die vier Kuppelpfeiler sind mit Altären versehen. Derjenige gleich rechts beim Eingang ist dem heiligen Alexius geweiht, das Relief stellt seinen Tod dar (Francesco Rossi, 1640-1677). Das Relief auf dem Pfeiler rechts des Hauptaltars bezieht sich auf das Martyrium (Steinigung) der hl. Emerentiana (Ercole Ferrata, 1660 begonnen). Der Pfeiler links des Hauptaltars trägt das Relief „Tod der hl. Cecilia" (Antonio Raggi, 1661). Die Darstellung auf dem Relief des Pfeilers links des Haupteingangs schließlich zeigt das Martyrium des hl. Eustachius (von Melchiore Cafa begonnen, 1667 von Ercole Ferrata vollendet).

*Kuppel
von S. Agnese
in Agone*

### Die Kreuzarme

Der Altar an der Stirnwand des rechten Kreuzarmes ist der hl. Agnes geweiht. Über dem einfachen sarkophagartigen Marmortisch erhebt sich die Figur der Heiligen über den Flammen.

Gegenüber im linken Kreuzarm befindet sich über dem ihm gewidmeten Altar die Statue des hl. Sebastian. Darüber spannt sich eine kreuzgratgewölbte Halle in Scheinperspektive.

### „Cappella della Santa Testa"

Im linken Kreuzarm befindet sich rechts eine kleine Tür. Sie führt zu der „Cappella della S. Testa" (Kapelle des Hauptes der hl. Agnes). In dem kleinen Raum wird in einem Reliquiar ein kleines Haupt aufbewahrt. Seit Honorius III. (1216-1227) im Reliquienschatz des „Sancta Santorum" (Heilige Treppe), wurde es 1908 hierher gebracht und in einem von Kardinal Mariano Rampolla del Tindaro, dem Protektor der Kirche, gestifteten Schrein aufbewahrt. Beachtenswert ist der Renaissancetabernakel seitlich an der rechten Wand.

### Kapelle der hl. Francesca Romana

Die Tür links des Sebastiansaltars führt zu der Kapelle der hl. Francesca. Hier soll seinerzeit diese volkstümliche Heilige (s. S. Maria Nova) getauft worden sein. Unter dem mit ihrer Statue versehenen Altar ist ein uraltes, von zwei barocken Putten umgebenes Taufbecken (eine runde Monolithschale) aufgestellt.

### Die Unterkirche von S. Agnese

An der rechten Seite des rechten Kreuzarmes geleitet eine Treppe in die Unterkirche von S. Agnese. Es handelt sich um verschieden große Räume auf dem Niveau des ehemaligen römischen Stadions. Die Kapelle gleich links an der Treppenmündung soll die Stelle sein, an der die hl. Agnes, nur von ihrem wunderbaren langen Haar bedeckt, öffentlich zur Schau gestellt wurde. Das Relief von Alesandro Algardi (es gilt als sein letztes Werk) am Altar links erinnert an dieses Ereignis. Die Wandmalereien sind leider in sehr schlechtem Zustand. Von diesem Raum aus gelangt man in zwei kleinere, von denen der erste, der Überlieferung nach, das Gefängnis der Heiligen gewesen sein soll. Im zweiten, durch Säulen unterteilten, soll sie den Märtyrertod erlitten haben.

Verläßt man das Gotteshaus, taucht man wieder in den Trubel der Piazza Navona. Das Wasser sprüht aus der Fontäne, deren Statuen die vier größten damals bekannten Flüsse darstellen. Einer von ihnen, der „Rio della Plata", erhebt abwehrend die Hand gegen die Kirche. Diese Geste deutete der stets zu beißender Ironie bereite Volksmund – aufgrund der latenten Rivalität zwischen Bernini (von dem der Brunnen stammt) und Borromini (dem Architekten der Fassade) – sogleich in entsprechender Weise: „Der Rio della Plata" strecke die Hand abwehrend von sich, um die Fassade Borrominis nicht sehen zu müssen, bzw. aus Angst, daß die Fassade samt der Kuppel einstürze. Aus dem gleichen Grund hat auch der „Nil" den Kopf verhüllt. Da der Brunnen 1651 eingeweiht wurde, Borromini aber erst 1653 in die Bauleitung berufen wurde, kann es sich bei dieser Geschichte nur um eine witzige Anekdote handeln. Die Rivalität zwischen den beiden Meistern ist historisch, doch gehört sie der Vergangenheit an. Der schöne Platz mit dem eindrucksvollen Brunnen und der feierlichen Kirchenfassade dahinter – eines der schönsten Platzensembles der Welt – ist lebendige Gegenwart und wird dem Rompilger und Touristen seiner einzigartigen Atmosphäre wegen sicherlich noch lange im Gedächtnis bleiben.

*S. Maria dell'Anima von der Piazza Navona aus*

# S. Maria dell' Anima

## Die letzte Ruhestätte Papst Hadrians VI. (1522-1523)

Beinahe genau hinter S. Agnese auf der Piazza Navona steht die deutsche Nationalkirche S. Maria dell' Anima. Von außen weder augenfällig noch pompös, machen sie ihre Kunstschätze zu einem Geheimtip im Reigen der Kirchen Roms. Hier ist im Presbyterium in einem würdigen Grabmal der letzte deutsche Papst, Hadrian VI., zur letzten Ruhe gebettet.

## HADRIAN VI.
### (Adriaen Florensz, aus Utrecht, 1522-1523)

Adriaen Florensz entstammte, am 2. 3. 1459 in Utrecht als Sohn eines Schreiners geboren, einfachen Verhältnissen. Trotzdem gelang es ihm, nicht nur Theologie zu studieren, sondern auch zu einem angesehenen Professor dieses Faches an der Universität in Löwen zu werden, an der er von 1491-1507 wirkte. Bekannt wurde er er durch seine Schriften, vor allem den Kommentar zum 4. Buch der Sentenzen des Petrus Lombardus. Sie charakterisieren ihn als einen an kanonischen und moralkasuistischen Problemen interessierten Spätscholastiker. Im Jahre 1506 berief ihn Kaiser Maximilian I. (1493-1519) zum Erzieher seines Enkels, Erzherzog Karl (1500-1558), den späteren Kaiser Karl V., der über ein Reich herrschen sollte, „in dem die Sonne nie unterging". Adriaen Florensz führte sogar eine Zeit lang nach dem Tode Ferdinands des Katholischen (der spanische Großvater Karls V.), solange der zukünftige Karl V. noch nicht großjährig war, für diesen die Regentschaft. In Vittoria, in Spanien, erreichte ihn, er war inzwischen Bischof von Tortosa geworden, die Nachricht von seiner am 9. 2. 1521 (vierzehn Tage nach dem Tode Leos X. (1513-1521) in seiner Abwesenheit erfolgten Wahl. Doch erst sieben Monate später stach er von Taragona aus in See – vielleicht ahnte er die Schwierigkeiten, die ihn erwarteten, nämlich die gärende Religions-spaltung. Zunächst in Rom feierlich und voller Enthusiasmus empfangen, vergingen den vom Überfluß und Luxus unter Leo X. verwöhnten Römern die Freude und die Begeisterung bald. Denn der asketische und einfache Hadrian plante ein Reformprogramm und führte sofort strenge Sparmaßnahmen ein. Seine Frömmigkeit und Askese wirkten jedoch befremdlich auf die Römer. Eine Pestepidemie, der der Schweizer Kardinal M. Schinner – er gehörte zum Kreis der Reformwilligen um Hadrian – zum Opfer fiel, beschränkte die Effizienz der ersten Maßnahmen Hadrians, dem jegliche Neffenwirtschaft fernlag. Nach Rom gekommenen Familienangehörigen erklärte er trocken, sie mögen in ihren Handwerken weiterarbeiten, da er nicht in Rom wäre, um das Hab und Gut der Kirche seinen Anverwandten zu geben.

Sein größtes Anliegen war, den „lutherischen Irrtum" und die Spaltung der Kirche zu verhindern. Er verurteilte beide in einem Breve, das am Reichstag in Nürnberg am 3. 1. 1523 von einem päpstlichen Legaten verlesen wurde. Diese Instruktion enthielt auch ein Schuldbekenntnis der Kurie und der Kirche: Die Verfolgung seiner Kirche geschehe wegen der Sünden der Menschen, vor allem aber der Priester und Prälaten. Der Papst selber strebe nach einer Verbesserung der Römischen Kurie, denn „wir alle, Prälaten und Geistliche, sind vom rechten Weg abgewichen".

Dieses freimütige Schuldbekenntnis hatte leider nicht den erhofften Widerhall. Auch die Einladung an Erasmus von Rotterdam, nach Rom zu kommen, bzw. ihn für die Erneuerung der Kirche und zur Bekämpfung der Kirchenspaltung zu gewinnen, schlug fehl. Erasmus sagte wegen Krankheit ab und meinte, er könne in Basel besser wirken als in Rom. Ferner würden durch eine offene Parteiergreifung für den Papst auch seine Schriften an Autorität verlieren. Außenpolitisch kam es durch die Eroberung von Rhodos durch die Türken ebenfalls zu einem großen Mißerfolg.

All diese Enttäuschungen waren für Hadrian zu viel. Nach einem Pontifikat von nur eineinhalb Jahren verstarb er unerwartet am 14. 9. 1523, ohne daß es ihm gelungen war, der Kirchenspaltung Einhalt zu gebieten. Zunächst in St. Peter begraben, fand er seine letzte Ruhestätte in dem von seinem Freund Kardinal Wilhelm van Enkevoirt für ihn errichteten monumentalen Grab in S. Maria dell' Anima.

*Liegefigur Hadrians VI. von seinem Grabmal in S. Maria dell'Anima*

Rechts im Presbyterium angebracht, stammt der Entwurf von Baldassare Peruzzi, der die bildhauerische Ausführung seinem Freund Michelangelo da Siena überließ. Kleinere Arbeiten führte Nicolo Pericoli aus. In der Mitte des dreiteiligen und von einem Giebel bekrönten Monumentes fällt sogleich die Liegefigur Hadrians VI. über seinem mit Papstwappen und Engeln flankierten Sarkophag auf: Mit der Tiara bekrönt, hat er das sorgenschwere Haupt auf die Linke gestützt. Darüber schwebt eine hübsche „Madonna mit dem Kinde" zwischen den Heiligen Petrus und Paulus. Die weiblichen Figuren beiderseits des Mittelteiles stellen links oben die „Mäßigkeit", darunter die „Tapferkeit", rechts die „Klugheit" und darunter die „Gerechtigkeit" dar. Unter dem Sarkophag ist ein ähnliches Relief angebracht, wie es etwa zwanzig Jahre später für Gregor XI. (1370-1378) in S. Maria Nova aufgestellt wurde: der feierliche Einzug Hadrians VI. in Rom. Hoch zu Roß wird er, von Kardinälen und Mönchen begleitet, von dem vor ihm knienden Senator Roms und der „Minerva", sie symbolisiert die Stadt Rom, empfangen.

Die Inschrift auf dem Sarkophag gibt auf sinnfällige Weise ein Wort des Plinius wieder: „Proh, Dolor quantum refert in quae tempora vel optimi cuiusq(ue) virtus incidat" (ach wieviel hängt doch davon ab, in welche Zeit auch des besten Mannes Wirken fällt).

## GESCHICHTLICHES

S. Maria dell' Anima haben wir der Stiftung eines holländischen Ehepaares, Johannes und Katharina Peters aus Dordrecht, zu verdanken. Sie kamen im 14. Jahrhundert als Kaufleute nach Rom, erwarben ein kleines Vermögen und erlangten am Hofe des Papstes eine Vertrauensstellung. Als Inhaber von Verkaufsläden bei Alt-St. Peter war Johannes Peters zugleich „serviens armorum Domini nostri Papae", ein Mann der päpstlichen Palastwache. Aus der Bulle „Quanto frequentius" (9. 11. 1398) Papst Bonifaz' IX. (1389-1404) wissen wir, daß das Ehepaar drei Häuser mit Garten und Nebengebäuden erwarb, um da ein Hospiz für „arme Leute der deutschen Nation" (zu denen damals auch die Niederländer gehörten) zu errichten. Dieses denkwürdige Ereignis fand wohl um 1350 statt. Die päpstliche Bulle von 1398 sollte ihr frommes Werk lediglich unterstützen und zu Spenden – für die ein Ablaß gewährt wurde – zur Überbrückung der Anfangsschwierigkeiten anregen.

An der Wende zum 15. Jahrhundert garantierte Dietrich von Niem, ein Kleriker aus der Diözese Paderborn, der in Rom päpstlicher Skriptor und Abbreviator geworden war, das Weiterbestehen des ursprünglichen Hospizes mit der kleinen Kapelle. Er sicherte durch Hausankäufe und großzügige Schenkungen die Situation der „Ur-Anima", so daß die Voraussetzungen zur Anerkennung als kanonische Stiftung gegeben waren. Ihre Verwaltung übernahm eine von Niem organisierte Bruderschaft. Niem war der erste einstimmig gewählte „Rektor und Gubernator" der Anima. Dank seiner Initiative konnte Anfang des 15. Jahrhunderts die Kapelle durch ein richtiges Gotteshaus ersetzt werden. Der Grundstein zu dieser gotischen Kirche wurde 1431 gelegt, 1446 fand die Einweihung statt. Eine Bulle Papst Eugens IV. (1431-1447) ermächtigte die „Anima" zum Gottesdienst, Spendung der Sakramente und zur Seelsorge an den deutschen Pilgern und Armen. Wie bedeutend die Anima inzwischen geworden war, kann man daraus erkennen, daß hier 59 Bischöfe zwischen 1448 und 1514 geweiht wurden.

Im Jahre 1496 wurde – um den geistlichen Pflichten besser nachkommen zu können – vom päpstlichen Zeremonienmeister Johannes Burckhardt ein Kollegium aus acht Kaplänen ins Leben gerufen. Sie waren zum gemeinsamen Leben verpflichtet und hatten die Gottesdienste zu versehen. Johannes Burckhardt haben wir auch die heutige Kirche zu verdanken. „Konkurrenzgründe" – man wollte den Hospizen anderer Nationen nicht nachstehen – veranlaßten die Konfraternität 1499 zu einem Neubau, obwohl die bestehende eben erst vollendet worden war. Denn die anderen Nationen, deren Hospize viel später entstanden waren als das deutsche, hatten dieses, was ihre Kirchen anlangte, bereits überflügelt.

Der Grundstein zum Neubau wurde am 11. 4. 1500 in Anwesenheit des kaiserlichen Gesandten Mathias Scheidt gelegt. Es war ein Heiliges Jahr und daher befanden sich zahllose Pilger in Rom, die zusammen mit allen Mitgliedern der deutschen Gemeinde der feierlichen Zeremonie beiwohnten. Zehn Jahre später wurde der Hochaltar eingeweiht, etwa zwanzig Jahre später war die Kirche im wesentlichen fertig. Die endgültige Weihe fand erst 1542 statt.

Der enge Bauplatz beeinflußte die Realisierung der ursprünglich viel größer geplanten Kirche, die ja mit denen der anderen in Rom vertretenen Nationen konkurrieren sollte. Von den zwölf geplanten Nebenkapellen gelangten schließlich nur acht zur Errichtung. Der Innenraum sollte eine „Synthese" zwischen nordischer und südländischer Baukunst sein. Der Baumeister ist unbekannt (es handelte sich wohl um einen Deutschen), doch sollen die Verantwortlichen auch den Rat Bramantes eingeholt haben, der 1499 nach Rom gekommen war. Das Ergebnis war eine Hallenkirche nach nordischem Muster. Sie ist einzig in ihrer Art, sieht man von der von Pius II. (Piccolomini, 1458-1464) in seiner Heimatstadt Pienza nach österreichischem Muster erbauten ab. Doch auch südländische Stilelemente sind in dieser nordischen Hallenkirche vorhanden. Es handelt sich dabei vor allem um die mit korinthischen Kapitellen versehenen Pfeiler sowie die acht halbrunden Seitenkapellen. Nach ihrer Fertigstellung immer wieder restauriert und instand gehalten, hat S. Maria dell' Anima ihre Renaissancegestalt bis heute bewahrt.

## AUSSENFASSADE

Die schmucklose, würdige Vorderfront von S. Maria dell' Anima soll von Giuliano da Sangallo (1445-1516) stammen und ist der Renaissance ganz verhaftet. Die einzige Zierde bilden die drei Hauptportale, deren Entwürfe Baldassare Peruzzi (1481-1536) lieferte und die anmutige Statue der „Madonna dell' Anima" über dem Hauptportal, die zusammen mit allen anderen Steinmetzarbeiten ein Werk von Bartolomeo Lante ist, wie ein Arbeitsvertrag vom 4. 4. 1525 beweist.

Das rechte Hauptportal ist meist nur am Sonntag geöffnet. Deswegen empfiehlt es sich, um die Kirche herumzugehen (durch die schmale Gasse zwischen Maria della Pace und S. Maria dell' Anima) und beim Portier zu läuten.

## INNENRAUM

Es ist ein stimmungsvolles, eine würdige Atmosphäre ausstrahlendes Gotteshaus, das den Besucher in S. Maria dell' Anima empfängt. Mit zahlreichen bedeutenden Gemälden, Skulpturen und Grabmonumenten ausgestattet, ist wohl das Grab Hadrians VI. das berühmteste Monument der Kirche. Er war (nach damaligen Begriffen) der letzte deutsche und bis

1978, als Johannes Paul II. zum Papst gewählt wurde, auch der letzte nichtitalienische Papst. Sein Freund und Stellvertreter, der von ihm als einziger zum Kardinal ernannte Wilhelm van Enkevoirt, (Provisor, Wohltäter und Protektor der Anima) errichtete es auf eigene Kosten als Dank für empfangene Wohltaten. Das prächtige Grabmonument bewahrt diesem untadeligen wie unglücklichen Papst ein gerechtes Andenken.

### Presbyterium

Das große Grabmal im Presbyterium gegenüber dem Hadrians VI. erinnert an den unglücklichen Prinzen Karl Friedrich von Jülich-Kleve-Berg. Er starb noch nicht zwanzigjährig am 9. 2. 1575 an der Blattern. Das Heilige Jahr 1575 hatte ihn im Rahmen einer Bildungsreise mit politischen Zielen nach Rom geführt, wo er den Blattern erlag. Papst Gregor XIII. kümmerte sich persönlich um den jungen Prinzen und war von seinem Tod zutiefst betroffen. Prinz Friedrich war der Sohn der Habsburgerin Maria von Österreich (Tochter Kaiser Ferdinands I.). Durch seinen plötzlichen Tod erlosch das Haus Jülich-Kleve-Berg. Die Nachfolge entwickelte sich zu einem Konflikt, der über innerdeutsche Grenzen hinauswuchs und europäische Ausmaße annahm. Das Ergebnis war die Teilung der Herzogtümer zwischen Pfalz Neuburg und Brandenburg, deren Vertreter zum Katholizismus bzw. zum Kalvinismus übergetreten waren.

Das Grabmal des Prinzen ist ein Werk des Flamen Nikolaus von Arras und zeigt ihn auf seinem Sarkophag kniend in ewiger Anbetung vor dem jüngsten Gericht. Bei den bereits recht barocken Figuren inspirierte sich der Künstler an der berühmten „Laokoon-Gruppe" im Vatikan.

Auf dem Hochaltar ist „Die Heilige Familie", eines der Hauptwerke von Giulio Romano, angebracht. Es entstand 1521 im Auftrag von Jakob Fugger. Vasari beschreibt es als ein „herrliches Altarbild in Öl". Durch Hochwasser 1598 beschädigt, wurde es 1798 von den Franzosen nach Paris verschleppt. Einige Zeit später wieder zurückgegeben, befindet es sich seither, mehrmals restauriert, am Hochaltar.

### Andere Sehenswürdigkeiten

Die Seitenkapellen und Pilaster sind im Laufe der Zeit alle mit erlesenen Kunstwerken und Gräbern versehen worden. Unter den Altarbildern ragen vor allem die des Venezianers und Caravaggioschülers Saraceni (um

1580-1620) heraus sowie die von Sermoneta (1521-1580). Auch die „Kreuzabnahme" in der Markgrafenkapelle von Francesco Salviati (1509-1563) ist sehenswert.

Eine Art Kuriosität bildet die „Pietà" des Lorenzetto (1490-1541) in der vierten Seitenkapelle rechts. Von dem Provisor Johannes Schutz gestiftet, wurde sie bei Lorenzetto, dem Freund und Gehilfen Raffaels, bestellt. Er sollte sie nach der Pietà des Michelangelo gestalten. Sein Bildwerk fertigte Lorenzetto aus einem einzigen Marmorblock, vermutlich ein Bruchstück eines antiken Bauwerks, das sich vor der Hospiztür der Anima fand. Vasari beurteilte das Bildwerk als wunderschön. Nur die zu freie Interpretation des Originals bemängelte er. Das dichtumlockte Haupt sei nicht niedergefallen, sondern lehne aufrecht an der Schulter der Madonna, was einer Korrektur des großen Michelangelo gleichkäme. Er bemängelte ferner das Fehlen der ungeheuren Spannung, die dem Originalwerk des großen Renaissancemeisters anhafte.

Ebenfalls bemerkenswert sind die vielen Barockgrabmäler in S. Maria dell' Anima. Sie sind alle wunderbar gearbeitet und geben nicht nur Aufschluß über die Geschicke der Anima, sondern stellen gleichsam ein Stück deutscher Geschichte dar (Gräber von Kardinal Enkevoirt, Kardinal Andreas von Österreich, Lukas Holstenius, usw.).

Leo Bruhns bezeichnete S. Maria dell' Anima als die schönste Nationalkirche Roms und ihr Inneres als schönsten Kirchenraum der Frührenaissance: „Eine dreischiffige Halle, so schlank und licht wie eine in Schwaben, Franken, Bayern oder Österreich … aber getragen von antikischen Pfeilern und antikischen Kämpfern, verbindet sich überaus gut mit dem römischen Lieblingsmotiv der halbrunden Seitenkapellen … Das so oft in deutschen Bauwerken sich offenbarende Verlangen nach einem „sowohl als auch", nach einer Verbindung oder Verschmelzung gegensätzlicher Grundtypen, macht auch die Anima zu einer rechten Nationalkirche der Deutschen: Ihr antikischer Formenapparat und ihre ruhige Harmonie ordnen sie aber dem römischen Wesen ein, machen sie zu einer Erfüllung der deutschen Sehnsucht nach der südlichen Klassik".

# S. Salvatore in Lauro

## Das Grabmonument Papst Eugens IV. (1431-1447)

An einer Platzerweiterung der schnurgeraden urrömischen Via Coronari – in der Straße der Rosenkranzmacher wurden den dem Vatikan zustrebenden Pilgern früher Rosenkränze und andere Devotionalien feilgeboten – liegt S. Salvatore in Lauro, auch als S. Maria di Loreto bekannt. Nicht weit von der Piazza Navona, nunmehr aber abseits jeglichen Pilger- und Touristenstroms gelegen, ist sie die Pfarrkirche dieses römischen Stadtviertels. Noch weniger als dieses Gotteshaus aber ist bekannt, daß hier ein Papst beigesetzt ist, Eugen IV.

## EUGEN IV.
### (Gabriel Condulmer, aus Venedig, 1431-1447)

Gabriel Condulmer wurde 1384 in Venedig geboren. Er war zunächst Mönch im Coelestinerkloster (Augustiner) S. Giorgio in Alga in Venedig. Während des Schismas von seinem Oheim Papst Gregor XII. (1406-1415, er dankte zugunsten des Konzils von Konstanz und somit zugunsten der Beilegung des Schismas 1415 ab) zum Bischof von Siena geweiht und 1408 zum Kardinal ernannt, war er Titelkardinal von S. Clemente. Unter Martin V. Legat in den Marken wurde er im Alter von 47 Jahren Papst. „Ein ernstes vornehmes Wesen bei hoher Gestalt ließen einen gebieterischen Geist vermuten, doch besaß er eine schwankende und leicht entzündbare Natur. Der fromme Condulmaro hatte keine humanistische Bildung, in weltlichen Geschäften war er unerfahren und vielleicht deshalb versucht, mit Hast in solche einzugreifen", so schreibt Ferdinand Gregorovius über ihn in seiner „Geschichte der Stadt Rom".
Eugen IV. war der Nachfolger Martins V. (1417-1431), durch den, nach vierzig Jahren abendländischen Schismas, die Einheit der Kirche wiederhergestellt und in dem von Fehden zerrissenen Rom wieder

*S. Maria Loreto, Fassade*

Ordnung geschaffen wurde. Martin V. wird deshalb bisweilen auch der „dritte Begründer des Kirchenstaates" genannt. Papst Eugen übernahm eine große Verantwortung und ein Erbe, das unter den damaligen Verhältnissen schwer war, zu behaupten. Am 3. 3. 1431 im Dominikanerkloster von S. Maria sopra Minerva kurze Zeit nach dem Tode seines Vorgängers nach einem nur dreitägigen Konklave gewählt, mußte er bereits im Konklave eine Wahlkapitulation unterschreiben, in der er sich verpflichtete, die Kurie aus Rom nie zu verlegen, die Kirche zu reformieren und ein Konzil einzuberufen. Die Vorbereitungen für das Konzil wurden sofort getroffen und dessen Einberufung am 12. 3. 1431 bestätigt. Es konnte am 23. 7. in Basel eröffnet werden. Die Basler Konzilsväter erklärten jedoch, daß ihr großes Werk beim Haupte beginnen müsse und schränkten die Machtbefugnisse des Papstes stark ein; ja, sie verhängten später über Eugen IV. sogar die Suspension. Der Papst fühlte sich daher durch das Konzil bedroht, dessen Sitz verlegt wurde. Es ging in Ferrara weiter und fand seinen Abschluß in Florenz und später in Rom.

Dessen ungeachtet wurde das Konzil in Basel von einigen Teilnehmern weitergeführt. Durch die Wahl eines Gegenpapstes (Felix V., 1439-1449, er dankte ab) kam es kurzzeitig sogar zu einem Schisma und zu Unruhen in Rom, denen der Papst in einer abenteuerlichen Flucht entrann. In eine Benediktinerkutte gehüllt gelang es ihm, auf dem Boden eines Kahnes unter einem Schild vor den Stein- und Speerwürfen geschützt, zunächst auf dem Tiber und dann auf dem Meer nach Florenz zu gelangen, wo er neun Jahre residierte. Die innerkirchlichen Uneinigkeiten bereiteten ihm während seines gesamten Pontifikats hindurch Schwierigkeiten. Als er starb, war die Macht des Basler Konzils und des Gegenpapstes Felix' V. jedoch gebrochen.

Die Leistung Eugens IV. lag unter anderem in der Union mit der griechischen Kirche, auch wenn sie von den griechischen Gläubigen nicht akzeptiert wurde. In dem Streit zwischen Konziliarismus und Papalismus konnte er durch die Wiederherstellung der hierarchischen Struktur der Kirche und der primatialen Stellung des Nachfolgers Petri letztlich den Sieg erringen. Aenea Silvio Piccolomini, der spätere Pius II. (1458-1464), der zunächst Sekretär des Gegenpapstes Felix' V. war und später großen Anteil am Konkordat zwischen der Kirche und Kaiser Friedrich III. hatte, schrieb dankbar über ihn: „Er war ein großer und ruhmvoller Papst; er verachtete das Geld, liebte die Tugend; er war nicht hochmütig im Glück, im Unglück nie mutlos; er kannte keine Furcht; seine gefaßte Seele trug stets das gleiche Angesicht; gegen Feinde rauh und hart, war er freundlich gegen diejenigen, welche er in sein Vertrauen aufnahm. Dazu war er von hoher Gestalt, von schönem Antlitz, im Alter voll Majestät." Dazu muß noch hinzugefügt werden, daß er vom Nepotismus freiblieb, eine Haltung, die ihm in Rom viele Feinde verschaffte. Trotz seiner bescheidenen Bildung öffnete er Rom dem Humanismus und berief Gelehrte wie Leonardo Aretino und Poggio, Aurispa, Blondus und Maffeo Vegio an seinen Hof als seine Sekretäre.

Die Wiederherstellung der verfallenen Kirchen Roms lag ihm ebenfalls am Herzen. Er berief berühmte Künstler wie Donatello, Fra Angelico und Filarete nach Rom. Auf Filarete geht beispielsweise die Bronzetür am Hauptportal von St. Peter zurück, ein glänzendes Beispiel für die beginnende Renaissance in Rom. Eugen IV. starb am 23. 2. 1447 und wurde zunächst in St. Peter neben Eugen III. (1145-1153) begraben und infolge des Neubaues der Peterskirche 1664 nach San Salvatore in Lauro überführt.

### Grabmal Eugens IV.

Das Grab Eugens IV. steht in der „Sala dei Piceni" im seitlich an die Kirche anschließenden Klosterbau. Es war das ehemalige Refektorium der Kanoniker und später Oratorium der Erzbruderschaft der „Picener". Das Monument Eugens IV. ist ein Werk von Isaia da Pisa und entstand zwischen 1450 und 1455. Ursprünglich in Alt-St. Peter, wurde es nach S. Salvatore in Lauro übertragen. Seinen jetzigen Aufstellungsort in der „Sala dei Piceni" fand es 1859.

In der Mitte fällt die Liegefigur des Papstes mit der Tiara über dem Sarkophag auf. Darüber thront eine liebliche von Engeln umgebene Halbfigur der Madonna mit dem Kinde. Seitlich bewachen die vier lateinischen Kirchenväter Hieronymus (rechts oben mit dem Löwen) und Gregor (links oben mit der Taube beim Ohr) sowie darunter Ambrosius und Augustinus die ewige Ruhe des Papstes.

Das Oratorium beeindruckt aber nicht nur durch das Grabmal Eugens IV. Auch das große Gemälde an der Stirnwand ist bemerkenswert. Es stellt die „Hochzeit zu Kana" dar und entstand 1550 von der Hand Francesco Salviatis, der auch die Deckenfresken (Sündenfall, Versuchung Jesu und Erschaffung der Eva) schuf.

*Grabmal Eugens IV. im Konvent bei S. Salvatore in Lauro*

Zwei andere interessante Grabmäler befinden sich noch in der „Sala dei Piceni": das Grab der „Magdalena Ursina, Pudicitiae Exemplum" (Magdalena Orsini, Beispiel der Tugendhaftigkeit; Giovanni Dalmata zugeschrieben) und das des Alessandro Spagnoli aus Mantua, Bischof von Tricarico.

## GESCHICHTLICHES

S. Salvatore in Lauro hat – verglichen mit anderen Kirchen der Ewigen Stadt – keine sehr lange Geschichte. Im Jahre 1177 zum ersten Mal in einer Bulle Papst Alexanders erwähnt, glaubt man, daß ihr Name von einem kleinen Lorbeerhain, der sich hier befand, herstamme. Einer anderen Theorie nach könnte es sich aber auch um die bis in die Antike zurückverfolgbare mittelalterliche Bezeichnung des umliegenden Viertels handeln. Zu dieser Zeit war das Gotteshaus eine Filiale von S. Lorenzo in Damaso. Erst 1395 wird S. Salvatore als Pfarre erwähnt. Ab dem Jahr 1449 begann Kardinal Latino Orsini (1416-1477) mit einem Neubau, den er den Coelestinern von S. Giorgio in Alga zu Venedig, das Kloster, in dem auch Eugen IV. als Mönch gelebt hatte, übertrug. S. Salvatore muß damals prächtig mit kostbaren Werken ausgestattet gewesen sein. Im Jahre 1591 wurde das Gotteshaus durch einen schrecklichen Brand beinahe vollständig zerstört, wobei auch die große Orgel, die in ganz Italien als einmaliges Werk gerühmt wurde, und das Altarbild des Perin de Vega verlorengingen. Nur das Bild der Madonna von Antoniazzo Romano – es ist im anschließenden Kloster aufbewahrt – blieb unbeschädigt.

Drei Jahre nach dem verheerenden Brand konnte mit dem Wiederaufbau begonnen werden. Der Architekt war Ottaviano Nonni, genannt „Il Mascherino". Die Arbeiten gingen jedoch wegen Geldmangels nur schleppend voran und stockten beim Querschiff an der Seite der Via dei Coronari vollends. Im Jahre 1668 wurden die Coelestiner durch eine Bulle Papst Clemens' IX. aufgelöst. Glücklicherweise suchte damals die Konfraternität der Picener (Confraternità della Natione Picena), die sich in ihrer angestammten Kirche beengt fühlte, nach einem neuen Sitz und fand diesen in S. Salvatore in Lauro. Von den Picenern bekam die Kirche einen neuen Namen. Sie wurde der Jungfrau Maria von Loreto geweiht. Die neue Bezeichnung konnte sich niemals richtig durchsetzen. Im Jahre

1670 wurde die bereits 1644 vom Vatikanischen Kapitel feierlich gekrönte Kopie der Madonna von Loreto (von Francesco Duquesnoy, gen. „Il Fiammingo" 1638 geschaffen) aus der ursprünglichen Kirche der Picener (S. Giovanni in Mercatello) nach S. Salvatore in Lauro übertragen. Feierlich eröffnet konnte die Kirche jedoch erst 1734 werden, denn wegen Geldmangels hatte man erst ab 1727 mit dem Bau der Kuppel, der Sakristei und des Kampanile unter der Leitung von Lodovico Rusconi Sassi beginnen können. Die Fassade wurde schließlich sogar erst 1862 vollendet; im selben Jahr wurde das Gotteshaus in Anwesenheit von Pius IX. nochmals feierlich geweiht.

## AUSSENFASSADE

Die strahlend weiße, etwas nüchterne Travertinfront des Gotteshauses mit den zwei Namen wird nur von einem großen Relief über dem imposanten Portal geziert. Es zeigt die Übertragung des Hl. Hauses aus Nazareth nach Loreto, wobei Maria mit dem Kinde auf dem Dachfirst sitzt. Die Inschrift darüber weist bereits auf die neue Bezeichnung hin: „Mariae Lauretanae Piceni Patronae" (Der hl. Maria von Loreto, der Patronin der Picener, gewidmet).

## INNENRAUM

Es ist ein helles einschiffiges Gotteshaus, seitlich von je vier Kapellen umgeben, das man durch das gewaltige Portal betritt. Das prächtige, mit hohen monolithen Travertinsäulen und korinthischen Kapitellen ausgestattete Langhaus beeindruckt durch seine Würde und hebt durch seine Schlichtheit den Altar mit dem Loretaner Marienbild im Hintergrund hervor. Die Kapellen sind alle mit Ölbildern von römischen Barockmeistern geschmückt, wovon die „Geburt Christi" von Pietro da Cortona als erstes Altarbild des Meisters zwischen 1628 und 1630 entstanden, besonders beeindruckt.

### Hauptaltar

Auf dem von Antonio Asprucci 1792 entworfenen Hauptaltar thront in einer Strahlenglorie in Gold, von Engeln aus weißem Stuck umgeben, die älteste bestehende Kopie der 1921 durch einen Brand zerstörten Originalfigur von Loreto. Die Mensa bildet eine Porphyrurne, die die Reliquien der Heiligen Quirinus, Ursus und Valerius enthält. Auch der Tabernakel ist bemerkenswert. Dem Tempietto von Bramante im Klosterhof von S. Pietro in Montorio ähnlich, ist die Tabernakeltür mit einem Relief der Auferstehung Christi geschmückt.

### Die Via Coronari

Verläßt man das stille Gotteshaus, ist ein Spaziergang durch die Via dei Coronari, die ehemalige „Via Recta", eine der ersten geradlinigen Straßen Roms, empfehlenswert. Unter Papst Sixtus IV. (1471-1484), dem die vielen engen und winkeligen Gassen Roms ein Dorn im Auge waren, erbaut, war sie die „Prozessionsstraße" par exellence vom Vatikan in den Lateran. Die Pilger konnten auf ihr leichter nach St. Peter kommen, der Papst bequemer zum Lateran. Diese – für unsere Begriffe enge Straße – bildete jahrhundertelang für die Gläubigen und Wallfahrer aus ganz Europa den Hauptzugangsweg zur Basilika, die über dem Grab des hl. Petrus errichtet worden war. Der unentwegte Pilgerstrom ließ hier bald die Botteghe (Geschäfte) der „Coronari" (Verkäufer von Rosenkränzen) entstehen. Nach ihnen wurde die ursprünglich vornehm als „Via Recta" (gerade Straße) bezeichnete Gasse benannt.

S. Salvatore in Lauro lag also einmal an einem stark frequentierten Pilgerweg, an der Hauptader des Pilgerstroms und sah sicherlich Tausende von ihnen in Richtung Engelsbrücke nach St. Peter vorbeiziehen. Selten verirrt sich heute ein Tourist hierher, obwohl ein Spaziergang auf den Spuren der Pilger verflossener Jahrhunderte und des Papstes, der hier seine letzte Ruhestätte fand, sicherlich zu empfehlen ist.

# Die Katakomben von S. Priscilla

Die letzte Ruhestätte der Päpste Marcellinus (296-304),
Marcellus (308-309), Silvester I. (314-335), Liberius I. (352-366),
Siricius (384-399), Coelestin I. (422-432), Vigilius (537-555)

Etwa zweieinhalb Kilometer vor der Porta Salaria liegen an der gleichnamigen Konsularstraße die Katakomben der Priscilla. Der Eingang befindet sich in der „Casa di Priscilla" an der Via Salaria Nr. 430. Sie gehört zu den ältesten unterirdischen Grabanlagen der Ewigen Stadt und geht vermutlich auf eine Gründung der wohl adeligen Römerin Priscilla zurück. Im Mittelalter vollkommen in Vergessenheit geraten, wurde sie erst Ende des 16. Jahrhunderts wiederentdeckt: „Bei der Porta Salaria entdeckte man den Friedhof der hl. Priscilla, einer römischen Matrone, die zu ihren Lebzeiten dort viele Märtyrer beisetzen ließ …". Das berichtet ein in der Vatikanischen Bibliothek aufbewahrtes Dokument aus dem Jahr 1578.

In den Katakomben der Priscilla fanden aber nicht nur zahlreiche Märtyrer und Christen, sondern auch einige Päpste ihre letzte Ruhestätte. Marcellinus, Marcellus, Silvester, Liberius, Siricius, Coelestin und Vigilius.

## MARCELLINUS
### (aus Rom, 296-304)

Marcellinus war von Geburt Römer und ein kaiserlicher Beamter. Er war der Nachfolger des Caius (283-296). Am 30. 6. 296 zum Bischof von Rom geweiht, war er Papst während der diokletianischen Verfolgung. Über seine Haltung während dieser schwierigen Zeit gibt es widersprüchliche Berichte. So soll er zunächst unter dem Druck der Verfolgung den Göttern geopfert haben. Wenige Tage später bereute er sein Verhalten und wurde daraufhin auf Geheiß Diokletians am 25. 10. 304 enthauptet.

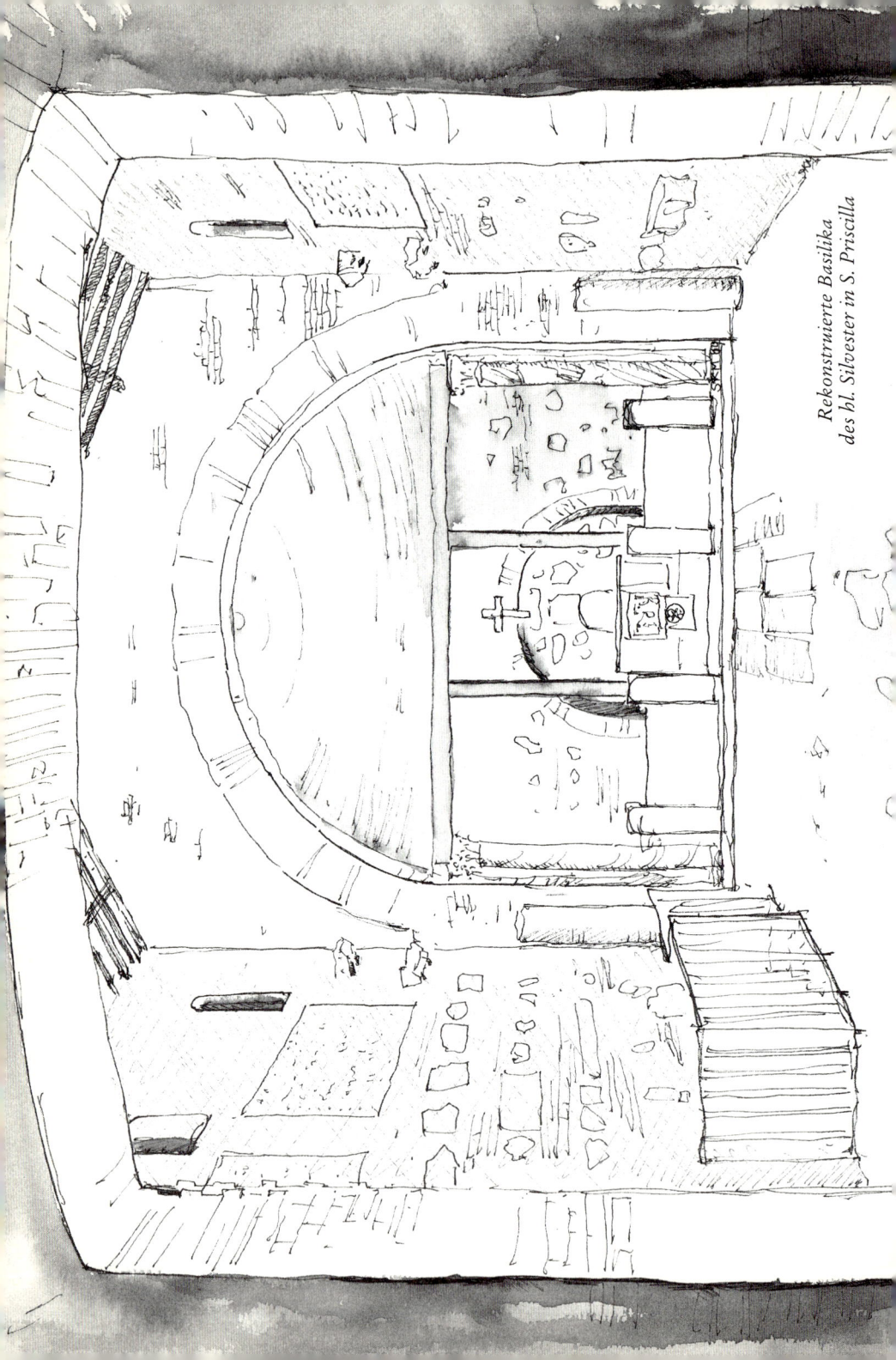

*Rekonstruierte Basilika
des hl. Silvester in S. Priscilla*

In S. Priscilla beigesetzt, wurde sein Grab jahrhundertelang sehr verehrt und zum vielaufgesuchten Ziel zahlreicher Pilger. Es befand sich in einer Grabkammer neben der Krypta des Märtyrers Crescentius (Bereich des Hypogäums der Acilier).

Papst MARCELLUS (308-309) ist in dem Kapitel über S. Marcello al Corso ausführlich beschrieben.

Papst SILVESTER (314-335) ist dem Kapitel über S. Silvestro in Capite ausführlicher beschrieben. Silvester ließ unter anderem auf dem Friedhof von S. Priscilla eine kleine Basilika über dem im Freien gelegenen Grab der beiden Heiligen Felix und Philippus errichten. Hier fand er seine letzte Ruhestätte. Paul I. (757-767) veranlaßte später die Überführung seiner sterblichen Überreste in die Kirche S. Silvestro in Capite, wo sie sich heute noch befinden.

## LIBERIUS I.
### (aus Rom, 352-366)

Liberius I. ist der legendäre Gründer einer der schönsten Basiliken Roms, nämlich von S. Maria Maggiore. Er ist es, dem der Sage nach in der Nacht vom 4. auf den 5. 8. 352 (der Patrizier Johannes hatte den gleichen Traum) die Jungfrau Maria erschien und ihm auftrug, an der Stelle eine Kirche zu errichten, wo er am nächsten Tag frischgefallenen Schnee finden würde. Nach seinem Tod im Jahr 366 – er hatte infolge von Unstimmigkeiten aufgrund der arianischen Häresie zwei Jahre in Thrazien verbringen müssen – wurde er auf dem Friedhof von S. Priscilla beigesetzt.

Papst SIRICIUS (aus Rom, 384-399) ist im Kapitel über S. Prassede ausführlich beschrieben.

## COELESTIN I.
### (aus Kampanien, 422-432)

Coelestin war ein Diakon aus Kampanien (Region um Neapel) und wurde am 10. 9. 422 zum Papst gewählt. Unter seinem Pontifikat fand 431 das Konzil von Ephesus statt, das die Gottesmutterschaft Mariens als Dogma formulierte. Damals begann man mit dem Bau von S. Sabina, in deren Mosaik-Gründungsinschrift über dem uralten Holzportal dieser

Papst genannt wird. Wahrscheinlich sah er den fertigen Bau nicht mehr, denn er starb am 27. 7. 432 und fand seine letzte Ruhestätte in S. Priscilla.

## VIGILIUS
## (aus Rom, 537-555)

Vigilius war der Nachfolger von Silverius (536-537), der des Hochverrats beschuldigt auf der Insel Ponza im Exil verstorben war. Der Feldherr Belisar ließ auf Drängen der Kaiserin Theodora den ehrgeizigen und charakterschwachen Vigilius zum Papst wählen. Bereits von Bonifatius II. (530-532) als Nachfolger designiert, hatte er sich in Rom nicht durchsetzen können und ging nach Konstantinopel, wo er sich als päpstlicher Apokrisiar (Gesandter) die Gunst der Kaiserin erwerben konnte, indem er ihr versprach, die Monophysiten wieder zu rehabilitieren. Die Kontroverse um die Monophysiten prägte sein gesamtes Pontifikat, wobei er zum Spielball der byzantinischen Kirchenpolitik wurde. Vom Kaiser nach Konstantinopel beordert, gelang es ihm, einerseits durch Gunstbeweise, andererseits durch Mißhandlungen zermürbt, nicht, eine klare Stellung gegen die Monophysiten einzunehmen, die 451 im Konzil zu Chalzedon verurteilt worden waren. Als er – nach der erpreßten Anerkennung der Monophysiten – endlich nach Rom zurückkehren konnte, ereilte ihn 555 der Tod in Syrakus. Sein Leichnam wurde nach Rom gebracht und in S. Priscilla bestattet.

## GESCHICHTLICHES

Das Coemeterium (Friedhof) der Priscilla gehört zu den ältesten und ausgedehntesten christlichen Katakomben Roms. Die vornehme Familie der Acilier besaß während der Kaiserzeit in dieser Gegend im Rahmen ausgedehnter Besitzungen auch eine Villa mit Wasserspeichern. Eine Angehörige der Acilier war wohl auch die hl. Priscilla, die fromme Stifterin, nach der dieser Friedhof benannt wurde.

Tatsächlich fand man in einer der unterirdischen Kammern die Grabinschrift einer Priscilla. Sie stammt aus dem 3. Jahrhundert, ist aber mit der Stifterin Priscilla aller Wahrscheinlichkeit nach nicht identisch.

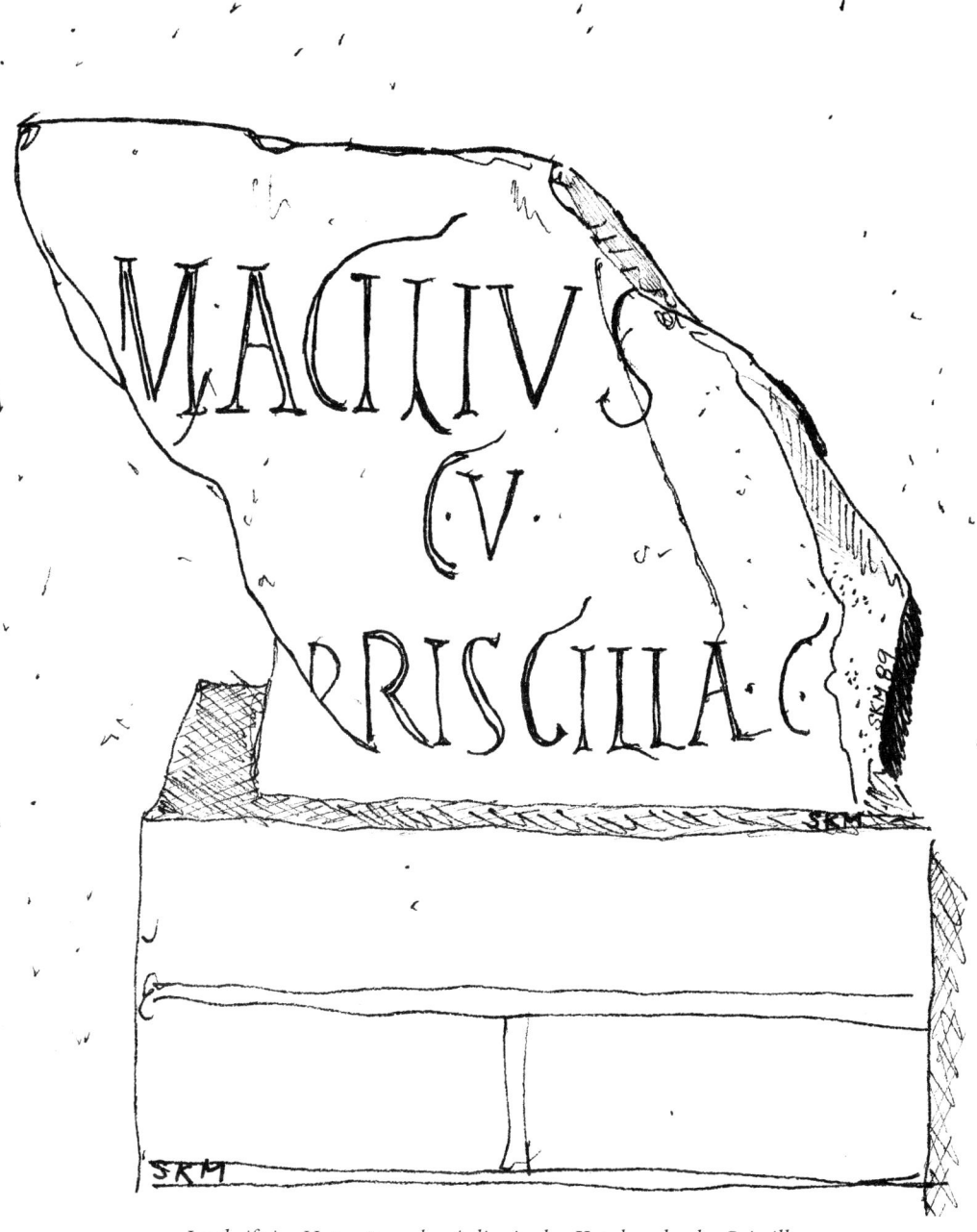

*Inschrift im Hypogäum der Aelier in der Katakombe der Priscilla*

## M. ACILIUS V ...
### C. V.
#### Priscilla. C

steht in großen, geschwungenen, länglichen Lettern auf dem Marmorrest (Manlius Acilius Verus und Priscilla). Die Abkürzungen „C. V." stehen für „Clarissimus Vir" (hochangesehener Mann) bzw. „C" für „Clarissima" „hochangesehene (Frau)", woraus hervorgeht, daß die beiden nicht nur Angehörige einer adeligen römischen Familie waren, sondern daß es sich um eine Senatorenfamilie handelte. Einige Mitglieder dieses Clans waren vielleicht bereits Ende des ersten Jahrhunderts Christen, denn wir wissen, daß Marcus Acilius Glabrio, der im Jahre 91 gemeinsam mit dem späteren Kaiser Trajan Konsul war, von Domitian (81-96) vier Jahres später (95 n. Chr.) zum Tode verurteilt wurde. Man beschuldigte ihn, zusammen mit einigen anderen (s. S. Clemente) „neue Dinge einführen zu wollen" und „jüdische Gewohnheiten", was einer Anklage des Atheismus gleichkam. Denn in einer Zeit, in der man von Staats wegen an viele Götter glaubte, war der Glaube an einen Gott absolut „atheistisch" und „neu". Diese Anklage wurde damals häufig gegen Christen erhoben, wie bereits der Schriftsteller Cassius Dio (geb. um 155, gestorben um 235) berichtet.

Die Katakombe von S. Priscilla entwickelte sich aus mehreren verschiedenen, voneinander unabhängigen Kernregionen, wie beispielsweise einem Arenarium (eine nach einem Erdrutsch verlassene Sandgrube) und unterirdischen Räumen, die zu der Villa der Acilier gehörten. Diese ältesten Bereiche verschmolzen miteinander – wohl auch infolge der Stiftung der Priscilla – und legten zu Beginn des 3. Jahrhunderts den Grundstein zum späteren Friedhof. In den folgenden zwei Jahrhunderten wurde er zu einer der bedeutendsten christlichen Katakomben Roms.

Die unterirdischen Gänge der Priscillakatakombe entwickeln sich in zwei Hauptstockwerken, von denen das obere älter ist. In diesem befinden sich die drei ursprünglichen Hypogäen aus dem 3. Jahrhundert, die später erweitert, bis ins 5. Jahrhundert in Gebrauch blieben. Es handelt sich um die Gräberbezirke des Hypogäums der Acilier, der sog. griechischen Kapelle mit der Vorhalle (Kryptoportikus) und den anschließenden Räumen sowie um das „Arenarium" mit seinen relativ weiten Gängen. Im Laufe des 3. und 4. Jahrhunderts entstanden dann regelmäßige Gänge um diese erste Anlage. Gegen Ende des 3. Jahrhunderts wurden ein Stockwerk tiefer neue Gänge gegraben.

In der Nähe des Hypogäums der Acilier lag die Krypta des Crescentius, der während der Verfolgung des Diokletian den Märtyrertod starb. Diese Grabkammer konnte man anhand von noch erhaltenen Inschriften genau lokalisieren. Über dieser Krypta ließ Papst Silvester eine Grabkirche erbauen und zwar so, daß der Altar über dem Grab der beiden Märtyrer Philippus und Felix – es war aller Wahrscheinlichkeit nach ein Erdgrab – zu liegen kam. Diese nach ihm benannte Basilika wählte Silvester als eigene Grabstätte. An seiner Seite fanden die anderen in Priscilla bestatteten Bischöfe von Rom ihre letzte Ruhestätte.

In der Katakombe der Priscilla fanden aber nicht nur die Märtyrer Philippus und Felix (die Söhne der hl. Felicitas) ihre letzte Ruhestätte. Auch die Märtyrer Crescentius, Prisca, Fimitis, Pudentiana und Praxedis, Paulus, Maurus und Simetis sowie eine Gruppe von 365 Märtyrern, von denen man nichts Näheres weiß, wurden hier beigesetzt.

## DIE KATAKOMBEN DER PRISCILLA

Die Katakomben mögen für den ungeübten Besucher vielleicht alle mehr oder weniger gleich aussehen – viele unendlich lange Gänge mit unzähligen Grabnischen (man kann die Katakomben nur im Rahmen einer Führung besuchen). Und doch hat jede Katakombe – man hat im Umkreis von etwa drei Kilometern von der Aurelianischen Mauer über fünfzig entdeckt – ihre eigene „Spezialität" und etwas Besonderes zu bieten. In der Katakombe von S. Priscilla beispielsweise gibt es die älteste bekannte Darstellung der

### „Madonna mit dem Kinde"

Sie ist, wie alle Wandmalereien, so tief unter der Erde etwas verblaßt, doch gut zu erkennen. Sie wurde auf das Gewölbe eines Ganges gemalt, dessen ursprüngliches Niveau in späterer Zeit abgesenkt wurde, um Platz für weitere Loculi (Grabnischen) zu schaffen, Ja, man nimmt sogar an, daß das Grab unmittelbar unter der Mariendarstellung sein könnte, da es durch seine Lage im Zentrum vieler Gräber ausgezeichnet ist. Die Christen der ersten Jahrhunderte strebten danach, so nahe wie möglich

*Altar in der Basilika des hl. Silvester in S. Priscilla*

bei einem Grab eines Märtyrers beigesetzt zu werden, weil sie auf dessen Fürsprache im Jenseits hofften und überzeugt waren, daß der materiellen Nähe in der Erde die geistliche im Jenseits entsprach.

Man muß schon sehr genau hinsehen, um zu entdecken, daß die Madonna eine Stola mit kurzen Ärmeln und auf ihrem Kopf die „Palla", ein Tuch, trägt. Sie sitzt auf einem Stuhl, den man sich dazudenken muß, denn das Bild ist an dieser Stelle zerstört, und drückt ihr Kind liebevoll an sich, das sich dem Betrachter zuwendet. Vor ihr steht eine offensichtlich männliche Gestalt. Sie weist – in der Linken eine Schriftrolle – mit der Rechten auf einen rötlichen Fleck über dem Kopf der Madonna. Die Wissenschaftler interpretieren diesen Fleck als den Stern von Bethlehem und die Gestalt vor der Madonna mit dem Propheten Bileam (Balaam). Er wird im Alten Testament (Num 24, 14-17) zitiert: „… Spruch Bileams, des Sohnes Belors, Spruch des Mannes mit geschlossenem Auge, Spruch dessen, der Gottesworte hört … der daliegt mit entschleierten Augen: Ich sehe ihn, aber nicht jetzt, ich erblicke ihn, aber nicht in der Nähe: Ein Stern geht in Jacob auf, ein Zepter erhebt sich in Israel …"

Andere Fachleute meinen, es handle sich um den Propheten Jesaia, wie aus Jes 7. 14 hervorgeht: „Darum wird euch der Herr von sich aus ein Zeichen geben: Seht, die Jungfrau wird ein Kind empfangen, sie wird einen Sohn gebären, und sie wird ihm den Namen Immanuel (Gott mit uns) geben". Diese erste Madonnendarstellung soll auf den Beginn des 3. Jahrhunderts zurückgehen, manche Gelehrte datieren sie sogar noch etwas früher.

Links neben dieser Abbildung befindet sich quer dazu – um 90 Grad gedreht – die ehemalige Stuckdarstellung des Guten Hirten mit zwei Schafen zu seinen Seiten und auf seinen Schultern. Das Ganze ist in eine liebliche Szenerie in rotblühende Bäume eingebettet. Leider ist von dem Stuck nicht mehr viel übriggeblieben, doch kann man sich anhand der Umrisse das ursprüngliche Aussehen des Bildes vorstellen. Weiter links davon kann man beim genauen Hinsehen drei weitere betende Figuren erkennen: vielleicht die Toten, die hier einstmals bestattet waren.

### Die „Capella Greca"

Berühmt für ihren außergewöhnlich reichen Wandschmuck ist die „Capella Greca", die griechische Kapelle, so benannt nach den griechischen Inschriften, die zur Erinnerung an Verstorbene in der rechten rückwärtigen Nische angebracht wurden. Die Kapelle befindet sich im Bereich des Kryptoportikus und des Hypogäums der Acilier. Es handelt sich um unterirdische Räume der Villa, die für den Aufenthalt und die Erfrischung im heißesten Sommer dienten und mit Nischen und Wasserspielen ausgestattet waren. Die Kapelle gehört somit zum ältesten Teil der Katakombe. Es handelt sich um einen durch gemauerte Bögen in zwei Teile geteilten Raum mit drei Apsiden im Hintergrund. Hier weisen nicht nur die Gewölbe aufwendige Freskomalereien auf. Auch die Wände sind mit einer Art gemalter Tapete versehen, die in kunstvoller Weise eine Marmorverkleidung aus großen, unregelmäßigen Steinen imitiert. An der linken Wand läuft eine niedrige gemauerte Bank, auf der offensichtlich die Familienmitglieder Platz nahmen, die hier anläßlich der Todestage ihrer Verwandten zusammenkamen und die „Refrigerien" (Totenmähler) im Andenken an ihre Verstorbenen feierten.

Die berühmten Wandgemälde der Kapelle stellen Begebenheiten aus dem Alten und Neuen Testament dar, Themen aus der Mythologie und allegorische Darstellungen (Jahreszeiten). Sie stammen aus der zweiten Hälfte des zweiten Jahrhunderts. Das bedeutendste Fresko befindet sich im Hintergrund über dem Bogen der mittleren Nische. Es ist die „Fractio Panis" (Das Brotbrechen). Als es der Schweizer Gelehrte, Msgr. Wilpert, 1894 entdeckte, war es von einer dicken Putzschicht überzogen. Man befreite die Malerei davon, und es kam eine Tafelrunde mit sieben Teilnehmern zum Vorschein. Fünf Männer und eine verschleierte Frau lagern – wie in der Antike üblich – auf einem Speisesofa, dem „stibadium", um einen Tisch. Am – vom Betrachter aus – linken Ende der Tafel sitzt am Ehrenplatz ein weiterer, bärtiger Mann mit Tunika und Pallium, der mit den Händen die Handlung des Brotbrechens vollzieht. Die Speisen auf dem Tisch – zwei Fische, fünf Brote und ein Becher mit zwei Henkeln – sowie die Brotkörbe zu seiten der Tafel, vier links und drei rechts, weisen klar darauf hin, daß es sich hier nur um das eucharistische Mahl handeln kann. Das Brot wurde, nachdem es konsekriert war, gebrochen und an die Mahlteilnehmer verteilt. Der Becher hingegen wurde an den beiden Henkeln gefaßt und herumgereicht, um den ebenfalls konsekrierten Wein zum Trank darzubieten.

Die weiteren in dieser Kapelle dargestellten Themen sind „Moses schlägt Wasser aus dem Felsen", „Die drei Jünglinge im Feuerofen", der Themenzyklus um Susanna, „Die Heilung des Gelähmten", „Phönix auf dem Scheiterhaufen", „Die Anbetung der drei Weisen", „Die Auferstehung des Lazarus", „Noah in der Arche", „Opfer Abrahams" und „Daniel in der Löwengrube".

### Die Basilika S. Silvestro

Auf den Spuren der Gräber der Päpste sollte man auch die von Papst Silvester über den Gräbern der Märtyrer Felix und Philippus errichtete Basilika besichtigen. Sie wird bei einer normalen Führung in den Katakomben nicht gezeigt (einen Besuch melde man daher möglichst zeitgerecht an, hier kann man auf Wunsch auch Gottesdienst feiern).

Auf dem unterirdischen Weg zu der Basilika kommt man an einem Raum vorbei, der „Hypogäum der Acilier" genannt wird. Vermutlich war er einst ein Wasserreservoir der Villa. Zunächst nahm man an, daß hier Mitglieder der Familie der Acilier bestattet waren, da in diesem Bereich die Inschriften mit ihren Namen gefunden wurden. Daher kommt auch die Bezeichnung „Hypogäum der Acilier". Ob sich hier nun Gräber befunden haben, darüber sind sich die Forscher aufgrund des vorhandenen Fundmaterials nicht einig. Heute ist hier jedenfalls eine kleine Kapelle eingerichtet und die oben zitierte Inschrift, die Priscilla erwähnt, aufbewahrt.

In der Nähe der Treppe, die zur Basilika hochführt, liegt die vermutliche Grabkammer des Märtyrers Crescentius, eine Grabstätte, die in der „Notitia Ecclesiarum" als in einer „spelunca" (Grotte) gelegen beschrieben wird. Da man in unmittelbarer Nähe eine Inschrift fand, aus der hervorgeht, daß sich ein gewisser Felicissimus und Leoparda, offensichtlich ein Ehepaar, beim Eingang zur Grabkammer des Crescentius ein Grab anlegten, nimmt man an, daß der Märtyrer hier beigesetzt gewesen war. In einem Cubiculum (Grabkammer) daneben war der Papst Marcellinus bestattet.

Unmittelbar neben der Basilika S. Silvestro gab es auf dem oberirdischen Friedhofsgebiet ein Mausoleum. Es wurde zusammen mit der Basilika des heiligen Silvester 1906 wiedererrichtet und bildet die heutige Kirche. Giovanni Battista De Rossi hatte 1890 nur mehr die Reste dieser Gebäude gefunden. Denn infolge der Überführung der Reliquien aus den Katakomben in die Stadt hatten sie ihre Zweckbestimmung verloren. Nicht mehr instand gehalten, verfielen sie.

Beim Betreten der Basilika ist man von der Würde und der feierlichen

Atmosphäre sofort ergriffen. Die Wände sind mit Sarkophagresten und Inschriften, die man in der Katakombe fand und hier anbrachte, übersät. Auch Wiedergaben von Gedichten, die Papst Damasus zu Ehren der beiden Märtyrer Felix und Philippus und des Papstes Marcellus schrieb, (die Originale sind verlorengegangen und nur aus mittelalterlichen Abschriften bekannt), sind hier ausgestellt.

Das Presbyterium mit dem schönen Altar in der Mitte (die Platte ist über einem Block mit einem schönen antiken Relief, das die Anbetung der drei Weisen darstellt, befestigt) ist von dem übrigen Raum durch eine Pergola nach Art der griechischen Kirchen getrennt. Der Bischofsstuhl im Hintergrund ist eine moderne Rekonstruktion. Der Altar ist über dem Grab der beiden Märtyrer errichtet, denn die „Notitia Ecclesiarum" gibt genau an, daß die beiden Märtyrer „sub altare maiore" (unter dem Hauptaltar) bestattet waren.

Die Katakombe von S. Priscilla bietet noch weitere Überraschungen: ein geheimnisvolles und tiefes „Lucernarium" (Lichtschacht), das in der Dunkelheit schwaches Licht spendet und den Blick einerseits zur Villa Ada, andererseits zum um 19 Meter tiefer gelegenen zweiten Stockwerk der Katakombe freigibt. Hier in der Nähe liegt auch die schön ausgemalte Grabkammer mit dem Fresko der Verkündigung. Es wird bei einer normalen Führung durch die Katakomben nicht gezeigt. Die berühmten Fresken in der Grabkammer der „Velatio", der Schleierabnahme, sind jedoch genauso schön und eindrucksvoll und können im Zuge einer Führung, die auch für wenige Personen durchgeführt wird, besichtigt werden.

# S. Lorenzo fuori le Mura
## (St. Lorenz vor den Mauern)

Die letzte Ruhestätte der Päpste Zosimus (417-418), Sixtus III. (432-440),
Hilarius (461-468), Damasus II. (1048), Pius IX. (1846-1878)

S. Lorenzo fuori le Mura gehört zu den sieben Haupt- und Pilgerkir-
chen Roms. Vor dem „Campo Verano", dem größten Friedhof der
Ewigen Stadt gelegen (deshalb heißt sie auch „S. Lorenzo al Verano"),
steht sie an der Via Tiburtina, einer der wichtigsten Ausfallstraßen der
Ewigen Stadt. Über dem Grab des hl. Lorenz errichtet, war S. Lorenzo
jahrhundertelang Ziel zahlloser Wallfahrer. Heute finden hier, durch die
unmittelbare Nähe des „Campo Verano" bedingt, vor allem Begräbnisse
statt. Diese vom Touristenstrom etwas vernachlässigte Basilika wird
hauptsächlich wegen ihrer berühmten Mosaiken im Presbyterium aufgesucht. Die wenigsten wissen, daß in der Basilika an der Via Tiburtina auch
einige Päpste ihre letzte Ruhestätte gefunden haben: Zosimus, Sixtus III.,
Hilarius, Damasus II. und Pius IX.

## ZOSIMUS
### (Grieche, 417-418)

Zosimus war Grieche und wurde am 18. 3. 417 der Nachfolger von
Innozenz I. (401-417). Während seines kurzen Pontifikats mußte er sich
mit der Irrlehre der Pelagianer auseinandersetzen. Die Pelagianer waren
bereits unter Innozenz I. 411 in einer Synode verurteilt worden. Sie
vertraten eine von dem britannischen Mönch und Asketen Pelagius
verbreitete Lehre, die die Erbsünde nicht anerkannte und behauptete, der
Mensch bedürfe zu seinem Heile nicht der Gnade Gottes, sondern könne
durch eigene Anstrengung den rechten Heilsweg gehen. Zosimus rehabi-
litierte zunächst, von Pelagius geschickt getäuscht, dessen Irrlehre. Diese
offensichtliche Fehlentscheidung rief eine ungewöhnlich heftige Reaktion

*S. Lorenzo fuori le Mura, Fassade*

des hl. Augustinus hervor. Eine deswegen in Karthago im Jahre 418 einberufene Synode von 214 Beschöfen verurteilte unter der geistigen Führung des Augustinus die Pelagianer und verfaßte neun Artikel über die Erbsünde und über die Gnade. Zosimus rollte den Fall daraufhin wieder auf und exkommunizierte die Anhänger dieser Irrlehre. Er starb am 26. 12. 418 und wurde in S. Lorenzo beigesetzt.

## SIXTUS III.
### (aus Rom, 432-440)

Sixtus III. ist für viele Rompilger und Touristen als Stifter der herrlichen Mosaiken im Langhaus und am Triumphbogen von S. Maria Maggiore bereits ein Begriff. Dort hat er auch sein Monogramm als sichtbares Zeichen seiner Bautätigkeit hinterlassen: „XYSTUS EPISCOPUS PLEBI DEI" (Der Bischof Sixtus dem Volk Gottes).

Sixtus III. wurde am 31. 7. 432 zum Nachfolger von Coelestin I. (422-432) gewählt. Unter dem Pontifikat Collestins I. fand 431 das denkwürdige Konzil zu Ephesus statt, bei dem die Hl. Jungfrau Maria zur „Theotokos" (Gottesgebärerin) erklärt wurde (Dogma der Gottesmutterschaft Mariens, bzw. „Zwei Naturen-Dogma"). Zur Erinnerung an dieses Ereignis ließ Sixtus S. Maria Maggiore, die größte Marienkirche Roms, errichten.

Auch die Entstehung einiger anderer Kirchen in Rom geht auf Sixtus III. zurück: S. Lorenzo in Lucina wurde erneuert, S. Sabina vollendet und das Baptisterium beim Lateran umgebaut. Sein großartigstes Werk bildet jedoch S. Maria Maggiore, wo wir die Mosaiken aus dem 5. Jahrhundert heute noch bewundern können. Sixtus III. starb am 9. 8. 440 und wurde in S. Lorenzo bestattet.

## HILARIUS
### (aus Sardinien, 461-468)

Der Diakon Hilarius aus Sardinien wurde am 19. 11. 461 Nachfolger Leos I. des Großen (440-461). Er setzte sich für die Beseitigung der Schäden der Vandaleneroberung (455) ein und restaurierte viele Kirchen Roms. Die sieben Jahre seines Pontifikats bedeuteten eine Zeit des

Wiederaufbaues und des Friedens für die Ewige Stadt. Er starb am 29. 2. 468 und fand seine letzte Ruhestätte in S. Lorenzo fuori le Mura.

## PELAGIUS II.
### (aus Rom, 579-590)

Pelagius II. war der unmittelbare Vorgänger Gregors I. d. Gr. (590-604). Von ihm, dem Erbauer von S. Lorenzo, ist es nicht sicher, ob er in seiner Kirche beigesetzt wurde. Er starb während einer Pestepidemie. Interessant ist, daß Pelagius, als Sohn eines Hunigild, gotischer Abstammung war. Rom wurde damals – und das seit geraumer Zeit – von den Langobarden belagert. Als weitere Katastrophe kam dann auch noch 589 die große Tiberüberschwemmung dazu, die viele Opfer forderte und schließlich auch die Pest verursachte. Gregor der Große hielt damals, um dieser schlimmen Krankheit Herr zu werden, eine große Prozession ab, in deren Verlauf, so die Legende, ihm der berühmte Engel (daher der Name der Engelsburg) erschien und durch seine Geste (er steckte das Schwert wieder in die Scheide) das Ende der Epidemie verkündete. Hilarius starb am 7. 2. 590.

### *Grabstätten Zosimus', Sixtus' III. und Hilarius'*

Die Päpste Zosimus, Sixtus III. und Hilarius fanden ihre letzten Ruhestätten in der Nähe des Grabes des hl. Laurentius. Damals strebte man danach, möglichst bei einem Märtyrer bestattet zu werden, da man die physische Nähe im Tode der spirituellen im Paradies gleichsetzte. Da die Märtyrer aufgrund ihrer Verdienste im Jenseits sicherlich nahe bei Gott waren, wirkte sich das auch auf die in ihrer Nähe Begrabenen aus. Der hl. Laurentius war in der Spätantike und im Mittelalter einer der beliebtesten und am meisten verehrten Märtyrer. In Rom allein gab es 35 Gotteshäuser, die dem hl. Lorenz geweiht waren. Daher überrascht es nicht, daß Zosimus, Sixtus III. und Hilarius sich der Fürbitte des heroischen Erzdiakons versichern wollten und sich in seiner unmittelbaren Nähe bestatten ließen.

# DAMASUS II.
## (aus Bayern, 1048)

Bischof Poppo von Brixen (ein Bayer) wurde auf Wunsch Heinrichs III. (1039-1056) als der spätere Damasus II am 25. 12. 1047 in Pöhlde zum Papst gewählt und am 17. 7. 1048 inthronisiert. Doch war er nur 23 Tage Papst. Ein Fieber, manche meinen auch ein Anschlag, raffte ihn in Palestrina am 9. 8. dahin.

### *Sarkophag Damasus' II.*

Links des Hauptportales von S. Lorenzo fuori le Mura steht ein Steinsarkophag, der über und über mit Weinranken, die von kelternden Putten und allerhand Tieren bevölkert sind, bedeckt ist. Er stammt etwa aus dem 5. Jahrhundert. Man nimmt an, daß er die sterblichen Überreste von Papst Damasus II. aufnahm.

# PIUS IX.
## (Giovanni Maria Mastai Ferretti, aus Senigallia, 1846-1878)

Pius IX. ist bislang der Papst mit dem längsten Pontifikat gewesen. Er wurde am 13. 5. 1792 als Sohn einer Familie des Landadels in Senigallia geboren. Nach seinem Schulbesuch in Volterra kehrte er wegen nervöser Störungen – die mit dem dreißigsten Lebensjahr aufhörten – wieder nach Hause zurück. Im Jahr 1819 zum Priester geweiht, war er von 1823 bis 1825 Auditor des Kardinallegaten in Chile. Wieder in Rom, wurde er Leiter des „Ospizio di S. Michele" (in dem riesigen, eben restaurierten Häuserblock befindet sich heute unter anderem das Ministerium für Kultur) und 1827 Erzbischof von Spoleto. Im Jahre 1832 Bischof von Imola, verlieh ihm Papst Gregor XVI. (1831-1846) die Kardinalswürde. Am 21. Juli, drei Wochen nach dem Tod Gregors XVI., wurde er in St. Peter zum Papst geweiht. Seine Lebensführung war vorbildlich, er selbst fromm, umgänglich, freundlich und mildtätig, ganz ausgefüllt von seiner großen Aufgabe.

Sein Pontifikat war von den Ereignissen um die nationale Einigung Italiens überschattet. Liberalen Tendenzen vorerst aufgeschlossen, zog er sich, von der Weltpolitik in die Enge getrieben, zunächst kurz nach Gaeta und dann in den Vatikan zurück, den er nach 1871 aus Protest gegen die

*Sarkophag Pius' IX. (1845-1870) in S. Lorenzo fuori le Mura (Krypta)*

Besetzung des Kirchenstaates durch die italienischen Truppen bis zu seinem Tod nicht mehr verließ. Er betrachtete sich als Gefangener des neuen Italienischen Staates. Diese damals entstandene Situation wurde erst 1929 durch die Lateranverträge, womit der Vatikanstaat geschaffen wurde, bereinigt. Wegen all dieser Ereignisse, vor allem aber wegen des Verlustes des Kirchenstaates, ging er als „Dulderpapst" in die Geschichte ein.

Während seiner Regierungszeit wurde das Dogma von der Unbefleckten Empfängnis Mariens am 8. 12. 1854 feierlich verkündet. Aus diesem Anlaß wurde zwei Jahre später auf der Piazza di Spagna die imposante Marmorsäule mit der schönen Marienstatue aufgestellt. Auf diese Zeit geht auch die Einführung des sogenannten „Peterspfennigs" zurück, der dem Apostolischen Stuhl den Ausfall der Einkünfte aus dem verlorengegangenen Kirchenstaat ersetzen sollte. Das bedeutendste Ereignis im Pontifikat Pius' IX. war die Einberufung des Ersten Vatikanischen Konzils. Hier wurde unter anderem auch die Unfehlbarkeit des Papstes in Fragen des Glaubens und der Sitte definiert. Pius IX. starb am 7. 2. 1878. Vorerst provisorisch im Vatikan beigesetzt, wurde er drei Jahre später gemäß seinem Wunsch nach S. Lorenzo fuori le Mura überführt. Trotz der ihm gegenüber von vielen Seiten entgegengebrachten Feindschaft wurde er von den Gläubigen sehr verehrt, die ihm angesichts des Verlustes des Kirchenstaates und all der anderen Probleme, mit denen er zu kämpfen hatte, mit um so größerer Liebe anhingen.

### Die Kapelle Pius' IX.

Vom rechten Seitenschiff gelangt man über eine Treppe in das tiefer liegende – das ursprüngliche – Niveau der Basilika. Den Mittelpunkt dieser Krypta oder „Confessio" bildet das durch Mauerwerk abgetrennte Grab des Laurentius. Hier wurden auch die Reliquien des hl. Stephan aufbewahrt, die Papst Pelagius von Konstantinopel hierher überführen ließ. Laurentius und Stephan sind die Stadtpatrone Roms.

Im Hintergrund des weiten Raumes liegt die Kapelle Pius' IX. Seinem Testament nach sollte seine letzte Ruhestätte ganz einfach aussehen. Auf dem Sarkophag verlangte er die Inschrift „Ossa et Cineris Pii Papae IX" (Gebeine und Asche Papst Pius' IX.). Anfänglich befolgte man seinen Wunsch nach Einfachheit, später wurde der Raum jedoch von dem venetianischen Architekten Cattaneo in eine prachtvolle Kapelle umgewandelt. Ihre bemerkenswerten Mosaiken an den Wänden stammen von Ludwig Seitz (1844-1908). In Rom geboren, war er der Sohn des deutschen Malers Alexander Seitz, welcher der Gruppe der „Nazarener" angehörte. Die Mosaiken über der Eingangswand stellen „Die Verkündigung der unbefleckten Empfängnis", „Das Erste Vatikanische Konzil" und „Die Huldigung der verschiedenen Völker an Pius IX." dar. Auch das Mosaik des guten Hirten über dem Sarkophag Pius' IX. stammt von diesem deutschstämmigen Maler.

## GESCHICHTLICHES

S. Lorenzo fuori le Mura entstand über dem Grab des Märtyrers Laurentius. Er war Archidiakon von Papst Sixtus II. (257-258) zur Zeit des Kaisers Valerianus (253-260). Der Christenverfolgung dieses Kaisers fielen im Jahre 258 sowohl Papst Sixtus II. als auch sein Diakon und Schüler Laurentius zum Opfer. Der Überlieferung nach wurde Sixtus II. entgegen dem Edikt des Kaisers dabei überrascht, als er in den Katakomben die hl. Eucharistie feierte. Auf der Stelle verhaftet und wenig später nach der Verurteilung zur Vollstreckung wieder in die Katakomben gebracht (er wurde am 6. 8. 258 enthauptet), begegnet ihm, wie der Dichter Prudentius (* um 348, † nach 405) berichtet, Laurentius und fragt ihn: „Wohin gehst du, mein Vater, ohne deinen Sohn? Du, der du nie ohne deinen Diakon ein Opfer dargebracht hast, willst nun allein sterben?". Sixtus tröstet ihn mit der Verheißung „einer noch schöneren Krone" in drei Tagen, nämlich seinem eigenen Martyrium. Gleichzeitig trägt er ihm auf, den Kirchenschatz an die Armen und Leidenden zu verschenken. Kaiser Valerius, der es auf diesen Kirchenschatz abgesehen hatte, da seine Staatskassen leer waren, läßt Laurentius mehrmals geißeln, um ihn zur Herausgabe zu zwingen. Trotzdem gelingt es Laurentius – er hat sich drei Tage Zeit erbeten – den Kirchenschatz zu wohltätigen Zwecken zu verwenden und an Mittellose und Kranke zu verteilen. Das soll der Legende nach bei oder in der Kirche S. Maria in Domenica geschehen sein. Als der erzürnte Valerianus den Kirchenschatz verlangt, weist Laurentius auf all die Gläubigen als die nun vorhandenen wahren Schätze des Himmels hin. Laurentius wird nun nach verschiedenen Mißhandlungen auf einem glühenden Rost langsam zu Tode gemartert. Er soll während der Tortur die makabren Worte „Assum est, manducate" (es ist schon gar, eßt) gesprochen haben. Von der römischen Matrone Ciriaca in der gleichnamigen Katakombe im „ager veranus" – das Grundstück hatte in der Antike einstmals Lucius Verus gehört – beigesetzt, wurde sein Grab bald zum Ziel zahlloser frommer Christen.

Angesichts der großen Beliebtheit des Märtyrers und des beträchtlichen Pilgerstroms, den sein Grab anzog, ließ etwa achtzig Jahre später, etwa um 330, Kaiser Konstantin der Große nicht nur dessen Grabkammer prächtig ausstatten, sondern am Fuße des Felsens (er ist inzwischen schon längst abgetragen), in dem sich die Katakombe befand, eine Memorialbasilika errichten. Wohl wegen ihrer Größe hieß sie „Basilika Maior" (die größere Basilika). Sie gibt es heute nicht mehr. Bei Ausgrabungen konnten nicht nur ihre Lage, sondern auch ihre Ausmaße ermittelt werden. Sie lag nur einige Meter entfernt, parallel zum heutigen Gotteshaus und war etwa 100 Meter lang.

Wie neueste Forschungen ergaben, waren die meisten nahe der Katakomben und anderer Kultzentren errichteten kirchlichen Bauten zunächst einmal eine Art überdachte Friedhöfe, denn man strebte danach – wie oben erwähnt – möglichst nahe bei den Märtyrern bestattet zu werden. Auch S. Lorenzo diente den Gläubigen als Begräbnisstätte. Die Toten waren wie in den Katakomben entlang der Wände und im Boden beigesetzt. Messen wurden offensichtlich nur anläßlich der Jahrestage der Märtyrer gefeiert. Ende des 6. Jahrhunderts war die „Basilika Maior" wohl nicht mehr im besten Zustand. Sie wies verschiedene Bauschäden auf, vermutlich war auch das Dach schadhaft, da Wasser in den alten Bau drang. So beschloß Papst Pelagius II. (579-590), der Vorgänger Papst Gregors des Großen (590-604), – nicht zuletzt auch wegen des großen Pilgerstroms, der neuerdings nach einem direkten Kontakt mit den Märtyrern verlangte – neben der konstantinischen „Basilika Maior" eine neue Kirche genau über dem Grab des hl. Laurentius zu errichten. Sie hat als Teil des heutigen Gotteshauses die Zeiten überdauert und bildet das über einige Stufen erreichbare Presbyterium. Die beiden Kirchen, die Basilika Major und die neue, über dem Grab des Laurentius errichtete, bestanden nun einige Jahrhunderte nebeneinander, bis die Basilika Major im 9. Jahrhundert endgültig in Vergessenheit geriet und schließlich ganz verschwand.

Papst Pelagius II. wollte seine Kirche genau über dem Grab des hl. Lorenz, „ad corpus", auf der gleichen Ebene errichten. Daher wurde der

Hügel, in dem das Grab lag, ausgeschachtet. Die Basilika wurde gleichsam in die kleine Tufferhebung versenkt. Es entstand ein Gotteshaus, wie es in der Katakombe der hl. Domitilla heute noch zu sehen ist. Nur an der Seite, wo sich das Portal befand – sie war der Basilika Major zugewandt – wurde der Hügel ganz abgetragen, um den Pilgern den Zugang zu erleichtern. In seiner Ausrichtung genau entgegengesetzt, muß man sich die Apsis der Basilika des Pelagius im heutigen Hauptschiff vorstellen; sie entsprach etwa dem Verlauf der beiden runden Stufen vor dem Presbyterium, ihre ausgegrabenen Reste sind in der Krypta zu sehen. Einige Fachleute nehmen an, daß nicht nur der Triumphbogen, dessen kostbare Mosaiken heute noch existieren, damit ausgeschmückt war, sondern auch diese leider verlorengegangene Apsis.

Um S. Lorenzo fuori le Mura entstand im Laufe des Mittelalters eine kleine Zitadelle, die „Laurenziopolis". Da die nunmehr von verschiedenen Kapellen und Heiligtümern umgebene Kirche außerhalb der Stadtmauern lag, war sie den Angriffen von Räubern und Barbaren, wie Vandalen und Langobarden, fortwährend ausgesetzt. Man befestigte sie daher mit Mauern und Wehrtürmen. An diese Zeit erinnern heute noch der stimmungsvolle Kreuzgang, der majestätische Glockenturm und ein weiterer mittelalterlicher, nur vom Kreuzgang aus sichtbarer Turm innerhalb des Klosters.

Im 13. Jahrhundert veranlaßte Papst Honorius III. (Cencius Savelli, „Camerarius", Kardinalkanzler, bevor er Papst von 1216-1227 wurde) die Umbauarbeiten, die das heutige Aussehen von S. Lorenzo vor den Mauern prägen. Die Basilika wurde verlängert, indem durch die Entfernung der Apsis des Pelagius das heutige Hauptschiff mit dem Hauptportal und dem kosmatengeschmückten Vorbau angefügt wurde. Schließlich baute man noch ein Zwischengeschoß (es ist dasjenige, auf dem sich der Hauptaltar befindet) in der ehemaligen pelagianischen Basilika, dem heutigen Presbyterium, ein. Diese Arbeiten zogen sich jedoch in die Länge und wurden erst unter Papst Innozenz IV. (1243-1254) beendet. In diesem Zustand hat S. Lorenzo die Jahrhunderte überdauert – abgesehen von Instandhaltungsarbeiten und der großen Restaurierung unter Pius IX., die keine größeren Veränderungen in der Bausubstanz verursachten – bis im Juli 1943 im Zuge der Kriegsereignisse eine Bombe in die Kirche einschlug. Die Auswirkungen waren für das Hauptschiff und den Vorbau katastrophal. Das Presbyterium blieb glücklicherweise größtenteils unbeschädigt. Die zwischen 1943 und 1949 durchgeführten Wiederaufbauarbeiten ließen S. Lorenzo wieder in altem Glanz erstehen, so daß wir ein Kleinod der frühchristlichen und mittelalterlichen Kunst und Architektur heute noch bewundern können.

## AUSSENFASSADE UND VORBAU

Ein mittelalterlicher, von sechs antiken Säulen getragener geräumiger Portikus empfängt den Besucher von S. Lorenzo fuori le Mura. Diese schöne Vorhalle ist, wie das Hauptschiff, ein Werk aus dem dreizehnten Jahrhundert. Die Kosmatenarbeiten, die den Fries über den antiken, gedrehten Marmorsäulen zieren, stammen von der Familie der „Vasaletto", die im 13. Jahrhundert im Rom tätig waren. Durch den Bombenangriff 1946 stark beschädigt, konnten die fehlenden Teile des Frieses nicht mehr originalgetreu wiederhergestellt werden. Die Fresken der Vorhalle waren glücklicherweise verschont geblieben. Sie stellen auf der linken Wand die Privilegien des Hauptaltars von S. Lorenzo dar (stark übermalt), auf der gegenüberliegenden Seite legendäre Ereignisse aus dem Leben Heinrichs II. (1002-1024). Die Wandbilder links neben dem Hauptportal zeigen Ereignisse aus dem Leben des hl. Stefan und rechts aus dem Leben des hl. Laurentius.

An der linken Wand befindet sich der Granitsarg Alcide de Gasperis. Er war ein bedeutender christdemokratischer Politiker der Zeit unmittelbar nach dem zweiten Weltkrieg. Nicht übersehen sollte man auch die beiden eindrucksvollen romanischen Löwen, die das Hauptportal bewachen. Beide halten mit wilden Blicken ihre Beute fest. Links neben dem Hauptportal steht der oben beschriebene, mit einem Flachrelief versehene Sarkophag Damasus' II. An der rechten Wand befinden sich zwei weitere Sarkophage. Der eine gehört zum seltenen sog. „Ziegeldach"-Typ und weist ein Steindach auf dünnen Säulen auf (9. Jahrhundert). Der Sarkophag links daneben trägt ein Relief mit biblischen Szenen neben der Büste der Verstorbenen (spätantik). Die moderne Marmortafel rechts des Hauptportals erinnert an Papst Pius XII. (1939-1958), der sich für den Wiederaufbau der Basilika einsetzte.

*Details vom Marmorsarkophag in der Vorhalle von S. Lorenzo fuori le Mura: vermutlich Sarkophag Damasus' II.*

# INNENRAUM

Betritt man die Basilika, so ist man von der Würde und Großartigkeit der feierlichen Architektur sofort beeindruckt. Die zweiundzwanzig mächtigen Marmor- und Granitsäulen mit verschieden hohen Basen und Durchmessern wurden ebenso wie die Architrave aus römischen Ruinen entnommen. Die ionischen Kapitelle, die sie zieren, sind, so wird angenommen, ein Werk der römischen Marmor-Künstlerfamilie der Vassalletto. Als eine liebenswürdige Kuriosität zeigt die achte Säule rechts einen Frosch in ihren Kapitellvoluten, die Säule links einen Salamander.

## Grabmal Kardinal Fieschis

Interessant ist auch das Grabmal von Kardinal Fieschi gleich rechts neben dem Hauptportal. Der Kardinal war ein Neffe des 1256 verstorbenen Papstes Innozenz IV., der den mittelalterlichen Umbau Honorius' III. fertigstellte. Dieses Grabmal ist eines der ältesten im Kosmatenstil. Es ist von einem steinernen Satteldach über Säulen mit ionischen Kapitellen überspannt. Der Sarkophag, der in dieser so entstandenen Nische aufgestellt ist, stammt aus dem zweiten Jahrhundert und zeigt eine Hochzeitsszene mit dem Brautpaar und verschiedenen Schutzgöttern. Den schönen Kosmatenfußboden sollte man ebenfalls nicht übersehen.

## Die Marmorambonen

Ganz großartig sind die beiden Marmorambonen links und rechts im Hauptschiff. Sie gehören zu den am besten erhaltenen in Rom. Links der etwas einfachere und geringfügig ältere diente zur Epistellesung. Der gegenüberliegende, mit einem grimmigen Adler und Kosmatendekoration versehene, war der Verkündigung des Evangeliums vorbehalten. Ein kostbar verzierter spiralförmig gedrehter Osterleuchter vervollständigt die Ausstattung des Evangelienambos. Vermutlich waren beide Ambonen Teile einer ehemaligen „Schola Cantorum".

## Der Hauptaltar - Das Grab des hl. Lorenz und das Presbyterium

Den künstlerischen Höhepunkt bildet sicherlich das Presbyterium mit dem wunderbaren Baldachin über dem Grab des hl. Lorenz, dem erlesenen Bischofssitz, den gewaltigen kannelierten Säulen, mit der Empore darüber und dem prachtvollen Mosaik aus der Zeit Pelagius' II.

Besichtigt man S. Lorenzo, so fällt einem besonders im Presbyterium eine gewisse „Ungereimtheit" zwischen dem Niveau, auf dem sich der Hauptaltar befindet und demjenigen, aus welchem die prächtigen kannelierten Säulen entwachsen, sofort auf. Der ursprüngliche Fußboden lag viel tiefer (etwa zwei Meter unter dem mittelalterlichen Hauptschiff) und das heutige Niveau des Chores geht auf den Umbau Anfang des 13. Jahrhunderts zurück.

## Die Mosaiken

Daß sich das Mosaik auf der den Gläubigen abgewandten Seite befindet, erklärt sich aus der Tatsache, daß die Basilika des Pelagius ursprünglich entgegengesetzt zur heutigen orientiert war. Der Triumphbogen war daher den Gläubigen zugewandt. Auch der Fußboden lag, wie oben erwähnt, viel tiefer.

Die Mosaiken stammen aus dem Ende des sechsten Jahrhunderts und gehören damit zu den ältesten von Rom. Christus thront in der Mitte auf dem tiefblauen, kugelrunden Weltenall. Ihm zu seiten befinden sich links der weißgelockte Petrus und rechts Paulus mit einem langen schwarzen Bart. Die Gestalt links neben Petrus ist Laurentius. Er empfiehlt Pelagius mit freundschaftlicher Geste dem Herrn, dem der Papst als Stifter seine Basilika entgegenhält. Neben Paulus stehen der hl. Stephan und der hl. Hippolyt. Die gesamte Szene spielt sich vor einem strahlenden, glänzenden Goldgrund ab. Unter den ebenfalls mosaikgeschmückten Fenstern des Triumphbogens sind die edelsteinverzierten Stadtmauern von Jerusalem und Bethlehem zu sehen. Die Inschrift, die dem Rund des Bogens folgt, bezieht sich auf das Martyrium des hl. Lorenz: „MARTYRIUM FLAMMIS OLIM LEVITA SUBISTI …" (Das Martyrium hast du einst als Levit in den Flammen erlitten …).

Will man die altehrwürdige Basilika S. Lorenzo nicht nur „im Vorbeigehen" kennenlernen, sondern mit Muße und Liebe, sollte man sich etwas Zeit nehmen. Denn die Kapelle der hl. Ciriaca und die gleichnamige Katakombe sind ebenfalls sehenswert. Auch den wunderschönen romanischen Kreuzgang, einen der ältesten Roms – seine mit antiken Inschriften und Fundstücken übersäten Wände bilden ein Museum für sich – sollte man besichtigen. Hier befinden sich in Erinnerung an das tragische Bombardement vom Jahre 1943 auch die Reste der Bombe, die in S. Lorenzo einschlug.

Verläßt man S. Lorenzo vor den Mauern durch den Kreuzgang, kann man einen malerischen Blick auf den unmittelbar neben der Basilika aufsteigenden Glockenturm genießen und sich im Geiste die beiden alten Basiliken (Basilika Maior und die ursprüngliche Basilika des Pelagius) vorstellen, die einander, hier nur durch die Straße getrennt, gegenüberlagen. Eintausendsiebenhunderteinunddreißig geschichtsträchtige Jahre ziehen an uns vorüber, denn soviel Zeit ist vergangen, seit der Diakon Laurentius im Jahr 258 für seinen Glauben den Märtyrertod erlitten hat. Eintausendsiebenhunderteinunddreißig Jahre Märtyrerkult an der Via Tiburtina.

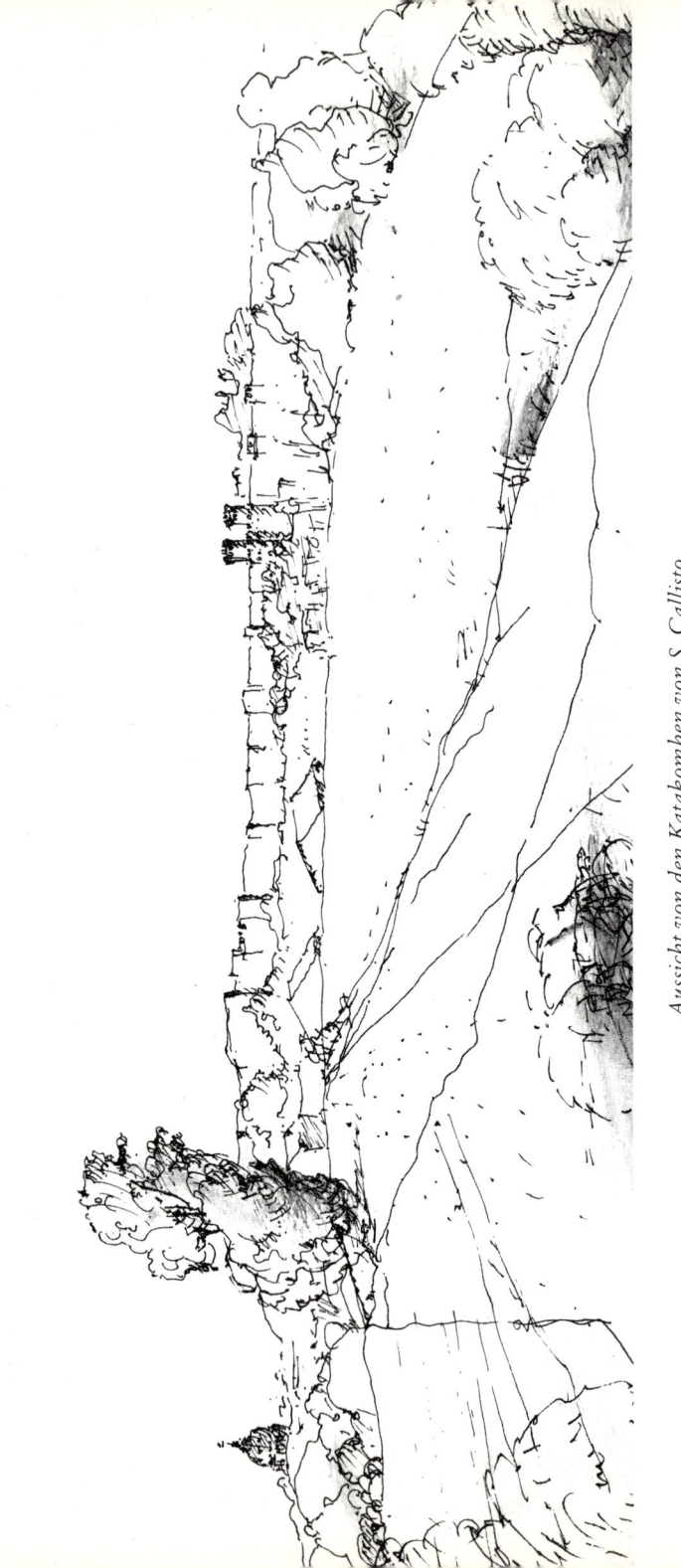

*Aussicht von den Katakomben von S. Callisto*

# Die Katakomben von S. Callisto

Die letzte Ruhestätte der Päpste Anicetus (155-166), Soterus (166-175),
Urban I. (222-230), Pontianus (230-235), Anterus (235-236),
Fabianus (236-250), Cornelius (251-253), Lucius I. (253-254),
Stephanus I. (254-257), Sixtus II. (257-258), Dionysius (259-268),
Felix I. (269-274), Eutychianus (275-283), Caius (283-296),
Eusebius (309-310), Melchiades (311-314)

Die Katakomben von S. Callisto an der Via Appia gehören zu den
ausgedehntesten unterirdischen Grabanlagen Roms. Vom Diakon Callixtus (später Papst, 217-222) als erster offizieller christlicher Friedhof
verwaltet, fanden neben den in der berühmten Papstgruft beigesetzten
Päpsten des 3. Jahrhunderts einige andere Oberhirten der ersten christlichen Jahrhunderte ihre letzte Ruhestätte: Anicet, Soterus, Urban I.,
Pontianus, Anterus, Fabianus, Cornelius, Lucius I., Stephanus I., Sixtus II., Dionysius, Felix I., Eutychianus, Caius, Eusebius und Melchiades.

## ANICET
(aus Emesa, in Syrien?, 155-166)

Anicet stammte vermutlich aus Syrien. In Rom war er der Mitstreiter
des Justinus im Kampf gegen verschiedene Häresien. Er wurde 166
10. Nachfolger Petri. Der Kampf gegen den Irrglauben veranlaßte ihn zur
Ernennung neuer Diakone und Priester, wobei er auf eine entsprechende
Lebensführung großen Wert legte. Während seines Pontifikats kam der
achtzigjährige Polykarp, der letzte Zeitgenosse und direkte Schüler der
Apostel, nach Rom, um mit Anicet über liturgische Fragen zu diskutieren. Als 161 Mark Aurel Kaiser wurde, kam es zu Polemiken gegen die
Christen. Damit verbunden waren Verhaftungen und Prozesse, wobei
auch der hl. Polykarp den Märtyrertod starb. Wenig später starb auch

Anicet, aber wahrscheinlich nicht als Märtyrer. Er war möglicherweise der erste in den Katakomben von S. Callisto beigesetzte Bischof von Rom.

## SOTERUS
(aus Fondi, in Kampanien, 166-175)

Soterus war der Nachfolger des Anicet. Er war griechischer Abstammung. Zunächst entweder in St. Peter neben dem Apostelfürsten oder in den Katakomben von S. Callisto beigesetzt, wurden seine sterblichen Überreste im Mittelalter nach S. Silvestro e Martino ai Monti überführt. Soterus ist im Kapitel über diese Kirche ausführlicher beschrieben.

## URBAN I.
(aus Rom, 222-230)

Über Urban I. wissen wir wenig. Er war Papst während der Regierungszeit des Kaisers Alexander Severus (222-235). Unter seinem Pontifikat erlebten die Christen eine relativ ruhige Zeit. Der Grund lag wohl darin, daß die Mutter des Kaisers, Julia Mamea, christlich gesinnt war oder gar – so Orosius, ein span. Priester und Schriftsteller des 5. Jahrhunderts – Christin war. Sie soll die Leiche des vom Präfekten Almenius hinterhältig ermordeten Urban in der Katakombe des Prätextatus oder in der benachbarten Katakombe von S. Callisto pietätvoll beigesetzt haben.

## PONTIANUS
(aus Rom, 230-235)

Auch über Pontianus weiß man wenig. Er ist jedenfalls der erste, von dem der genaue Weihetag überliefert wird: der 21. 7. 230. Von Kaiser Maximinus Thrax (235-238) zu Zwangsarbeit in den Bergwerken von Sardinien verurteilt und dorthin deportiert, trat er daher 235 ab und starb 237 in Sardinien infolge der Entbehrungen oder einer Zusatzstrafe. Er war der zweite Papst nach dem hl. Clemens (88-97), der in der Verbannung auf sein Amt verzichtete, um die Wahl eines neuen Bischofs in Rom zu ermöglichen und die Gläubigen nicht unbetreut zu lassen. Papst Fabianus veranlaßte die Überführung seiner sterblichen Überreste und die Bestattung in der Papstgruft. Die 1909 wieder aufgefundene griechische Grabin-

*Papstgruft in den Katakomben von S. Callisto*

schrift lautet: PONTIANOS EPISC (opus) MTR (Märtyrer, wurde erst später hinzugefügt). Er war der erste in der Papstgruft bestattete Bischof von Rom.

## ANTERUS
### (aus Griechenland, 235-236)

Anterus (235-236), ein Grieche, war nur vierzig Tage lang Bischof von Rom. Weil er Märtyrerakten verfaßte, wurde er zum Tode verurteilt. Die Grabinschrift lautet: „ANTEROS Epi" (Anterus Bischof).

## FABIANUS
### (aus Rom, 236-250)

Der Nachfolger des Anterus war Fabianus, ein Römer. Über seine Wahl wird uns folgende Legende überliefert: Fabianus war ein einfacher Mann. Während er eines Tages von seiner Feldarbeit zurückkehrte, berieten die Christen gerade über den Nachfolger des Anterus. Als sich plötzlich eine Taube auf dem Kopf des Fabianus niederließ, gab es für sie keine Zweifel: Dies war ein Zeichen Gottes, und Fabianus wurde zum 20. Stellvertreter Christi ernannt.

Als Papst erwies sich Fabianus jedenfalls als tüchtiger Verwalter. Er kümmerte sich besonders um die Reorganisation der Kirchenverwaltung und teilte die Stadt in sieben Diakonien unter Beibehaltung der bisherigen Pfarren, der „Tituli". Er starb am 20. 1. 250 während der Verfolgung des Decius den Märtyrertod. Die Grabinschrift lautet: „ FABIANOS EPI. MTR" (Fabianus Bischof, Märtyrer). Auch hier wurde „MTR" erst später hinzugefügt.

## CORNELIUS
### (aus Rom, 251-253)

Ein Inschriftenrest „Nelius Martyr" bewog den großen Wiederentdecker der Katakomben, Johann Baptist de Rossi, im Bereich der Via Appia Antica seine Nachforschungen fortzusetzen. Seine unermüdlichen Bemühungen wurden belohnt: Er fand zusammen mit dem fehlenden Teil der Inschrift – sie lautete „Cornelius Martyr" – auch das Grab dieses Papstes und einige Jahre danach auch die Papstgruft von S. Callisto.

Cornelius konnte wegen der Auswirkungen der Verfolgung unter Kaiser Decius erst über ein Jahr nach dem Tod des Fabianus gewählt werden. Nach Civita Vecchia verbannt, verschied er 263 im Exil. Seine sterblichen Überreste wurden erst dreißig Jahre danach von der Matrone Lucina in einer Krypta unweit der Papstgruft begraben. Sein Grab kann man im Verlauf einer normalen Führung in S. Callisto nicht besichtigen. Man braucht dafür eine besondere Genehmigung. Eine Inschrift in S. Lorenzo in Lucina erwähnt seine Reliquien. Daher ist Papst Cornelius in dem Kapitel über S. Lorenzo in Lucina ausführlicher beschrieben.

## LUCIUS I.
### (aus Rom, 253-254)

Lucius, ein Römer, wurde beinahe sofort nach seiner Wahl verbannt. Er starb kurz nach seiner Rückkehr am 5. 3. 254 nach einem Pontifikat von nicht einmal acht Monaten. In der Papstgruft beigesetzt, lautet seine Grabinschrift „LOUKIS".

## STEPHAN I.
### (aus Rom, 254-257)

Stephan entstammte einer vornehmen römischen Familie und wurde am 12. 5. 254 in S. Callisto zum Papst gewählt. Er widmete sich eher inneren Problemen der Kirche. Nach der verhältnismäßigen „ruhigen" ersten Zeit unter Kaiser Valerianus (253-260) starb er am 6. 8. 257 am Beginn der Valerianischen Christenverfolgung. In der Papstgruft beigesetzt, wurden seine Reliquien später nach S. Silvestro in Capite gebracht, wo sie heute noch ruhen. Näheres über diesen Papst im Kapitel über S. Silvestro in Capite.

## SIXTUS II.
### (aus Athen?, 257-258)

Sixtus II. war Grieche und Papst während der valerianischen Verfolgung. Als man ihn am 6. 8., entgegen dem Erlaß des Kaisers, bei der Feier der Eucharistie in den Katakomben überraschte, wurde er sofort festgenommen, vor Gericht gestellt und zum Tode verurteilt. Als man ihn kurz darauf zur Exekution wieder zur Katakombe führte, begegnete ihm am

Weg sein Diakon Laurentius. Auf seine Frage, warum er das Martyrium ohne ihn auf sich nehme, wo sie doch sonst alle Opfer zusammen gebracht hätten, trug ihm Sixtus auf, die Kirchenschätze an die Armen zu verteilen und prophezeihte auch ihm innerhalb kürzester Zeit den Märtyrertod.

Sixtus wurde zusammen mit seinen Diakonen enthauptet und in der Papstgruft beigesetzt.

## DIONYSOS
### (vermutl. Grieche, 259-268)

Dionysius war ein einfacher Priester und wurde erst nach dem Nachlassen der valerianischen Verfolgung zum Papst gewählt. Als Kaiser Valerianus 260 starb, konnte sich Dionysius unter Kaiser Gallienus (260-268), der alle Edikte Valerians widerrief und der Kirche ihre Güter zurückgab, allen Problemen der Kirche widmen. Die Ruhepause, die nun für die Christen eintrat, benutzte Dionysius, um die von der Verfolgung stark dezimierte und hart getroffene römische Gemeinde wieder aufzubauen. Er starb am 26. 12. 268 und wurde in der Papstgruft bestattet.

## FELIX I.
### (aus Rom, 269-274)

Felix I., ein Römer, war Papst während der Regierungszeit Kaiser Aurelianus' (270-275), der Rom zum Schutz gegen die virulent gewordene Barbarengefahr mit einer starken, heute noch existierenden Stadtmauer umgeben ließ. Er soll am 5. 1. 269 konsekriert worden sein. Die unter Kaiser Gallienus begonnene Friedenszeit für die Christen dauerte weiter an. Über Papst Felix weiß man nicht viel. Ein Brief an den Bischof von Alexandria, Maximus, soll von ihm stammen. Das Schreiben befaßt sich mit der Dreifaltigkeitsfrage und diente während des Konzils zu Ephesus für die Definition des Dogmas der Gottesmutterschaft Mariens. Felix starb am 30. 12. 274 und wurde in der Papstgruft bestattet.

## EUTYCHIANUS
### (aus Luni, 275-283)

Der „Liber Pontifikalis", die im 6. Jahrhundert entstandene Papstchronik, überliefert uns den Geburtsort Papst Eutychianus'. Er soll demnach in Luni in Etrurien geboren worden sein. Außer dem Datum seiner Weihe ist beinahe gar nichts über diesen Papst bekannt. Er soll am 4. 1. 275 zum Bischof von Rom konsekriert worden sein. Er ist der letzte in der Papstgruft bestattete Papst. Er starb am 7. 12. 283. Seine Grabinschrift lautet „EUTYCHIANUS EPISC".

## CAIUS
### (aus Dalmatien, 283-296)

Einer Legende nach soll Caius ein Verwandter des Kaisers Diokletian gewesen sein. Das war auch der Grund, warum dieser Kaiser in der Zeit, als Caius Bischof war, die Christengemeinde Roms verschonte. Er soll am 17. 12. 283 zum 27. Nachfolger Petri geweiht worden sein. Unter seinem Pontifikat kam es zur Ausbreitung verschiedener Häresien, wie beispielsweise der Manichäer. Auch der Mithraskult breitete sich, aus dem Orient kommend, im gesamten römischen Reich aus. Doch konnte er nie ernstlich mit dem Christentum in Konkurrenz treten. Der Liber Pontifikalis berichtet, daß Caius als Märtyrer gestorben sei, weil er seine Cousine Susanna dazu überredet habe, ihr Leben der Jungfräulichkeit zu weihen. Er starb am 22. 4. 296 und wurde in den Katakomben von S. Callisto bestattet. Sein Grab befindet sich allerdings nicht in der Papstgruft, sondern in einer nahegelegenen Krypta. Man kann sie im Rahmen einer Führung meistens besichtigen (Crypta des Caius).

## EUSEBIUS
### (Magna Grecia, 309-310)

Eusebius war der Nachfolger des Marcellus und aller Wahrscheinlichkeit nach Grieche. Sein Pontifikat dauerte nur vier Monate. Wegen der Uneinigkeiten unter den Christen, die wegen der Abtrünnigen, die wieder in den Schoß der Kirche zurückzukehren wünschten, ausbrachen, verbannte Kaiser Maxentius sowohl Eusebius als auch seinen Widersacher Heraklius. Eusebius verschied im Exil in Sizilien. Seine sterblichen Überreste wurden nach Rom gebracht und in den Katakomben von S. Callisto beigesetzt. Auch er wurde nicht in der Papstgruft, sondern in einer nahegelegenen Krypta bestattet (Krypta des Eusebius).

# MELCHIADES
## (oder Miltiades, aus Afrika, 311-314)

Erst zwei Jahre nach dem Tod des Eusebius kam es wieder zu einer Papstwahl. Melchiades (oder Miltiades), ein aus Afrika stammender Priester wurde zum 32. Bischof von Rom und 31. Nachfolger Petri gewählt. Während seines Pontifikats fand die folgenreiche Schlacht an der Milvischen Brücke statt, bei der Kaiser Konstantin seinen Mitkaiser und Gegenspieler Maxentius besiegte. Konstantin wurde Alleinherrscher im Westen (später im gesamten Römischen Reich) und erließ das Mailänder Toleranzedikt, mit dem allgemeine Religionsfreiheit gestattet wurde. Das Christentum konnte sich von nun an ungehindert entwickeln. Konstantin war dem Christentum wohlgesinnt, förderte es überall und zog es schließlich in seine Reichskonzeption gänzlich mit hinein. Sein ausgezeichneter politischer Sinn erkannte die Bedeutung des Christentums für die Konsolidierung und den Neuaufbau des Reiches.

Der Kaiser stiftete der Kirche unter Papst Melchiades als Dank für den Sieg am 28. 10. 312 ein großes Grundstück am Lateran und ließ dem Erlöser darauf eine große Basilika errichten. Daneben entstand, ebenfalls auf seinen Wunsch, die Taufkapelle und ein „Episkopium" (ein Amtssitz für den Bischof).

Innerkirchlich mußte sich Melchiades mit dem Donatistenstreit auseinandersetzen. Die Verhandlung, die er deswegen am 2. 10. 313 in der „Domus Faustae" im Lateran ansetzte, kann als erstes Konzil oder Synode angesehen werden, die in Übereinstimmung mit einem Herrscher stattfand. Immerhin nahmen daran beinahe vierzig Bischöfe teil. Die Frage konnte jedoch nicht gelöst werden, da die Donatisten gegen das römische Schiedsgericht, das sie verurteilt hatte, beim Kaiser appellierten. Eine neue Verhandlung wurde am 4. 4. 314 in Arles angesetzt. Sie fand schon unter Papst Silvester statt. Melchiades starb am 11. 1. 314 und wurde in S. Callisto, aber nicht in der Papstgruft, beigesetzt. Die genaue Stelle seines Grabes konnte bis heute nicht festgestellt werden.

## DIE PAPSTGRUFT

Man darf sich die Papstgruft in S. Callisto nicht als prunkvollen, großen Raum vorstellen. Nach den vielen Stufen und dem kurzen Gang mit den zahllosen unscheinbaren, kaum lesbaren Kritzelinschriften, welche von den Pilgern bereits vor 1500 Jahren in den Verputz eingeritzt wurden, kommt man in einen bescheidenen, rechteckigen Raum, der von einem „Lucernar" (Lichtschacht) belichtet wird. Das ist die „Crypta dei Papi". Wie alles in den Katakomben eher eng, klein und verwinkelt ist, so ist auch die Papstgruft nur 4,5 mal 3,5 Meter im Rechteck, mit einer Höhe von fünf Metern. Hier wurden in vier Nischen für Sarkophage und in zwölf Loculi (Grabnischen) an den Wänden – sechs auf jeder Seite – neun Päpste (Pontianus, Anterus, Fabianus, Lucius I., Stephanus I., Sixtus II., Dionysius, Felix I. und Eutychianus) sowie einige Bischöfe beigesetzt, darunter drei afrikanische, die auf der Reise nach Rom verstarben, Urban, Numidianus und Ottatus.

Die Loculi waren ursprünglich mit Marmorplatten verschlossen, die nur den Namen des betreffenden Papstes in griechischen Buchstaben eingemeißelt trugen, ohne weitere Angabe der Dauer des Pontifikats bzw. des Todestages, gefolgt von der Abkürzung „Ep" für Episkopus (Bischof). Von den neun hier beigesetzten Päpsten fand man Grabstein-fragmente von vieren, nämlich Anterus, Lucius, Fabianus und Eutychianus. Die Inschriften wurden, nachdem man die Katakomben im vorigen Jahrhundert wiederentdeckt hatte, bei den Restaurierungsarbeiten will-kürlich wieder angebracht, da es nach so langer Zeit nicht mehr möglich war festzustellen, in welchen Grabnischen exakt die einzelnen Päpste beigesetzt waren.

Das Hauptgrab befand sich vermutlich an der Stirnseite, rechts neben dem engen Durchgang zum einzigen noch größeren Raum der Kata-kombe mit der Grabstätte der hl. Cäcilia. Vielleicht barg es die Reliquien von Sixtus II., jenem Papst, der während der Valerianischen Verfolgung den Märtyrertod erlitten hatte. Es ist mit einer großen Marmorplatte verschlossen, die eine Inschrift trägt. Es handelt sich um das berühmte Gedicht von Papst Damasus (366-384), das er, der leidenschaftliche Verehrer der Märtyrer, ihnen zu Ehren verfaßte. Die Inschrift ist in schönen, für die damalige Zeit typischen, nach ihrem Erfinder, Furius Dionysius Filokalus, „filokalianisch" genannten Schriftzeichen ge-schrieben:

HIC CONGESTA IACET QUAERIS SI TURBA PIORUM CORPORA SANCTORUM RETINENT VENERANDA SE-PULCRA

SUBLIMES ANIMAS RAPUIT SIBI REGINA CAELI
HIC COMITES XYSTI PORTANT QUI EX HOSTE TROPAEA
HIC NUMERUS PROCERUM SERVAT QUI ALTARIA CHRISTI
HIC POSITUS LONGA VIXIT QUI IN PACE SACERDOS
HIC CONFESSORES SANCTI QUOS GRAECIA MISIT
HIC IUVENES PUERIQUE SENES CASTIQUE NEPOTES
QUIS MAGE VIRGINEUM PLACUIT RETINERE PUDOREM
HIC FATEOR DAMASUS VOLUI MEA CONDERE MEMBRA
SED CINERES TIMUI SANCTOS VEXARE PIORUM

Hier liegt vereint, wenn du fragst, eine Schar von Frommen
Die Körper der Heiligen umschließen ehrwürdige Gräber
ihre edlen Seelen entführte das Reich des Himmels
Hier ruhen die Gefährten des Sixtus, die über den Feind triumphierten
(bei den Gefährten des Sixtus, die mit ihm hingerichtet wurden und
hier erwähnt werden, handelt es sich um die Diakone Agapitus, Januarius, Magnus und Vinzenz. Indem sie das Martyrium erlitten, errangen
sie einen Sieg),
hier eine Anzahl von hervorragenden Männern, die an den Altären
Christi Dienst versahen (vermutlich die Päpste, die hier bestattet sind).
Hier ist der Priester bestattet, der lange in Frieden lebte (betrifft einen
Papst, der vor den großen Verfolgungen des 3. und Anfang des 4. Jahrhunderts lebte, also Fabianus 236-250 oder Caius 283-296)
hier die heiligen Bekenner, die Griechenland sandte.
Hier ruhen Jugendliche und Kinder, Greise und enthaltsame Enkel,
die es vorzogen, ihre jungfräuliche Scham zu bewahren.
Hier, ich gestehe es, beabsichtigte ich, Damasus, meinen Leib zu
bestatten,
fürchtete aber, die heilige Asche der Frommen zu stören.

Die Anlage der Papstgruft geht auf den Diakon und späteren Papst
Callixtus zurück. Damasus und nach ihm Sixtus III. (432-440) restaurierten und schmückten sie mit feinem Stuck und Marmorverkleidungen.

Man fand auch drei Inschriften, die sich auf die oben erwähnten
Bischöfe beziehen, nämlich: „OURBANOS E" (Urbanus, Bischof),
„NOYMID" (der vollständige Name heißt Numidianus) sowie die
einzige lateinische Inschrift „OPTATUS EPISCOPUS VESCERITANUS REG NUMIDIAE R. PR. ID." (Optatus, Bischof von Vescere

im Gebiet von Numidien. Er starb vor den Iden des ...). Vescere entspricht dem heutigen Biskra in Algerien.

### Krypten des Caius und Eusebius

Gleich neben einer der Haupttreppen liegen die Grabkammern der Päpste Eusebius und Caius (es empfiehlt sich, einen Führer danach zu fragen). Die Krypta des Eusebius weist drei Grabnischen und einen großen Lichtschacht auf. Die Wölbung trägt noch die Reste der einstigen Kassettendekoration. Die Wände waren mit Marmor und die Grabnischen mit Mosaiken verkleidet. Auf der großen Marmortafel ist das Gedicht, welches Papst Damasus für Eusebius verfaßte, eingemeißelt. Nur aus mittelalterlichen Abschriften bekannt – das Original ging bis auf wenige Reste verloren – konnten die von De Rossi gefundenen Fragmente in dem rekonstruierten Gedicht integriert werden. Die Originalteile sind an der roten Farbe erkennbar.

Gegenüber der Krypta des Eusebius liegt die des Caius. Sie wird von dem gleichen Lichtschacht beleuchtet. Hier fand De Rossi Bruchstücke der Grabplatte dieses Papstes.

### Lucinakrypten – Grab des Cornelius

Die von De Rossi als erste entdeckten „Krypten der Lucina" wurden von ihm aufgrund einer Erwähnung im „Liber Pontificalis" so benannt. Demnach bestattete eine Matrone namens „Lucina" die sterblichen Überreste von Papst Cornelius. Seine Grabnische kennzeichnet eine Marmorplatte mit seinem Namen. Interessant ist das Grab des Cornelius, das man im Rahmen eines normalen Besuches nicht besichtigen kann, wegen seiner Fresken. Links sind Papst Sixtus und der Bischof Optatus, rechts Papst Cornelius und Bischof Cyprianus dargestellt. Die Bilder stammen aus dem 6. Jahrhundert.

## GESCHICHTLICHES

Johann Baptist De Rossi (1822-1894), den man wegen seiner großen Verdienste auch „Vater der christlichen Archäologie" nannte, war der große Wiederentdecker der Katakomben. Nachdem man im Frühmittelalter aus Sicherheitsgründen die Reliquien der Märtyrer in die verschiedenen Kirchen in der Stadt überführt hatte, gerieten sie alle, bis auf S. Sebastiano, gänzlich in Vergessenheit. Ihre Wiederentdeckung begann langsam in der Renaissance, nämlich mit Antonio Bosio (1575-1629), dem sog. „Kolumbus des unterirdischen Rom". Den richtigen Anstoß zu einer systematischen Erforschung dieser unterirdischen Friedhöfe erfolgte aber erst durch Johann Baptist De Rossi im vorigen Jahrhundert. Als Schüler des Collegio Romano wurde er vom Jesuitenpater Marchi in das Studium der antiken Inschriften (Epigrafik) eingeweiht und zeichnete sich bald durch topographische Arbeiten über das heidnische Rom aus. Als man 1848 durch Zufall an der Via Appia Antica auf unterirdische Gewölbe stieß, wies De Rossi wenig später nach einem gründlichen Studium literarischer Quellen nach, daß es sich dabei nur um die Katakombe des Prätextatus handeln konnte. Seine Annahme bestätigten dann auch die Ausgrabungen.

Auch die Entdeckung der Katakomben von S. Callisto ist seinem „Detektivtalent" zu verdanken. Im Jahr 1849 bemerkte er im Keller eines Weingartens an der Via Appia das Bruchstück einer Marmorplatte: „NELIUS MARTYR" stand darauf. Es hatte als Stufe einer Treppe gedient. De Rossi vermutete sofort, daß ihm eine wichtige Entdeckung gelungen war, und daß das ganze Wort nur „Cornelius" lauten konnte. Er hatte also ein Bruchstück der Grabplatte Papst Cornelius' gefunden, dessen Grab sich in der Nähe der Papstgruft von S. Callisto befand. Nach Überwindung verschiedener Schwierigkeiten – beispielsweise mußte das Gelände erst durch Papst Pius IX. (1846-1878) aufgekauft werden – fand De Rossi 1852 in einer unterirdischen Gruft den Rest der Inschrift und konnte das Grab Papst Cornelius' identifizieren. Die ergänzte Inschrift hieß „Cornelius Martyr Ep" (Cornelius, Märtyrer Bischof). De Rossi wußte nun, daß er sich in unmittelbarer Nähe der Papstgruft befinden mußte. Zwei Jahre später, nämlich 1854, wurden seine Anstrengungen endlich belohnt. Er konnte die Papstgruft freilegen und stieß auch auf das Grab der hl. Cäcilia.

Die Katakombe von S. Callisto war der erste offizielle Friedhof der römischen Christengemeinde. Nach Ansicht von De Rossi entwickelte er sich aus einer privaten, oberirdischen Grabanlage der vornehmen römischen Familie der Cäcilier, die ihr Privatareal für die Errichtung eines „Coemeteriums" (Friedhof) freigaben, um vor allem ihren ärmeren Mitbrüdern (und der Großteil der römischen Christen gehörte einer niedrigen sozialen Schicht an) eine ordentliche und vor allem christliche

Bestattung im Kreise ihrer Glaubensgefährten und nicht zuletzt in der Nähe der Märtyrer, der Blutzeugen Christi, zu ermöglichen. Die Meinung moderner Forscher geht aber dahin, in S. Callisto von Anfang an einen Gemeindefriedhof zu erblicken und das Grab der Caecilier anderswo zu lokalisieren.

Der Verwalter dieses ersten offiziellen christlichen Friedhofes war der Diakon Callixtus, später Papst (217-222). Sein Amtsvorgänger Zephyrinus (199-217), der ebenfalls hier bestattet war (allerdings in einer oberirdischen Basilika, wobei man sein Grab, auch anläßlich der jüngsten archäologischen Untersuchungen, nicht mehr feststellen konnte), betraute ihn mit diesem Amt. Callixtus ließ verschiedene Arbeiten hier durchführen und vergrößerte den Friedhof beträchtlich. Auf ihn geht die Anlage der Papstgruft zurück, in der die meisten Päpste des dritten Jahrhunderts beigesetzt wurden. Deshalb wurde die Katakombe auch nach ihm benannt und nicht, wie es sonst üblich war, nach den jeweils beigesetzten und verehrten Märtyrern oder nach dem ehemaligen Besitzer des Areals.

Callixtus fand seine letzte Ruhestätte allerdings nicht in dem von ihm verwalteten Friedhof. Er starb nach einem bewegten Leben (er war, bevor er Papst wurde, zu Zwangsarbeit in Sardinien verurteilt gewesen, wurde aber begnadigt und konnte zurückkehren) 222 den Märtyrertod infolge von Tumulten nach dem Tod des Kaisers Heliogabal (218-222). Mit zweien seiner Priester, die auf der Stelle hingerichtet wurden, ergriffen, wurde er in den Brunnen seines Hauses geworfen und gesteinigt. Der Brunnen existiert heute noch im Garten des ehemaligen Konvents und der Kirche S. Callisto, bei S. Maria in Trastevere. Der Leichnam des hl. Callixtus wurde in der Kalepodius-Katakombe in der Via Aurelia bestattet.

Der Begriff „Katakombe" leitet sich von einer Ortsbezeichnung in der Nähe von S. Callisto und S. Sebastiano her: Die Gegend hieß einstmals „ad catacumbas" und bezeichnete eine Geländesenke, die als Sandgrube verwendet wurde. Dieser Name wurde in der Neuzeit zum Synonym für die unterirdischen Friedhöfe.


## DIE KATAKOMBEN VON S. CALLISTO

Verläßt man Rom durch die Porta S. Sebastiano und wandert über die Via Appia südwärts, gelangt man nach einer Weile zu der Kapelle „Quo Vadis". Hier, wo die Appia eine leichte Linkswendung macht, führt durch ein meist geöffnetes Gittertor eine Straße geradeaus weiter. Sie verläuft durch ein weites unbebautes Gebiet und endet auf dem Parkplatz vor der Katakombe des hl. Callixtus. Ab und zu bemerkt man links und rechts antike Ruinen, doch nichts läßt vermuten, daß beinahe das gesamte Gebiet, über das man fährt, bereits von unterirdischen Gängen durchzogen ist. Sie gehören zu verschiedenen Grabanlagen, die allgemein als Katakomben von S. Callisto bezeichnet werden, teilweise mit ihr sogar verschmolzen sind. Auch den Archäologen gelingt es oft nicht, die Grenzen zwischen den einzelnen verschiedenen „Grabregionen" festzustellen. So gab es hier beispielsweise die Katakombe der Balbina, die des Basileus und der hl. Soteris, deren Lage heute nicht mehr genau identifizierbar ist. Die Katakombe des hl. Callixtus hingegen ist mit dem Gangsystem der Krypten der Lucina verschmolzen und enthält die Grabregion der Päpste Melchiades und Liberius.

Öffentlich zugänglich ist dabei nur ein geringer Teil der Katakombe des hl. Calixtus. Hier finden Führungen statt, bei denen man Gelegenheit hat, die Papstgruft, das Grab der hl. Caecilia und einige Gänge zu sehen. Die Katakombe des hl. Callixtus ist eine der weitläufigsten Anlagen überhaupt. Sie wird auf etwa 20 Kilometer Ganglänge geschätzt und weist in bestimmten Bereichen bis zu fünf Stockwerke auf. 170 000 Christen sollen in den − nunmehr leeren − Loculi und Arcosolgräbern zur letzten Ruhe gebettet worden sein.

Der Vorplatz unmittelbar über dem zur Besichtigung freigegebenen Teil ist gewöhnlich von Touristen beherrscht. Nach und nach löst sich eine Gruppe mit ihrem jeweiligen Führer und durchschreitet das niedrige Eisengitter. Einer der unscheinbaren, überdachten Eingänge wird angepeilt, und plötzlich steht man vor einer dunklen Öffnung, in die viele, scheinbar nicht enden wollende Stufen hinabführen, aus der kühle Luft herausströmt − nach dem gleißenden Sonnenlicht und der Hitze eine Wohltat. Der Abstieg in die geheimnisumwitterte, von unzähligen Gängen durchquerte Unterwelt Roms beginnt, und nach einigen Rechts- und Linkswendungen in den kaum eineinhalb Meter breiten und mit zahllosen Loculi (Grabnischen) versehenen Gängen hat man hoffnungslos die Orientierung verloren und ist dem Führer auf Gedeih und Verderb überlassen.

## Die Kapelle der hl. Caecilia

Aus der Papstgruft (oben beschrieben) führt ein enger Durchgang in einen etwas größeren unregelmäßigen Raum. Es handelt sich um die sog. „Kapelle der hl. Caecilia". Die hl. Caecilia starb vermutlich Ende des 2. Jahrhunderts. Sie, die sich schon in früher Jugend Gott durch das Gelübde der Jungfräulichkeit geweiht hatte, bekehrte ihren zukünftigen Mann Valerius und dessen Bruder Tiburtinus. Beide erlitten ihres Glaubens wegen den Märtyrertod. Auch Caecilia wurde schließlich hingerichtet. Der Legende nach versuchte man, sie im Bade ihres Hauses in Trastevere durch heiße Dämpfe zu ersticken (Ausgrabungen unter der Kirche S. Caecilia in Rom). Als das nicht gelang, rief man den Henker, der sie enthaupten sollte. Doch vergebens: Er schlug dreimal zu, die Heilige überlebte noch einige Tage, wobei es ihr gelang, unzählige Menschen zu bekehren. Wann die hl. Caecilia lebte, weiß man nicht. Ihr Martyrium soll unter Mark Aurel (161-180), Commodus (180-192) oder Septimus Severus (193-211) stattgefunden haben. Manche meinen sogar, daß sie während der diokletianischen Verfolgung Ende des dritten Jahrhunderts ums Leben gekommen ist. An der Via Appia beigesetzt, ruhte sie in einem Zypressensarg, bis Papst Paschalis (817-824) ihn hier entdeckte und nach S. Cecilia in Trastevere überführen ließ, wo er unter dem Hochaltar aufbewahrt wurde. Als man anläßlich von Bauarbeiten 1599 den Sarg wiederentdeckte und aufmachte, fand man die Heilige unversehrt, so wie sie Stefano Maderna, der bei der Öffnung zugegen war, erblickte und in seiner Liegefigur darstellte. In der Grabnische, in der sie vermutlich bestattet war, ist eine Kopie der Originalstatue von S. Cecilia angebracht.

Diese unterirdische Grabkammer ist eine der seltenen, die Mosaikschmuck aufweist. Die Mosaiken sind leider sehr beschädigt und von der Feuchtigkeit stark angegriffen. Gleich links neben dem Grab der hl. Caecilia befindet sich das Bild des Papstes Urban I., der in den Märtyrerakten der Heiligen öfters genannt wird. Links daneben kann man das Brustbild Christi mit Buch und zum Segen erhobener rechter Hand erkennen. Das Bild darüber stellt die hl. Caecilia als Orantin dar. Das Haupt mit einem goldenen Heiligenschein umkränzt, trägt sie ein reich verziertes byzantinisches Gewand, das sie vielleicht als Braut zeigt. Dieses Mosaik stammt wohl aus dem 7. Jahrhundert, die beiden darunter aus dem 9. Jahrhundert. Der große Lichtschacht, durch den dumpfes

Tageslicht in die Kapelle dringt, ist mit Fresken, die leider ebenfalls sehr beschädigt und daher beinahe verschwunden sind, geschmückt. Zuoberst erscheinen wieder die hl. Caecilia (5. Jahrhundert), darunter das Kreuz, welchem sich zwei Lämmer zuwenden und zuunterst die Gestalten der drei Heiligen Polykamus (in einem topographischen Dokument aus dem 7. Jahrhundert als ein von Callixtus hier bestatteter Märtyrer genannt), Sebastian, und Quirinus, der Bischof aus dem pannonischen Sisak oder Sziszek.

### Die „Cubicula"

Die Katakombe von S. Callisto weist – wie im übrigen alle anderen unterirdischen Friedhöfe der Ewigen Stadt – neben Tausenden von Gängen mit unzähligen Loculi auch Grabkammern auf. Es sind die sog. „Cubicula". Manche sind mit christlichen Symbolen und Themen aus dem Alten und Neuen Testament ausgemalt und weisen neben den Loculi auch „Arkolsolgräber" (Nischen für Sarkophage, die mit einem Bogen überspannt sind) auf. Besonders schön ausgemalt sind die „Sakramentskapellen" genannten Cubicula, an denen man bei einem normalen Rundgang durch die Katakombe vorbeikommt. Durch ein Eisengitter meistens verschlossen, sind sie wegen der Ausdruckskraft der lapidaren Malereien interessant. Der Name „Sakramentskapellen" bezieht sich auf den Inhalt der Bilder (Taufe und Eucharistie). Die Fresken stammen aus dem 3. Jahrhundert, wobei unter anderem die Geschichte des Jonas, das Wunder der Quelle aus dem Felsen, die Speisung am See Tiberias, die Heilung des Lahmen, die Taufe Christi, das Opfer Abrahams usw. dargestellt sind. Auch das Cubiculum des Diakons Severus ist bemerkenswert. Hier fand man einen Inschriftenrest, in dem erstmals ein römischer Bischof „Papst" genannt wird. Es handelt sich um Marcellinus (296-304), der eben diesem Diakon Severus die Erlaubnis zur Anlage dieses Cubiculums für sich und seine Familie erteilte.

Wenn wir die Katakomben heute besuchen, werden wir unbewußt zu den Nachfolgern einer langen Reihe von Pilgern, welche schon seit dem 4. Jahrhundert in die Katakomben kamen, um hier im Andenken an die Märtyrer die Eucharistie zu feiern. Ursprünglich kamen nur die Familienangehörigen der Verstorbenen, um am Jahrestag des Hinscheidens ihrer Lieben ein Totenmahl zu feiern. Später wurden die Katakomben Ziel zahlloser Wallfahrer, die kamen, um die Gräber der berühmten Märtyrer zu verehren, hier Gebete zu verrichten und sie um Hilfe anzurufen. In der Neuzeit, nach der Wiederentdeckung der mysteriösen unterirdischen Gänge, breitete sich die Meinung aus, die Christen hätten hier Zuflucht vor den Verfolgungen gefunden. Diese Ansicht ist mittlerweile schon lange widerlegt. Die Katakomben waren ausschließlich Friedhöfe und als solche wegen der Gräber der Blutzeugen berühmt. Wenn wir sie heute besichtigen, sollte man vor allem diesen Aspekt beherzigen – auf den Spuren der antiken Pilger.

## Verzeichnis der Päpste

Das vorliegende Verzeichnis wurde aufgrund des „Annuario Pontificio 1992" (Päpstliches Jahrbuch 1992) verfaßt und bringt die dort angeführten Päpste. Da die Päpste im Jahrbuch nicht fortlaufend numeriert sind, wurde hier auf eine Numerierung ebenfalls verzichtet.

Ferner scheinen im Päpstlichen Jahrbuch die genauen Anfangs- und Enddaten (Tag und Monat) der Pontifikate auf. Wegen der leichteren Lesbarkeit wurden hier nur die Jahre berücksichtigt. Bei Päpsten, die weniger als ein Jahr regierten, wurden die genauen Anfangs- und Enddaten ihres Pontifikats angeführt. Dem Namen des jeweiligen Papstes folgt der Herkunftsort oder das Herkunftsland bzw. der Geburtsort. Fehlen genauere Angaben, ist nur die (mutmaßliche) Nationalität angegeben. Die Gegenpäpste sind mit einer eckigen Klammer versehen.

Die Pontifikatsjahre der allerersten Päpste beruhen auf der Papstchronik des „Liber Pontifikalis" und sind bis Eleuterius nicht immer sicher. Aufgrund der liturgischen und hagiographischen Bücher der römischen Kirche gelten alle Päpste vor Silvester (314-335) als Märtyrer, von Silvester bis Felix IV. (III. 526-530) als Heilige und sind im Päpstlichen Jahrbuch als solche mit „S." (Sankt) gekennzeichnet. Sie wurden hier genauso wie im Päpstlichen Jahrbuch angeführt. Die im Jahrbuch ebenfalls genau angeführten Daten der Heilig- und Seligsprechungen späterer Päpste wurden hier nicht berücksichtigt.

Die Unterscheidung zwischen rechtmäßigen Päpsten und Gegenpäpsten ist nicht immer klar zu treffen. Umstritten ist die Wahl Leos VIII.

(963-965), wobei sein Vorgänger Johannes XII. abgesetzt wurde. Das Päpstliche Jahrbuch schreibt dazu in einer Fußnote: „War diese Absetzung gültig? Wenn ja, dann war Leo VIII. rechtmäßiger Papst. Hier, wie im übrigen auch im 11. Jahrhundert, kam es zu Wahlen, bei denen es – wegen der Schwierigkeit, historische und theologisch-kanonische Gründe zu vereinbaren – nicht leicht ist, die endgültige Rechtmäßigkeit festzustellen, die aber, da es sich um eine tatsächliche Nachfolge („in facto") handelt, die ununterbrochene rechtmäßige Fortsetzung der Nachfolge des hl. Petrus gewährleistet. Daraus folgt aber in gewissen Fällen eine Unsicherheit, die es ratsam scheinen läßt, auf die fortlaufende Numerierung der Päpste zu verzichten.

Wenn Leo VIII. rechtmäßiger Papst war, war der während einer anderen Synode im Lateran von Leo VIII. und von Kaiser Otto I. abgesetzte Benedikt V. Gegenpapst."

Das gleiche gilt für Bonifaz II. (530-532) und Dioscurus (530). Das Problem betrifft auch die Päpste zur Zeit Benedikts IX. Silvester III. und Damasus II. müßten, wenn die zweimalige Absetzung Benedikts IX. illegal ist, als Gegenpäpste gelten.

Ferner fehlt im Verzeichnis ein rechtmäßiger Felix II. (355-565). Dieser war Gegenpapst. Der nächste rechtmäßige „Felix" wurde mit der Ordnungszahl III. (II.) versehen. Das gleiche trifft für Johannes XVI. (Gegenpapst von 997-998), daher fehlt in der offiziellen Papstliste ein rechtmäßiger Johannes XVI.) sowie für die Gegenpäpste Bonifaz VII. (974 und 984-985), Benedikt X. (1058-1059) und Alexander V. (1409-1410) zu.

In der Papstliste fehlen wegen irrtümlicher Zählung – es hat sie nie gegeben – Papst Johannes XX., Martin II. und Martin III. Diese wurden mit Marinus I. (882-884) und Marinus II. (942-946) identifiziert.

Nach Zacharias (741-752) wurde ein Presbyter namens Stephan gewählt. Da er nach vier Tagen starb, ohne konsekriert worden zu sein – was nach damaligem kanonischen Recht den Beginn des Pontifikates bedeutete – wird er weder im Liber Pontificalis genannt, noch in anderen Papstkatalogen.

Abschließend einige „Kuriositäten" hinsichtlich der Nachfolger Petri:

Die kürzesten

Bonifaz VI. (896): 10 Tage
Urban VII. (1590): 13 Tage
Coelestin IV. (1241): 17 Tage
Marcellus II. (1555): 20 Tage
Silvester III. (1045): 21 Tage
Theodor II. (897): 22 Tage
In neuester Zeit war es Johannes Paul I. (1978), der nach einer Regierungszeit von nur 33 Tagen starb.

Die längsten

Petrus: 37 Jahre
Pius IX. (1846-1878): 32 Jahre
Leo XIII. (1878-1903): 25 Jahre
Pius VI. (1775-1799): 24 Jahre
Pius VII. (1800-1823): 23 Jahre
Alexander III. (1159-1181): 22 Jahre

Päpste, die abdankten

Clemens I. im Jahr 97
Pontianus im Jahr 235
Benedikt IX. im Jahr 1045
Coelestin V. im Jahr 1294
Gregor XII. im Jahr 1415

Päpste, die abgesetzt wurden

Silverius im Jahr 537
Martin I. im Jahr 654
Romanus im Jahr 897
Johannes XII. im Jahr 963
Benedikt V. im Jahr 963
Leo VIII. im Jahr 964
Benedikt IX. in den Jahren 1044 und 1048

Familien, die mehrere Päpste hervorbrachten:

Grafen von Tosculum (Conti di Tuscolo) (5 Päpste)
Johannes XII. (955-964)
Benedikt VII. (974-983)
Benedikt VIII. (1012-1024)
Johannes XIX. (1024-1032)
Benedikt IX. (1032-1044, 1045, 1047-1048)
(Benedikt IX. war dreimal Papst und taucht daher dreimal in der Papstliste auf)

Grafen von Segni (Conti di Segni) (4 Päpste)
Innozenz III. (1198-1216)
Gregor IX. (1227-1241)
Alexander IV. (1254-1261)
Innozenz XIII. (1721-1724)

Orsini aus Rom (3 Päpste)
Cöelestin III. (1191-1198)
Nikolaus III. (1277-1280)
Benedikt XIII. (1724-1730)

Medici aus Florenz (3 Päpste)
Leo X. (1513-1521)
Clemens VII. (1523-1534)
Leo XI. (1805)

Anici aus Rom (2 Päpste)
Felix III. (483-492)
Gregor I. d. Große (590-604)

Caetani (2 Päpste)
Gelasius II. (1118-1119)
Bonifaz VIII. (1294-1303)

Savelli aus Rom (2 Päpste)
Honorius III. (1216-1227)
Honorius IV. (1285-1287)

Fieschi dei Conti di Lavagna (2 Päpste)

Innozenz IV. (1243-1254)
Hadrian V. (1276)

Roger de Beaufort (2 Päpste)

Clemens VI. (1342-1352)
Gregor XI. (1370-1378)

Borgia aus Játiva (2 Päpste)

Callixtus III. (1455-1458)
Alexander VI. (1492-1503)

Piccolomini aus Siena (2 Päpste)

Pius II. (1458-1464)
Pius III. (1503)

Della Rovere aus Savona (2 Päpste)

Sixtus IV. (1471-1484)
Julius II. (1503-1513)

# Die römischen Päpste

gemäß dem Verzeichnis des „Päpstlichen Jahrbuches" (1994)
nach der Überlieferung des „Liber Pontificalis" und seiner Quellen,
fortgesetzt bis heute


Hl. PETRUS aus Bethsaida in Galiläa, Apostelfürst, der von JESUS CHRI-
STUS die höchste Päpstliche Gewalt erhielt, um sie an seine Nachfolger weiterzu-
geben; lebte zuerst in Antiochia, dann – nach der Überlieferung des Chronogra-
phen von 354 – 25 Jahre in Rom, wo er im Jahr 64 oder 67 den Märtyrertod erlitt.
hl. Linus (aus Tuszien, nördl. Latium), 67-76
hl. Anacletus od. Cletus (Rom), 76-88
hl. Clemens I. (Rom), 88-97
hl. Evaristus (Grieche), 97-105
hl. Alexander I. (Rom), 105-115
hl. Sixtus I. (Rom), 115-125
hl. Telesphorus (Grieche), 125-136
hl. Hyginus (Grieche), 136-140
hl. Pius I. (Aquileia), 140-155
hl. Anicetus (Syrien), 155-166
hl. Soterus (Campanien) 166-175
hl. Eleutherius (Nikopolis, Epirus), 175-189
hl. Victor I. (Afrika), 189-199
hl. Zephyrinus (Rom), 199-217
hl. Calixtus I. (Rom), 217-222
  [hl. Hippolyt, Rom, 217-235]
hl. Urban I. (Rom), 222-230
hl. Pontianus (Rom), 230-235
hl. Anterus (Grieche), 235-236
hl. Fabianus (Rom), 236-250
hl. Cornelius (Rom), 251-253
  [Novatianus, Rom, 251]
hl. Lucius I. (Rom), 253-254
hl. Stephan I. (Rom), 254-257
hl. Sixtus II. (Grieche) 257-258
hl. Dionysius (Herk. unbekannt), 259-268
hl. Felix I. (Rom), 269-274

hl. Eutychianus (Luni), 275-283
hl. Caius (Dalmatien), 283-296
hl. Marcellinus (Rom), 296-304
hl. Marcellus I. (Rom), 308-309
hl. Eusebius (Grieche), 18. IV.-17. VIII. 309 (oder 310)
hl. Miltiades od. Melchiades (Afrika), 311-314
hl. Silvester I. (Rom), 314-335
hl. Marcus (Rom), 18. I.-7. X. 336
hl. Iulius I. (Rom), 337-352
hl. Liberius (Rom), 352-366
    [Felix II., Rom, 355-365]
hl. Damasus I. (Spanier), 366-384
    [Ursinus, 366-367]
hl. Siricius (Rom), 384-399
hl. Anastasius I. (Rom), 399-401
hl. Innozenz I. (Albano) 401-417
hl. Zosimus (Grieche), 417-418
hl. Bonifaz I. (Rom), 418-422
    [Eulalius, 418-419]
hl. Coelestin I. (Campanien), 422-432
hl. Sixtus III. (Rom), 432-440
hl. Leo I. der Große (Tuszien, nördl. Latium), 440-461
hl. Hilarius (Sardinien), 461-468
hl. Simplicius (Tivoli), 468-483
hl. Felix III. (II.) (Rom), 483-492
hl. Gelasius I. (Afrika), 492-496
hl. Anastasius II. (Rom), 496-498
hl. Symmachus (Sardinien), 498-514
    [Laurentius, 498, 501-505]
hl. Hormisdas (Frosinone), 514-523
hl. Johannes I. (Tuszien), Märtyrer, 523-526
hl. Felix IV. (III.) (Sammiter), 526-530
hl. Bonifaz II. (Rom), 530-532
    [Dioscurus, Alessandrien 22.IX.-14.X. 530]
    Johannes II. (Rom), 533-535
hl. Agapitus I. (Rom), 535-536
hl. Silverius (Campanien), Märtyrer, 536-537
    Vigilius (Rom), 537-555
    Pelagius I. (Rom), 556-561
    Johannes III. (Rom), 561-574
    Benedikt I. (Rom), 575-579
    Pelagius II. (Rom), 579-590
hl. Gregor I. der Große (Rom), 590-604
    Sabinianus (Bieda, heute Blera b. Viterbo, Tuszien), 604-606

Bonifaz III. (Rom) 19. II.-12. XI. 607
hl. Bonifaz IV. (Prov. Marsica), 608-615
hl. Deusdedit od. Adeodatus I. (Rom), 615-618
 Bonifaz V. (Neapel), 619-625
 Honorius I. (Campanien), 625-638
 Severinus (Rom), 28. V.-2. VIII. 640
 Johannes IV. (Dalmatien) 640-642
 Theodor I. (Grieche), 642-649
hl. Martin I. (Todi), 649-655
hl. Eugen I. (Rom), 654-657
hl. Vitalianus (Segni), 657-672
 Adeodatus II. (Rom), 672-676
 Donus (Rom), 676-678
hl. Agathon (Sizilien), 678-681
hl. Leo II. (Sizilien), 682-683
hl. Benedikt II. (Rom), 684-685
 Johannes V. (Syrer), 685-686
 Konon (Herk. unbek.) 686-687
 [Theodor, ...687]
 [Paschalis, ...687]
hl. Sergius I. (Syrer) 687-701
 Johannes VI. (Grieche), 701-705
 Johannes VII. (Grieche), 705-707
 Sisinnius (Syrer), 15. I.-4. II. 708
 Constantin (Syrer), 708-715
hl. Gregor II. (Rom), 715-731
hl. Gregor III. (Syrer), 731-741
hl. Zacharias (Grieche), 741-752
 Stephan II. (III.) Rom, 752-757
hl. Paul I. (Rom), 757-767
 [Constantin II. Nepi, 767-769]
 [Philippus, 768]
 Stephan III. (IV.) (Sizilien), 768-772
 Hadrian I. (Rom), 772-795
 Leo III. (Rom), 795-816
 Stephan IV. (V.) (Rom), 816-817
hl. Paschalis I. (Rom), 817-824
 Eugen II. (Rom), 824-827
 Valentin (Rom), ...VIII.-...IX. 827
 Gregor IV. (Rom), 827-844
 [Johannes, ... 844]
 Sergius II. (Rom), 844-847
hl. Leo IV. (Rom), 847-855
 Benedikt III. (Rom), 855-858

[Anastasius, 855]
hl. Nikolaus I. der Große (Rom), 858-867
  Hadrian II. (Rom), 867-872
  Johannes VIII. (Rom), 872-882
  Marinus I. (Gallese, Latium), 882-884
hl. Hadrian III. (Rom), 884-885
  Stephan V. (VI.) (Rom), 885-891
  Formosus (Bischof v. Porto, Ostia), 891-896
  Bonifaz VI. (Rom), ...IV.-...IV. 896
  Stephan VI. (VII.) (Rom), 896-897
  Romanus (Gallese, Latium), ...VIII.-...XI. 897
  Theodor II. (Rom), ...XII.-XII. 897
  Johannes IX. (Tivoli), 898-900
  Benedikt IV. (Rom), 900-903
  Leo V. (Ardea), ...VII.-...IX. 903
  [Christoforus, Rom, 903-904]
  Sergius III. (Rom), 904-911
  Anastasius III. (Rom), 911-913
  Lando (Sabiner), 913-914
  Johannes X. (Tossignano bei Imola, Emilia Romagna), 914-923
  Leo VI. (Rom), ...V.-...XII. 928
  Stephan VII. (VIII.) (Rom), 928-931
  Johannes XI. (Rom), 931-935
  Leo VII. (Rom), 936-939
  Stephan VIII. (IX.) (Rom), 939-942
  Marinus II. (Rom), 942-946
  Agapitus II. (Rom), 946-955
  Johannes XII. (Ottaviano, Graf von Tusculum), 955-963
  Leo VIII. (Rom), 963-965
  Benedikt V. (Rom), 964-965
  Johannes XIII. (Rom), 965-972
  Benedikt VI. (Rom), 973-974
  [Bonifaz VII., 974, zum zweiten Mal 984-985]
  Benedikt VII. (Rom), 974-983
  Johannes XIV. (Pietro di Pavia), 983-984
  Johannes XV. (Rom), 985-996
  Gregor V. (Bruno von Kärnten), 996-999
  [Johannes XVI. (Johannes Philagathos, Rossano, Kalabrien, 997-998]
  Silvester II. (Gerbert von Aurillac), 999-1003
  Johannes XVII. (Siccone, Rom), ...VI.-...XII. 1003
  Johannes XVIII. (Fasano, Rom), 1004-1009
  Sergius IV. (Pietro, Rom), 1009-1012
  Benedikt VIII. (Theophylakt, Graf von Tusculum), 1012-1024
  [Gregor, ... 1012]

Johannes XIX. (Graf von Tusculum, Rom), 1024-1032
Benedikt IX. (Theophylakt, Graf von Tusculum), 1032-1044
Silvester III. (Giovanni, Rom), 20. I.-10. II. 1045
Benedikt IX. (zum zweiten Male), 10. IV.-1. V. 1045
Gregor VI. (Giovanni Graziano, Rom), 1045-1046
Clemens II. (Suitger, Graf von Morsleben und Hornburg, Sachse, Bischof von Bamberg), 1046-1047
Benedikt IX. (zum dritten Male), 1047-1048
Damasus II. (Poppo aus Bayern, Bischof von Brixen), 17. VII.-9. VIII. 1048
hl. Leo IX. (Bruno, Graf von Egisheim-Dagsburg, Elsaß, Bischof von Toul), 1049-1054
Victor II. (Gebhard, Graf von Dollnstein-Hirschberg), 1055-1057
Stephan IX. (Friedrich von Lothringen), 1057-1058
[Benedikt X. Giovanni, Rom, 1058-1059]
Nikolaus II. (Gerhard von Burgund), 1059-1061
Alexander II. (Anselmo da Baggio, Mailand), 1061-1073
[Honorius II. Cadalo, Umgebung Verona, 1061-1072]
hl. Gregor VII. (Hildebrand aus Tuszien), 1073-1085
[Clemens III. Wiberto di Parma, 1080-1100]
sel. Victor III. (Desiderio aus Benevent), 1086-1087
sel. Urban II. (Odo de Lagery, Franzose), 1088-1099
Paschalis II. (Raniero Bieda bei Ravenna), 1099-1118
[Theoderich, Bischof von S. Rufina, ...1100, † 1102]
[Albert, Bischof von Sabina, ...1102]
[Silvester IV., Maginulfo, Rom, 1105-1111]
Gelasius II. (Giovanni Caetani, Gaeta), 1118-1119
[Gregor VIII. Maurice de Bourdain, 1118-1121]
Calixtus II. (Guido, Graf von Burgund), 1119-1124
Honorius II. (Lambert Fiagnano bei Imola), 1124-1130
[Coelestin III., Theobald Buccapecos, Rom, 1124]
Innozenz II. (Gregorio Papareschi, Rom), 1130-1143
[Anacletus II. Pierleoni, Rom, 1130-1138]
[Victor IV. Gregorio, 1138]
Coelestin II. (Guido, Città di Castello), 1143-1144
Lucius II. (Gerardo Caccianemici, Bologna), 1144-1145
sel. Eugen III. (Bernardo Paganelli Montemagno, Pisa), 1145-1153
Anastasius IV. (Corrado, Rom), 1153-1154
Hadrian IV. (Nikolaus Breakspeare, England), 1154-1159
Alexander III. (Roland Bandinelli, Siena), 1159-1181
[Victor IV. Ottaviano de Monticello, Tivoli, 1159-1164]
[Paschalis III. Guido da Crema, 1164-1168]
[Calixtus III. Johannes, 1168-1178]
[Innozenz III. Lando, Sezze, 1179-1180]
Lucius III. (Ubaldo Allucingoli, Lucca), 1181-1185

Urban III. (Uberto Crivelli, Mailand), 1185-1187
Gregor VIII. (Alberto de Morra, Benevent), 21. X.-17. XII. 1187
Clemens III. (Paolo Scolari, Rom), 1187-1191
Coelestin III. (Giacinto Bobone Rom), 1191-1198
Innozenz III. (Lotario, Conte di Segni, Gavignano), 1198-1216
Honorius III. (Cencio Savelli, Rom), 1216-1227
Gregor IX. (Ugolino, Conte di Segni, Anagni), 1227-1241
Coelestin IV. (Goffredo Castiglioni, Mailand), 25. X.-10. XI. 1241
Innozenz IV. (Sinibaldo Fieschi, Genua), 1243-1254
Alexander IV. (Rinaldo dei Signori di Ienne, Ienne bei Rom), 1254-1261
Urban IV. (Jacques Pantaléon, Troyes), 1261-1264
Clemens IV. (Guy le Gros Foulques, St-Gilles-sur-Rhône), 1265-1268
sel. Gregor X. (Teobaldo Visconti, Piacenza), 1271-1276
sel. Innozenz V. (Pierre de Tarentaise, Savoyen), 21. I.-22. VI. 1276
Hadrian V. (Ottobono Fieschi, Genua), 11. VII.-18. VIII. 1276
Johannes XXI. (Pietro Juliani, nach dem Vater allgem. P. Ispapo gen., aus
Portugal), 1276-1277
Nikolaus III. (Giovanni Gaetano Orsini, Rom), 1277-1280
Martin IV. (Simon de Brion de Montpincé, Brie), 1281-1285
Honorius IV. (Jacopo Savelli, Rom), 1285-1287
Nikolaus IV. (Girolamo Masci, Lisciano, Prov. Ascoli-Piceno), 1288-1292
hl. Coelestin V. (Pietro del Murrone, Isernia), 29. VIII.-13. XII. 1294/abged.
† 19. V. 1296
Bonifaz VIII. (Benedetto Caetani,Anagni), 1294-1303
sel. Benedikt XI. (Niccolò Boccasini, Treviso), 1303-1304
Clemens V. (Bertrand de Goth, Villandraut), 1305-1314
Johannes XXII. (Jaques Duèze, Cahors), 1316-1334
[Nikolaus V. (Pietro Rainalucci, Corvaro b. Rieti, 1328-1330, † 1333]
Benedikt XII. (Jacques Fournier, Saverdun), 1334-1342
Clemens VI. (Pierre Roger de Beaufort, Château Maumont), 1342-1352
Innozenz VI. (Etienne Aubert, Mont Beyssac), 1352-1362
sel. Urban V. (Guillaume de Grimoard), 1362-1370
Gregor XI. (Pierre Roger de Beaufort, Château Maumont), 1370-1378
Urban VI. (Bartolomeo Prignano, Neapel), 1378-1389
Bonifaz IX. (Pietro Tomacelli, Neapel), 1389-1404
Innozenz VII. (Cosma Migliorati, Sulmona), 1404-1406
Gregor XII. (Angelo Correr, Venedig), 1406-1415, verzichtet, † 1417
(Avignonesische Päpste):
[Clemens VII. (Robert, Graf von Savoyen), 1378-1394]
[Benedikt XIII. (Pedro de Luna, Aragon, 1394-1423]
[Clemens VIII. (Gil Sanchez Muñoz, Barcelona), 1423-1429]
[Benedikt XIV. (Bernard Garnier), 1425-1430]
(Pisanische Päpste):
[Alexander V. (Pietro Filargo, Kreta, 1409-1410]

[Johannes XXIII. (Baldassare Cossa, Neapel, 1410-1415]
Martin V. (Oddone Colonna, Genazzano bei Rom), 1417-1431
Eugen IV. (Gabriele Condulmer, Venedig), 1431-1447
[Felix V., Amedeo duca di Savoia, 1439-1449 abged. † 1451]
Nikolaus V. (Tommaso Parentucelli, Sarzana), 1447-1455
Calixtus III. (Alonso de Borja, Jativa, Valencia), 1455-1458
Pius II. (Enea Silvio Piccolomini, Corsignano-Pienza), 1458-1464
Paul II. (Pietro Barbo, Venedig), 1464-1471
Sixtus IV. (Francesco della Rovere, Celle Ligure, Savona), 1471-1484
Innozenz VIII. (Giovanni Battista Cybo, Genua), 1484-1492
Alexander VI. (Rodrigo de Borja, Jativa, Valencia), 1492-1503
Pius III. (Francesco Todeschini-Piccolomini, Siena), 22. IX.-18. X. 1503
Julius II. (Giuliano della Rovere, Albissola, Savona), 1503-1513
Leo X. (Giovanni de'Medici, Florenz), 1513-1521
Hadrian VI. (Adriaen Florensz, Utrecht), 1522-1523
Clemens VII. (Giulio de'Medici, Florenz), 1523-1534
Paul III. (Alessandro Farnese, Canino, Prov. Viterbo), 1534-1549
Julius III. (Giovan Maria Ciocchi del Monte, Rom), 1550-1555
Marcellus II. (Marcello Cervini, Montepulciano, Prov. Siena),
    9. IV.-1. V. 1555
Paul IV. (Gian Pietro Carafa, S. Angelo della Scala, Prov. Avellino), 1555-1559
Pius IV. (Giovan Angelo de'Medici, Mailand), 1559-1565
hl. Pius V. (Antonio Ghislieri, Bosco Marengo, Alesandria), 1566-1572
Gregor XIII. (Ugo Boncompagni, Bologna), 1572-1585
Sixtus V. (Felice Peretti, Grottammare, Prov. Ascoli-Piceno), 1585-1590
Urban VII. (Giambattista Castagna, Rom), 15. IX.-27. IX. 1590
Gregor XIV. (Niccolò Sfondrati, Cremona), 1590-1591
Innozenz IX. (Giovan Antonio Facchinetti, Bologna), 29. X.-30. XII. 1591
Clemens VIII. (Ippolito Aldobrandini, Fano), 1592-1605
Leo XI. (Alessandro de'Medici, Florenz), 1. IV.-27. IV. 1605
Paul V. (Camillo Borghese, Rom), 1605-1621
Gregor XV. (Alessandro Ludovisi, Bologna), 1621-1623
Urban VIII. (Maffeo Barberini, Florenz), 1623-1644
Innozenz X. (Giovanni Battista Pamphili, Rom), 1644-1655
Alexander VII. (Fabio Chigi, Siena), 1655-1667
Clemens IX. (Giulio Rospigliosi, Pistoia), 1667-1669
Clemens X. (Emilio Altieri, Rom), 1670-1676
sel. Innozenz XI. (Benedetto Odescalchi, Como), 1676-1689
Alexander VIII. (Pietro Ottoboni, Venedig), 1689-1691
Innozenz XII. (Antonio Pignatelli, Spinazzola, Bari), 1691-1700
Clemens XI. (Giovanni Francesco Albani, Urbino), 1700-1721
Innozenz XIII. (Michelangelo dei Conti, Rom), 1721-1724
Benedikt XIII. (Pietro Francesco Orsini, Gravina, Bari), 1724-1730
Clemens XII. (Lorenzo Corsini, Florenz), 1730-1740

Benedikt XIV. (Prospero Lambertini, Bologna), 1740-1758
Clemens XIII. (Carlo Rezzonico, Venedig), 1758-1769
Clemens XIV. (Giovanni Vincenzo Ganganelli, S. Arcangelo, Rimini), 1769-1774
Pius VI. (Giannangelo Braschi, Cesena), 1775-1799
Pius VII. (Barnaba Gregorio Chiaramonti, Cesena), 1800-1823
Leo XII. (Annibale della Genga, Genga, Ancona), 1823-1829
Pius VIII. (Francesco Saverio Castiglioni, Cingoli, Macerata), 1829-1830
Gregor XVI. (Bartolomeo Alberto Cappellari, Belluno), 1831-1846
Pius IX. (Giovan Maria Mastai Ferretti, Senigallia), 1846-1878
Leo XIII. (Gioacchino Pecci, Carpineto, Anagni), 1878-1903
hl. Pius X. (Giuseppe Sarto, Riese, Treviso), 1903-1914
Benedikt XV. (Giacomo della Chiesa, Genua), 1914-1922
Pius XI. (Achille Ratti, Desio, Mailand), 1922-1939
Pius XII. (Eugenio Pacelli, Rom), 1939-1958
Johannes XXIII. (Angelo Giuseppe Roncalli, Sotto il Monte, Bergamo), 1958-1963
Paul VI. (Giovanni Battista Montini, Concesio, Brescia), 1963-1978
Johannes Paul I. (Albino Luciani, Forno di Canale bei Belluno), 26. VII.-28. IX. 1978
Johannes Paul II. (Karol Wojtyla, Wadovice bei Krakau), 16. X. 1978

# Literaturverzeichnis

Alberti Poy Aldo, La Meridiana della Chiesa di S. Maria degli Angeli, Rom 1949
Armellini Mariano, Le chiese di Roma dal secolo IV al secolo XIX, Rom 1942
Apollonj-Ghetti Bruno Maria, S. Prassede (Le Chiese di Roma Illustrate), Rom 1961

Barroero Liliana, Rione I – Monti (Guide Rionali di Roma), Rom 1984
Batta Ernst, Obelisken, Frankfurt am Main 1986
Bernardi Salvetti Caterina, Santa Maria degli Angeli alle Terme e Antonio Lo Duca Rom 1965
Boaga Emanuele, Il Titolo di Equizio e la Basilica di S. Martino ai Monti, Rom 1988
Boyle Leonard O.P., Kurzer Führer durch die St.-Clemens-Basilika in Rom, Rom 1983
Bruhns Leo, Die Kunst der Stadt Rom, Wien 1951
Buchowiecki Walther, Handbuch der Kirchen Roms. Der römische Sakralbau in Geschichte und Kunst von der altchristlichen Zeit bis zu Gegenwart, Bd. 1-3, Wien 1967

Carletti Sandro, Führer durch die Katakombe des hl. Callistus, Vatikanstadt 1984
Carletti Sandro, Führer durch die Priscilla-Katakombe, Vatikanstadt 1980
Carletti Sandro / Ferrua Antonio S.J., Damasus und die Römischen Märtyrer. Pontificia Commissione de Archeologia Cristiana, Vatikanstadt 1986
Cecchelli Carlo, San Clemente (Le Chiese di Roma Illustrate), Rom 1930
Cecchelli Carlo, S. Maria in Trastevere, Rom 1933
Coarelli Filippo, Rom. Ein archäologischer Führer. Freiburg 1989.
Colasanti Arduino, S. Maria in Aracoeli (Le Chiese di Roma Illustrate), Rom 1923

Darsy Felix, S. Sabina (Le Chiese di Roma Illustrate), Rom 1967.
De Rossi Giovanni Battista, La Roma Sotteranea Cristiana descritta e illustrata, Rom 1867

D'Onofrio Cesare, Gli Obelischi di Roma, Rom 1965
D'Onofrio Cesare ( F. Martinelli); Roma del Seicento, Florenz 1969
Drenkelfort Heinrich (SVD), Die Basilika zum Heiligen Kreuz in Jerusalem, Rom o.J.

Duchesne Louis, Le Liber Pontificalis, Paris 1886-1892

Fanano E., S. Salvatore in Lauro (Le Chiese di Roma Illustrate), Rom 1968
Fasola Umberto Maria, Le Origine Cristiane a Trastevere, Rom 1991
Fernandez Alonso Justo, S. Maria di Monserrato (Le Chiese di Roma Illustrate), Rom 1968
Ferrari Guy, Early Roman Monasteries. Notes for the history of the monasteries and convents at Rome from the V through the X Century, Vatikanstadt 1957
Franzen August / Bäumer Remigius, Papstgeschichte, Freiburg i. Br. 1988

Gaynor Juan Santos / Toesca Ilario, S. Silvestro in Capite (Le Chiese di Roma Illustrate), Rom 1963
Frutaz Amato Pietro, Le Piante di Roma, Rom 1962
Gallavotti Cavallero Daniela, Rione XII – Ripa (Guide Rionali di Roma), Rom 1977
Goethe Johann Wolfgang von, Italienische Reise, Leipzig 1913
Golzio Vincenzo / Zander Giuseppe, Le Chiese di Roma dall' XI al XIV Secolo, Rom 1963
Gregorovius Ferdinand, Geschichte der Stadt Rom im Mittelalter, Darmstadt 1978
Gregorovius Ferdinand, Die Grabdenkmäler der Päpste, Leipzig 1911

Hülsen Christian, Le chiese di Roma nel Medioevo, Florenz 1927

Jeremias Gisela, Die Holztür der Basilika S. Sabina in Rom, Tübingen 1980
Jordan Heinrich / Hülsen Christian, Topographie der Stadt Rom im Altertum, Berlin 1878-1907

Kinney Dale, S. Maria in Trastevere from its founding to 1215, New York 1975
Kirsch Johann Peter, Die Priscilla-Katakombe, Rom o. J.
Kirsch Johann Peter, Le Catakombe Romane, Rom 1933
auch deutsch unter dem Titel: Die Katakomben Roms, Freiburg 1934
Knopp Gisbert / Hansmann Wilfried, S. Maria dell'Anima, Mönchengladbach 1979
Krautheimer Richard, Rom, Schicksal einer Stadt 312-1308, München 1987
Krautheimer Richard / Corbett Spencer / Frankl W., Corpus Basilicarum Christianorum Romae, 5 Bände, Vatikanstadt 1936-1971

La Basilica di S. Marco al Campidoglio (Guida Storico-Artistica), Rom 1982
Lanciani Rodolfo, Storia degli Scavi di Roma, Rom 1902-1912
Le Chiese di Roma. A cura dell'Istituto di Studi Romani
Letarouilly Paul, Edifices de Rome Moderne, Liège / Bruxelles 1849-1866
Liberale Gatti Isidoro O.F.M., Conv., La Basilica del Santi XII Apostoli, Rom 1988

Luciani Roberto, Santa Maria in Trastevere, Rom 1987
Lugano Placido, La Basilica di S. Maria Nova al Foro Romano, Rom 1922

Manodori Alberto, Anfiteatri, Circhi e Stadi di Roma, Rom 1982
Martinetti Giovanni, S. Ignazio, Rom 1967
Marucchi Orazio, Le Catacombe Romane, Rom 1933
Masson Georgina, Guida di Roma, Milano 1974
Matthiae Guglielmo, Le Chiese di Roma dal IV. al IX. secolo, Bologna 1962
Matthiae Guglielmo, Mosaici Medievali delle Chiese di Roma, Rom 1967
Matthiae Guglielmo, Pittura Romana del Medioevo, Rom 1966
Matthiae Guglielmo, Pietro Cavallini, Rom 1972
Matthiae Guglielmo, S. Pietro in Vincoli (Le Chiese di Roma Illustrate), Rom 1969
Matthiae Guglielmo, S. Maria degli Angeli (Le Chiese di Roma Illustrate), Rom 1982
Montini Renzo Umberto, Le Tombe dei Papi, Rom 1957
Mullooly Joseph P., St. Clement Pope and Martyr and his Basilica in Rome, Rom 1873

Ortolani Sergio, S. Croce in Gerusalemme (Le Chiese di Roma Illustrate), Rom 1969
Ortolani Sergio, S. Andrea della Valle (Le Chiese di Roma Illustrate), Rom 1972

Pastor Ludwig von, Die Kapelle Sixtus' V. bei S. Maria Maggiore zu Rom, Freiburg i. Br. 1920
Pastor Ludwig von, Geschichte der Päpste, Rom 1910-1934
Pesci P. B. O.F.M, La Leggenda di Augusto e le Origini della Chiesa di S. Maria in Aracoeli, Rom o.J.
Pericoli Ridolfini Cecilia, Parione (Guide Rionali di Roma), Rom 1971
Pietrangeli Carlo, Guide Rionali di Roma (Campitelli Rom 1976, Pigna Rom 1980, Regola Rom 1972, Ponte Rom 1973)
Portoghesi Paolo, Roma Barocca, Bari 1973
Portoghesi Paolo, Borromini nella Cultura Europea, Rom 1964
Portoghesi Paolo, Roma del Rinascimento, Rom 1969

Ranke Leopold von, Die Römischen Päpste, Frankfurt 1986
Rendina Claudio, I Papi, Rom 1983

Schmidlin Joseph, Geschichte der S. Maria dell'Anima in Rom, Wien 1906
Sharp Mary, A traveller's Guide to the Churches of Rome, Philadelphia 1966
Santilli Francesco OFM Conv., La Basilica dei SS. Apostoli, Rom 1925
Schüller-Piroli Susanne, Die Borghia-Päpste Kalixt III. und Alexander VI., München 1979

Sciubba Sante / Sabatini Laura, Sant'Agnese in Agone (Le Chiese di Roma Illustrate), Rom 1962
Seppelt Franz Xaver / Schwaiger Georg, Geschichte der Päpste, Zürich 1954-1964
Staccioli Romolo, Roma entro le Mura, Rom 1979
Styger Paul, Die römischen Katakomben, Berlin 1933

Taurisano I., S. Maria sopra Minerva, Rom 1955
Testini Pasquale, Le Catacombe e gli antichi cimiteri in Roma, Bologna 1966
Titi F., Descrizione delle Pitture, Sculture e Architetture Esposte al Pubblico in Roma, Rom 1763
Tolnay Charles de, Michelangelo: the tomb of Julius II, Princeton 1954
Tolotti Francesco, Il Cimitero di Priscilla, Vatikanstadt 1970
Tomei P., Architettura a Roma nel '400, Rom 1942

Valtieri Simonetta, La Basilica di S. Lorenzo in Damaso, Rom 1986
Vasari Giorgio, Vite, Florenz 1568

Zocca E., La Basilica dei SS. Apostoli in Roma, Rom 1959

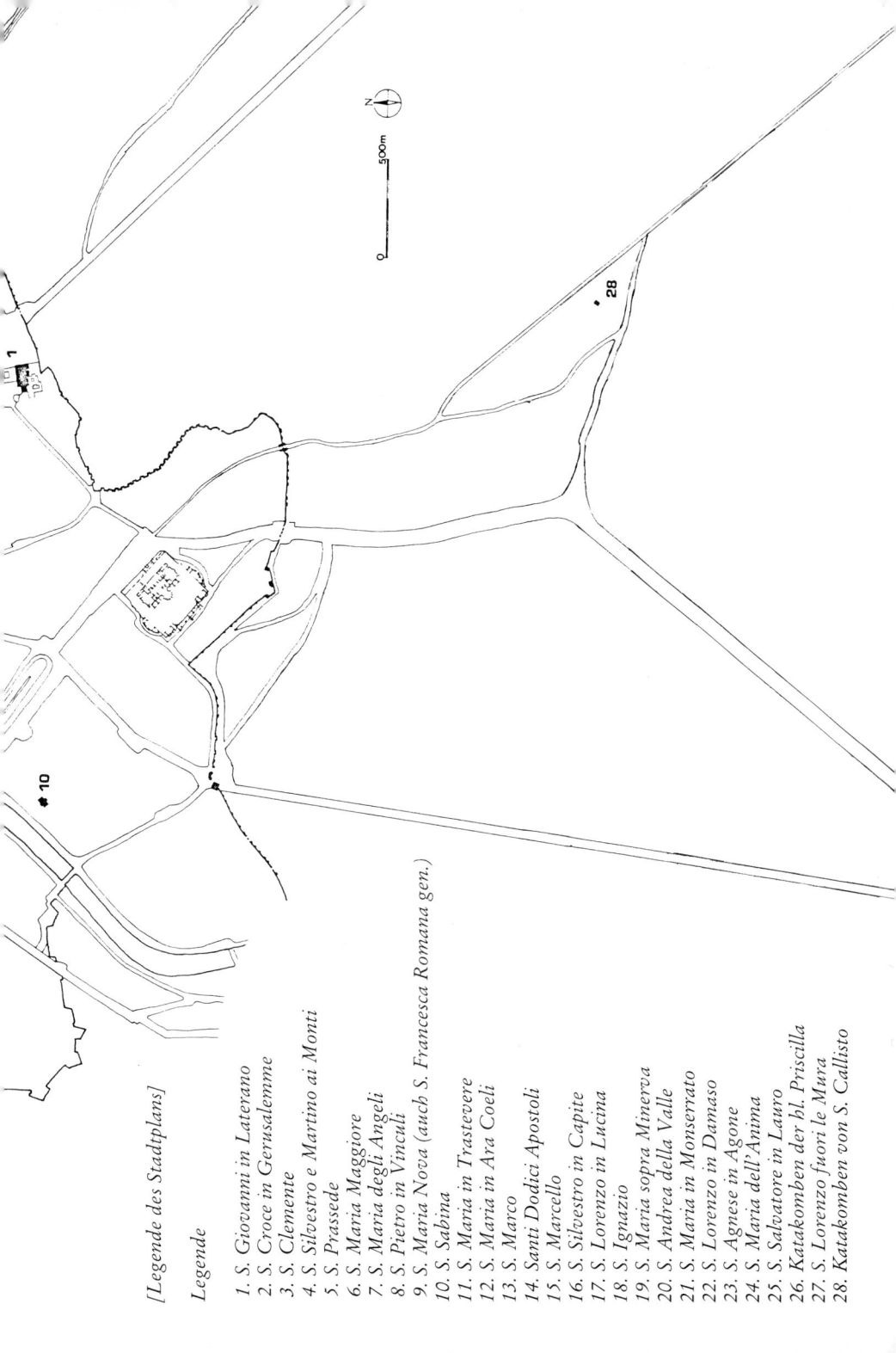

[Legende des Stadtplans]

Legende

1. S. Giovanni in Laterano
2. S. Croce in Gerusalemme
3. S. Clemente
4. S. Silvestro e Martino ai Monti
5. S. Prassede
6. S. Maria Maggiore
7. S. Maria degli Angeli
8. S. Pietro in Vincoli
9. S. Maria Nova (auch S. Francesca Romana gen.)
10. S. Sabina
11. S. Maria in Trastevere
12. S. Maria in Ara Coeli
13. S. Marco
14. Santi Dodici Apostoli
15. S. Marcello
16. S. Silvestro in Capite
17. S. Lorenzo in Lucina
18. S. Ignazio
19. S. Maria sopra Minerva
20. S. Andrea della Valle
21. S. Maria in Monserrato
22. S. Lorenzo in Damaso
23. S. Agnese in Agone
24. S. Maria dell'Anima
25. S. Salvatore in Lauro
26. Katakomben der hl. Priscilla
27. S. Lorenzo fuori le Mura
28. Katakomben von S. Callisto

# Zur Autorin

Silvia Koči Montanari wurde 1949 in Preßburg geboren. 1957 Übersiedlung der Familie nach Wien, wo sie aufwuchs. Nach der Matura 1966 Beginn des Studiums der Architektur an der Technischen Universität in Wien; 1971 Abschluß mit der Erlangung des Diplomingenieurs. 1972 Beginn des Postgraduatestudiums der Denkmalpflege und Historischer Zentren am „ICCROM" (Institut der UNESCO, Erlangung des Diploms). Gleichzeitig Spezialisierung im gleichen Fach an der Universität „La Sapienza" in Rom. Der Abschluß erfolgt mit der Erlangung des Diploms 1975. Zwischen 1978 und 1983 Tätigkeit in der Stadtplanung bei der Gemeinde Wien. Ab 1983 freischaffende Publizistin in Rom und freie Mitarbeiterin beim „L'Osservatore Romano" in deutscher Sprache und bei „Die Presse". Publikation von Artikelserien über kunstgeschichtliche Themen und Probleme der Denkmalpflege und Restaurierung. Daneben künstlerische Tätigkeit als Zeichnerin und Malerin, seit 1975 verschiedene Ausstellungen in Italien und Österreich. 1989 Publikation des Taschenbuches „Marienkirchen in Rom".